Etiquette

工业和信息化普通高等教育"十三五"规划教材立项项目

21世纪高等院校经济管理类规划教材

现代社交礼仪
（第3版）

☐ 闫秀荣　杨秀丽　主编

☐ 张丽兵　查道中　曾青春　副主编

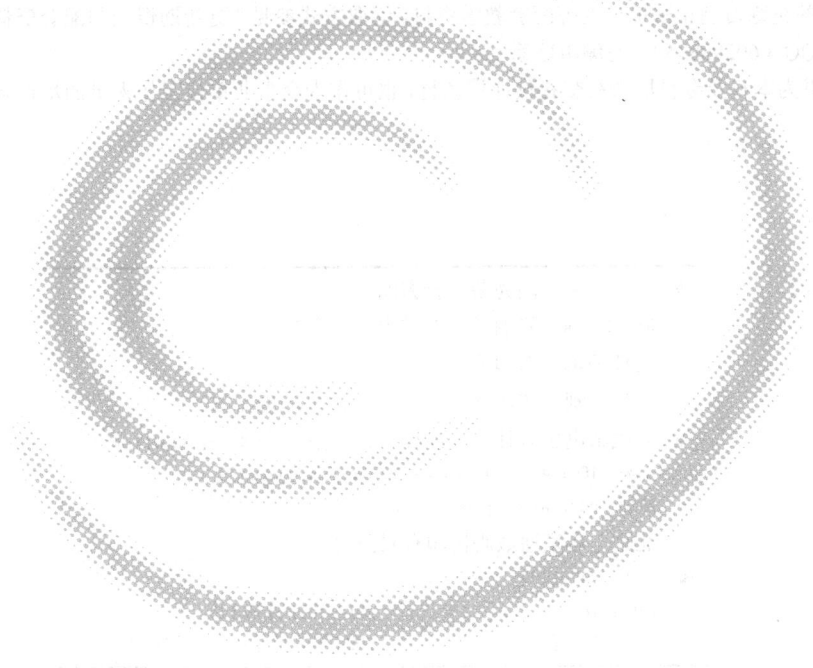

人民邮电出版社

北　京

图书在版编目（CIP）数据

现代社交礼仪 / 闫秀荣，杨秀丽主编． -- 3版． --
北京：人民邮电出版社，2018.11
21世纪高等院校经济管理类规划教材
ISBN 978-7-115-49118-3

Ⅰ．①现… Ⅱ．①闫… ②杨… Ⅲ．①社交礼仪－高
等学校－教材 Ⅳ．①C912

中国版本图书馆CIP数据核字(2018)第185163号

内 容 提 要

礼仪是一个国家社会文明程度、道德风尚和生活习惯的反映。本书介绍了现代社会中与人交往时应注意的各种礼仪。全书共14章，具体内容包括礼仪概述、仪容礼仪、仪态礼仪、着装礼仪、会面礼仪、接待和拜访礼仪、商务洽谈礼仪、宴请礼仪、馈赠礼仪、婚丧礼仪、公共场合礼仪、文书礼仪、求职礼仪及涉外礼仪等，主要从塑造良好的个人形象、与人交往中的各种礼仪规范等方面进行介绍。

为提高教材的可读性和实用性，本书正文穿插了视频和文字案例、视野拓展、课堂训练等内容，还指出了一些网络学习资源，可供读者学习参考。

采用本书授课的教师可获得电子课件、电子教案、教学大纲、实训指导、补充教学案例（文字、视频）、补充练习题和模拟试卷等配套教学资料，索取方式参见"更新勘误表和配套资料索取示意图"或通过QQ（602983359）与编辑联系。

本书为本科及专科层次社交礼仪课程教材，也可作为企事业单位工作人员的培训教材和参考书。

◆ 主　　编　闫秀荣　杨秀丽
　　副 主 编　张丽兵　查道中　曾青春
　　责任编辑　万国清
　　责任印制　焦志炜

◆ 人民邮电出版社出版发行　　北京市丰台区成寿寺路11号
　　邮编　100164　电子邮件　315@ptpress.com.cn
　　网址　http://www.ptpress.com.cn
　　北京七彩京通数码快印有限公司印刷

◆ 开本：787×1092　1/16
　　印张：16.25　　　　　　　　2018年11月第3版
　　字数：392千字　　　　　　 2024年8月北京第8次印刷

定价：49.80 元
读者服务热线：(010)81055256　印装质量热线：(010)81055316
反盗版热线：(010)81055315
广告经营许可证：京东市监广登字20170147号

第3版前言

社交礼仪在现代社会人际交往中越来越被人们重视，已经成为人们在社交活动中相互表示尊敬、祝颂、感谢、问候、致意、哀悼、慰问等的惯用形式。你在人群中出现的每一刻，都可以通过礼仪来传递良好的形象信息，你的一个握手、鞠躬、拥抱、介绍、致意、微笑等，都能展现你的不同风采。

礼仪的核心是尊重。一个人生活在社会上，要想让别人尊重自己，首先要学会尊重别人。

掌握规范的社交礼仪，能为交往创造出和谐融洽的气氛，从而建立、保持和改善人际关系。

本书自出版以来，得到许多读者和专家的好评。本版是在前两版的基础上并结合读者、同行专家的建议修订而成的，修订工作主要集中在以下几个方面。

（1）增加了相关的礼仪常用知识，读者通过本书的学习能够更好地了解与人相处的礼仪知识及技巧。

（2）调整更新了部分栏目并以二维码的形式增加了更多的视频、礼仪文章等，方便读者更直观地学习礼仪知识。教师也可利用部分栏目即时展开课堂互动，提高教学效果。

（3）增加了更多的图片资料，可以让读者在学习过程中迅速准确地把握礼仪的标准。

（4）丰富、更新了章后的课外实训内容。

（5）完善了配套教学资料，对电子课件、电子教案、补充练习题、实训手册、视频和文字案例、模拟试卷等全部资料进行了更新、补充和完善。

本书修订工作主要由闫秀荣、张丽兵等负责，各章编写及修订具体分工如下：第一章由闫秀荣、张丽兵完成，第二章由李滨娜、张丽兵完成，第三章由查道中、陶楠完成，第四章由曾青春、闫秀荣完成，第五章由闫秀荣、曾青春完成，第六章由冯一刚、张丽兵完成，第七章由冯一刚、孟梓涵完成，第八章由冯一刚、孟梓涵完成，第九章由闫秀荣、陶楠完成，第十章由闫明明、杨秀丽完成，第十一章由杨秀丽、李妍完成，第十二章由薛宏冰、杨秀丽完成，第十三章由闫明明、张丽兵完成，第十四章由王广学、张晓丽完成。本书中自拍照片的摄影师为刘泽栋，模特为王云琪、鲁婧宁、赵磊和刘佳辉。

在编写及修订过程中，由于编者的知识水平和教学经验有限，再版后的书中可能还存在一些不足，敬请读者批评指正。

编　者
2018 年 7 月

第1版前言

当今社会，人与人之间的频繁接触和互动已经成为不可避免的情况，不管是在工作中还是生活中，你都会接触到各式各样的人。能否得到所接触的人的欣赏和尊重，完全取决于你个人。不论你是男士还是女士，大人还是小孩，相貌平平还是相貌出众，身材高大还是身材矮小，只要在他人面前表现得真诚谦逊、彬彬有礼、举止大方、谈吐幽默文雅，无疑会是一个受欢迎的人，也会是一个他人愿意向你提供帮助的人。本书就是介绍如何在群体中使你展示出个人美好的仪表和魅力的礼仪，从而让更多的人愿意接近你、帮助你，助你成功，实现你的人生理想。

本书遵循理论性与实践性相统一的原则，试图在对国内外礼仪进行比较分析的基础上，探讨现代社交场合的各种礼仪，使其更具实用性。

本书结构紧凑，体系相对完整，涵盖了一般社交活动所涉及的各种礼仪，以职业需求为基点进行介绍，内容完善，实用性强。本书在正文中设计了"视野拓展""案例""课堂训练"等栏目性内容，从而更具操作性；章尾设计了"本章小结""思考与训练"等，便于读者更加牢固地掌握所学知识。本书力求以教会学生如何正确使用社交礼仪为最终目标。

本书由张立君担任主审，闫秀荣担任主编，杨秀丽、查道中、曾青春担任副主编。全书共14章，闫秀荣编写第一章（合编）、第五章（合编），李滨娜编写第二章，查道中编写第三章，曾青春编写第四章、第五章（合编），冯一刚编写第六章、第七章、第八章，陈春雷编写第九章、第十三章（合编），闫明明编写第十章、第十三章（合编），杨秀丽编写第十一章，薛红冰编写第一章（合编）、第十二章，王广学编写第十四章。另外刘璇、张晓丽、李妍等，负责学生技能训练的编写及电子课件的制作。

本书可作为本科学生的礼仪教材，也可作为企事业单位管理人员的岗位培训教材和参考书。建议本书教学学时数为64～72学时。

本书汇聚了多位教师教学及实践经验，总结了在教学中能够让学生迅速接受的方法，是一本比较详细、实用的礼仪教材。

为方便教师教学，本书配有电子课件、电子教案、实训手册、补充教学案例（文字、视频）、补充练习题、模拟试卷等，索取方式参见"更新勘误表和配套资料索取示意图"。

限于编写人员的知识水平和教学经验不足，本书缺点和疏漏之处在所难免，希望读者批评指正。

编　者

2011 年 3 月

目　录

第一章　礼仪概述 1

【学习目的与要求】 1

【关键概念】 1

第一节　社交礼仪的内涵 1

一、礼仪 2

二、社交礼仪 3

第二节　中国礼仪的产生和发展 4

一、萌芽及初创阶段 4

二、成熟阶段 5

三、强化阶段 6

四、现代礼仪重塑阶段 7

五、当代礼仪阶段 7

第三节　社交礼仪的作用 8

一、塑造良好的"第一印象" 8

二、塑造良好的日常个人形象 9

三、塑造良好的企业形象 10

第四节　人的内在素质与社交成功的关系 10

一、具有良好的气质 10

二、具有开朗的性格 11

三、具有高尚的品德 11

四、具有高超的智慧 12

五、具有"T"形知识结构 13

六、具有较强的综合能力 13

本章小结 16

思考与训练 16

人缘测试 17

第二章　仪容礼仪 19

【学习目的与要求】 19

【关键概念】 19

第一节　美发礼仪 20

一、护理头发 20

二、设计发型 20

第二节　女性妆容 22

一、化妆的基本原则 23

二、化妆的基本程序 23

第三节　皮肤美容与护理 26

一、认识皮肤 26

二、健康皮肤的标准 27

三、造成皮肤干燥的原因 28

四、皮肤护理的方法 28

本章小结 32

思考与训练 32

第三章　仪态礼仪 34

【学习目的与要求】 34

【关键概念】 34

第一节　社交中的基本姿势 34

一、站姿 35

二、坐姿 39

三、行姿 41

四、蹲姿 43

第二节　其他姿势及表情 44

一、手势 44

二、日常举止的禁忌 46

三、表情 46

本章小结 48

思考与训练 49

第四章　着装礼仪 51

【学习目的与要求】 51

【关键概念】 51

第一节　着装的基本原则 51

一、个体性 ………………… 52
二、整体性 ………………… 52
三、整洁性 ………………… 52
四、文明性 ………………… 53
五、技巧性 ………………… 53
第二节 男士西装礼仪 ……… 53
一、西装的款式与适用场合 … 54
二、西装的穿着 …………… 55
三、西装与衬衫及领带的搭配 … 55
四、西装的其他配饰 ……… 57
第三节 女士套裙礼仪 ……… 58
一、职业女士着装的原则 … 58
二、职业女士着装的注意事项 … 59
本章小结 …………………… 60
思考与训练 ………………… 61

第五章 会面礼仪 ………… 63
【学习目的与要求】 ………… 63
【关键概念】 ………………… 63
第一节 称呼礼仪 …………… 63
一、生活中的称呼 ………… 64
二、工作中的称呼 ………… 65
三、外交中的称呼 ………… 66
四、称呼的技巧 …………… 68
五、称呼的禁忌 …………… 69
第二节 介绍礼仪 …………… 71
一、自我介绍 ……………… 71
二、为他人介绍 …………… 74
三、介绍集体 ……………… 75
第三节 名片礼仪 …………… 75
一、名片的用法 …………… 76
二、名片的使用技巧 ……… 78
第四节 握手礼仪 …………… 79
一、握手的方式 …………… 79
二、握手的礼仪要求 ……… 81
本章小结 …………………… 84
思考与训练 ………………… 84

第六章 接待和拜访礼仪 … 86
【学习目的与要求】 ………… 86

【关键概念】 ………………… 86
第一节 接待礼仪 …………… 86
一、接待的原则 …………… 87
二、接待的种类 …………… 87
三、接待的程序 …………… 88
四、接待的礼仪要求 ……… 91
第二节 拜访礼仪 …………… 94
一、拜访的原则 …………… 94
二、拜访的种类 …………… 95
三、拜访的程序和礼仪要求 … 95
四、几种特殊的拜访礼仪 … 98
本章小结 …………………… 101
思考与训练 ………………… 101

第七章 商务洽谈礼仪 …… 104
【学习目的与要求】 ………… 104
【关键概念】 ………………… 104
第一节 商务洽谈的基本规范 … 104
一、商务洽谈礼仪的原则 … 104
二、商务洽谈中的注意事项 … 106
第二节 商务洽谈中的礼仪 … 109
一、商务洽谈的准备工作 … 109
二、商务洽谈过程中需要注意的礼仪 …113
第三节 签约时需要注意的礼仪 …114
一、签约准备礼仪 ………… 114
二、签约过程礼仪 ………… 116
第四节 商务洽谈的技巧 …… 116
一、组建洽谈团队 ………… 117
二、制订洽谈方案 ………… 118
三、安排洽谈议程 ………… 119
四、洽谈沟通的技巧 ……… 120
本章小结 …………………… 123
思考与训练 ………………… 123

第八章 宴请礼仪 ………… 125
【学习目的与要求】 ………… 125
【关键概念】 ………………… 125
第一节 宴会安排礼仪 ……… 125
一、宴请的形式 …………… 125
二、宴请准备工作 ………… 127

三、宴请安排 ……………… 128
四、赴宴礼仪 ……………… 129
第二节 餐具的使用 ……………… 130
一、中餐餐具的使用 ……………… 130
二、西餐餐具的使用 ……………… 131
第三节 宴会进行中的礼仪 ……………… 134
一、中餐礼仪 ……………… 134
二、西餐礼仪 ……………… 136
三、中餐饮酒礼仪 ……………… 139
四、西餐饮酒礼仪 ……………… 141
五、宴会中特殊情况的处理 ……………… 142
六、自助餐礼仪 ……………… 144
七、工作餐礼仪 ……………… 146
第四节 宴会结束时的礼仪 ……………… 147
一、饮茶礼仪 ……………… 147
二、饮用咖啡的礼仪 ……………… 148
三、吃水果的礼仪 ……………… 149
本章小结 ……………… 149
思考与训练 ……………… 150

第九章 馈赠礼仪 ……………… 151
【学习目的与要求】 ……………… 151
【关键概念】 ……………… 151
第一节 馈赠原则 ……………… 151
一、轻重得当原则 ……………… 152
二、时机适宜原则 ……………… 152
三、效用性原则 ……………… 153
四、投好避忌原则 ……………… 153
第二节 馈赠礼品的选择及包装 ……………… 154
一、礼品的选择 ……………… 154
二、礼品的包装 ……………… 156
第三节 馈赠的方法 ……………… 156
一、赠送礼仪 ……………… 156
二、受礼礼仪 ……………… 157
三、回赠礼仪 ……………… 158
四、回绝礼品的一些技巧 ……………… 159
第四节 馈赠禁忌及外国馈赠习俗 ……………… 160
一、馈赠禁忌 ……………… 160
二、外国馈赠习俗 ……………… 162

本章小结 ……………… 164
思考与训练 ……………… 164

第十章 婚丧礼仪 ……………… 166
【学习目的与要求】 ……………… 166
【关键概念】 ……………… 166
第一节 婚庆礼仪 ……………… 166
一、结婚礼仪 ……………… 166
二、出席婚礼的礼仪 ……………… 171
第二节 丧葬礼仪 ……………… 171
一、丧葬程序 ……………… 172
二、西方葬礼 ……………… 173
本章小结 ……………… 174
思考与训练 ……………… 174

第十一章 公共场合礼仪 ……………… 175
【学习目的与要求】 ……………… 175
【关键概念】 ……………… 175
第一节 旅游观光礼仪 ……………… 175
一、文明游览，爱护设施 ……………… 175
二、保持安静，注重环保 ……………… 176
三、以礼相待，主动谦让 ……………… 177
第二节 观赛礼仪 ……………… 178
一、入场礼仪 ……………… 178
二、观赛礼仪 ……………… 179
三、退场礼仪 ……………… 181
第三节 沙龙礼仪 ……………… 181
一、沙龙的类型 ……………… 182
二、举办或参加沙龙的礼仪 ……………… 182
第四节 舞会礼仪 ……………… 184
一、讲究仪容仪表 ……………… 184
二、邀人共舞 ……………… 185
三、拒绝邀请 ……………… 186
四、舞场规范 ……………… 187
五、文明交际 ……………… 187
第五节 其他公共场所礼仪 ……………… 188
一、图书馆礼仪 ……………… 188
二、影剧院礼仪 ……………… 189
三、购物礼仪 ……………… 189
四、健身场所礼仪 ……………… 190

本章小结 ………………………………… 190
思考与训练 ……………………………… 190

第十二章　文书礼仪 …………………… 192

【学习目的与要求】 …………………… 192
【关键概念】 …………………………… 192
第一节　公务文书与礼仪文书 ………… 192
第二节　书信礼仪 ……………………… 194
　　一、书信及其构成 ………………… 194
　　二、信封的填写方法与要求 ……… 194
　　三、信文的书写方法与要求 ……… 196
　　四、常用的书信类别 ……………… 198
第三节　请帖礼仪 ……………………… 200
　　一、请帖的制作 …………………… 201
　　二、请帖的书写 …………………… 201
第四节　网络交流礼仪 ………………… 202
　　一、网络语言要规范 ……………… 202
　　二、电子邮件礼仪常识 …………… 202
　　三、微信礼仪常识 ………………… 204
本章小结 ………………………………… 204
思考与训练 ……………………………… 204

第十三章　求职礼仪 …………………… 206

【学习目的与要求】 …………………… 206
【关键概念】 …………………………… 206
第一节　求职前的准备 ………………… 206
　　一、审视自己 ……………………… 206
　　二、寻找机会 ……………………… 207
　　三、求职的心理准备 ……………… 208
第二节　准备求职材料 ………………… 209
　　一、求职信 ………………………… 209
　　二、个人简历 ……………………… 212
第三节　面试礼仪 ……………………… 214
　　一、面试前的准备 ………………… 215
　　二、面试中的礼仪 ………………… 215

　　三、面试后的礼仪 ………………… 217
第四节　面试问答 ……………………… 217
　　一、问题的提问方式 ……………… 217
　　二、面试常规问答 ………………… 219
　　三、恰当提问 ……………………… 226
　　四、面试难题回答技巧 …………… 227
本章小结 ………………………………… 230
思考与训练 ……………………………… 230

第十四章　涉外礼仪 …………………… 232

【学习目的与要求】 …………………… 232
【关键概念】 …………………………… 232
第一节　涉外礼仪概述 ………………… 232
第二节　涉外社交活动中的政务礼仪 … 237
　　一、国旗 …………………………… 238
　　二、国徽 …………………………… 238
　　三、国歌 …………………………… 238
　　四、国花 …………………………… 238
　　五、国宴 …………………………… 238
第三节　涉外商务礼仪 ………………… 239
　　一、准备活动 ……………………… 239
　　二、商务应酬礼仪 ………………… 239
第四节　世界主要国家的礼仪 ………… 242
　　一、美国的相关礼仪 ……………… 242
　　二、加拿大的相关礼仪 …………… 243
　　三、英国的相关礼仪 ……………… 244
　　四、法国的相关礼仪 ……………… 245
　　五、德国的相关礼仪 ……………… 246
　　六、日本的相关礼仪 ……………… 247
本章小结 ………………………………… 248
思考与训练 ……………………………… 249

主要参考文献 …………………………… 250

更新勘误表和配套资料索取示意图 …… 251

第一章 礼仪概述

【学习目的与要求】

通过本章的学习，了解现代社交礼仪的含义、特点，熟悉社交礼仪的特征，掌握社交礼仪的类型、作用；通过案例分析提高对社交礼仪在个人及现代企业生存和发展中所起重要作用的认识。

【关键概念】

社交礼仪　　第一印象　　交际能力　　表达能力

第一节　社交礼仪的内涵

案例

传统美德　源远流长

孔融四岁时便知道让梨。孔融这种谦虚礼让的美德，受到了人们的称颂。后来，孔融步入仕途，虽位高权重，但仍保持着这一美德。他在北海做官时，有一次被敌兵围困城中。正当危急之时，忽见城外一人挺枪跃马，杀入敌阵，左突右冲，杀开重围，前来拜见孔融，说道："某东莱黄县人也，复姓太史，名慈，字子义，老母重蒙恩顾。某昨自辽东回家省亲，知贼寇城，老母说：'屡受府君深恩，汝当往救。'故单马而来。"[①]原来，太史慈老母住在城外，孔融听说老人孤独无靠，常派人送去粟、帛等物，逢年过节，还亲往探望。老母感其恩，才命太史慈来救。孔融为官数十年，尊友敬邻，扶老爱幼，"座上客常满"，深得民心。

点评：我国素有礼仪之邦的美称，历朝历代流传下来许多蕴含礼仪之道的词语，如"己所不欲，勿施于人""礼尚往来""相敬如宾"等，这些都是我们今天在人际交往中应该借鉴、继承和发扬的美德。

人际交往是现代人的必修课，愉悦的人际关系是每个人都向往的。我们讨厌面具、虚伪和狡诈，渴望别人对自己友善、理解和宽容，希望与每一个人相处都融洽、快乐。这并不是奢望，但前提是要先学会对他人友善、理解和宽容。个人的恒久魅力到底在哪里？是高雅的气质、优美的仪态及谈吐、姣好的面容、游刃有余的处世方式，还是脱俗的品位？本书将介绍如何塑造及巧妙应用人格魅力。

---

① 太史慈救孔融之事《三国志·太史慈传》有载，《三国演义》与之事件梗概相同，情节做了较多演义。

一、礼仪

礼仪即礼节与仪式。中国古代有"五礼"之说，祭祀之事为吉礼，冠婚之事为嘉礼，宾客之事为宾礼，军旅之事为军礼，丧葬之事为凶礼。民俗界认为礼仪包括生、冠、婚、丧四种人生礼仪。

在人类文明经过长期演进的今天，礼节已成为一个国家、一个民族文明程度的重要标志，成为衡量社会公众教养和道德水准的尺度，也是每个人成功地与他人交往的有效武器，正所谓有"礼"走遍天下。

1. 礼仪的概念

视野拓展

阅读《杨澜：没义务通过你邋遢的外表，去发现优秀的内在》一文，了解一个人的外表在社交活动中的重要性。

在西方，"礼仪"一词最早见于法语中的单词"Etiquette"，原意是在法庭上使用的一种长方形的纸板，纸板上标明进入法庭所必须遵守的规矩和行为规范。后来"礼仪"一词进入英文，这个词引申为：人与人之间交往的通行证（即礼仪）。西方各国都非常重视礼仪，认为礼仪是一个人通向文明社会和主流文化的通行证，是人们和谐相处的通行证。它有三层含义：一是指谦虚有礼的行为（语言和行为）；二是指教养、规矩、礼节；三是指仪式、典礼、习俗等。

从概念上讲礼仪是表示敬意的统称，是指人们由于受历史传统、风俗习惯、宗教信仰、时代潮流等因素的影响而形成的，为人们共同遵守的，符合礼仪的精神及要求的行为规范及惯用形式的总和。

礼仪是人类文明程度和道德修养的一种外在表现形式。礼仪对个人而言，是思想水平、文化修养、交际能力的外在表现，是一个人以约定俗成的方式来表现的律己、敬人的过程。礼仪也是人类文明的结晶，是现代文明的重要组成部分。它体现的宗旨是尊重，既是对人也是对己的尊重。这种尊重总是同人们的生活方式有机、自然、和谐地融合在一起，成为人们日常生活、工作中的行为规范。这种行为规范包含个人的文明素养，也体现了人们的品行和修养。礼仪的本质是"诚"，有敬重、友好、谦恭、关心、体贴之意。

2. 礼仪的构成

礼仪是一个非常宽泛的概念，一般由礼貌、礼节、仪表、仪式等四部分组成。

（1）礼貌是在人与人之间的交往中，通过言谈、表情、举止等表示敬重和友好的行为规范，体现了一个人的文化层次和文明程度。

（2）礼节是礼貌的具体体现。它是人们在日常生活中特别是交际场合中，相互问候、致意、祝愿及表示相互尊重的惯用形式。

（3）仪表是指人的外表，是个人魅力的基础，同时也是尊重他人的自我表现，包括人的仪容、举止、表情、谈吐、服饰和个人卫生等。

（4）仪式是礼的秩序形式，即为表示敬意或表示隆重而在一定场合举行的、具有专门程序的规范化的活动。如各种各样的庆典、聚会，各民族的婚礼、葬礼，各种场合的颁奖仪式、签字仪式等。

视频园地

推荐观看《感恩父母，感恩教育》公益广告视频，并讨论我们应该如何孝敬父母、爱身边的每一个和我们同行的人。

综上所述，礼貌是表示尊重的言行规范，礼节、仪表、仪式是表示尊重的惯用形式和具体要求。由上述四者组成的礼仪则是一个系统、完整的过程。

案例

总统鞠躬

《林肯传》中有这样一件事：一天，林肯总统与一位南方的绅士乘坐马车外出，途遇一老年黑人向他鞠躬。林肯点头微笑并也摘帽还礼。同行的绅士问道："为什么你要向黑人摘帽？"林肯说："因为我不愿意在礼貌上不如任何人。"1982年美国举行民意测验，要求人们在美国历届40位总统中挑选一位"最佳总统"时，名列第一的就是林肯。

点评：在人际交往中，对人表示礼貌的行为举止，能够塑造良好的个人形象。林肯向老年黑人脱帽还礼表现出礼仪的精髓所在——尊重、友好。

二、社交礼仪

现代人离不开社交，良好的社交又离不开社交礼仪。

1. 社交礼仪的概念

社交礼仪是礼仪的重要组成部分，是指人们在人际交往、社会交往和国际交往活动中，用于表示尊重、亲善和友好的行为规范和惯用形式的总称。

思考与讨论

审视自我形象是否有不符合社交礼仪要求之处？

不管是在公共场所，还是在私人聚会的场合，只要你与他人交往，你的穿着打扮、言谈举止、处世作风等外在形象就会呈现在他人的眼里，并给对方留下深刻印象。在现代社交活动中，一个人外在形象的好坏，会直接关系到社交活动的成功与否，而遵守社交礼仪就是塑造良好外在形象的捷径。

2. 社交礼仪的深层内涵

社交礼仪包含以下几层含义。

思考与讨论

人都有被尊重的高级精神需要。怎样做才能满足交往对象的这种需求？

（1）社交礼仪是一种道德行为规范。社交礼仪规范是对社交活动中的人的行为进行约束的规矩、章法和惯例，它规定了应该怎么做，不应该怎么做，如在单位见到上司时要先打招呼致意，到老师办公室办事，进门前要先敲门。社交礼仪比起法律、纪律，其约束力要弱得多。违反社交礼仪规范，会让别人产生厌恶之感，破坏与群体的关系。因此，社交礼仪的遵守要靠个人自律。

（2）社交礼仪体现的宗旨是尊重。在社会交往活动中，按照社交礼仪的要求去做，不仅会使人获得尊重，身心愉悦，还可以达到人与人之间关系的和谐。

课堂训练

找出同桌的兴趣、爱好，拟订让同桌感到愉悦的行动方案。

（3）社交礼仪只要求在人际交往活动中被遵守，这是社交礼仪的应用范围，超出这个范围就不一定适用了。如在一些正式公共场合穿拖鞋是失礼的，但是在家穿拖鞋则是正常的；在单位躺着是失礼的，在家里躺着则是理所当然的。

马斯洛的需求层次理论

1954年马斯洛的《动机与个性》一书中将人的需求分为五层：生理需求（指维持生存及延续种族的需求）、安全需求（指希望受到保护与免于遭受威胁从而获得安全的需求）、爱与归属的需求（指被人接纳、爱护、关注、鼓励及支持等的需求）、尊重需求（指希望得到别人尊重的需求）、自我实现的需求（指在精神上臻于真、善、美合一人生境界的需求，也即个人所有需求或理想全部实现的需求）。社交礼仪在一定意义上说就是要尊重他人，满足他人的需求。

人的需求不是一成不变的，它会随着环境条件的变化而变化。社交活动中适宜地满足不同人的不同需求是尊重他人的重要内容。推荐以"马斯洛需求层次理论"为关键词通过网络搜索引擎搜索相关网络百科词条，对其做更多的了解。

第二节　中国礼仪的产生和发展

中国传统礼仪文化以平和、中正为特征，不仅在海内外产生了深远的影响，还在中国文明延续数千年的过程中起到了重要作用（中国文明是四大文明古国中唯一没有发生过文化中断的文明）。

中国古代礼仪包括的范围、内容和形式非常广泛，诸如政治体制、朝廷法典、天地鬼神祭祀、水旱灾害祈禳、军队征战、行政区域划分、房舍陵墓营造，乃至衣食住行、婚丧嫁娶、言谈举止无不与礼仪有关，它是一个庞大的概念。直到近代，礼仪的范畴才逐渐缩小，现在一般只有礼节和仪式的意思。

礼源于生活，首先表现为一种生活仪式，最后才上升到伦理道德高度。古代家礼对日常生活中子女的衣、食、居、行、立、坐等各种生活行为和习惯，都有一套礼节规范，不能随意行事。

一、萌芽及初创阶段

中华民族的历史掀开第一页的时候，礼仪就伴随着人的活动、原始宗教产生了，但限于文献资料的匮乏，我们只能通过考古和零星的记载做出一些推断。

考古发现，距今约三万年前的北京周口店山顶洞人已经用穿孔的兽齿、石珠、贝壳作为装饰品挂在脖子上打扮自己，他们在去世的族人周围撒放红色的赤铁矿粉粒，并用石器和装饰物陪葬，举行原始的宗教仪式，期望死者能够超生，这是中国境内发现的最早的葬礼（图1.1、图1.2）。

距今六七千年半坡遗址中的公共墓地，坑位有序、身份有别，包括带殉葬品的仰身葬、无殉葬品的俯身葬等，说明在当时尊卑有序，男女有别等规矩已初步显现出来。

距今五六千年的红山文化遗址中，有大型的祭坛、神庙、积石冢等，是举行大规模祭祀活动的场所，这说明最迟在这个时期已出现了较为成熟的祭祀活动和相应的礼俗仪式。伴随着仪式的礼乐活动的出现应该在这一时期之前。

图 1.1　北京周口店山顶洞人的葬仪

图 1.2　山顶洞人的装饰品

各种考古资料显示，《通典·礼一》中的记载"故自伏羲以来，五礼始彰。尧舜之时，五礼咸备"①并非空穴来风，那时礼仪文化应该已经初步形成。

从夏朝开始中国进入"家"天下的时代，夏、商形成了较为完整的礼仪制度，但历史记载有限，难以详考。而西周时期与周礼相关的文献已大为丰富，可以看出此时礼仪制度已经很完备、系统了。

虽然没有充足的文献记载，但通过考古发现和其他线索，可以推断伏羲之后至西周时期的礼仪制度有很强的传承性，是逐渐完善起来的。

视野拓展

青铜礼器

周代，青铜器是礼制的集中体现，用于祭祀和宴饮，这些被赋予特殊意义的青铜器叫作青铜礼器，或称彝器。这些青铜器皿，按其制作本意主要是用于盛载酒食祭祖祀神的。其纹饰不是让普通人看的，而是让神看的，所以显得很神秘。青铜礼器还是礼制等级的体现，大体上是天子九鼎八簋，诸侯七鼎六簋，卿、大夫五鼎四簋，高级的士三鼎二簋（图 1.3）。

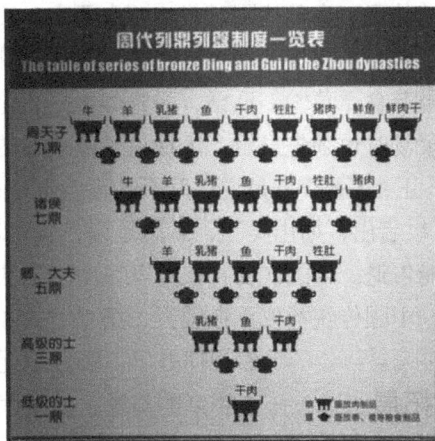

图 1.3　青铜礼器

二、成熟阶段

在 3000 多年前的殷周之际，周公制礼作乐，提出了礼治的纲领。其后经过孔子、孟子、

---

① 《通典》，唐杜佑撰，二百卷，是汉民族历史上第一部体例完备的政书；伏羲所处时代有多种说法，最晚的说法是 7000 年前；尧、舜所处时代约 4000 年前。

荀子等人的提倡和完善，礼乐文明成为儒家文化的核心。西汉以后，作为礼乐文化的理论形态和上古礼制的渊薮，《仪礼》《周礼》《礼记》先后被列入官学，不仅成为古代文人必读的经典，而且成为历代王朝制礼的基础，对于中国文化和历史的影响之深远，自不待言。随着东亚儒家文化圈的形成，礼乐文化自然成了东方文明的重要特色。

孔子非常重视礼仪，把"礼"看成治国、安邦、平天下的基础。他认为"不学礼，无以立""质胜文则野，文胜质则史。文质彬彬，然后君子"。他要求人们用礼的规范来约束自己的行为，要做到"非礼勿视，非礼勿听，非礼勿言，非礼勿动"。他倡导"仁者爱人"，强调人与人之间要有同情心，要相互关心，彼此尊重，把礼仪理论提高到了一个新的高度。

孟子把礼解释为对尊长和宾客恭敬而有礼貌，即"恭敬之心，礼也"，并把"礼"看作人的善性的发端之一。

战国末期的思想家荀子，把"礼"作为人生哲学思想的核心，把"礼"看作做人的根本目的和最高理想，"礼者，人道之极也。"他认为"礼"既是目标、理想，又是行为过程。"人无礼则不生，事无礼则不成，国无礼则不宁。"主张"隆礼""重法"，提倡礼法并重，并认为只有尊崇礼，法制完备，国家才能安宁。

管仲把"礼"看作人生的指导思想和维持国家的第一支柱，认为礼关系到国家的生死存亡。

由儒家学者整理成书的礼学专著"三礼"——《周礼》《仪礼》《礼记》，记录、保存了许多周代的礼仪。在汉以后的两千多年中，它们一直是国家制定礼仪制度的经典著作，因此被称为"礼经"，"三礼"的出现标志着礼仪的发展进入了成熟阶段（图1.4）。

从饮食礼仪的角度，《礼记·礼运篇》中讲到，"夫礼之初，始诸饮食"。古时候，把黍米、切割成块的肉烤熟吃，用双手捧着小坑的积水喝，都是饮食礼仪的原始体现。春秋战国时代，"食不言，寝不语"，即吃饭时不交谈，在别人睡觉时不说话吵到别人；"虽疏食，菜羹，瓜祭，必齐如也"，是说吃糙米饭菜汤时也须先祭祖，表现也是斋戒般的恭敬；"席不正，不坐"，是说座席不端正就不坐；

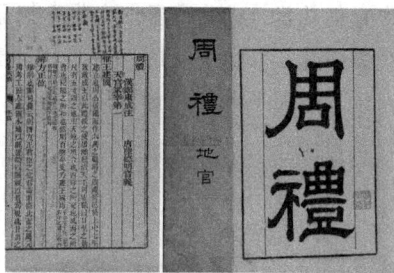
图1.4 《周礼》古本

"乡人饮酒，杖者出，斯出矣"，意思是说，同本地方的人一道饮食，要等老人都离席而去，最后自己才能告退。中国饮食礼仪可以说由来之久，在世界饮食文化史上也是独具特色的。

应该说，中国传统礼仪重在敬天、祭祖、人和三方面。敬天会增强人的敬畏心，遵循自然规律办事，较好地促进了人与自然的和谐相处；祭祖提倡对祖上宗亲的尊重，是凝聚家族力量抵御外界风险的保护机制，也是对前人既有知识的传承；人和注重讲信修睦、彼此谦敬礼让，在很大程度上促进了社会的和谐、稳定。

三、强化阶段

西汉初期，思想家董仲舒把封建专制制度的理论系统化，把儒家礼仪具体概括为"三纲五常"。"三纲"即君为臣纲、父为子纲、夫为妻纲，"五常"即仁、义、礼、智、信。

宋代程朱理学被钦定为官方的正统哲学思想，它将礼仪与封建伦理道德说教相融合，即将礼仪与礼教相杂，繁文缛节极尽其能，成为实施礼教的得力工具之一。

明代的礼制更加完善，忠、孝、节、义等礼仪日趋繁多。满族入关后，也逐渐接受了汉族的礼制。

中国传统礼仪在数千年的历史发展中起着"准法律"的作用，在一定程度上维系了社会的稳定。西汉之后，中国礼仪的重要特点是尊神抑人、尊君抑臣、尊父抑子、尊夫抑妇，应该说迎合皇权需要的礼仪制度有助于巩固王朝的统治，但一定程度上也偏离了孔孟原意。宋之后600余年中被强化、歪曲的传统礼仪对社会发展的负面作用逐步放大，明代王阳明提出了部分变革思想，但并未能影响历史走势。

四、现代礼仪重塑阶段

清朝后期政府腐败、民不聊生，国势衰微导致列强入侵，古代礼仪盛极而衰，"礼崩乐坏"局面再次出现。随着西方礼仪传入中国，北洋新军时期的陆军率先采用了西方军队的举手礼。清朝灭亡后，受西方"自由、平等、民主、博爱"等思想的影响，中国的传统礼仪规范、制度，受到强烈冲击。破旧立新，提倡用民权代替君权，用自由平等取代宗法等级制，剪辫子、禁缠足，拉开了现代礼仪改革的帷幕。五四新文化运动之后对腐朽、落后的礼教进行了清算，繁文缛节和不合时宜的礼仪逐渐被抛弃，同时接受了一些国际上通用的礼仪形式。

视野拓展

中国古时认为女性的脚越小越美（图1.5），小脚成了女性魅力的主要标志，你知道为什么吗？推荐通过网络百科（如百度百科）对"裹足"做更多了解。

图1.5　缠足使足骨骼严重变形

五、当代礼仪阶段

不可否认，近百年的礼仪重塑对中国重新走向繁荣富强起到了重要作用，但矫枉过正的现象也不可否认。当更多学者看到传统礼仪文化在韩国、日本和我国港、澳、台地区的社会发展中起到的重大作用后，更多人开始重新审视我国传统礼仪的积极作用，推动传统礼仪的传播和恢复。

进入21世纪，我国经济已经比较发达，但礼仪重塑阶段尚未完成。这项工作应该以继承我国优秀传统礼仪为基础，吸收各国优秀礼仪文化，不可抱残守缺，崇洋媚外更不可取。

各位读者的一言一行都会对我国礼仪重塑起到一点一滴的推动作用，建议各位读者勤学、多练、多思考、勇于实践，学习范围不必局限于课堂和书本，本书"视野拓展"栏目中推荐的网络资源可供课外学习时参考，争取通过本书（课程）的学习改善个人形象，提高所在群体（单位、院校、家庭）的形象，同时，这对提高我国的国际形象也会起到促进作用。

视野拓展

100多年来，我们在对传统礼仪的继承上有一些遗憾，学洋有余继承不足，由此引发了诸多社会问题。除《中华礼仪的演变及发展趋势》一文外，读者还可关注中国礼仪网"中国礼仪—传统礼仪"中的其他内容。

第三节　社交礼仪的作用

一个人在社会上的形象是非常重要的，但许多人通常以为形象就只是指穿着打扮，实际上形象还包括个人气质和言谈举止等。人们往往会忽视气质和言谈举止的重要性，似乎只要打扮得漂亮就足够了。形象不只是外表，而是精神气质和个人修养由内而外的体现。穿着打扮显示个人的品位和爱好，言谈举止更是个人修养的展示。

思考与讨论

为什么要学习社交礼仪？

所以，不要以为打扮得好就能拥有良好的个人形象，它需要从内到外的长期修炼，是多年积累的结果。想要提升自我形象，就要多了解社交礼仪，多学、多练，以得体的服饰打扮、幽默的谈吐、高雅的举止及适宜的处世方式来赢得大家的赞许。

一、塑造良好的"第一印象"

"第一印象"，即和陌生人初次见面时给对方留下的印象。第一次见面，给对方什么样的第一印象，对于今后能否继续交往及交往能否深入，都有十分重要的作用。陌生人初次见面，给对方留下的第一印象，来自于传递给对方的信息，而对方所接受的信息则是他最初看到和听到的信息。一个人在社交场合亮相时所展示出来的风度，主要是一个人的容貌、服饰打扮、动作姿态及语言的表达等给人留下的印象。

第一印象的形成非常迅速，有时只是看一眼、瞥一下，印象就形成了，而且由第一印象还会联想到一个人今后的形象。有的求职者因为衣冠不整、体态不端而失去了就业的机会。在企业老板看来，如此不修边幅、不拘小节的人，对工作也会是随随便便、缺乏责任心的。另外，第一印象一旦产生，往往会形成顽固的定式，对今后的信息产生指导作用。心理学家的实验结果表明，人们常常是通过对他人的第一印象，来评价其学识、涵养、性格的，并对其以后的行为进行推测。这个人以后的具体表现，往往只能对第一印象有强化或弱化的影响，很难从根本上改变印象的好坏。

一个成功人士，往往特别注重在他人面前塑造良好的第一印象，这也是一切社交场合的通行证，可令人际交往事半功倍。实践中宜注意以下三点。

（1）要把握好关键的 4 分钟。行为心理学实践证明，人际接触最初的 4 分钟是形成人际知觉极为关键的时间区域。这 4 分钟包括：走向对方的 1 分钟，与对方握手寒暄的 1 分 30 秒左右，坐在座位上及简短的开场白 1 分 30 秒左右。因为在与人刚开始接触时，双方的精力都十分集中，细微的信息都会在头脑中留下深刻的印象，并会一直影响以后交往的相当长一段时期。

（2）要有树立塑造"第一印象"的意识。一个人要随时具有塑造良好的"第一印象"的意识，才能在言谈举止中注意自我约束，按照社会上大多数人所愿意接受的标准去表现自我，这种意识的建立可以使人在一定的时间内慢慢养成一种良好的习惯。

视野拓展

推荐阅读《7 天养成一个好习惯！21 天一个周期，坚持 52 周你会脱胎换骨》一文，尝试让自己养成好习惯，在今后的社交中塑造良好的形象。

（3）要勤于实践。我们每天都在与人交往，所以要在交往过程中勤于实践，恰当地运用社交礼仪，使各种礼仪规范内化为自己行为举止的一部分。

二、塑造良好的日常个人形象

歌德说过："一个人的礼貌，就是一面照出他的肖像的镜子。"一个人只有具备良好的礼仪修养，才能真正在社交中展现良好的个人形象。一个在社交中谈吐文雅、稳重大方、彬彬有礼、风度翩翩的人，往往会给人留下美好的印象。然而，特别要注意的就是在与朋友交往的过程中，你的一次失礼就可能导致友谊的中断，如一次谎言、一句刺耳的话、一个蔑视的表情、一个失礼的动作等。与人交往时要注意以下几个方面的内容。

（1）具有饱满的精神状态。一个神采奕奕、精力充沛、自信而富有活力的人，能激发对方交往的欲望，活跃交往的气氛。

（2）以诚恳而坦率的态度对待别人。当你与交往对象在一起的时候，要让人感觉到你是一位亲切、温和的人，要做到：态度诚恳，说话得体，端庄而不冷漠，谦逊而不造作，上交不献媚，下交不轻慢。

（3）加强性格的修养。努力做到大方而不出格，自重而不自傲，豪放而不粗俗，刚强而不执拗，谦虚而不虚伪，认真而不迂腐，活泼而不轻佻，直率而不幼稚。

（4）注意幽默文雅的谈吐。幽默文雅的谈吐既能显示人的智慧，又能创造轻松、有趣、和谐的交际气氛。两名男青年作家在接受一名年轻漂亮的女记者的采访时，曾经开玩笑说："我们早就听说你非常漂亮，所以很想吻吻你。"女记者大方而巧妙地回答："要想吻我，得先问问我丈夫，看他是否同意。"

（5）与人交往时要有得体的表情及举止动作。要正确运用社交礼仪，使你的一言一行、一举一动、一颦一笑都让人感觉到舒适、愉悦、真诚。

视野拓展

礼仪的作用众说纷纭，读者可扫描二维码阅读《学习文明礼仪的作用和意义有哪些》中的总结。建议通过网络搜索"都市文明礼仪形象大使评选活动"相关图文或视频新闻，重新总结礼仪的作用。

案例

两个学生的茫然

一次，我和一位在企业做人力资源部部长的朋友前往一所大学招聘员工，有5个毕业生同时应聘这家公司的业务员。面试前学校老师怕学生面试时紧张，同我们商量让5个学生一起进来面试。我们同5个学生一起来到办公室，这时，部长出去接了一个电话，待回到办公室时只见有两个学生坐在沙发上，一个架起二郎腿而且两腿不停地颤抖，另一个身子松懈地斜靠在沙发的扶手上，两手攥握手指咔咔作响；另两个学生站在室内等候；还有一个端坐在椅子上等候面试。人力资源部部长坐回座位，非常客气地对两位坐在沙发上的学生说："对不起，你们二位的面试已经结束了，请吧！"这两个学生四目相对，不知为何面试怎么还没提问就结束了。

请问：你知道其中的缘由吗？

三、塑造良好的企业形象

美国华盛顿一个市场调查机构的调查结果表明，客户如果对企业不满，96%的人不会直接向企业抱怨或投诉，但有91%的人不会再购买其产品，而且会向周围9个人讲述，其中13%的人会向周围20个人讲述。因此，让客户满意是塑造良好企业形象的基础。

企业形象是公众对该企业的总体评价和信赖程度，是企业良好公共关系的综合反映，是企业人、事、物在社会公众心目中印象的总和，是一个完整的、立体的概念。那么，如何优化企业的形象呢？人是企业形象的首要构成要素，主要表现在企业领导人形象、专业人员形象和员工形象。企业中的每一个人若能塑造良好的个人形象，那么其所在的集体就会有一个良好的企业形象，而良好的企业形象是企业的无形资产。

一个企业具有良好的企业形象，就意味着该企业具有良好的知名度和美誉度，它可以赢得广大客户的信赖，使销售渠道畅通，并不断开拓市场，也可以赢得政府、上级主管、工商、财税、金融及新闻媒介等部门的理解、信赖和支持。

第四节　人的内在素质与社交成功的关系

人要想迅速融入社会，就要学会成功地进行社交活动。社交成功就意味着朋友之间彼此喜欢、信任，并愿意互相帮助和支持。要想取得人际交往的成功，方法和因素是多方面的，但是最根本的还是取决于人自身素质的高低。

社交中人的内在素质，是指人在社交活动中所表现出的气质、性格、兴趣、风度、学识和技能方面的综合品质，它是社交中人的个性特征的总和，是对社交中人的一种综合能力的概括。具体来说，具备多血质的气质、开朗的性格、高尚的品德、高超的智慧、T 型的知识结构及综合社交能力等素质的人更易于取得社交的成功。

思考与讨论

你应该在哪些方便提升自己？

一、具有良好的气质

视野拓展

早在公元前 5 世纪，古希腊著名医生希伯克拉特就观察到人有不同的气质。他认为人体内有四种体液，即血液、黏液、黄胆汁和黑胆汁。人的气质取决于四种体液匀称比例被破坏的情况。后来医学家根据哪一种体液在人体中占优势，把人的气质分为四种基本类型：胆汁质（兴奋型）、黏液质（安静型）、抑郁质（抑制型）和多血质（活泼型）。

胆汁质气质类型的人的特点是直率、热情、精力旺盛，情绪易兴奋冲动，脾气暴躁；黏液质气质类型的人的特点是安静、稳定、沉着、善于忍耐、沉默寡言、情绪不易外露，反应迟缓；抑郁质气质类型的人的特点是谨慎、小心、对事物体验深刻，善于发现一般人不易察觉到的细节，性格内向，忧郁，行动迟缓，疑心太重；多血质气质类型的人的特点是活泼好动、感情丰富、反应敏捷、善于交际、容易适应新的环境。

所谓气质指的是人相对稳定的个性特点，是一个人心理活动的动态性特征，不仅表现在人的情感活动的强弱、快慢、隐现及意志行动的力量、速度上，还表现在思维的灵活或迟滞上。气质具有经常性和稳定性的特点。

人的气质本身无好坏之分，气质类型也无好坏之分。同时，气质也不能决定一个人活动的社会价值和成就的高低，多数人是混合型气质类型。如前所述，在一定程度上多血质气质类型的人在社交活动中占有一定优势。

气质特性尽管是最稳定的一种心理特征，然而它仍然会因后天的影响而发生一定的变化，即具有可塑性。丽质可以天生，而气质却有待后天的培养。

案例

琼玛爱牛虻而不爱亚瑟

伏尼契的名著《牛虻》的主人公亚瑟，年轻时长得很美，不过有些"娘娘腔"。念高中时，他曾向女同学琼玛求爱，结果遭到拒绝。多年后，亚瑟从拉丁美洲回来，这时，他已改名牛虻，是个职业革命家，尽管他的脸上有刀疤，腿也瘸了，但琼玛却发现他比当年的亚瑟美得多，后悔当初没有接受他的求爱。其实，从人的容貌上看，无疑是亚瑟比牛虻更美，但是从人的气质来看，牛虻更有个性、更有男子汉魅力，这就是琼玛爱牛虻而不爱亚瑟的原因。

点评：人的内在素质是非常重要的，人的魅力不仅在外表，更在于他的气质。同时还要知道环境是可以改变人的。

二、具有开朗的性格

性格是表现人的态度和行为方面较稳定的心理特征，它是个性的重要组成部分，与人的气质密切相关，主要表现为对他人的态度和行为方式上的不同心理特点。社交活动中，在对他人的态度上要开朗、有耐心、能宽容，而对别人的过错则能够忍让、接纳。要善于向对方表达自己的意向和愿望，以诚恳的态度说服对方，唤起对方的友好情感，还要以极大的耐心听取对方的意见并观察对方的反映。美国有人对100名百万富豪做了一次调查，结果表明，只有一个共同的特点能把这些人联系在一起，那就是他们更容易看到他人的优点。

另外，在处世的态度上，遇事沉着冷静，往往更容易与他人和睦相处。因此在人际交往中，我们无论遇到什么事情，都应微笑面对、坦然自若，这样才不会破坏人际关系。

三、具有高尚的品德

品德是指人的品质与道德。

首先，诚信是高尚的品德，是增进友谊的桥梁。诚信=诚实+守信。即与朋友交往一要诚、真；二要守信用。诚、真是人际交往的基础，可以使人表现出真实的自我，塑造人格魅力。信用是一种现代社会无法或缺的个人无形资产。诚信的约束不仅来自外界，更来自我们的自律心态和自身的道德力量。

诚实是做人之本

1904 年在美国圣路易斯举行的第三届现代奥运会马拉松比赛中，出现了奥运史上的第一个冒牌冠军。

比赛当天，天气非常炎热，一个名叫弗雷德·洛茨的美国人一马当先，跑在了最前面。但当他跑完 12 千米后，身体突然感觉不舒服，两腿抽筋，只好停下来休息，然后搭上了一辆过路汽车。过了一会儿，他感觉好多了，便下车继续跑，并第一个到达了终点。

然而没过几分钟，就有人发现了洛茨的不实之情，骗局被揭穿了，这使他成为奥运史上第一个不光彩的冒牌冠军。

点评：诚信是每个人的觉悟和品德，无论是一个人、一家企业，还是一个国家，只有诚信才能让其把握发展的机会，赢得事业的成功。

其次，要将乐于助人、善解人意作为自己的行为准则。俗话说"助人为快乐之本"，乐于助人的人使别人得到了帮助，自己也会有成就感。

最后，光明磊落为待人处世的根本，不论身居何职、处理何事，均应做到光明磊落，心中无欺隐之事。人后不言人过，人前当劝人善。做人坦坦荡荡、光明磊落，这乃是君子之所为。

四、具有高超的智慧

智慧是一个人的学识、经验及应变能力的浓缩。在社交场合，是指能够善解人意、与人有效交往的才能，包括建立与维护关系的能力，能在团体中扮演各种角色，可让自己了解别人，与人沟通，注意别人在心情、气质、动机和技能上的差异。能够令人愉悦，赢得朋友。促使他人朝有利于自己的方向转变。

~~~ 案例 ~~~

巧辩

美国著名作家马克·吐温写的一部著名讽刺作品《镀金时代》，引起了极大轰动，在记者招待会上马克·吐温脱口说道："美国国会议员中有些人是狗娘子养的。"报纸连篇累牍加以报道，有些议员纷纷抗议，要求马克·吐温在报纸上公开道歉。马克·吐温答应了，于是在报纸上公开发文："日前，小的在宴席上信口雌黄，说美国国会议员中有些人是狗娘子养的，议员先生们对此大加问责，细细考虑，此言确有不妥，现修改如下：美国国会议员中有些人不是狗娘子养的。"

点评：马克·吐温说，"机智就是把两件不相干的事物联结在一起"，幽默是机智的表现。幽默的基础原理，也是把两件不相干的（甚至是相反的）事物联结在一起。幽默浓于风趣，机智浓于机敏和智慧。机智的语言在语义内容上大都有出人意料的智慧性，有的深邃得如禅机、哲语，非常耐人寻味。

五、具有"T"形知识结构

在人际交往中，易于与他人成功交往的人其知识结构应该是"T"形知识结构。T形知识结构，即指专业知识要深、要渊博，其他知识面要宽、要广。精深的专业知识是成功社交的基础，它可以使与你交往的人尊重你，并对你产生羡慕，提升你在社交活动中的地位。而其他知识面的宽广，则会使你在人际交往中迅速与各种层次、各个领域的人拉近距离，迅速地融入所接触的群体。一个人要利用各种时间多学习各种知识，广博、扎实、牢固的知识是一个人成功社交的资本，也是一个人智慧和能力的源泉。一个人的聪明才智、发展潜力与其所掌握的知识多寡密切相关。

六、具有较强的综合能力

能力是知识和经验的结晶。成功的社交，需要我们具备以下几方面的综合能力。

1. 交际能力强

交际能力是指在社交活动中与人交往的能力。要学会交际，就要先注意语言沟通中的技巧，要善于运用适宜的语言与别人迅速缩短心理距离。每个人的"自我"中都存在开放区域和秘密区域。开放区域是指他愿意向周围的人公开的方面，对一般人来说，诸如籍贯、职业、资历等基本背景资料都是有问必答的，年龄、婚姻、家庭构成等情况，按中国人的习惯也大都不会回避。秘密区域则包括个人不愿意吐露，在与人接触中有意回避的方面，如个人的习惯与癖好、个人的经历中某些不愉快的遭遇、某些社会关系、个人的计划或期待等。这两个区域会因为时间、地点及交往的对象不同而有所变化。

一般来说，对于一个力图打开社交圈的人来说，首先，应尽可能地扩大开放区域，缩小秘密区域。当然也不可过于开放，如果跨越人与人交往的界限，反而会让人感觉到轻浮、不可信。其次，尽量在空闲时间多参加不同的活动，在活动中扩大自己的社交圈，增长见识。再次，要有主动与人交往的意识。最后，还要注意在交往中的非语言信息的传递，如面部表情、肢体语言等都是非语言交往形式，这些都会影响交际效果。

2. 自控能力强

自控能力即控制自己情绪的能力。在人际交往中，常常会遇到各种情况，如遇到让人非常冲动的事情，交往的对象给自己难堪，自己所做的事情别人不理解甚至误解，工作中顾客投诉等。这时该如何应对？那就要学会自控，要学会一个"忍"字。如若不忍，人际关系则有可能立即呈现紧张状态，多年的关系还可能毁于一旦。一个人在情绪状态下所伴随的生理变化与行为反应，是当事人无法控制的。只有"忍"，只有自控，才能让人头脑冷静、情绪稳定，才能在情急之中快速想到处理问题的最佳方法。

视野拓展

情绪与呼吸

有关资料表明，人在平静时，呼吸为每分钟20次左右；愤怒时，呼吸每分钟可达40～50次；突然惊恐时，呼吸会暂时中断，心跳为每分钟200次左右；狂喜或悲痛时，呼吸还会出现痉挛现象。

如何调整自我情绪？你不妨经常进行自我暗示来调整自己的情绪。例如，"你发脾气是由于你受到了刺激；如果是我，我也会像你一样，我理解你，我不会与你计较。""从现在起，我要面对现实，想些实际的事情，任何事不能拖延，并且要遵守诺言。""我希望睡个好觉，不胡思乱想，平静、沉沉地睡去。第二天醒来精力充沛，活泼愉快地开始一天的工作。""我要逃出烦恼、焦虑的陷阱，变成一个快乐、活泼的人。""人生短暂，为什么要想那些不快乐的事呢，忘掉它，从现在开始做我喜欢做的事情。""我要学习自我控制，让自己成长，内心充满自信和愉悦，决不让过去的阴影破坏现在和未来的完美生活，并牢牢记住——每年都有365个崭新的机会。"

3. 应变能力强

应变能力是指应付情况突然变化的能力。社交活动中，各种突发情况时有发生。在遇到突发情况时，要冷静、自控，但自控并不是目的，是为了在各种突然发生的变化面前保持清醒的头脑，分析主观、客观和有利、不利等条件，自控之后，还需应变，而应变则需要理智和机智。

提高应变能力，首先要掌握丰富的知识，这样在与人交往中，才有可能做到"兵来将挡，水来土掩"。其次，在参加或组织各种活动时，经验不足的人应多制订几套应急预案，多想几个"怎么办"，如"停电了怎么办""顾客不去参观、购物怎么办""重要人物不来怎么办""车坏了怎么办""他提出价格太高怎么办"等，有了多种方案的准备，在突发情况的瞬间就可以互相比较，拿出最佳方案。应变有赖于机智，更有赖于准备。

4. 表达能力强

表达能力即语言表达能力，包括演说、解释、说服、谈判、协调概括和非语言的传播等能力。

案例

身体语言的魅力

意大利有一位著名的悲剧表演艺术家罗西，在一次为外宾表演时，虽然外宾听不懂他说的话，但是看着他凄惨的表情，听着他悲凉的语调，有很多人都掉下了感动的泪水。当表演结束后，主持人向大家宣布：刚才罗西为大家表演的内容是你们每个人桌上的菜单。

点评：表演艺术家虽然具有很强的表演天赋，但社交场合中每个人在表达自己意愿时身体语言却是不可忽略的重要组成部分。

西方的传播学者在细致地分析了人际传播的各种要素后提醒我们，在面对面接触时，人们可以借用的传播符号有很多。一个人的面部表情可以传递出丰富的信息。说话不只有语言符号的交流，说话时的语气、音量也都是不可忽视的符号，它们可以表达出不同的感情色彩。美国心理学家、传播学家艾伯特·梅拉比安等人提出：

信息的冲击力=7%言辞+38%声音+55%视觉

如何提高自己的表达能力？很重要的一点是要抓住各种机会多锻炼多实践。在平时有机会的时候要说，没有机会的时候为自己创造机会去说；没人的时候自己练习说，有人的时候给大家说。只要自己有想提高表达能力的意识，多参加各种活动锻炼自己，人人都可以做到非常出色。

本书编者的故事

其实，过去的我语言表达能力是比较差的，平时不太善于言谈，在报考大学时就为自己划出了今后不愿从事的职业：医生、教师。可事与愿违，我大学刚毕业就被分配到学校教书。

1983 年 9 月 1 日开始上班，11 月 1 日就要讲课，两个月的准备时间，对于我来说简直就是一种煎熬。我没日没夜地写教案，写完后再背下来。人在没有退路的时候，只有向前冲。讲课的前一天晚上我失眠了，紧张所致。

第二天，当我走进教室的时候，都没敢看学生，等我抬起头来看到学生的时候，我又有些紧张，因为我看到我的学生都比我的年龄还大，后面座位上甚至还有两位 50 多岁的学生。虽然我知道他们都是在职学习的学生，但确实没有想到年龄这么大，我的脑袋一片空白。但是自己既然已经站在讲台上，就要把课讲下去，稍冷静后我就开始了我的第一堂课。我将教学内容背得很熟，结果光是背，时间没掌握好，还剩 20 分钟的时候事先准备好的课"背"完了。没有办法，我略一思索，让学生每个人拿出一张纸给我提意见。

我的第一堂课就是这样度过的，当时我棉衣里面的线衣都已经湿透了。

现在，由于我天天讲课，天天锻炼，可以说，在众人面前讲话已经不是困难的事情了，而且语言表达能力锻炼得很好。我的经验告诉我，语言表达能力必须多练习、多实践才能得以提高。

5. 创新能力强

创新能力是指人在社交中善于发现新思想、新事物和新环境，并用这些去影响和吸引社交对象，从而扩大自己的社交圈的能力。人往往都是喜新厌旧的，在与他人交往时，服饰、发型、处事方法、语言若能较新奇，具有新鲜感，则对别人的吸引力就强。一个锐意创新能突破常规的人，常常会在很偶然的场合产生奇思妙想的火花，如果能及时抓住它，让它充分发展完善，则可以使

课堂训练

每个同学准备一个 3 分钟的演讲，内容要求积极、健康，形式不限。

工作、社交获得出人意料的效果。其实，创新也不是完全改变原有的习惯、方式、程序等，新生事物往往不容易被接受，我们在与人交往的过程中，如果在习惯、方式、程序等方面稍有新意，就会给别人留下不一样的感觉。在生活和工作中，墨守成规、照葫芦画瓢很多时候是不可取的。

案例

富有创意的纪念活动

美国某报社举行的 125 周年纪念活动非常有创意。活动当天正好是星期日，庆祝活动面向全市开放，参加活动的市民不少是阖家光临。一进报社门，每位来宾都会得到一只彩色气球，喜庆的气氛立刻浓厚起来。当天没有任何庆祝仪式，也没有谁发表演说，有的只是各种自由参加的活动。有一个大厅轮流招待来宾观看介绍这家报纸的小影片。担任这部影片编剧、

导演的全是报社的工作人员。短短 20 分钟，小影片就使客人对这份报纸的历史和现状都有了了解。报社大厅是当天活动的中心，活动主持人说今天在这里将分切一只足够八千位来宾吃的蛋糕。来宾猜想能供八千人吃的蛋糕，必是个多层式结构，谁知它却只是一个大平面，足有四张乒乓球桌那么大。蛋糕上面的巧克力、奶油正好描绘出报纸的一个版面，再仔细一看，原来是当天这张报纸的 125 周年专刊！

请问：假如你是该项活动的组织者，会如何重新策划本次活动？

不管是谁，只要在人际交往中学会社交礼仪，提高自己的社交素质，在各种场合都能潇洒大方、举止得体、谈吐幽默诙谐，这样你一定会在各种活动中得到大家的喜欢和肯定。

本章小结

本章介绍了社交礼仪的含义、礼仪的产生与发展过程、礼仪在社交活动中的重要作用，以及我们要想在社交活动中获得成功，应该具备的素质；阐述了成功的社交礼仪可以使人在社交场合赢得大多数人的喜爱，使人获得事业上的成功。更重要的是要有塑造良好个人形象的意识，努力提升自我的交际能力、自控能力、应变能力、表达能力及创新能力等，这对于在社交中获得成功是十分重要的。而要在社交活动中塑造良好的自我形象，就要多了解社交礼仪，多学、多练，以得体的服饰打扮、幽默的谈吐、高雅的举止及适宜的处世方式来赢得大家的赞许。社交礼仪是现代人才应该具备的基本素质。

思考与训练

一、复习思考

1. 什么是礼仪？

2. 什么是社交礼仪？

3. 如何在他人面前塑造良好的"第一印象"？

4. 成功社交的基础是什么？

5. 检查自己在与人交往中的不足。

6. 为自己设计提升自我形象的方法和措施。

二、案例分析

1. 2000～2015 年，我国出境游人数增长了十倍有余，同时对于中国游客形象的负面报道也频繁见诸报端。2015 年 2 月 2 日《广州日报》A7 版以《从"一生一次"到"周末出国"》（王希怡、蒋林）为题从多角度报道了"外国人眼中的中国游客"，推荐读者扫描二维码阅读该文，而后讨论如何做一名文明游客。

《从"一生一次"到"周末出国"》

2. 请结合以下两个小案例，谈谈现实生活中你所知道的不符合礼仪规范的行为有哪些，合适的行为方式应该是怎样的（可查阅相关资料）。

在一场新年音乐会演出中，人们正沉浸在美好的施特劳斯《小夜曲》的艺术氛围中。出于对外国演奏家的好奇，一位年轻人拿出相机"咔嚓""咔嚓"不停拍照，拍完照后，又和女朋友吃起了爆米花，他们自己感觉开心极了。

在一次涉外馈赠中，主人把菊花和荷花送给了日本客人。

3. 阅读以下案例，分析为什么迈克与查理·许没有达成协议？请从礼仪的角度找出原因。

某公司的总经理迈克，经人介绍与前来寻找合作伙伴的加拿大商人查理·许会面。当查理·许来到迈克办公室的时候，迈克正坐在办公桌后打着电话。在迈克打电话的时候，查理·许仔细打量了一番迈克，迈克身穿棕灰色人造纤维的格子西服，一条花领带露在他的毛衣外面，鼻毛有些长，由于抽烟，牙齿黑黄。迈克在电话中大声训斥着对方，然后毫不客气地猛然摔下电话。摔下电话后，迈克似乎余怒未消，象征性地将手伸向了查理·许。中午，迈克邀请查理·许共进午餐，席间，话题无意中涉及饮食与肥胖的关系，迈克旁若无人地指责肥胖是因为胖人没有节制饮食所致，查理·许的胖同伴低头不语。查理·许举杯转移话题，"好酒，红酒真有味道。"迈克喝完酒后，再度谈起肥胖的话题，认为胖人之所以胖，是由于懒惰，不锻炼身体，没有毅力等所致。最终，迈克的公司没有实现与查理·许的合作。

4. 阅读以下案例，分析这个案例给我们带来什么启示。

王小姐大学毕业后不久到某公司就职。她性格开朗、活泼，朋友非常多。朋友多，电话自然也很多。王小姐上班时总要接一些私人电话。接到朋友的电话，王小姐总是很高兴，她常常旁若无人地与朋友谈笑风生，似乎总有说不完的话。可是，她没有觉察到周围同事们那带有责备的目光。

人缘测试

请你根据自己的实际情况，认真考虑下列问题，从所给备选答案中选出最符合自己的一项。完成答题后扫描二维码查看"附录'人缘测试'参考标准"，计算个人得分，对照分值进行个人评判。

1. 每到一个新的场合，我对那里不认识的人总是（　　　）。

   A. 能很快记住他们的姓名，并成为朋友

   B. 尽管也想记住他们的姓名并成为朋友，但很难做到

   C. 喜欢一个人消磨时光，不大想结交朋友，因此不注意他们的姓名

2. 我打算交朋友的动机是（　　　）。

   A. 认为朋友能使我生活愉快　　B. 朋友们喜欢我　　　C. 能帮助我解决问题

3. 你和朋友交往时，持续的时间多是（　　　）。

   A. 很久，时有来往　　　　　　B. 有长有短　　　　　C. 根据情况变化，不断弃旧更新

4. 你对曾在精神上、物质上诸多方面帮助过你的朋友总是（　　　）。

   A. 感激在心，永世不忘，并时常向朋友提及此事

   B. 认为朋友间互相帮助是应该的，不必客气

   C. 事过境迁，抛在脑后

5. 在我生活中遇到困难或发生不幸的时候，（　　　）。

   A. 了解我情况的朋友，几乎都曾安慰帮助我

   B. 只是那些很知己的朋友来安慰、帮助我　　　　　C. 几乎没有朋友登门

6. 你和那些气质、性格、生活方式不同的人相处的时候总是（　　　）。

A. 适应比较慢　　　　　　　B. 几乎很难或不能适应　　C. 能很快适应

7. 对那些异性朋友、同事，我（　　　）。

A. 只是在十分必要的情况下才会去接近他们

B. 几乎和他们没有交往　　　　C. 能同他们接近，并正常交往

8. 你对朋友、同事们的劝告、批评总是（　　　）。

A. 能接受一部分　　　　　　B. 难以接受　　　　　　C. 很少乐意接受

9. 在对待朋友的生活、工作诸多方面我喜欢（　　　）。

A. 只赞扬他（她）的优点　　B. 只批评他（她）的缺点

C. 因为是朋友所以既要赞扬他的优点，也要指出不足或批评他的缺点

10. 在我情绪不好、工作很忙的时候，朋友请求我帮他（她），我（　　　）。

A. 找个借口推辞　　　　　　B. 表现得不耐烦断然拒绝

C. 表示有兴趣，尽力而为

11. 我在穿针引线编织自己的人际关系网时，只希望把（　　　）编入。

A. 上司、有权势者　　　　　B. 诚实、心地善良的人

C. 与自己社会地位相同或低于自己的人

12. 当生活、工作遇到困难的时候，我（　　　）。

A. 向来不求助于人，即使无能为力时也是如此

B. 很少求助于人，只是确实无能为力时，才请朋友帮助

C. 事无巨细，都喜欢向朋友求助

13. 你结交朋友的途径通常是（　　　）。

A. 通过朋友们介绍　　　　　B. 在各种场合中接触

C. 只是经过较长时间相处了解而结交

先答题，再扫描二维码查看人缘测试答题结果。

14. 如果你的朋友做了一件使你不愉快或使你伤心的事，你（　　　）。

A. 以牙还牙也回敬一下　　　B. 宽容、原谅　　　　　C. 敬而远之

15. 你对朋友们的隐私总是（　　　）。

A. 很感兴趣，热心传播

B. 从不关心此类事情，甚至想都没想过，即使了解也不告诉别人

C. 有时感兴趣，传播

第二章 仪容礼仪

【学习目的与要求】

通过本章的学习，熟知在现代社交活动中个人容貌修饰的重要性，掌握发型、饰品及化妆的基本要求。

【关键概念】

仪容　　发型　　化妆

社交活动中的个人形象至关重要。一个人在与他人交往过程中的个人形象的塑造，是通过自身表现出来的各种信息组合而成的，是对他人的视觉、听觉、味觉等刺激的综合感觉。仪容美能够给人留下深刻的"第一印象"，是社交活动迈向成功的关键一步。什么是仪容呢？仪容即个人的容貌，是个人仪表的重要组成部分，由头发、面容、口部、手部、脚部等构成。

📖 课堂训练

每个人对照容貌标准，检查自己的不理想之处；同桌之间互相交流，为对方设计使容貌更加靓丽的化妆方法。

对于美貌而言，每个人的审美观都不同，所认同的美貌自然也各有差异。然而，自古以来，我国就有一种传统意义上的容貌标准：面部五官比例要协调匀称，即"五官端正"，这是五官美的前提。五官比例是"三庭五眼"（参见图 2.1）。"三庭"是指：上庭，从额头的发际线到眉线；中庭，从眉线到鼻翼下缘；下庭，从鼻翼下缘到下巴尖。三庭的长度是相等的。"五眼"是指从正面看，右耳孔到左耳孔之间脸部的横向距离，正好相当于眼宽的五倍。一个人的面部如果符合这个容貌标准，就会产生匀称感、美感。如果不符，就要在化妆时运用一定的技法调整和弥补。

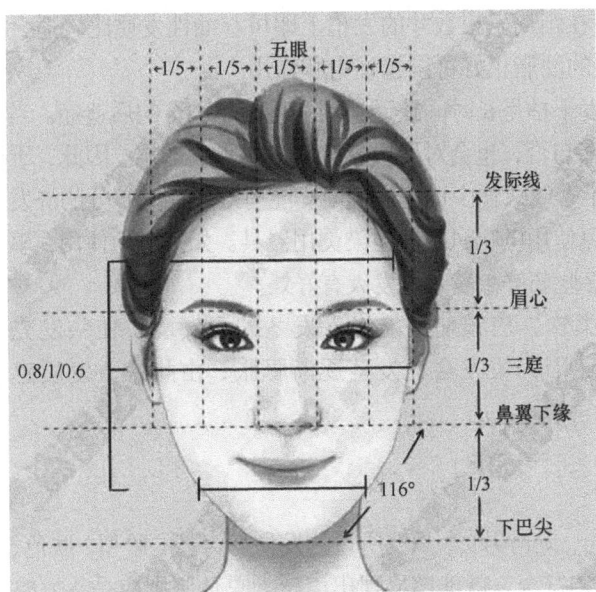

图 2.1　容貌标准图

第一节　美　发　礼　仪

美发礼仪是指头发的护理及修饰的礼仪规范，从具体操作角度来讲，美发分为"护发"和"做发"，前者是如何护理头发，后者是如何设计制作发型及对头发进行修饰。

一、护理头发

俗话说"一头映半身"。按照一般的习惯，人们打量、注意对方常常是从头部开始的，而头发位于人体的"制高点"，所以更容易使人先入为主。因此，修饰头发更加重要。护发的基本要求是：头发健康、秀美、清爽、干净、卫生。为此，一般要做到以下几点。

1. 勤梳洗

头发是人脸面中的脸面，应自觉做好护理。勤梳洗头发有助于保养头发，清除异物。若是懒于梳洗，弄得自己蓬头垢面，满头汗馊、油味很重，发屑随处可见，是非常破坏个人形象的。洗发频率要视当地气候、卫生环境而定，在我国南方或者在炎热的夏季，户外活动多、出汗多，宜每天清洗一次；在北方或在寒冷的冬季，出汗少，三天左右清洗一次也可接受。至于梳理头发，更应当勤梳勤理。若有重要的活动、应酬交际，则应事前进行头发的梳洗、定型。使用电吹风时，出风口应距头发15厘米以上，以免损伤头发。

2. 勤护理

每个人都应该根据不同发质来精心护理自己的头发。

（1）油性发质。皮脂腺分泌过多的天然油脂，是形成油性发质的根本原因。油性发质的人应使用性质温和的洗发水，并经常清洗头发。强力的洗发水会令油脂分泌更加旺盛。由于头发已能分泌足够的油脂，护发素只要涂在距离发根数寸的发梢上即可。油性发质比较适合染发，染发剂会令头发变得干燥，而较多的油脂正好可以起到中和作用。

（2）干性发质。除了遗传因素外，头发干枯是长时间缺乏护理和化学品残留的后遗症。当然，精神压力、内分泌的变化及饮食的均衡与否，也会对发质产生或多或少的影响。因此，干性发质的人应选用性质特别温和的、完全不含或只含少量洗涤剂但却能有效地补充水分的洗发水。为防止发丝内的水分流失，应尽量避免使用电吹风及其他染烫器具。如果必须使用，事先应在头发上涂一层护发品。饮食方面，多吃新鲜果蔬对头发大有好处。

（3）纤细发质。如果头发过于纤细柔软，应该使用能渗入发茎的洗发水，使头发充盈起来。染发也颇适合这种类型的头发，因为染发会让发茎逐渐膨胀，由此使头发质感增强。

二、设计发型

一般来说，发型本身是没有美丑之分的，无论男女，只要所选的发型与自己的脸型、肤色、体型相匹配，与自己的气质、职业、身份相符合，就能够显现出美感。总体原则应是头发整洁、发型大方。

现代社交人员发型的设计最终应达到大方、庄重、利落、典雅，显现出成熟、稳重、焕发神采的效果。

（一）男士发型要求

在社交场合，男士的发型应满足以下要求。

（1）干净利落。

（2）定期修饰、修剪，发型要体现成熟、稳重、潇洒大方。

（3）标准长度以剪短为宜，既不能理成光头，也不宜留得过长。一般来说，男士前额的头发不要遮住眉毛、侧部的头发不要盖住耳朵；注意不留过厚、过长的鬓角；头颈后部的头发，不要长过西装衬衫领子上部。

（二）女士发型要求

在社交场合，女士选择的发型应满足整洁、干练、美观、大方的要求。

职业女性发型设计忌波浪卷、忌披肩长发，因为这些发型不能体现社交人员特有的严谨、干练、成熟的气质。较好的方法是将卷发盘起，做出整齐干练的盘发；或者把长发束起，比如梳个马尾辫，再加上简单的深色发饰装饰；或者剪个精明干练的直短发，同时使用少量的造型美发品精心梳理、定型，使头发整齐亮泽且不呆板。

（三）发型选择注意事项

在社交场合中的男士和女士选择发型都应注意和脸型、身材的搭配问题，同时还要注意符合职业特点。男士发型选择相对简单，以下主要介绍女士发型选择的注意事项。

1. 根据脸型确定发型

（1）圆形、椭圆形脸是比较标准的脸型，适合各式发型，关键是要简约，不宜选蓬松发型，以免破坏完美的秀脸。

（2）方形脸，可以配一横过眼眉的小束型刘海，以淡化脸的方形感。

（3）三角形脸，可以配上长至肩部较蓬松的发型，使前额看起来较长。

（4）长方形脸，可以梳斜角的刘海或两旁较浓密发型，使脸部看起来较宽阔。

2. 根据身材确定发型

（1）高瘦型，发型应力求饱满，避免将头发梳得贴头皮或过分蓬松，造成头重脚轻的感觉。

（2）矮小型，发型应以短发，体现秀气、精致为主，以利用他人视觉偏差使自己看起来较高，忌梳长发，否则会让人显得更矮小。

（3）高大型，发型往往有很多种选择。但高大型女性缺乏苗条、纤细的美感，发型上应以大方简洁为好，长发、卷发均可，但忌太蓬松，总体原则是简洁、明快。

（4）矮胖型，可选运动发型、短发，适合健康气质。但矮胖者一般脖子短，因此不要留披肩长发，不要做蓬松发型，应尽可能将头发束高，会显得高一些。

3. 根据职业确定发型

男士可选择平头式、分头式、板寸式等发型，女士发型则应文雅、庄重，特殊场合如宴会或舞会，则可选择高雅、华丽、时尚的发型。

（四）选择头饰的原则

男士不能佩戴任何头饰，显示阳刚之美即可。女士在必要场合可佩戴蓝、灰、黑、棕色的发卡、发带、发绳或发箍，以少为宜。工作岗位上不适合佩戴色彩鲜艳或带有各种图案的发饰，避免出现远看像圣诞树、近看像杂货铺的情况。

此外，头发颜色也要大众化，如黑色、深棕色、深咖啡色，不宜选用颜色艳丽或怪异的色彩焗发。

视野拓展

服装与发型的搭配

由于工作的需要，女性商务人员经常要出席各种不同的场合，穿着不同的服饰，发型的设计要与服装相适应。

（1）与西装相适应的发型。无论直发还是烫发都要梳理得端庄、秀丽、大方，不要过于蓬松，可以在头发上适当抹点护发素，使之有光泽。

（2）与礼服相适应的发型。穿礼服时，可将头发挽在颈后结低发髻，显得端庄、高雅。

（3）与连衣裙相适应的发型。如果穿外露较多的连衣裙，可选择披肩发或束发；如果穿"V"字领连衣裙，可选盘发。

（4）与皮制服装相适应的发型。如穿皮装，可选披肩发、盘发、梳辫子等，会倍添风采。

（5）与运动衫相适应的发型。可将头发自然披散，给人以活泼、潇洒的感觉，也可将长发高束，或将长发编成小辫，可增加柔美的情调。

扫描二维码可查看更多商务人员美发礼仪知识。

第二节 女 性 妆 容

案例

女孩的茫然

化妆可以使人更加靓丽、自信，也可以更好地塑造良好的个人形象，但是大家应该掌握化妆的方法和技巧，以避免在商务活动中弄巧成拙。

某国际豪华游轮公司要面向社会招一批女乘务员，前来报名的人络绎不绝。其中有几个女孩，认为在豪华游轮上工作是十分时髦的职业，就到美容院将自己"浓墨重彩"地打扮了一番。她们高高兴兴地来到报名地点，谁知道工作人员连报名的机会都不给她们，就让她们立刻离开了。看着别的姑娘一个个都报上了名，她们几个很纳闷：这是为什么呢？

点评：豪华游轮公司的乘务员，需要具备为顾客服务的良好形象，而不是需要浓妆艳抹的舞小姐。一般服务性企业都要求女职员工作时间化淡妆、着正装，豪华游轮公司对乘务员的要求也不会例外。

靳羽西女士曾经说过："世界上没有难看的女人，只有不懂得如何把自己打扮得体的女人。"女士的脸部妆容一方面要突出面部五官最美的部分，使其更加美丽，另一方面要掩盖或校正不足的部分。做任何事情都贵在适度，化妆也不例外。过分醉心于浓妆艳抹，不仅有损皮肤的健康，还影响别人对你的看法。因此，化妆适度是仪容美的基本要求。

一、化妆的基本原则

化妆的浓淡要考虑时间和场所等因素。上班、郊游、进行户外锻炼等，可化淡妆；而参加喜庆活动、文艺晚会及舞会等则可酌情化浓妆。一般而言，社交场合的妆容应遵循以下原则。

1. 淡妆为主，自然真实

化妆应淡雅、协调、自然。现在流行"裸装"，即化妆后不留痕迹，可给人以清丽悦目、大方清新的感觉。一般来讲，化妆要根据不同的时间和场合进行选择，如白天选晨妆，晚间选晚妆；到工作岗位选上班妆，而在商务场合则一般以淡妆为主，以自然和谐，清丽脱俗为好。切忌在工作场合浓妆艳抹、香气袭人，那样会显得过分招摇和庸俗。

2. 扬长避短，画龙点睛

化妆的目的是要突出自己美丽的部分，使自己更加美丽动人，并巧妙掩盖不足之处，达到化妆的妙处。要突出自己的优势，如眼睛漂亮则可着重对眼部化妆，使之成为"亮点"。

3. 色彩搭配，浓淡协调

化妆应妆面协调、搭配合理，所化的妆应针对脸部个性特点整体设计，力求达到与全身协调，与个人整体协调，与场合协调。

二、化妆的基本程序

1. 清洁面部

清洁面部一般用适合自己肤质的香皂或洗面奶，应避免使用碱性大的劣质香皂。

2. 上基础底色

上基础底色又叫打粉底，目的是调整皮肤的颜色，要根据不同的肤色选择粉底。清洁面部后，拍上化妆水和乳液，再用海绵蘸取适量的粉底霜涂抹于面部，要涂抹得细致、薄而均匀。粉底霜的颜色应尽量接近自己的肤色，涂上后脸部肤色不应有失真的感觉；也可根据自己的脸型，同时选用两种颜色。若脸比较宽，可在正面用接近自己肤色的颜色，在腮部两侧用稍深的底色，利用深色的收缩效果，将腮部修整成椭圆形，以增强脸部的立体美感。

3. 定妆

用胭脂粉进行定妆，这样会使妆色变得更加柔和、稳定，不易变花。一般要选用一些优质、颗粒细小的粉。

4. 画眼线

眼线可以使眼睛生动有神且更富光泽。眼线要尽量靠睫毛处画，上下眼线均应从外眼角向内眼角方向画，上眼线一般画 7/10，下眼线画 3/10，并且都要由深到浅。避免画得太锐利，眼角处上下眼线要自然重合。

5. 画眼影

画眼影的目的是为了使眼睛更加明亮、传神，创造出立体效果。采用三色眼影能使眼睛产生自然的魅力。眼影按照从浅到深的顺序来使用：先用眼影笔蘸取粉红色眼影底霜涂在眼窝的内侧，接着把稍浓的粉红色眼影底霜对着外眼角，从正中心涂到后半部，再把深红色眼影底霜涂在外眼角上，使眼部轮廓显得更明显，最后用指头轻轻地将颜色抹匀，使其融合。

6. 修饰眉毛

眉毛是眼睛的框架，其颜色和形状将影响一个人的表情、相貌，对整个面部起衬托的作用。描眉时应掌握两头淡、中间深和上面淡、下面深的要领。眉毛要画得有立体感，手法上要注意在眉形上逐根眉毛去描，而不是画。眉形的选择应适合自己的脸形和个性。一般来说，脸颊狭长者，以直线眉形为佳，眉梢略下弯，显得青春有活力；脸形呈扁状者，眉头要适当提高，并同整个脸庞平衡。一般传统的眉形是在眉的 2/3 处有一转折点。

📚 视野拓展

眉毛修饰的三种风格

（1）圆眉毛。圆眉毛的魅力在于非常优雅，能显出女性温柔的一面。逆三角形脸型上涂描圆眉毛，能弥补有棱有角的脸型。画圆眉毛的技巧：一是利用眼影画眉毛的前端，要向下画，眉峰部分要用眼影再增添一下色泽，然后其他部位要画得再圆一些；其二是眼尾部分要利用眉笔向下方轻轻修饰一下。

（2）有棱角的眉毛。有棱角的眉毛能更容易凸显一个人干练和理智的一面。在圆脸上画出有棱角的眉毛，会让人显得充满智慧。画有棱角眉毛的技巧：一是在眉毛的 2/3 处自然地突出眉峰，末端部分要涂得淡且薄；二是眉毛的前端用淡褐色眼影或眉毛膏自然着色，涂画时要注意颜色不能过深。

（3）一字形眉毛。脸型较长的人画一字形眉毛能掩盖缺陷。画一字形眉毛的技巧：一是用咖啡色系眼影轻轻涂在眉毛上，画眉毛的同时形成一字形；二是用咖啡色眉笔从眉毛前端画向末端，在形成一字形的同时轻轻涂描，再仔细修饰每根眉毛。

---

7. 画腮红

如果说眼妆是脸部彩妆的焦点，口红是化妆包里不可或缺的要件，那么腮红就是修饰脸型、美化肤色的最佳工具。腮红可增加脸上的红润感，将面部修饰得更完美。画腮红可采取晕式化妆法：用刷子蘸取腮红刷于颧骨下方（高不过眼，低不过嘴角，内不过眼长的 1/2 处），达到腮红向脸部原有肤色自然过渡的效果。

8. 涂口红

涂口红一定要先用唇笔描出唇形。先描上唇，上唇的唇角要画得细一些，画出唇峰来。在社交场合中，没有唇峰的唇看上去会让人显得笨拙。画下唇时，要略过下唇角。上下唇画好后，再用唇笔涂口红。吃饭前想抹去口红，要用纸巾轻轻印去，不可大力拭抹，否则会变成"污嘴"。

9. 修饰睫毛

修饰睫毛会使眼睛显得更大更有神。修饰时，一般要用到睫毛夹、睫毛刷和睫毛液。其实，睫毛同样是非常重要的，弯弯的睫毛有让眼睛加大的效果，能使双眸显得更加深邃，"灵魂之窗"也就变得更漂亮了。

课堂训练

将学生分为男女两个组，男生组讨论如何根据自己的特点在社交中修饰容貌，女生组通过为一个同学化妆进一步了解化妆要点。

想要让睫毛看起来不一样，有人选择扫睫毛液，有人选择烫睫毛。在夹翘睫毛后还没扫上睫毛液之前，先将蘸了睫毛液的刷子，以纸巾印干一点，再扫睫毛，这样夹好的睫毛就不会变直了。选择好的睫毛液是很重要的，要用不易脱落、防汗、防水的睫毛液。

视野拓展

不同脸型的化妆方法及发型搭配

1. 三角脸型

三角脸型给人以性格柔和，不拘小节的印象。化妆时可运用暖色调强调出本身的沉着、大方、亲切。

两腮较宽部位使用深色粉底，以掩饰脸部下方宽大的缺点；在狭小的额头和下巴使用白色粉底，使其突出、饱满。眉毛宜保持原状态。涂抹胭脂时，由眼尾由外向内涂抹，而两腮可用较深的粉底来掩饰。嘴唇的唇角稍向上翘，可描丰满些，下嘴唇不宜画成圆形。头发以三七分为好，这样可使额部看起来更阔一些。

2. 方脸型

方脸型双颊骨突出，脸型线条较直，方方正正，额头宽，面颊也宽，下巴稍显狭小，化妆时要设法加以掩饰，增加柔和感。

修饰方法是在宽大的两腮和额头两边使用深色粉底，额头中间和下巴使用深色粉底，另外再强调出眉和唇等部分的彩妆，这样，方形的脸就会显得修长，表现出温和的特质。眉毛要稍阔而微弯，不可有角。涂抹胭脂时，可用暗色粉底来改变面部轮廓。在腮红的使用上，必须以圆线条来增加脸部的柔和感，将腮红以画圆的方式，由颧骨往鼻子的方向刷。头发四六分或中分都可，偏分会造成不平衡的感觉。

3. 长脸型

长脸型面型狭长、棱角分明，给人以沉着、冷静、成熟的感觉。属于这种脸型的，应利用化妆减弱脸长的感觉，增加面部的宽阔感，使之显得圆润丰满。

眉毛的位置不可太高而有角，尤其不应高翘。胭脂应抹在颧骨的最高处与太阳穴下方所形成的凹陷部位，然后向上向外抹出，距离鼻子要远些。嘴唇可稍微涂得厚些。两颊下陷或窄小者，宜敷淡色粉底，可使其显得较为丰满。发式可采用七三分或更偏分的办法，这样可使脸看起来宽些。

4. 圆脸型

圆脸型给人以可爱、活泼、健康之感，但看起来有点稚气，缺乏成熟感。化妆时应减弱圆润感，使脸型显长，突出眼睛、鼻子、嘴唇等局部的魅力。

眉毛可修成自然的弧度，不可平直和翘角，可带少许弯曲。在画腮红时，应用直线条来增加脸部的修长感，将腮红以画斜线的方法，由颧骨往脸中央刷，这样可以增强脸部的立体感。发式应注意表现脸部的轮廓，应使前额显得清爽简单，但又不能完全露出前额，可用中分或三七分的发型，让头发自然垂下遮住眼侧，使脸显得长一些。蓬松的卷发不适合圆脸型的人。

5. 椭圆脸型

椭圆脸型棱角不分明，给人以浑圆的感觉，属于可爱与妩媚之间的百变脸型。椭圆脸是最理想的脸型，这一脸型的化妆要顺其自然，不用刻意掩饰什么。

眉毛，按照眼睛的位置把眉毛修成正弧形，眉头与内眼角齐平。将胭脂抹在颧骨最高处，逐渐向上打圈画开。画腮红时应将腮红由颧骨上方顺着颧骨的曲线向脸中央刷。嘴唇要依自己的唇形涂成最自然的样子，修改不宜过大。发式采用中分，左右均衡的发型最为理想。

6. 菱形脸型

菱形脸型面部消瘦、颧骨突出、下颚过尖，容易给人留下机敏、精明等印象。化妆时应重点减弱中部的宽度感，使面部轮廓显得饱满。

眉毛以平直略长为宜，这类脸型不适合弧度大的眉形。弓颧骨部位涂阴影色，要衔接自然，减弱骨骼棱角的生硬感。涂腮红时，颧骨和颧弓高凸部位不宜使用鲜红的腮红色，可涂以棕红色腮红，也可不涂。

推荐女同学扫描二维码观看"化妆基础步骤"，学习如何通过化妆将自己变成更靓丽、更自信的人。

第三节 皮肤美容与护理

皮肤在社交场合中也是塑造良好形象的重要组成部分，特别是经常暴露于外的皮肤，如面部、手部等。

一、认识皮肤

一般来说，人的皮肤是由表皮、真皮和皮下组织构成的。从皮肤的性质看，可以将人的皮肤分为中性、干性、油性和混合性皮肤。

（1）中性（正常）皮肤。中性皮肤油脂分泌适中，皮肤表面柔滑滋润，富有光泽，是理想的皮肤。其特点是健康、组织致密、皮脂和汗腺分泌通畅，光滑细腻，但受季节影响较大，夏天趋向油性，冬天趋向干性。

（2）干性（缺油）皮肤。干性皮肤油脂分泌少，毛孔不明显，不易长粉刺，外观洁白细嫩，但面无光泽，易起小皱纹。还有另外一种干性皮肤为缺水性干性皮肤，其特点是皮肤组织欠紧凑坚实，毛孔不明显，表皮较厚，水分不易蒸发。这种皮肤很敏感，经不起环境和情绪变化的影响，容易过早衰老，应选保湿性化妆品。

（3）油性皮肤。油性皮肤油脂分泌过多，面部油亮光泽，毛孔明显，易生粉刺，但不易起皱纹。脸上常像涂了一层油，特别是额头、鼻梁、下巴等处。皮肤色泽较深，为淡褐色或褐色，甚至为红铜色。此类皮肤的酸碱度不平衡、不稳定，当碱性过强时，皮肤容易出现斑点。

（4）混合性皮肤。混合性皮肤为干性和油性皮肤的混合。油性部分呈"T"字形，包括前额、鼻梁及面颊两侧，而眼周及颈部则为干性。据统计，女性大约有80%属于混合性皮肤。

不论你属于哪类皮肤，都要以科学的方法加以护理。只有这样，皮肤才会柔嫩洁白，滋润光泽，充满活力。

视野拓展

鉴别皮肤性质的方法

第一，以洗脸后30分钟为标准时间，检测皮肤紧绷感时间的长短。一般洗脸后皮肤紧绷感在20分钟内消失的，为油性皮肤；30分钟左右消失的，是中性皮肤；40分钟以上消失的则属于干性皮肤。

第二，结合不同类型的皮肤性质，细致地观察皮肤表面，注意其毛孔的大小、皮肤颜色、有无光泽、油脂程度、皮肤的松紧度和弹性、是否柔滑、有无粉刺或暗疮、与化妆品或与其他物品接触时是否会产生红斑、有无痛痒或皮疹等。把观察的结果与前面描述的各种皮肤性质进行对照，就可以基本判定出来。

第三，取一块清洁柔软的卫生纸巾或手帕，在鼻翼两侧或前额部反复擦拭，将皮肤表面分泌的皮脂尽量擦拭下来。如果纸巾满是油光发亮的分泌物，那么就是油性皮肤，说明皮脂腺的分泌功能比较旺盛；擦拭后的纸巾无油性且颜色浅淡的，则是干性皮肤；介于两者之间的，即为中性皮肤。

皮肤过敏往往会影响皮肤的化妆效果。因此，在第一次使用任何一种化妆品时，一定要注意有无皮肤过敏反应，可在正式使用之前将少量化妆品涂敷在比较敏感的皮肤上（如耳后）进行贴敷试验，一般在24小时内涂敷3次观察有无反应即可判断是否过敏。

二、健康皮肤的标准

健康的皮肤在社交活动中可以提升个人形象，健康皮肤的标准表现在以下几个方面。

（1）皮肤湿润。当皮肤的含水量增多，能使皮肤看上去更加有光泽、饱满。缺少水份的皮肤只会更干燥、脱屑，皮肤显得黑黄，失去弹性、干裂等。

（2）皮肤有弹性。光滑柔软，富有弹性，不皱缩，不粗糙。

（3）皮肤有活力。红润光泽而不是苍白、青紫或干燥。

（4）皮肤健康。没有皮肤病，肤色正常，黄种人的皮肤应该是微红稍黄。

（5）皮肤清洁。没有污垢、斑点及异常突起或凹陷。

三、造成皮肤干燥的原因

人的皮肤在不同的时间、环境条件下，可能会出现粗糙干燥的情况。一般来说，造成皮肤干燥的原因主要有以下几个方面。

（1）年龄的增长。随着年龄的增长，皮肤保存水分的能力会逐渐下降，会使皮肤中的水分加速蒸发。

（2）皮脂分泌不足。皮肤的表面是皮脂膜，可帮助肌肤维持适当的水分。一旦皮脂的分泌减少，就无法满足制造皮脂膜的需要，皮肤就会变得干燥。

（3）寒冷。我国北方的冬季气候干燥寒冷，人体皮脂和汗水的分泌都会急速减少，但由于空气干燥，皮肤的水分逐渐被蒸发，皮肤的表面就会变得粗糙，抵抗力也会减弱。

（4）睡眠不足、疲劳。睡眠不足加上疲劳，会对身体造成一定程度的伤害，血液循环也会变差，肌肤就会没有活力，容易产生干燥及粗糙的现象。

（5）减肥及偏食。极端的减肥及偏食也会使皮肤变得干燥。当皮肤无法得到充分的营养时就会失去弹性及水分，变得干燥而脆弱。

（6）其他原因。如室内的暖气温度过高、使用过热的洗澡水、使用具有刺激性的香皂或清洁剂、内分泌改变，以及妇女绝经后雌激素分泌减少等都会造成皮肤干燥。

四、皮肤护理的方法

护理皮肤的方法有很多，每个人根据自身的不同条件，可以采用不同的皮肤护理方法。这里介绍几种既简单又经济的方法。

> **编者座右铭**
>
> 不管什么事儿，只要你不把它当回事儿，它就不是事儿。

1. 保持乐观的情绪

笑是最好的"润肤剂"，同时也是保持身心健康最有效的方法。人在笑的时候，面部肌肉在做运动，会使皮肤保持健美的状态。另外，人在生气的时候体内会产生毒素，对皮肤健康会有明显的影响。

（1）要经常面带微笑，笑对人生。这样，不仅可以健美皮肤，还有益身心健康。当然，人生旅途中总有许多不平事，要学会看开。

（2）经常与快乐的人接触。情绪是可以相互感染的，与快乐而自信的人接触，在遇到困难时会信心倍增。

（3）换一个角度去看问题来调整自己的情绪。伽利略小的时候，拿着一架望远镜，向远处一望，便抱怨说："爸爸，这东西不好，不用它我还可以看得更清楚，现在每样东西都变得那么小。"父亲笑笑，原来伽利略拿反了，他用缩小物体的那一头看，难怪无法看到放大的东西。父亲将望远镜倒过来，伽利略马上看到了一个令他惊奇的世界。于是，他一下子就迷上了望远镜，后来还用它发现了木星的卫星、土星的光环和月球上面的山脉，成了伟大的天文学家。

> **视野拓展**
>
> 扫描二维码阅读《人生气后，各大器官发生惊人的变化》一文，了解保持积极乐观向上的生活态度的重要性。

2. 养成良好的睡眠习惯

拜伦说过："早睡早起最能使美丽的脸鲜艳，并降低胭脂的价钱——至少几个冬天。""睡美人"总是给人一种静谧甜美的感觉。医学研究表明，人体表皮细胞的新陈代谢最活跃的时间是从午夜至清晨2时，熬夜是最毁容的，因为彻夜不眠将影响细胞再生的速度，导致肌肤老化，其后果会直接反映在女士们的脸庞上。人类有1/4～1/3的时间是在睡眠中度过的，因此，保持良好的睡眠习惯，会直接影响人的皮肤健美及身体健康。

（1）睡觉前洗脸，不要让污垢在脸上过夜。因为人在睡觉时细菌是最容易侵蚀皮肤的。

（2）注意卧室的湿度，不要在特别干燥的房间里睡觉，以防皮肤干燥。

（3）注意睡觉的姿势要适当变换，不要让不对称的小皱纹挂在脸上。一个理想的睡眠体位应该是使头颈部保持自然仰伸位，胸部及腰部保持自然曲度，双髋及双膝略呈屈曲状，如此可使全身肌肉、韧带及关节获得更好的放松与休息。不习惯仰卧者可采取侧卧位，但头颈部及双下肢仍以此种姿势为佳。采取俯卧位是不科学的，因为俯卧位既不利于保持颈部的平衡及生理曲度，又影响呼吸道的通畅，应努力加以纠正。

（4）保证足够的睡眠时间。一般要保证8小时的睡眠，特别是22点到凌晨2点一定要保证睡眠，专家认为这是美丽皮肤形成的时间，女性的激素分泌增多，可使皮肤细腻光滑。

3. 养成多喝水的习惯

一般来说，人要保持皮肤健美，就要保证每天多喝水。人一天所需的水分，包括食物中的水分，为1.5～2升，比这个量少时，尤其是老人，就容易出现脱水状况。对于皮肤健康来说，喝水比买护肤品更便宜也更重要。

4. 注意合理的饮食

要想皮肤健美，还要注意合理的膳食结构。一般来说，从皮肤护理的角度看，合理摄取维生素 A、维生素 B、维生素 C、维生素 D、维生素 E，可使皮肤获得自然健康的美。

5. 注意防晒

强紫外线照射可使皮下的纤维组织断裂，使皮肤粗糙，因此要防止长时间在强光下暴晒。当夏日里需要到室外的时候，可采取一些防范措施，如打遮阳伞、涂防晒霜等。

防晒霜以 SPF 号码分成不同的档次，号码越大，保护时间越长。通常，防晒霜的保护时间，是 SPF 号码乘以 15 分钟，如 SPF8 号的防晒时间是 120 分钟。当然，皮肤在阳光下的承受力是因人、因时段和所处的地理纬度而异的。如果你到山里玩，只需做一般性的防晒，选择 SPF8 的防晒霜即可。但如果你到大海游泳，则需选用 SPF15 以上的防晒霜。中午时分，阳光强烈，就得选用 SPF30 以上的防晒霜。那么，是不是防晒指数越高越好呢？有专家认为，防晒指数越高的产品，油腻感越重，越容易堵塞毛孔，不利于排汗，故而擦上后会感觉不适。正确的做法是在不同场合，针对不同要求，选用不同防晒指数的防晒霜。

视野拓展

在选择防晒品的时候，可通过判断防晒产品紫外线防护能力的大小来选择。

日本和美国的品牌所使用的算法为防晒系数（SPF），而以法国为主的欧洲国家的品牌，则是以"IP"来表示的。此外还有 PFA 或 PA，它们是防晒化妆品对紫外线防护效果的客观评价；这种标识建立在皮肤晒黑或色素沉着基础上，主要反映的是对紫外线的防护效果；PA 级别以+号为代表。

中国采用 SPF 的算法，防晒算法公式为 SPF=涂抹上防晒剂部分的 MED（最小红斑产生量）/未涂抹防晒剂部分的 MED。IP×2=SPF。

SPF 值越小，其防晒效果越差；SPF 值越大，其防晒效果越好。

PA +代表具备维护功效，PA +++则代表具备很好的维护功效。

PFA 2-4 为轻度防护、PFA4-8 为中度防护、PFA 大于 8 为高度防护，分别表示延缓晒黑时间 2～4 倍、4～8 倍和 8 倍以上。

---

6. 学会放松自己

坚持每天晚上将紧身衣换掉，穿上宽松的睡衣，躺在床上，将脚垫高于头，可促进面部血液循环的加速和身体的新陈代谢，每天坚持 10 分钟。

7. 用正确的方法洗脸

首先，注意洗脸水的温度要适宜，一般为 30～40℃。其次，洗脸的方法要得当，用双手捧水在脸上，自下而上、自里向外，轻轻揉洗。最后，用洁肤类化妆品洗脸时注意选择适合自己的洗面奶或香皂。

一般来说，洗脸时可根据个人皮肤的性质，使用不同的洗脸方法。对于干性皮肤，可在玫瑰花浸泡的水中加几滴蜂蜜，沾湿整个面部，用手拍干。每晚 2～3 次，可滋润面部，使皮肤光滑细腻。对于中性皮肤的人来说，适宜用冷水洗脸后，用热一点的水蒸气蒸脸片刻，然后轻轻抹干。对于油性皮肤的人来说，在热水中加几滴白醋，能有效清除皮肤上过多的皮脂、皮屑、

视野拓展

中国礼仪网"个人礼仪—服饰仪容"栏目内有较多资料可供读者课外学习参考。

污垢，使皮肤显得光洁美观，并减轻毛孔堵塞。

8. 养成常梳头的习惯

大脑是人体高级神经系统的中枢，同时脑又为奇恒之腑，与心、肝、肾、经络系统关系密切，有着"牵一发而动全身"之功效。我们在生活中常有这种感觉：每当疲劳、烦闷时，洗头或理发会使我们感到头脑清醒、全身轻松、精神振奋，原因就是在洗头或梳头的过程中，头部的许多经穴受到了梳子或手指的刺激，从而我刚开敞使人经络舒达，阴阳调和。

9. 天然美容护肤品蜂蜜

蜂蜜是理想的天然美容剂。现代研究表明，内服或外用蜂蜜，可改善营养状况，促进皮肤新陈代谢，增强皮肤的活力和抗菌力，减少色素沉淀，防止皮肤干燥，使肌肤柔软、洁白、细腻，并可减少皱纹和防治粉刺等皮肤疾患，起到理想的养颜美容作用。每日早、晚各以天然成熟蜂蜜 20～30 克，温开水冲服，就可增强体质，滋容养颜，使女士们更健康、更美丽。

📚 **视野拓展**

世界著名影星索菲亚·罗兰年过花甲时，仍身材匀称，行动敏捷，肌肤柔嫩而有光泽，风韵犹存。她在介绍自己的养颜秘方时说：我的秘方就是"运动+花蜜"。

传说唐玄宗李隆基的女儿永乐公主面容干瘪、肌肤不丰，后因战乱避居陕西，常以当地新产的桐花蜜泡茶饮用，三年后她竟出落得丰腴艳丽，判若两人。后来人们发现，桐花蜜能使"老者复少，少者增美"，具有补髓益精、明目悦颜的功能。

除蜂蜜以外，蛋液、花粉、黄豆粉、黑豆粉、蔬菜等都可以让皮肤更加健康美丽。

📚 **视野拓展**

过度使用手机可能会带来的负面影响

（1）下巴变形、长皱纹。过度使用手机会导致下巴轮廓变形。随着年龄的增长，皮肤弹性会下降，花数小时低头看手机，更会增加下巴皮肤的下垂。手机显示屏上的文字小，读起来费力，人们会下意识地眯眼看，时间长了就会使眉间眼角形成皱纹。

（2）挤压脊柱。很多人用手机时脑袋及身体会前倾，这会导致脊柱顶部的神经受到挤压，头痛、脖颈僵硬、疲惫的感觉在所难免。

（3）诱发皮疹或痤疮。在通话时，手机屏幕会变烫，加之手机上细菌数量众多，很多人经常无意间刚刚摸完手机就摸脸，很容易让脸长痘痘或引起其他皮肤问题，甚至会诱发皮疹。

（4）伤及听力。很多耳机并不能与耳朵匹配，会漏音，所以用户习惯调高音量，久而久之易损伤听力。

（5）干扰睡眠。将手机放在身边，各类提示音会影响睡眠质量。

（6）影响社交。越依赖手机等科技设备，对身边人的忽视程度就越严重。

（7）损伤视力。研究显示，现代人平均每人每天看150次手机，长时间盯着手机会导致眼睛干涩，进而诱发炎症和感染。喜欢玩手机的孩子近视率高，成年人也会因此过早戴上老花镜。

手机辐射对皮肤的伤害有多大？建议扫描二维码，阅读相关资料，争取正确使用手机，减少其对皮肤的伤害。

本章小结

社交活动中个人形象至关重要，仪容美的基本特征是貌美、发美、肌肤美。仪容美不仅反映一个人良好的精神风貌和积极向上的生活态度，还有助于事业的成功，因此每个人都应该在护发、美发、妆容、外表修饰等方面加强学习。

美发包括护发和做发。护发的基本要求是健康、秀美、干净、清爽、卫生，做发的基本要求是体现大方、庄重、利落、典雅，体现良好的精神面貌。

男士和女士的发型各有其标准，设计发型时要根据脸型、体型、职业特征等进行选择。另外，男士一般不佩戴头饰，女士在工作场合适宜佩戴简洁、内敛的发饰，化妆时要做到略施淡妆，妆容自然，扬长避短，同时化妆或补妆时要注意场合。

思考与训练

一、复习思考

1. 化妆的基本原则是什么？
2. 如何根据脸型设计发型？
3. 女士化妆的一般程序是什么？

二、案例分析

案例一

日本松下电器产业株式会社创始人松下幸之助有一次到银座的一家理发厅去理发。理发师对他说："你毫不重视自己的发型修饰，在银座闹市区，就是您公司的霓虹灯广告灯塔最醒目了，而松下先生的头，可是比那霓虹灯塔更重要的招牌标志啊，您作为公司代表都不注意维护自己的形象，怎么能赢得客户的信任和支持呢？公司的产品还会有销路吗？"一席话说得他无言以对，以后他便接受了理发师的建议，十分注意自己的仪表，即使再忙也会每隔两周理一次发。

问题1：理发师的话有道理吗？

问题2：试分析本案例对你的启发。

案例二

小刘是某高校文秘专业的高才生，毕业后在一家公司做文员。为适应工作需要，上班时她毅然放弃了"青春美少女妆"，化起了整洁、漂亮、端庄的"白领丽人妆"：不脱色粉底液，修饰自然、稍带棱角的眉毛，与服装色系搭配的灰度高偏浅色的眼影，紧贴上睫毛根部描画的灰棕色眼线，黑色自然型睫毛，再加上自然的唇形和略显浓艳的唇色，整个妆容清爽自然，尽显自信、成熟、干练的气质。但在工休日，她又给自己来了一个大变脸，化起了久违的"青春美少女妆"：粉蓝或粉绿、粉红、粉黄、粉白等颜色的眼影，彩色系列的睫毛膏和眼线，粉红或粉橘的腮红，自然系的唇彩或唇油，看上去娇嫩欲滴、鲜亮淡雅，整个身心都倍感轻松。心情好了，自然工作效率就高。一年来，小刘以自己得体的外在形象、勤奋的工作态度和骄人的业绩，赢得了公司同事的好评和认可。

问题：请就该案例评价小刘的两种妆容。

三、课外实践

1. 张老师要到电视台的"名师讲坛"讲课，她肤色偏黄，方型脸，请你为张老师设计面部的妆容和发型。
2. 根据自己头发的特点，制订护理方案。
3. 结合自己的皮肤状况设计护理皮肤的方法。

第三章 仪态礼仪

【学习目的与要求】

通过本章的学习，了解社交活动中人的肢体动作对形象的影响，掌握社交活动对社交人员站、坐、走及各种肢体动作的基本要求，通过案例分析了解社交活动中优雅得体的肢体动作对提升个人魅力的作用。

【关键概念】

仪态礼仪　　站姿　　坐姿　　行姿

第一节　社交中的基本姿势

1967 年，艾伯特·梅拉比安等人经过大量的实验指出，人类在沟通中肢体语言信息占全部表达信息的 55%。培根也曾经说过："相貌的美高于色泽的美，而优雅得体的动作美又高于相貌的美，这是美的精华。"

案例

肢体动作的魅力

礼仪圈有一个流传很广的故事，一位中考失利的同学上了职业高中，心情一度很苦闷。在一次礼仪课上，老师给大家提出了礼仪要求："入座轻稳莫含胸，腿脚姿势须庄重。双手摆放要自然，安详庄重坐如钟。"她勉强照着做了，但奇迹也随之产生了。"当我挺起长久以来含着的胸膛，世界仿佛变大了；当我庄重地举手投足，自己仿佛变得重要了；当我端庄安详地挺身而坐，即使在父母面前，也仿佛每句话都掷地有声。一种从没有过的独立感、尊严感油然而生。我在坐立行走之间，清晰地感受到了自己的存在。此后的日子，我知道自己该做什么。尊严，要靠实力赢得。""新学年开学，师生们写在脸上的庄严与亲切感染了我。要允许别人以貌取人，因为在初次见面开口之前，你只能靠仪表展示自己。这也许正是礼仪教育的真谛。"

点评：仪态属于人的行为美学范畴，它既依赖于人的内在气质的支撑，同时又取决于个人是否接受过规范和严格的仪态训练。

"站如松，坐如钟，卧如弓，行如风。"这 12 个字形象、生动地概括了正确的站姿、坐姿和行姿，我们要想做到站有站相，坐有坐相，走有走相，就必须讲究站姿、坐姿和行姿。

一、站姿

站立是人们生活交往中的一种最基本的举止。站姿是人静态的造型动作，优美、典雅的站姿是发展人的不同动态美的基础和起点。优美的站姿能显示人的自信，衬托出美好的气质和风度，并给他人留下美好的印象。

（一）站姿的基本要求

（1）头正，双目平视，嘴角微闭，下颌微收，面容平和自然。

（2）双肩放松，稍向下沉，使人有向上的感觉。

（3）躯干挺直，挺胸，收腹，立腰。

（4）双臂自然下垂于身体两侧，中指贴拢裤缝，两手自然放松。

（5）双腿立直、并拢，脚跟相靠，两脚尖张开约 60°，身体重心落于两脚正中，如图 3.1 所示。

（二）站立时的手位和脚位

1. 手位

站立时，双手可取下列之一的手位，如图 3.2 所示：①双手置于身体两侧；②右手搭在左手上叠放于体前；③双手叠放于体后；④一手放于体前一手背在体后。

图 3.1　标准站姿

2. 脚位

站立时可采取以下几种脚位，如图 3.3 所示：①"V"字形；②双脚平行分开不超过肩宽；③小"丁"字形。

（三）几种基本的站姿

1. 男士的基本站姿

（1）垂手站姿。身体直立，抬头挺胸，下颌微收，双目平视，嘴角微闭，双手自然垂于身体两侧，双膝并拢，两腿绷直，脚跟靠紧，脚尖分开呈"V"字形，如图 3.2（a）所示。

（2）叉手站姿。身体直立，抬头挺胸，下颌微收，双目平视，嘴角微闭，双脚平行分开，两脚间距离不超过肩宽，一般以 20 厘米为宜，双手手指自然并拢，左手搭在右手上，轻贴于腹部，不要挺腹或后仰，如图 3.2（b）所示。

（3）背垂手站姿。身体直立，抬头挺胸，下颌微收，双目平视，嘴角微闭，双脚平行分开，两脚间距离不超过肩宽，一般以 20 厘米为宜，双手在身后交叉，右手搭在左手上，贴于臀部，如图 3.2（c）所示。

（a）双手置于身体两侧　　　　　　　（b）左手搭在右手上叠放于体前

（c）双手叠放于体后　　　　　　　（d）一手放于体前一手背在体后

图 3.2　站姿基本手位

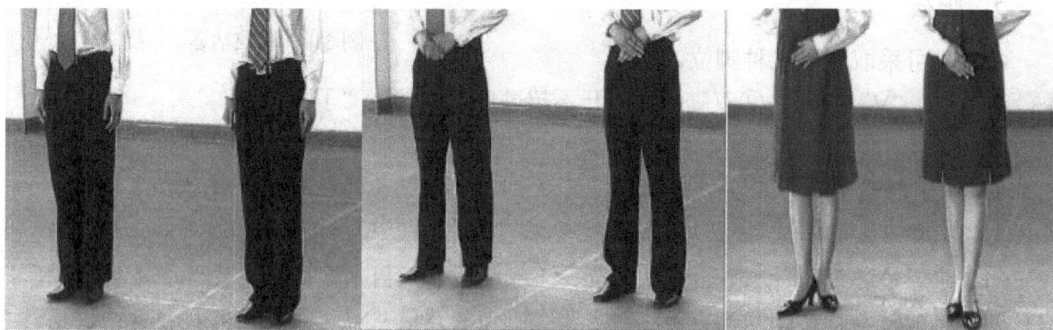

（a）"V"字形　　　　（b）双脚平行分开不超过肩宽　　　　（c）小"丁"字形

图 3.3　站姿基本脚位

2. 女士的基本站姿

（1）垂手站姿。身体直立，抬头挺胸，下颌微收，双目平视，嘴角微闭，面带微笑，双手自然垂于身体两侧，双膝并拢，两腿绷直，脚跟靠紧，脚尖分开呈"V"字形或丁字形，如图 3.4（a）所示。

（2）叉手站姿。身体直立，抬头挺胸，下颌微收，双目平视，嘴角微闭，面带微笑，两脚尖略分开，左脚在前，将左脚跟靠在右脚脚弓处，两脚尖呈"V"字形，双手自然并拢，右手搭在左手上，轻贴于腹部，身体重心可放在两脚上，也可放在一脚上，并通过重心的移动减轻疲劳。

两脚尖呈"V"字形或丁字形，两脚间距离不超过肩宽，一般以20厘米为宜，双手手指自然并拢，右手搭在左手上，不要挺腹或后仰，如图3.4（b）所示。

（a）垂手站姿　　　（b）叉手站姿

图3.4　女士基本站姿

课堂训练

请同学们起立，保持标准站姿，由教师指导，提升站姿的优美度。

不同的工作岗位对站姿的规定不尽相同，按站姿的基本要求形成的站姿，似有呆板之嫌，其实不然，按这些要求经过反复训练后，能让人形成一种优雅挺拔的体态。标准站姿是其他各种工作姿势的基础，也是发展不同体感美的起点，是优雅端庄举止的基础。练习站姿需要掌握以下要领。

（1）平。头平正、双肩一样高、两眼平视，最好经常通过大衣镜来观察、纠正并最终掌握要领。

（2）直。腰直、腿直，后脑勺、背、臀、脚后跟成一条直线。可以靠墙壁站立，后脑勺靠墙，下巴自然微收。腿膝尽可能绷直，往墙壁贴靠。脚后跟顶住墙，把手塞到腰、墙之间，如果刚好能塞进去就可以了；如果空间太大，可把手一直放在背后，弯腿，慢慢蹲下去，蹲到一半时，多余的空间就会消失，然后再站直，体会正确直立的感觉。

（3）高。重心上拔，尽可能使自己显得高。练习方法是挺胸收腹，脖子上举。在墙上吊一个物体，每当你挺直上拔时，头顶刚好能触到它。

站姿专业性比较强，按照上述要领反复练习，日常生活中再加以注意，长期坚持，形成习惯，就一定能让自己形成一个良好的站姿。

3. 不同情况下的站姿

在升国旗、奏国歌，接受奖品，接受接见等庄严的仪式场合，应采取"肃立"的姿势。"肃立"类似标准站立姿态，但神情严肃，中途不可乱动。目光可随物慢慢移动，如升国旗时，目光可随国旗缓缓上移。

演讲或营销时，为了减少身体对腿的压力，减轻因较长时间站立而引起的双腿疲倦，可以用双手支撑在讲台或柜台上，两腿轮流放松。

女性在主持文艺活动时，为了使站姿更优美，可以将双腿并拢，甚至站成"丁"字形：

上体前倾，臀微上翘，腰背挺直，双腿叠合，亭亭玉立，尽显女性魅力。

门迎、侍应人员往往由于站的时间很长，因此双腿可以平分站立。手的姿势可以是前握式，右手握住左手手背，垂放于腹前并稍微上提，注意肩膀向后打开，并保持良好的精神状态；也可以是背手式，两手背后交叉，右手放到左手的掌心上，但要注意收腹，否则肚子很容易挺出来。

礼仪小姐的站立，要比门迎、侍应人员更趋向艺术化，双腿不能分开站，这样的姿态欠美。一般可以采用立正的姿势或者"丁"字形。这时的"丁"字形站姿，身体重心不一定只放在前面的左腿上，而是可以同时放在双腿上。双手端拿物品时，小臂不应张开，而应靠近身体两侧，但不必夹紧。下颌微收，面部放松，略含微笑，总之要给人优雅亲切的感觉。

（四）应避免的站姿

社交场合中，以下几种站姿要绝对避免。

（1）憋气、耸肩、弯腰勾背等会给人一种压抑、缺乏自信、消极悲观的感觉，也会使人对你缺乏信心。

（2）目光呆滞，给人的印象是疲惫不堪、漫不经心或者没有热情。

（3）东倒西歪、重心不正、歪头、斜肩给人一种随随便便、自由放纵的感觉。

（4）趴伏倚靠、挺腹撅臀、膝关节弯曲等给人一种自由散漫、疲劳、偷懒的感觉。

（5）手位不当，如双手插兜、叉腰，双手抱于胸前或脑后、双肘支于某处，两手托住下巴给人一种无礼、瞧不起他人的感觉。

（6）下意识的小动作，如双手玩弄衣角、头发、小物件，咬手指甲等，给人一种拘谨、缺少自信而且有失仪表庄重的感觉。

在站立中还要防止探脖、塌腰、耸肩，双手不要放在衣兜里，腿脚不要抖动，身体不要靠在门上，两眼不要左顾右盼，以免给人留下不良印象。

（五）站立的空间距离

社交中，相互站立的空间距离远近根据不同情况有不同要求。外向型的人与他人的距离比内向型的人近一些；谈判时双方的距离会拉开一些；在地铁等人员拥挤的场合，人们是能够容忍摩肩接踵的。

不同国家、不同民族人们之间谈话时对距离有不同的感受和习惯，美国人谈话的合适距离一般是 0.5 米，意大利人一般为 0.3 ～ 4.4 米，瑞典、挪威、丹麦和冰岛人谈话一般相距 1.2 米左右，日本人喜欢与别人保持 0.6 米左右的距离，阿拉伯人一般相互靠得很近。

不同关系的交谈距离也是不同的。公共距离（有距离的距离）在 3 米及以上；私人距离（亲密距离）应小于 0.5 米；常规距离（交际距离）为 0.5 ～ 1.5 米；礼仪距离（尊重的距离）为 1.5 ～ 3 米。

课堂训练

站姿距离感觉训练

请两位同学面对面距 3 米站立，逐渐前移，体会在多远距离时没有压抑感。

二、坐姿

正确规范的坐姿要求端庄而优美，给人以文雅、稳重、端正、舒展大方的感觉，如图 3.5 和图 3.6 所示。

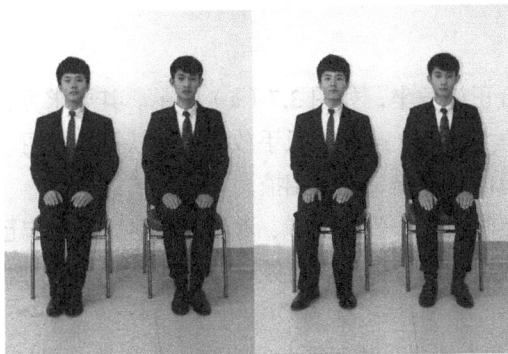

图 3.5　男士基本坐姿

思考与讨论

"坐如钟"所指的坐姿要求是什么？

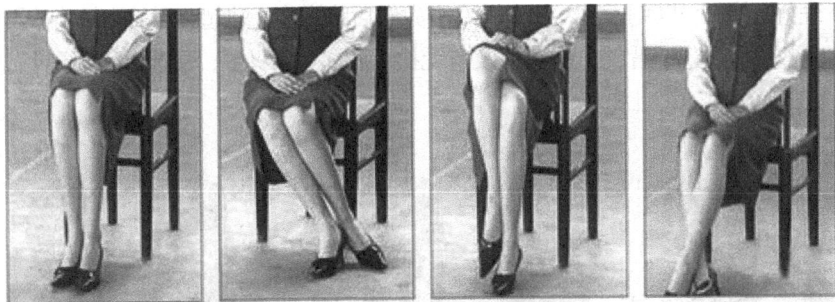

（a）标准式　　（b）侧腿式　　（c）重叠式　　（d）前交叉式

图 3.6　女士基本坐姿

1. 标准坐姿的常规要求

（1）女士入座要娴雅、文静、柔美。入座时若是裙装，应用手将裙子稍微拢一下，如果椅子位置不合适需要挪动，应先把椅子移至欲就座处，然后入座。坐在椅子上移动位置是有违社交礼仪的。正式场合一般从椅子的左边入座和离座，这是一种礼貌。

（2）神态从容自如。嘴唇微闭，下颌微收，面容平和自然。

（3）双肩平正放松，两臂自然弯曲放在腿上，亦可放在椅子或沙发扶手上，以自然得体为宜，掌心向下。

（4）坐在椅子上，要立腰、挺胸，上体自然挺直。

（5）双膝自然并拢，双腿正放或侧放，双脚并拢、交叠或成小"V"形。男士两膝间可分开一拳左右的距离，脚态可取小八字步或稍分开以显自然洒脱之美，但不可尽情打开腿脚，否则会显得粗俗和傲慢。

（6）坐在椅子上，应至少坐满椅子的 2/3，宽座沙发则至少坐 1/3。落座后至少前 10 分钟左右不要靠椅背，时

视野拓展

推荐读者课外观看《孟子欲休妻》一文。与人相处，要严于律己，注意自己的言行举止，礼貌待人，方可赢得别人的认可。

间久了，可轻靠椅背。

（7）谈话时应根据交谈者方位，将上体双膝侧转向交谈者，上身仍保持挺直，不要出现自卑、恭维、讨好的姿态，讲究礼仪说的是要尊重别人但也不能失去自尊。

（8）离座时要自然稳当，右脚先向后收半步，而后再站起。

2. 不同场合的坐姿

（1）会谈时，场合一般比较严肃，适合正襟危坐，如图3.7（a）所示。其要求为：上体正直，臀尖落座在椅子的中部，双手放在桌上、腿上或将一只手放在椅子扶手上均可。脚可以并排放，也可以并膝稍分小腿或并膝小腿前后相错、左右相掖。

（2）倾听他人教导、指示、传授、指点时对方一般是长者、尊者、贵客，此时自己的坐姿除了要端正外，还应坐在座椅的前半部或边缘，身体稍向前倾，这样可表现出一种积极、迎合、重视的态度。

（3）女士在社交场合，为了使坐姿更优美，可以采用略侧向的坐法，头和身子朝向对方，双膝并拢，两脚相并、相掖、一前一后均可，如图3.7（b）和图3.7（c）所示。在落座时，应把裙子向腿下理好、掖好，以免不雅，起立时右脚先向后收半步，站起，向前走一步，再转身走开。作为女士，坐姿的选择还要看椅子的高低及有无扶手和靠背，双手、双腿、双脚还可有多种摆法。

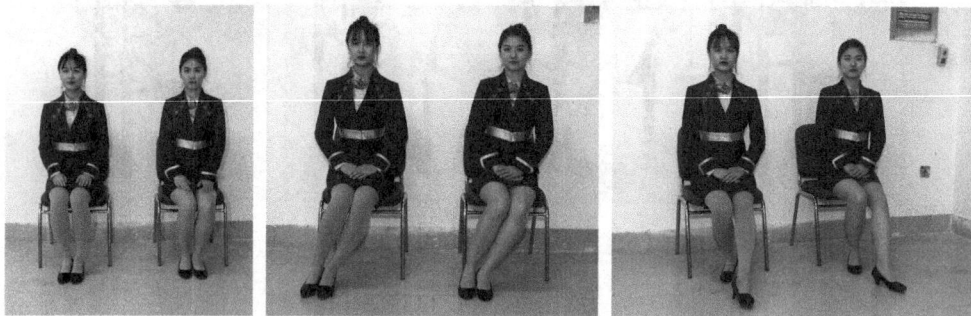

（a）正襟危坐　　　　　　（b）侧腿式　　　　　　　（c）前后重叠式

图3.7　女士坐姿

（4）在比较轻松、随便的场合，可以坐得比较舒展、自由一些，以自己不感到僵硬为度，可以经常变换坐姿，以便使身体局部得到休息。

3. 应避免的坐姿

（1）全身完全放松，瘫软在椅子上。

（2）两腿伸直而坐。

（3）头仰到沙发或椅子后面，屁股溜到椅子的边缘，腹部挺起。

（4）两腿叉得过开，尤其女士当忌。

（5）脚部动作：把脚架在桌上，以脚蹬踏它物或架在沙发扶手、茶几上等；以脚自脱鞋袜；以手触摸脚部；以脚钩住桌腿等均属不文明坐姿。

（6）弓腰驼背，全身挤成一团。

（7）跷起"二郎腿"后，小腿晃晃悠悠。

（8）抖动或左右摇晃一只或双腿、频繁地交换架腿姿势、拍打地面等。

（9）忽地坐下，腾地站起。

（10）落座或起座时，碰到杯子、踢到椅子、弄出声响，打翻东西。

（11）使劲拖椅子或拖茶几。

（12）与人交谈或答礼时，坐得太深，靠在椅背上。

（13）叉开双腿倒骑椅子。

（14）天热时，女子以裙代扇，男子将裤角捋到膝盖以上（这在泰国被认为是有意将别人踩在脚下的意思）。

课堂训练

请同学们离开座椅一段距离，然后走向座椅轻盈坐下，并由教师指导正确坐姿。

三、行姿

行姿又称走姿，是站姿的延续动作，是在站姿的基础上展示人的动态美，如图 3.8 所示。无论是在日常生活中还是在社交场合，正确的行姿是一种动态的美，往往是最引人注目的身体语言，也最能表现一个人的风度和活力。

图 3.8　标准行姿

1. 标准行姿的常规要求

（1）双目向前平视，微收下颌，面容平和自然，不要左顾右盼、回头张望、盯住行人乱打量。

（2）双肩平稳、肩峰稍后张，大臂带动小臂前后自然摆动，肩勿摇晃。前摆时，摆幅不宜过大，肘关节微屈约 30°，掌心向内，勿甩小臂，后摆时勿甩手腕。

（3）上身自然挺拔，头正、挺胸、收腹、立腰，重心稍向前倾。

（4）步位平直。行走时，假设下方有条直线，男士两脚跟交替踩在直线上，脚跟先着地，然后迅速过渡到前脚掌，脚尖略向外，距离直线约 5 厘米；女式则应走一字步，即两腿交替迈步，两脚交替踏在直线上。

（5）步幅适当。男性步幅约 65 厘米，女性步幅约 60 厘米，或者说前脚跟与后脚尖相距约为一脚长。步幅与服饰也有关，如女士穿裙装（特别是穿旗袍、西服裙、礼服）和高跟鞋时步幅应小些，穿长裤时步幅可大些。

（6）步态平稳。不同的性别，可以通过不同的走姿体现不同的美和风范。男性的步伐要注意阳刚美，一般以大步为佳，步伐频率每分钟约 110 步，步子重一些，显得稳重、沉着，以表现出男士坚定、刚毅、洒脱、气势磅礴的阳刚美；女性的步伐要注意阴柔美，一般以碎步为佳，步伐频率约每分钟 120 步，步子轻一些，显得轻盈、柔和，以体现出女子柔情、恬静、贤淑、娇巧的阴柔美。

（7）步韵自然。跨出的步子应是全部脚掌着地，膝和脚踝不可过于僵直，而应该富有弹性，膝盖要尽量绷直，双臂应自然轻松摆动，使步伐因有韵律节奏感而显得柔美。

良好的步态，应该是自如、矫健、敏捷的，通过上体的稳定与下肢的规律运动形成对比和谐感，通过干净利落、鲜明均匀的脚步形成节奏感，前后、左右动作平衡对称，可呈现行走时的形式美。无论男女，行走时都要注意昂首、挺胸、收腹、眼平视、肩要正、身要直、双肩自然下垂，两臂前后摆动自如协调。

2. 不同场合的行姿

在不同的场合，步态也要有所区别，要同相应的情境相协调。

（1）参加喜庆活动，步态应轻盈、欢快、有跳跃感，反映喜悦的心情。

（2）参加凭吊活动，步态要缓慢、沉重、有忧伤感，反映悲哀的情绪。

（3）参观展览、探望病人，此时环境安谧，不宜出声响，脚步应轻柔。

（4）进入机关单位、拜访他人，在室内场所时，脚步应轻稳。

（5）走进会场、走向话筒、迎向宾客，步伐要稳健、大方，充满热情。

（6）办事联络，往来于部门之间，步伐要快捷、稳重，体现办事者的效率和干练。

总之，步态要因人、因时、因地而异，良好的步态显示着文明、教养和风度。

3. 几种特例下的行姿要求

关于行姿，除了要牢记"应该怎么做"和"不应该怎么做"之外，还应了解一些有关行姿的特例。

（1）陪同引导。在为他人做陪同引导时，应注意方位、速度、关照及体位等细节，例如，双方并排行走时，陪同引导人员应居于左侧。如果双方单排行走时，要居于左前方约一米的位置。当被陪同人员不熟悉行进方向时，应该走在前面、走在外侧；另外陪同人员行走的速度要考虑到和对方相协调，不可以走得太快或太慢，一定要处处以对方为中心。每当经过拐角、楼梯或道路坎坷、照明欠佳的地方，要提醒对方留意，同时也有必要采取一些特殊的体位，如请对方开始行走时，要面向对方，稍微欠身。在行进中和对方交谈或答复提问时，要把头部、上身转向对方，如图3.9所示。

图3.9 引导

（2）上下楼梯。要走专门指定的楼梯，有些单位往往规定本单位人员不得与顾客走同一个楼梯。在运送货物时，特别要注意这一点。另外要减少在楼梯上的停留，并坚持"右上右下"原则。如果是陪客人上楼，陪同人员应该走在客人的后面；如果是下楼，陪同人员应该走在客人的前面。

（3）进出电梯。使用电梯时，大致应注意四个问题：首先，使用专用的电梯。其次，如果是无人控制电梯，工作人员必须自己先进后出，以方便操控电梯。乘的如果是有人操控的电梯，应当"后进后出"。再次，牢记"先出后进"，即电梯内的人先出，电梯外的人再进。最后，尊重周围的乘客。进出电梯时，应该侧身而行，免得碰撞别人。进入电梯后，要尽量站在里面。人多的话，最好面向内侧，或和别人侧身相向。下电梯前，应该提前换到电梯门口。在乘电梯时碰上了并不相识的来访客人，也要以礼相待，请对方先进或先出。有关电梯礼仪见图3.10。

（4）出入房门。进入或离开房间时的要求：首先，先通报。在出入房间时，特别是在进入房间前，一定要轻轻叩门或者按门铃，向房内的人进行通报。贸然出入或者一声不吭，都显得冒冒失失。其次，以手开关。出入房间，务必要用手来开门或关门。开关房门时，最好是反手关门、反手开门，并且始终面向门。用肘部顶、用膝盖拱、用臀部撞、用脚尖踢、用脚跟蹬等方式关门都是非常不好的做法。再次，后入后出。和别人一起先后出入房间时，为了表示自己的礼貌，应当请对方先进门、先出门。最后，出入拉门。平时，特别是陪同引导别人时，还有义务在出入房门时替对方拉门或是推门。在拉门或推门后要使自己处于门后或门边，以方便别人的进出。

图 3.10　电梯礼仪

视频园地

　　扫描二维码观看短视频，了解社交活动中乘坐电梯的相关礼仪。请问进出电梯时"后入后出"是否适用，为什么？

　　4．应避免的行姿

（1）耷拉眼皮，左顾右盼或低头。

（2）只摆动小臂。

（3）双手左右横着摆动。

（4）肚子腆起，身体后仰。

（5）八字步，脚尖出去方向不正，呈明显的外八字或内八字。

（6）两脚不落在一条线上，明显地叉开双脚走。

（7）脚迈大跨步，身子上下摆动，像鸭子一样。

（8）手臂、腿部僵直或身体死板僵硬。

（9）脚步拖泥带水，蹭着地走。

（10）在正式场合，双臂相抱、倒背双手。

（11）不因场地而及时调整脚步的轻重缓急，把地板踩得"咚咚"作响。

　　除以上所列应避免的行姿外，还有两点忌讳：一忌女性步态男性化或男性步态女性化；二忌走路时出神或做出怪姿，如撑腰背手、双手插入口袋、边吃边走、数人勾肩搭背，这都是不雅之举。

　　行姿应该给人自信、挺拔的印象，当你处于各种商务场合时，别人会从你的行姿中窥探你的性格和为人。走路松松垮垮、游移不定的人会给人以不自信的印象；坚定的步伐表明一个人具有自信、开朗的个性和品格。

　　在人际交往中，人们总是处于运动的状态，除了站、坐、走之外，其他动作也应保持优美。

四、蹲姿

　　蹲姿是人在处于静态时的一种特殊体位。

　　1．蹲姿的基本规范要求

　　蹲姿的基本规范要领是屈膝并腿，左（右）脚在前、右（左）脚在后向下蹲去，左（右）小腿垂直于地面，全脚掌着地，大腿靠紧，右（左）脚跟提起，前脚掌着地，右（左）膝内侧靠于左（右）小腿内侧，形成左（右）膝高于右（左）膝的姿态，臀部向下，上身向前微

课堂训练

　　将同学们带到操场，画线训练。

倾，以左（右）脚为身体的主要支点，如图 3.11 所示。男士使用蹲姿时两腿之间不用靠太紧，可以有适当的距离。

图 3.11　蹲姿的基本规范

2. 下蹲时的注意事项

（1）弯腰捡拾物品时，两腿叉开，臀部向后撅起，是不雅观的姿态，两腿展开平衡下蹲，姿态也不优雅。下蹲拾物时，应自然、得体、大方，不遮遮掩掩。

（2）在公共场合使用蹲姿时应避免过度地弯曲上身和翘起臀部，否则容易露出内衣，下蹲时内衣"不可以露，不可以透"。

（3）下蹲时速度切勿过快，要两腿合力支撑身体，避免滑倒。

（4）下蹲时，应使头、胸、膝关节在一个角度上，使蹲姿优美。

（5）与他人同时下蹲时要注意双方的距离，以防双方迎头相撞。

第二节　其他姿势及表情

一、手势

规范的手势应当是手掌自然伸直，掌心向内向上，手指并拢，拇指自然稍稍分开，手腕伸直，使手与小臂成一直线，肘关节自然弯曲，大小臂所构成的角度以 140° 为宜。做出手势时，要讲究柔美、流畅，做到欲上先下、欲左先右，避免僵硬死板、缺乏韵味，同时配合眼神、表情和其他姿态，使手势更显协调大方。

1. 常用手势的含义

（1）横摆式。在表示"请进""请"时常用横摆式。做法是五指并拢，手掌自然伸直，手心向上，肘微弯曲，腕低于肘。开始做手势应从腹部之前抬起，以肘为轴轻缓地向一旁摆出，到腰部并与身体正面呈45°角时停止。头部和上身微向伸出手的一侧倾斜，另一只手下垂或背在背后，目视宾客，面带微笑，表现出对宾客的尊重和欢迎。

（2）前摆式。如果右手拿着东西或扶着门时，这时要向宾客做向右"请"的手势时，可以用前摆式，五指并拢，手掌伸直，由身体一侧由下向上抬起，以肩关节为轴，手臂稍曲，到腰的高度再由身前右方摆去，摆到距身体15厘米，并不超过躯干的位置时停止，目视来宾，面带笑容，也可双手前摆。

（3）双臂横摆式。当来宾较多时，表示"请"的动作可大一些，采用双臂横摆式，两臂从身体两侧向前上方抬起，两肘微曲，向两侧摆出。指向前进方向一侧的臂应抬高一些，伸直一些，另一手稍低一些，曲一些。也可以双臂向一个方向摆出。

（4）斜摆式。请客人落座时，手势应摆向座位的地方。手要先从身体的一侧抬起，到高于腰部后再向下摆去，使大小臂呈一条斜线。

（5）直臂式。需要给宾客指方向时，采用直臂式，手指并拢，掌伸直，屈肘从身前抬起，向抬到的方向摆去，摆到肩的高度时停止，肘关节基本伸直。注意指引方向，不可用一根手指指出，显得不礼貌。

2. 使用手势时的注意事项

手势语是大有学问的。手势是传情达意的最有力的手段，正确适当地运用手势，可以增强感情的表达。使用手势应该注意以下几个问题。

（1）在交往中，手势不宜过多，动作不宜过大，切勿"指手画脚"和"手舞足蹈"。

（2）打招呼、致意、告别、欢呼、鼓掌属于手势范围，应该注意其力度的大小、速度的快慢、时间的长短，不可过度。鼓掌是表示欢迎、祝贺、赞许、致谢等的礼貌举止。在正式社交场合，观看文艺演出、重要人物出现、听报告、听演讲时等都用热烈鼓掌表示钦佩、祝贺。鼓掌的标准动作应该是用右手掌轻拍左手掌的掌心，鼓掌时不应戴手套，鼓掌宜自然，切忌太过使劲，且应自然终止。注意鼓掌尽量不要用语言配合。

（3）在任何情况下都不要用大拇指指自己的鼻尖和用手指指点他人。谈到自己时应用手掌轻按自己的左胸，那样会显得端庄、大方、自信。用手指指点他人的手势是不礼貌的，谈到并需要指向别人时，应五指并拢，手心向内略向上倾斜，手指指向对方。

（4）一般认为，掌心向上的手势有诚恳、尊重他人的含义；掌心向下的手势意味着不够坦率，缺乏诚意等。攥紧拳头暗示进攻和自卫，也表示愤怒。伸出手指来指点是要引起他人的注意，含有教训人的意味。因此，在介绍某人、为某人引路指示方向、请人做某事时，应该掌心向上，以肘关节为轴，上身稍向前倾，以示尊敬，这种手势被认为是诚恳、恭敬、有礼貌的。

（5）有些手势在使用时应注意不同国家或地区之间的不同习惯，不可以乱用。比如，阿拉伯人用两个小指拉在一起表示断交，吉卜赛人掸去肩上的尘土表示请你立刻走开……手势语能反映出复杂的内心世界，但运用不当，便会适得其反，因此在运用手势时要注意几个原则。首先要简约明快，不可过于繁多，以免喧宾夺主；其次要文雅自然，因为拘束、低劣的手势会损害交际者的形象；再次要协调一致，即手势要与全身协调，手势与情感协调，手势与发言协调；最后要因人而异，不能千篇一律地每个人都做几个统一的手势动作。

> **视频园地**
>
> 推荐观看视频，看看是否能掌握印度人说话时摇头的不同方式和含义。
>
> [QR code]

📚 **视野拓展**

不同手势的含义

（1）"OK"形手势，所代表的含义在所有讲英语的国家里是众所周知的，但在法国该手势代表"零"或"没有"，在日本代表"钱"，在中国这个手势原来表示"零"，后来"OK"的含义也逐渐流行开来，手心向前时有人也表示数字"三"。

（2）跷大拇指手势。在英国、澳大利亚、新西兰等国，跷大拇指代表请求搭车，但如果大拇指急剧上翘，则是侮辱人的信号。在表示数字时，他们用大拇指表示 5。在中国，跷大拇指是积极的信号，通常是指高度的赞扬。

（3）"V"形手势。第二次世界大战期间，英国首相温斯顿·丘吉尔推广了这个手势，表示胜利，非洲大多数国家也如此。但如果手心向内，在澳大利亚、新西兰、英国则是一种侮辱人的信号。另外，"V"形手势在欧洲各地也表示数字"2"。

（4）塔尖式手势。这一手势具有独特的表现风格，自信者、高傲者往往使用它，主要用来传达"万事皆知"的心理状态，是一种消极的人体信号。

（5）背手。英国皇家的几位主要人物以走路时昂首挺胸，手背身后的习惯而著称于世。显然这是一种拥有至高无上的权威、自信或狂妄态度的人体信号。将手背在身后还可起到一定的"镇定"作用，使人感到坦然自若，另外还会赋予使用者胆量和权威。

二、日常举止的禁忌

案例

一口痰的惨痛教训

某医疗器械厂经过艰难的谈判即将与某公司的约瑟先生签订输液管生产线的合作合同。然而在参观车间时，该厂厂长不经意间在地上吐了一口痰。约瑟看后一言不发，掉头就走。第二天，只留给厂长一封信，信中写道："我十分钦佩您的才智和精明，但您吐痰的一幕使我彻夜难眠。一个厂长的卫生习惯可以反映一个工厂的管理水平。况且我们合作的产品是用来治病的，人命关天。请原谅我的不辞而别，否则上帝都会惩罚我的。"

点评：一口痰毁了一个合同。一个团队负责人的行为举止反映了一个团队的管理水平，一个团队成员的行为举止反映了整个团队的素质。可见，有礼得体的日常举止是人际交往中的重要组成部分。

一个人举止端庄、行为文明、动作规范，是具备良好素养的表现，它能帮助个人树立良好形象，也能为组织赢得美誉，反之，则会损害个人和组织的形象。以下不受欢迎的坏习惯和不良举止就应在交际中努力戒除，如打呵欠、掏耳和挖鼻、剔牙、搔头皮、双腿抖动、频频看表等。此外，在客人面前打喷嚏、伸懒腰、打饱嗝、搓泥垢、修指甲，都会被认为是不文明的行为。咳嗽或打喷嚏时，应用手帕捂住口鼻，并转向一侧。吐痰时要吐在纸里或去卫生间。不能乱扔纸屑、果皮、烟头等废物。生病时应避免社交活动。雨天进门应先在门口擦一下鞋底，雨具应放在门外或门厅。

三、表情

面部表情是丰富且复杂的，是体态语的一个重要组成部分，包括目光、眉语和微笑等。

1. 目光

目光是最富表现力的一种体态语。眼睛是人体传递信息最有效的器官，不同的眼神代表着不同的含义。一个良好的交际形象，目光应是坦然、亲切、和蔼、有神的。特别是在与人交谈时，目光应该注视对方，不应该躲闪或游移不定。在整个谈话过程中，目光与对方接触累计应达到全部交谈过程的 50%～70%。人际交往中诸如呆滞的、漠然的、疲倦的、冰冷的、惊慌的、敌视的、轻蔑的、左顾右盼的目光都是应该避免的，更不要对人上下打量、挤眉弄眼。

在交往中，常需要凝视对方，场合不同，凝视对方的方法也应不同。

（1）公务凝视。公务凝视用在洽谈、磋商、谈判等正式场合，给人一种严肃、认真的感觉。这种凝视注视的位置在对方脸部，以双眼为底线，上到前额的三角部分。谈论公务时，如果你注视对方这个部位，就会显得严肃认真，对方也会感觉到你的诚意，你就更容易把握谈话的主动权和控制权。

（2）社交凝视。适用于各种社交场合的注视方式，注视的位置在对方唇心到双眼之间的三角区域，当你的目光看着对方脸部这个区域时，会营造出一种社交气氛，让人感到轻松自然。这种凝视主要用于茶话会、舞会及各种类型的友谊聚会。

（3）亲密凝视。亲密凝视是亲人之间、恋人之间、家庭成员之间使用的注视方式。凝视的位置在对方双眼到胸之间。交谈时要将目光转向说话者，以示自己在倾听，这时应将目光放虚相对集中于对方身体某个区域上，切忌"聚焦"，死盯对方眼睛或脸上的某个部位，那样会使对方难受、不安，甚至有受侮之感。

社交人员展现在大众面前的眼神应该是自然、温和、稳重的，使人感到亲切，并带给人以满意和友好的情感，以进一步增进交往的机会。

2. 眉语

眉飞色舞、扬眉吐气、愁眉不展中的飞、扬、愁三个字，明确表明了眉能表达丰富情感，也是体态语中的一个组成部分。因此，社交人员在与人交往的过程中，眼睑、眉毛应保持自然舒展，说话时一般不要牵动眉毛，而要给人以庄重、自然、典雅之感。

3. 微笑

笑有很多种，轻笑、微笑、狂笑、奸笑、羞怯的笑、爽朗的笑、开怀大笑、尴尬的笑、嘲笑、苦笑等，其中微笑是最美的。微笑是指不露牙齿，嘴角的两端略提起的笑。

微笑是一种特殊的语言——情绪语言。微笑是社交场合中最具吸引力、最令人愉悦，也最有价值的面部表情（图 3.12）。它可以与语言和动作相互配合起互补作用。它不但表现着人际交往中友善、诚信、谦恭、和谐、融洽等最美好的感情因素，而且反映着自信、涵养与和睦的人际关系及健康的心理。

图 3.12　微笑

微笑在社交、生活及工作中都有非常深刻的内涵。微笑着接受批评，显示你承认错误但不诚惶诚恐；微笑着接受荣誉，说明你充满喜悦但不骄傲自满；遇见领导、老师，给一个微笑，表达了你的尊敬；微笑着面对困难，用笑脸迎接一个悲惨的厄运，用百倍的勇气来应对一切的不幸，说明你经得住考验和磨炼、有战胜困难的勇气和信心。

微 笑

美国有一个城市被称为微笑之都，它就是爱达荷州的波卡特洛市。据说该市曾通过一项法令，规定全体市民不得愁眉苦脸或拉长面孔，违者将被送到"欢容遣送站"去学习微笑，直到学会微笑为止。波卡特洛市每年都举办一次"微笑节"，可以想象，"微笑之都"的市民的微笑绝不比著名画家达·芬奇的杰作《蒙娜丽莎》的微笑逊色。

世界著名的希尔顿饭店的总经理希尔顿，每当遇到员工时，都要询问这样一句话，"你今天对顾客微笑了没有？"他指出，"饭店里第一流的设备很重要，而第一流服务员的微笑更重要，如果缺少服务员的美好微笑，好比花园里失去了春日的太阳和春风。假如我是顾客，我宁愿住进虽然只有破旧地毯，却处处可见到微笑的饭店，而不愿走进只有一流设备而不见微笑的地方。"正是因为希尔顿深谙微笑的魅力，希尔顿饭店才会誉满全球。

微笑是有规范的，一般要注意四个结合：一是口眼结合。眼睛有传神送情的特殊功能，要口到、眼到、神色到，笑眼传神，微笑才能扣人心弦。二是笑与神、情、气质相结合。这里讲的"神"，就是要笑得有情入神，笑出自己的神情、神色、神态，做到情绪饱满、神采奕奕；"情"，就是要笑出感情，笑得亲切、甜美，反映美好的心灵；"气质"就是要笑出谦逊、稳重、大方、得体的良好气质。三是笑与语言相结合。语言和微笑都是传播信息的重要符号，只有注意将微笑与美好的语言相结合，声情并茂，相得益彰，方能发挥出微笑应有的特殊功能。四是将笑与仪表、举止相结合。以笑助姿、以笑促姿，形成完整、统一、和谐的美。

课堂训练

以同桌同学为一组，两人相对，做微笑训练。一般比较甜美的微笑是嘴唇微闭，嘴角略微往上拉，带动面部肌肉往上提。同时，眼光要虚，眼睛自然张大，而且明亮有神，这个过程中，眉头要自然展开，眉毛上扬。

视频园地

推荐通过网络搜索并观看《人民职场第15期：职场礼仪及仪态礼仪的魅力》培训视频（主讲教师徐梦婕，2014年7月），与课堂及本教材内容进行对照学习。

总之，在社交中，站应给人挺、直、高大的感觉；行要轻、灵、巧；坐要端正、自然大方，给人以行动敏捷、办事干练、神采奕奕的印象。需要指出的是，由于文化背景的差异，各文化所表现的体态语也有所不同。另外，风俗习惯对体态语的影响也很大。总之，体态语因人、因时、因环境的变化而有所不同，社交人员应根据具体情况，灵活运用体态语，更好地塑造个人良好的形象。

本章小结

仪态，指的是人的姿势、举止与动作。社交人员应当力求使自己的仪态文明、自然、美观、敬人。

仪态文明，要求仪态要显得有修养、合乎礼仪规范。仪态美，是高层次的要求。它要求仪态要优雅脱俗、美观耐看，站有站相，坐有坐相，手势文雅，脚位适当等。

仪态敬人，要求力戒失敬于人的仪态，同时努力注意以仪态体现敬人之意。个人良好仪态的养成需要一个不断强化、不断规范并辅之以严格训练的过程。

思考与训练

一、复习思考

1. 什么是仪态？仪态有哪些特征？
2. 社交人员仪态的基本要求有哪些？
3. 以小组为单位，练习站姿、坐姿、走姿、蹲姿，并互相纠正不标准的地方。
4. 请同学模拟上班时上下轿车、上下楼梯、递物、接物等情景中的言行举止。
5. 同学相互之间练习正确的微笑和目光语。

二、案例分析

案例一

一位老师带领学生前往一大型企业参观。这家企业的老总是该老师的大学同学，老总亲自交代工作人员要好好接待。接待人员热情地为每位同学倒水，其中有位女生表示自己只喝红茶。学生们在有空调的大会议室坐着，大多坦然接受服务，没有半分客气。当老总办完事情回来后，不断向学生表示歉意，竟然没有人应声。当工作人员送来笔记本，老总亲自双手递送时，学生们大多伸着手随意接过，没有起身也没有致谢，只有一个女同学起身双手接过工作人员递过来的茶和老总递来的笔记本时客气地说了声："谢谢，辛苦了！"最后，只有这位女同学收到了这家企业的录用通知。有同学很疑惑甚至不服，"她的成绩并没有我好，凭什么让她去而不让我去？"老师叹了口气说："我给你们创造了机会，是你们自己失去了。"

问题1： 是什么原因使这些同学失去了工作机会？

问题2： 这些同学有哪些行为是不合乎礼仪规范的？

案例二

在风景秀丽的某海滨城市的朝阳大街，高耸着一座宏伟的楼房，楼顶上"远东贸易公司"六个大字格外醒目。某照明器材厂的业务员金先生按原计划手拿企业新设计的照明器样品，兴冲冲地登上六楼，脸上的汗珠未及擦一下，便直接走进了业务部张经理的办公室。正在处理业务的张经理被吓了一跳。"对不起，这是我们企业设计的新产品，请您过目"，金先生说。张经理停下手中的工作，接过金先生递过的照明器，随口赞道："好漂亮呀！"并请金先生坐下，倒上一杯茶递给他，然后拿起照明器仔细研究起来。

金先生看到张经理对新产品如此感兴趣，如释重负，便往沙发上一靠，跷起二郎腿，一边吸烟一边悠闲地环视着张经理的办公室。当张经理问他电源开关为什么装在这个位置时，金先生习惯性地用手搔了搔头皮。好多年了，别人一问他问题，他就会不自觉地用手去搔头皮。虽然金先生做了较详尽的解释，张经理还是有点半信半疑。谈到价格时，张经理强调："这个价格比我们预算的高出较多，能否再降低一些？"金先生回答："我们经理说了，这是最低价格，一分也不能再降了。"张经理沉默了半天没有开口，金先生却有点沉不住气，不由自主地拉松领带，眼睛盯着张经理。张经理皱了皱眉，"这种照明器的性能先进在什么地方？"金先生又搔了搔头皮，反反复复地说："造型新，寿命长，节能。"张经理随后找个理由离开了办公室，只剩下金先生一个人待在屋里。

金先生等了一会儿，感到无聊，便非常随便地抄起办公桌上的电话，同一个朋友闲谈起来。这时，门被推开，进来的却不是张经理，而是办公室秘书……

问题：请分析金先生的问题出在哪里。

三、课外实践

1. 将同学分成三组，选定三个组长负责策划组织本组组员的表演。第一组扮演"迎宾员"、第二组扮演"销售员"、第三组扮演"教师"，要求参考本章介绍的站姿、坐姿、行姿、目光、微笑、礼貌用语等知识，分别做"引领客人至座位""推销产品""和学生打招呼、讲课"等动作。

2. 按自愿原则组队，表演仪态姿势。以 5 人为一组，在小组内进行站、坐、走姿演练。课堂上各组选派代表或全组成员上台进行"现场秀"表演，每组限时 3 分钟。

第四章 着装礼仪

【学习目的与要求】

通过本章的学习，应了解着装的原则和方法，熟悉西装和套裙的着装规范和要求，掌握着装要领，通过案例分析认识着装礼仪对个人生活和工作所起的重要作用。

【关键概念】

着装　套装　西装　套裙

第一节 着装的基本原则

从礼仪的角度来看，着装是一门技巧，也是一门艺术。从本质上讲，着装是一个人基于自身的阅历、修养或审美品位，在对服装搭配技巧、流行时尚、所处场合、自身特点进行综合考虑的基础上，对服装所进行的精心选择、搭配和组合。

根据礼仪规范选择着装，最重要的是要合乎身份、场合，维护形象，并且对交往的对象不失敬意。一般以 TPO 为基本原则，T、P、O 三个字母分别是英文单词 time（时间）、place（地点）、occasion（场合）的首字母。

具体来说，着装的选择需兼顾个体性、整体性、整洁性、文明性和技巧性等要求，对这五个方面，均不能偏颇。

> **视频园地**
>
> 通过影视演员贾静雯谈服装的视频，我们可以了解服装的流行趋势，提升自己的着装品位。

📚 视野拓展

佛要金装，人要衣装。菲尔莱狄更斯大学的沃尔特斯研究了给人印象深刻的职业形象和起薪之间的关系。她给 1000 多家公司发出一组相同的简历，其中的一些简历提供的是申请人在进行形象设计之前的照片，而其他的简历提供的则是申请人进行了形象设计之后的照片。当她把一个普普通通形象的申请人，打扮成衣着光鲜的职业化形象之后，其起薪也提高了 8%～20%。

一、个体性

个体性原则要求着装应适应自身形体、年龄、职业的特点，扬长避短，并在此基础上创造和保持自己独有的风格。

在社交活动中穿出自己的风格并非易事，它离不开几个因素的共同支持，这些因素包括：与公司形象和谐统一，不让上司、同事反感，与本人气质、性格相吻合，并长时间保持自己的风格。像靳羽西的"童花头"、梁爱诗的中分发髻，都是十几年甚至几十年不变的"老招牌"。既省时省力，又像注册商标一样，只此一家，是别人模仿不来的。如果能做到这一层面，你的着装水平就可以说是炉火纯青了。

灰色的套装虽然被公认是最佳的职业服装，但如果你把它奉为唯一，那么你就大错特错了。供职于一家韩国旅游公司的于小姐发现，直属上司对橘黄色有强烈的爱好。于是，她便有意识地配置了几套橘黄色系的套装，与一些深色服装搭配穿，果然赢得了上司的欣赏，直夸她衣着大方得体而不失品位。

案例

丝巾的魅力

有媒体刊载，供职于意大利某工业公司的王小姐在着装上有一个明显的特征：她的套装全部是深色系的，但她永远会披着一条绚丽的丝巾，春夏秋冬，无一例外。在灰色、咖啡色、黑色充斥的办公室里，王小姐的丝巾总能给人眼前一亮的感觉。几年下来，王小姐在公司树立起了自己独特的着装风格，也得到了上司及同事的肯定。

点评：着正装时，一抹亮丽的色彩会使服饰变得生动起来，既不失庄重又略显精神和干练。一般社交活动中，每个人都要根据个人的特点而形成自己的着装风格，而不是千篇一律的。

二、整体性

正确的着装，应当基于统筹的考虑和精心的搭配。各个部分不仅要"自成一体"，而且还要相互呼应、配合，在整体上尽可能地显得完美、和谐。着装要坚持整体性，重点是要注意两个方面：一是要恪守服装本身约定俗成的搭配原则，特别是服装与鞋帽之间的搭配。例如，穿西装时，应配皮鞋，而不能穿布鞋、凉鞋、拖鞋、运动鞋。二是要使服装各个部分相互适应，局部服从于整体，精心搭配，在整体上尽可能做到完美、和谐，以展现着装的整体之美。

三、整洁性

整洁和谐是永远正确的着装风格。在任何情况下，人们的着装都要力求整洁，避免肮脏或邋遢。着装的整洁性应体现在四个方面：首先，着装应当整齐。衣裤不起皱，穿前要烫平，穿后要挂好，做到上衣平整、裤线笔挺。其次，着装应当完好。不应残破、掉扣、乱打补丁。"乞丐装"在正式场合应禁穿。再次，领带、领结、飘带与衬衫领口的吻合要紧凑且不要系歪。如有工号牌或标志牌，要佩戴在左胸正上方，有的岗位还要求戴好帽子与手套。最后，着装应当干净、卫生，衣裤无污垢、无异味，领口与袖口处尤其要保持干净。对于各类服装，都要勤于换洗，不允许存在明显的污渍、油迹、汗味与体臭。

📚 **视野拓展**

女士在忙乱的早晨，肚子不可以空，妆也不可以不化；皮鞋永远是亮的；口红的颜色根据服饰而定；香水的味道根据场合而定；将无袖上衣、凉鞋打入"冷宫"，因为办公室一年四季几乎是恒温的，在办公室里，要永远穿得像春天一样令人舒适、悦目；还要注意永远有双长筒丝袜作为备用。

四、文明性

在日常生活与工作当中，不仅要做到会穿衣戴帽，而且要努力做到文明着装。着装的文明性，主要是要求着装大方，符合社会的传统和常规做法。

（1）忌穿过露的服装。在正式场合，袒胸露背，暴露大腿、脚部和腋窝的服装，应忌穿。不可在公众场合裸露上身、穿睡衣。

（2）忌穿过透的服装。倘若使内衣、内裤"透视"在外，令人一目了然则有失检点。更忌不穿内衣和内裤。

（3）忌穿过短的服装。不要为了标新立异，而穿小一号的服装。不要在正式场合穿短裤、小背心、超短裙之类过短的服装，它们不仅会使自己行动不便，频频"走光"，而且也失敬于人。

（4）忌穿过紧的服装。女性不要为了展示自己的线条而有意选择过于紧身的服装，把自己打扮得像"性感女郎"或"性感炸弹"，更不要不修边幅，使自己内衣的轮廓在过紧的服装之外若隐若现。

📚 **视野拓展**

莎士比亚曾经说过："服饰往往可以表现人格"。从衣服可以看出一个人的品位吗？请扫描二维码阅读短文。

五、技巧性

着装的技巧性，主要是要求在着装时要依照规范的穿法而行。不同的服装有不同的搭配和约定俗成的穿法。例如，穿单排扣西装上衣时，两粒纽扣的要系上面一粒，三粒纽扣的要系中间一粒或是上面两粒；女士穿裙子时，所穿丝袜的袜口应被裙子下摆所遮掩，而不宜露于裙摆之外；穿西装不打领带时，内穿的衬衫应当不系领扣；全身上下衣着应保持在三种颜色之内等。以上这些都属于着装的技巧。

视频园地

本视频为正确与错误的西装穿着示范。西装是男士在庄重场合的礼服，而穿着西装必须遵守西装穿着礼仪规范，只有这样才能穿出西装的风采，才能折射出西装的光芒。

第二节　男士西装礼仪

西装是一种国际性主流服装，是西方社会男士的正装，是正式场合着装的优先选择。一套合体的西装，可以使人显得潇洒、精神、风度翩翩。近百年来，特别是改革开放之后，西装已经深入到了我们的生活之中，虽然男性着装在进入 21 世纪后有随意化的趋势，但了解一些社交场合需要遵守的西装常识还是很有必要的。

根据西方国家的惯例，参加正式、隆重的宴会，欣赏高雅的文艺演出时应该穿着西装。西装可分工作用的西装、礼服用的西装、休闲用的西装等。对我们而言，一套合体的西装配上不同的衬衫、领带，基本上就可以参加多种社交活动。居家、旅游、娱乐的时候，便装比西装更合适。

案例

凯特男友的尴尬

曾有媒体报道，扮演《泰坦尼克号》女主角的凯特·温斯莱特和男友回英国度假，在一家高档商店门前，其男友因穿着随便而被门卫拒之门外。凯特的男友大怒，指着大名鼎鼎的女友对门卫说："你可知道她是谁？她就是《泰坦尼克号》中露丝的扮演者——凯特！而我就是她的男朋友。"谁知这位门卫铁面无私，偏偏让他吃了闭门羹。最终，凯特的男友只好回到宾馆，换好服装后才得以迈进那家商店的大门。

点评：服饰是一个人对待事情重视程度的反映，也是一个人综合品位的体现。在社交活动中，一般正式场合都需要着正装出席，而有些公共场所也需要着正装才可进入。对于一个现代人来说，遵守社交礼仪是综合素质的具体体现。

一、西装的款式与适用场合

西装款式按件数分为单件上装（简装）和套装（正装）。依照惯例，单件西装是一件和裤子不配套的西装上衣，仅适用于非正式场合。在正式的商务交往中所穿的西装，应是西装套装。西装套装分为两件套和三件套。两件套西装套装包括一衣和一裤。套装要求上下装面料、色彩一致，这种两件套西装再加上同色同料的背心（马甲）就成为三件套西装。按照传统观点，三件套西装比两件套西装显得更正式。一般参加高层次的对外活动时，穿三件套西装会显得更加庄重。

> **思考与讨论**
>
> 如果您是一位男士，应邀参加一次商务活动，您将如何着装？

西装在现代社交活动中往往充当正装或礼服，面料的选择应力求高档。藏青色西装是首选，是正式而隆重的色彩，灰色和铁灰色是象征权力的颜色，普蓝色则意味着友善，而浅色西服会给人干净、清爽、时尚的感觉。

决定西装是否合身的两大关键要素在于肩线和下摆。西装肩线的合理位置应该自然落在肩膀和上臂的衔接处。由于如今大部分的西装都内置了垫肩，因此肩线应该比垫肩更长一些。西装的下摆应该长及臀部，也就是双手自然垂下时虎口处的位置。裤子的长度取决于腿的长度，自然站立时裤腿应与脚面相衔接。一般在比较正式的活动中男士应着深色的西装（图4.1）。

图4.1 各式西装（广告截图）

二、西装的穿着

西装纽扣是区分款式、版型的重要标志。男子常穿的西装有两大类，一类是平驳领、圆角下摆的单排扣西装；另一类是枪驳领、方角下摆的双排扣西装。能否正确地给西装系好纽扣，直接反映着装者对西装着装礼仪的把握程度。

（1）单排二粒扣西装，扣子全部不扣表示随意、轻松；扣上面一粒，表示郑重；全扣表示土气，坐下后要将扣子解开。

（2）单排三粒扣西装，扣子全部不扣表示随意、轻松：只扣中间一粒表示正统；扣上面两粒，表示郑重；全扣表示土气。

（3）双排扣西装，在正式场合，穿双排口西装要将扣子全部扣上，否则会被认为轻浮不稳重。在一些非正式场合，可以不扣纽扣。

穿西装时衬衫袖口一定要扣上。西装的驳领上通常有一只扣眼，这叫插花眼，是参加婚礼、葬礼或出席盛大宴会、典礼时用来插鲜花用的，在我国人们一般无此习惯。

三、西装与衬衫及领带的搭配

西装的衬衫，可以是长袖的以纯棉、纯毛制品为主的正装衬衫，也可以是以棉、毛为主要成分的混纺衬衫。正装衬衫必须是单色，白色是最好的选择，蓝色、灰色、棕色、黑色也可以考虑，以没有任何图案为佳。较细的竖条纹衬衫在普通商务活动中也可以穿着，但不要和竖条纹的西装搭配。印花、格子，以及带有人物、动物、植物、文字、建筑物等图案的，都不是正装衬衫。正式的场合，如重要会议、签字仪式、礼仪会见等场合，尽量穿翻领衬衫并系上领带，以示庄重。

领带的搭配非常重要。例如，上班时应避免选用颜色太浅的领带，如果西装和衬衫属于浅色，就不好衬托对比效果；如果西装和衬衫的颜色较深，又会显得轻浮。深色西服可以配颜色较华丽的领带，这时的衬衫应该是纯色的。淡色的西服，领带也要相应素雅一些；如果衬衫的色调强、花纹多，领带也可以相对素雅一些。

领带的打法有很多种，这里介绍活结的打法、半四方结的打法和平衡结的打法。对于初学者来说，平衡结的打法更容易打出漂亮的领带结，参见图4.2～图4.4。

活结的具体打法是：把领带较宽的一端置于右侧，另一端则放在距其 30 厘米的上部；领带两端交叉后把宽端从窄端的下边穿过去，再把宽端拉到上边，向上折，让它插到圆圈中；然后把这端从宽松的领结中穿过去，活结就系好了。扎紧领结的时候只要拉住窄端，将领带向上推即可。

半四方结的具体打法是：将领带宽端置于右侧，窄端则在距其 30 厘米的上方；领带两端交叉后把宽端从窄端的下边穿过去，把宽端往上拉，穿过圆圈后置于窄端的左侧，然后向右让宽端绕过领结前方，再一次穿过圆圈；最后把它从领结中穿过去，半四方结就系好了。扎紧领结的时候，只要轻轻扶住领结，把宽端往下拽，将领结往上推即可。

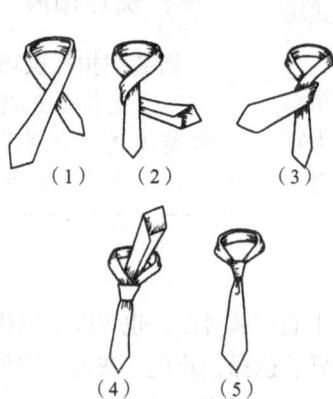

（1）　（2）　　　　（3）

（4）　　　（5）

图 4.2　活结的打法

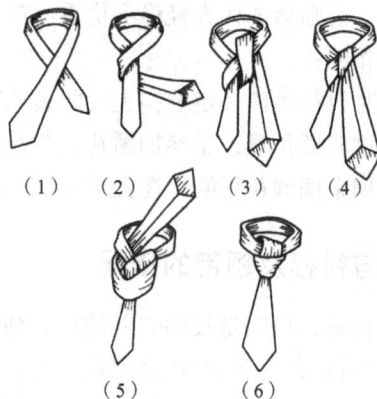

（1）　　（2）　　　（3）　　　（4）

（5）　　　（6）

图 4.3　半四方结的打法

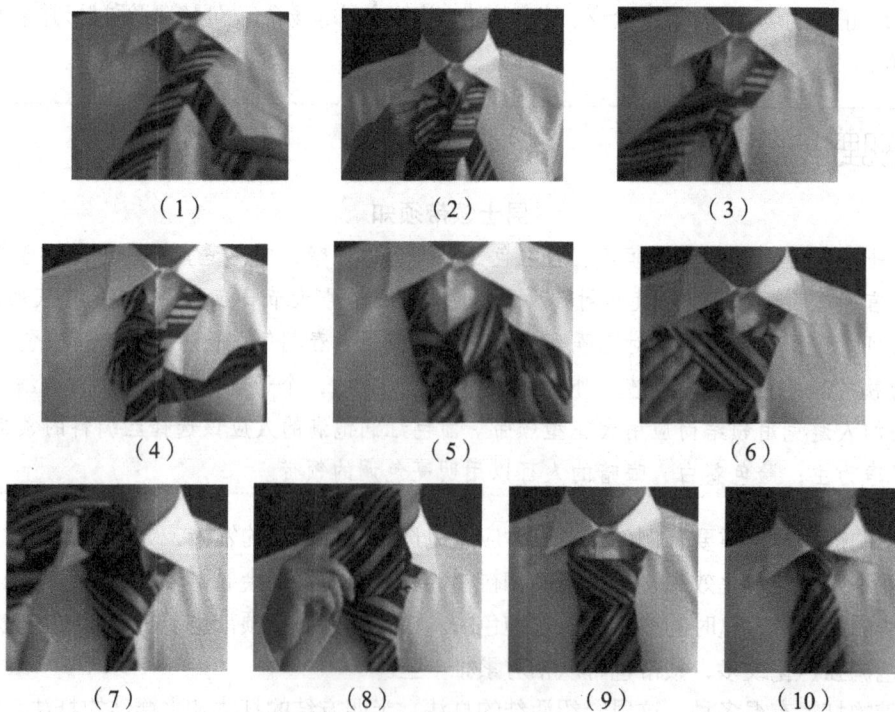

（1）　　　　　　（2）　　　　　　（3）

（4）　　　　　　（5）　　　　　　（6）

（7）　　　　　　（8）　　　　　　（9）　　　　（10）

图 4.4　平衡结的打法

请班上一位男同学穿西装为同学们演示打领带的过程，并请同学们练习领带打法。男生每人至少要学会一种打领带的方法，女生可随意。

四、西装的其他配饰

穿西服套装必须穿皮鞋，要选择和西装配套的鞋子，且只能选择深色、单色的皮鞋。黑色牛皮鞋和西装最般配。和西装、皮鞋相配套的袜子，最好是纯棉、纯毛的，深色或单色的，一般黑色的比较正规。穿黑皮鞋忌穿白色的袜子，白色的袜子只适合穿运动鞋。袜子的颜色应比西装深一些，切忌穿半透明的尼龙或涤纶丝袜，也不要穿彩袜、花袜或发光、发亮的浅色袜子，更不能穿破损、过大或过小的袜子或赤脚不穿袜子。

> **视频园地**
> 西装的规范穿着

视野拓展

男士西装穿着应注意"四个三"

"四个三"即三色原则、三一定律、三大禁忌、三点一线。

（1）三色原则是指在正式场合穿西服套装时，全身颜色应限制在三种之内，鞋子、腰带、公文包应控制为一种颜色，且以黑色为首选。

（2）三一定律是指穿西服套装时，三种颜色必须协调统一。

（3）三大禁忌是指袖口上的商标未拆；穿西装不穿皮鞋；在正式场合穿西装不配衬衫、不系领带，或里面只穿T恤衫、汗衫、棉毛衫等。

（4）三点一线是指一位衣装得体的男士，他的衬衣领开口、皮带扣和裤子前开口外侧应该在一条线上。

男士正装的变化

西方国家的人们在正式场合一定要穿西装吗？答案当然是否定的，西装虽是主流，却不能适用所有正式场合。

20世纪90年代以来，在苹果公司创始人史蒂夫·乔布斯、微软公司创始人比尔·盖茨、脸谱（Facebook）创始人马克·扎克伯格三位信息技术界巨头的引领下，着装随意风从美国硅谷刮到了全世界。社交场合的着装选择，编者个人认为应该注意民族性、环境适应性和个体性。与非本民族人士交往，双方的民族服装是最容易引起注意或拉近心理距离的选择；到一家习惯于着装随意的公司进行客户拜访，西装革履恐怕不会有助于提高成功率；黑色高领毛衣、高腰牛仔裤、运动鞋是史蒂夫·乔布斯的标志，我们也可以遵循TPO三原则进行个性服饰选择。

推荐在知乎搜索并阅读《男士正装有什么讲究》一文，看看大家都持什么意见，在这里你能够博览众家观点。

第三节　女士套裙礼仪

在重要会议和会谈、庄重的仪式及正式宴会、面试等场合，女士着装应端庄得体。

一、职业女士着装的原则

职业女士的着装，一般应遵循以下几项原则。

1. 端庄稳重

作为职业女士，服饰穿着首先要注意的是端庄稳重。目前在女装款式中，裙装已被公认为最合适的职业正装。所谓正装，是指在正式场合穿着的服装，它的风格应该是庄重保守的，这是由公务工作的性质决定的，不论是在政府机构还是公司、企业，职业女士都应该给人以稳重和大方的感觉。因而在正式场合，穿着不应该突出个性、讲究时尚，不能太过随便。除了特殊情况外，职业女士在正式场合或在上班时穿裙装都较合适。

2. 合理选择

正确着装，指在不同的场合要穿适宜的服装，既要适合身份又要适合场景。一般而言，服装分为两类：正式服装和便装。便装是指在工作以外穿着的服装，如夹克衫、T恤衫、牛仔裤、运动装、短裤、旅游鞋等，其特点是舒适自然、轻松活泼。公务场合，则不适合着便装，以免给人以不正式的感觉；而在该放松的休闲时刻，身着一身正装，则难免给人以古板之感。

图 4.5　职业套裙

3. 打扮适度

在现代社交场合中，职业女士的穿着打扮要适度，既不能过度也不能不到位，服装样式如图 4.5 所示。

> 📚 **视野拓展**
>
> **职业女士在着装上常出现的错误倾向**
>
> （1）过分时髦型。现代女性热衷流行时装是很正常的现象，即使你不去刻意追求，流行也会左右着你。流行的东西是因为它美而被人们接受，但这种美并不等于在所有场合都能达到令人满意的效果。在公司里，人们的美主要体现在工作能力上，而非赶时髦的能力上。一个成功的职业女士对于流行的选择必须要有正确的判断力，而不能盲目地追求时髦。
>
> （2）过分暴露型。着装不要过于暴露和透明，尺寸也不要过于短小和紧身，否则会给人以不稳重的感觉。内衣不能外露，更不能外穿。夏天的时候，许多职业女士在正式场合不注重自己的身份，穿起颇为性感的服饰。如果这样，女士的智慧和才能可能会被忽略，甚至还会被认为轻浮。因此，再热的天气也应注重自己仪表的端庄大方。

（3）过分潇洒型。最典型的样子就是一件随随便便的 T 恤或罩衫，配上一条泛白的"破"牛仔裤，丝毫不顾及办公室的着装原则。这样的穿着是非常不合适的。

（4）过分可爱型。服装市场上许多可爱的款式也不适合在工作中穿着，否则会给人不成熟的感觉。

二、职业女士着装的注意事项

1. 上衣

女性在正式场合穿套裙时，上衣的衣扣必须全部系上，不要将其部分或全部解开，更不要当着别人的面随便将上衣脱下；上衣的领子要完全翻好，衣袋上的盖子要拉出来盖住衣袋；不要将上衣披在身上，或者搭在身上。

2. 裙子

裙子要穿得端端正正，上下对齐。选择裙子时需要考虑年龄、体型、气质和职业等特点，如年纪较大或较胖的女性可穿一般款式，颜色可略深些；肤色较深的人不适宜穿蓝、绿或黑色裙子；职业裙装以窄裙为主；年轻女性的裙子下摆可在膝盖以上 3～6 厘米，中老年女性的裙子应在膝盖以下 3 厘米左右；真皮或仿皮的西装套裙不宜在正式场合穿着等。

穿套裙的时候一定要穿衬裙，特别是穿丝、棉、麻等薄型面料或浅色面料的套裙时更要特别注意。可以选择透气、吸湿、单薄、柔软面料的衬裙，颜色上应为单色，如白色、肉色等，必须和外面套裙的色彩相协调，且不可出现任何图案。衬裙应该大小合适，不要过于肥大。穿衬裙的时候裙腰不能高于套裙的裙腰，要把衬衫下摆掖到衬裙裙腰和套裙裙腰之间，不可掖到衬裙裙腰内。

3. 衬衫

衬衫以单色为最佳选择。穿着衬衫还应注意以下事项：衬衫的下摆应掖在裙腰之内而不是悬垂于外，也不要在腰间打结；衬衫的纽扣除最上面一粒可以不系，其他纽扣均应系好；穿着西装套裙时不要脱下上衣而直接外穿衬衫。衬衫应轻薄柔软，其颜色应与外套和谐，最好不要让内衣的轮廓外透出来。

4. 鞋袜

俗话说："鞋袜半身衣"，就是说光有好看的衣着是不够的，还要配上合适的鞋袜。女士用以与套裙配套的鞋子，宜为皮鞋，并以黑色牛皮鞋为佳，和套裙色彩一致的皮鞋也可以考虑。

袜子可以是尼龙丝袜或羊毛袜。袜子颜色可以有肉色、黑色、浅灰、浅棕等几种常规选择，最好是单色，一般鲜红、明黄、艳绿、浅紫色的最好别穿。另外，不要将健美裤、九分裤等裤装当成袜子来穿。鞋袜应当大小相配套、完好无损。另外，穿的时候不要随意乱穿、不能当众脱下，也不要同时穿两双袜子。

国际上通常认为袜子是内衣的一部分，因此绝不可露出袜边，袜子应是高筒袜或连裤袜。着套裙时也不能出现"三截腿"。

所谓"三截腿"，是指长袜与裙子中间露一段腿肚子，结果导致裙子一截、袜子一截、腿肚子一截。这种现象在术语上被称为"恶性分割"，会被视为没有品位。

5. 妆饰

通常穿着打扮，讲究的是着装、化妆和配饰风格统一，相辅相成。穿套裙时，必须维护好个人的形象，不能不化妆，但也不能化浓妆。配饰要少，要合乎身份，不可佩戴过度张扬的耳环、手镯、脚链等首饰。在工作岗位上，不佩戴任何首饰也是可以的。套裙上不宜添加过多的点缀。一般而言，以贴布、绣花、花边、金线、彩条、扣链、亮片、珍珠、皮革等加以点缀或装饰的套裙，适宜在非正式场合或休闲场合穿着。

6. 场合

女士在各种正式活动中，尤其是在涉外活动中，一般以穿着套裙为好。当出席宴会、舞会、音乐会时，可以选择和这类场面相协调的礼服或时装。在休闲或娱乐场合中穿套裙，不但会使你和现场"格格不入"，而且还有可能影响到别人的情绪。外出观光旅游、逛街购物、健身锻炼时，穿休闲装、运动装等便装更合适。

7. 举止

套裙最能体现女性的柔美曲线，穿着套裙时要求职业女性要做到举止优雅、注意个人的仪态等。

当穿上套裙后，要站得又稳又正，不可以双腿叉开，站得东倒西歪。就座以后务必注意姿态，不要双腿分开过大，或是翘起一条腿，抖动脚尖；更不要以脚尖挑鞋摇晃，甚至当众脱下鞋来。走路时不能大步地奔跑，而只能小碎步走，步子要轻而稳。

在现代社交中，女士不仅仅要选对衣服，更要穿着得体、搭配和谐，只有这样才能真正体现出职业女性落落大方的优雅气质，给人留下良好印象。

本章小结

本章主要介绍了着装的原则和方法，以及西装和套裙的着装规范要求，要想着装得体，就必须兼顾其个体性、整体性、整洁性、文明性和技巧性。

TPO 原则是世界通行的着装打扮的最基本原则，它要求人们的服饰应力求和谐，以和谐为美，给人留下良好的印象。更重要的是要懂得，规范着装是每个事业成功者的基本素养。

要多了解西装款式与场合、西装与纽扣、西装与衬衫、西装与领带、西装与鞋袜、西裤与衣袋等方面的基础知识；了解女性套裙中上衣、裙子、衬衫、鞋袜、妆饰的搭配原则，以及穿着场合、举止等规范。

着装是一门系统工程，体现着一种社会文化，体现着一个人的文化修养和审美情趣，是一个人的身份、气质、内在素质的无言介绍信。

📖 思考与训练 ══════════════════════════════════════

一、复习思考

1. 着装的重要性体现在哪里？请举例说明。
2. 着装有哪些重要的原则？
3. 西装在搭配上有哪些技巧？
4. 职业套裙选择的七个注意事项是什么？
5. 检查自己在着装中的不足，并提出具体的改进方法和措施。

二、案例分析

案例一

从 2004 年开始，全国各地公务员办公服饰礼仪规范不断出台。浙江省档案局颁布了全系统《女公务员办公礼仪规范》，吊带衫、露背装、紧身裤这类性感的衣服，在上班时不允许穿；《中共西安市委办公厅工作人员行为规范》要求，工作人员上班期间应仪表整洁，不准穿拖鞋、无后帮鞋、短裤、背心、超短裙，不浓妆艳抹，不佩戴与机关环境不相称的装饰品等。

下面是北京某建材有限公司员工着装及行为规范（节选）。

1. 员工仪容、仪表要求：①上班时间要保持情绪饱满，精神愉悦；②员工头发必须经常清洗，保持头发整洁、清爽，严禁头发脏乱、发型怪异；③员工应经常修剪指甲；④员工上班前不得喝酒；⑤提倡女员工化淡妆，不得浓妆艳抹，不得使用香味浓烈的香水。

2. 着装规定：①员工上班着装应简洁大方，不得穿着奇装异服上班；②男士的衬衫衣领、袖口应保持干净，衬衫纽扣必须扣整齐，衬衫最多只可敞开领口向下第一颗纽扣；③员工工作期间不得穿着拖鞋；④女员工不得穿着露背服装、超短裙（即裙边距膝盖多于 10 厘米的裙子）、奇装异服及过于透明的服装。

问题：根据上述资料，你认为企业员工和公务员要不要规范着装，为什么？

案例二

一个酒馆里有两个西装革履的小伙子进来吃饭，甲打的领带的下沿已经超过腰带大约 5 厘米；乙穿单排三粒扣西装，三粒扣全都扣上。

问题：这两个人的着装正确吗？这样的场合怎样穿西装符合礼仪要求？

案例三

广告学专业的毕业生罗刚接到一家广告公司的面试通知，为了给公司留下良好的第一印象，罗刚查阅了不少关于着装的资料，并为自己精心选择了一套较为正式的西装。面试当天，罗刚提前来到了公司，发现公司的整体风格比较宽松，员工的着装也比较随意。身处 T 恤和休闲装的环境中，罗刚的那身西装显得与周围的环境格格不入。罗刚因此表现得比较拘谨，面试的成绩也不太理想。

罗刚回到学校后来到大学生就业指导中心，和老师谈起了他的面试经历。罗刚疑惑地问："老师，我着正装参加面试有什么不妥吗？"老师答道，为了在面试时给用人单位留下好印象，一些大学生花费几百元甚至上千元购买西装、衬衣、领带等行头是比较常见的事情，但由于大学生对不同的企业文化不够了解，有人因为着装过于正式，反而失去了与用人单位签约就业的机会。不少同学认为一套正装就可以"走遍天下"了，其实这是不太妥当的。不同企业、行业有不同的文化，千篇一律地着正装有可能坏了事。由于你参加面试的广告公司整体风格较为轻松，所以员工着装比较随意。换个角度想想，你身着一身职业正装参加面试会不会给对方你在面试他们的感觉呢，而且，着装与单位整体风格不一致也会使你自己比较紧张。

选择服装的关键是看职位要求。老师说，应聘银行、政府部门，穿着应偏向传统正规；应聘公关、时尚杂志等，则可以适当地在服装上加些流行元素。除了应聘娱乐、影视广告这类行业外，最好不要选择太过突兀的穿着。应届毕业生允许有一些学生气的装扮，可以穿休闲类套装。此外，应聘时不宜佩戴太多的饰物，这容易分散考官的注意力。在面试前，应该从网上了解或者实地探访用人单位的整体氛围，不应该认为正装是最保险的而到哪里应聘都穿。男士应穿整洁的服装，但不必刻意打扮。女士应穿得整洁、明亮，叮当作响的珠宝饰物、过浓的香水、没拉直的丝袜、未修过的指甲或是蓬松的头发等，都会破坏求职者给予考官的印象。大学生在面试时着装要简洁大方，但也不应该让衣服掩盖了大学生身上的朝气和活力。罗刚对面试的着装有了一定的认识，他对老师说："原来我以为面试时着装越正式越好，现在才知道需要根据情况灵活搭配，我在以后的求职过程中会注意的。"

问题：这个案例带给你怎样的思考？面试着装应该怎样准备？

案例四

小刘和几个外国朋友相约周末一起聚会娱乐，为了表示对朋友的尊重，星期天一大早，小刘就西装革履地打扮好前去赴约。北京的8月天气酷热，他们来到一家酒店就餐，边吃边聊，大家好不开心！可是不一会儿，小刘已是汗流浃背，不住地用手帕擦汗。饭后，大家到娱乐厅打保龄球，在球场上，小刘不断为朋友鼓掌叫好，在朋友的强烈要求下，小刘勉强站起来整理好服装，拿起球做好投球准备，当他摆好姿势用力把球投出去时，只听到"嚓"地一声，上衣的袖子扯开了一个大口子，弄得小刘十分尴尬。

问题：在社交活动的不同场合我们该如何得体地着装？

三、课外实践

（一）请同学们根据着装的基本原则，描述在以下场合应如何选择合适的服饰。

1. 出席公司十年庆典仪式   2. 参加业务洽谈会

3. 参加朋友的婚礼   4. 参加某位友人的葬礼

5. 到公司上班   6. 去九寨沟旅游

7. 去健身中心健身

（二）请女生每人准备一款丝巾，参考扫描二维码后看到的图示，分组练习如何系出漂亮的丝巾花。

第五章 会面礼仪

【学习目的与要求】

社交活动中与人见面时留给人最初的印象是非常重要的。通过本章的学习，应掌握商务会面的四要素——称呼、介绍、名片、握手，了解各种见面礼节，使自己在社交场合给对方一个良好的第一印象。

【关键概念】

称呼　　介绍　　名片　　握手

第一节　称呼礼仪

案例

称呼礼带来的惊喜

张言大学毕业后每天都到人才市场寻找自己理想的工作岗位。一天，一家公司给她发来了面试通知，她应聘的是一个行政客服的职位，她非常希望得到这份工作，便准时来到了公司参加面试。但是她在面试时太过紧张，发挥有些失常。就在她从人事主管眼中看出拒绝的意思而心灰意冷时，一位中年男士走进了办公室和人事主管耳语了几句。在那位男士离开时，她听到人事主管小声说了句"经理慢走"。张言灵光一闪，赶忙起身，毕恭毕敬地对那位男士说："经理您好，您慢走！"她看到了经理眼中些许的诧异，并笑着对她点了点头。

第二天，张言就接到了录用通知，她顺利地进入了那家公司的客服部。在工作了一段时间后，人事主管告诉她，本来根据她那天的表现是打算刷掉她的，但就是因为她对经理那句礼貌的称呼，让人事部门觉得她还是能够胜任行政客服工作的，所以对她的印象有所改观，给了她这份工作。

点评：人际交往中处处都有机遇。称呼礼仪是人际交往的先头兵，用好了就能够给你带来更多的惊喜，因为它是形成良好"第一印象"的重要礼仪之一。

称呼，是人与人交往中使用的称谓和呼语，用以指代某人或引起某人注意，是表达不同思想感情的重要手段。称呼是交际之始，交际之先。慎用、巧用、善用称呼，将使你赢得别人的好感，有助于人际沟通顺畅地进行下去。正确、适当的称呼，不仅能反映自身的教养、对对方尊重的程度，还能体现双方关系达到的程度。

称呼要合乎常规，还要入乡随俗。生活中的称呼应当亲切、自然、准确、合理。工作中的称呼要庄重、正式、规范，与交往对象的职务、职称相称。在国际交往中，称呼往往更复杂一些。

一、生活中的称呼

生活中的称呼一般有以下几种。

1. 对亲属的称呼

亲属，即与本人有直接或间接血缘关系的人。在日常生活中，对亲属的称呼也已约定俗成，人所共知。例如，父亲的父亲应称为"祖父"，父亲的祖父应称为"曾祖父"，姑、舅之子应称为"表兄""表弟"，叔、伯之子应称为"堂兄""堂弟"。对于亲属的称呼，有时为了表示亲切，不一定非常标准。例如，儿媳对公公、婆婆，女婿对岳父、岳母，皆可以"爸爸""妈妈"相称，主要是意在表示自己与对方"不见外"。

面对外人，可根据不同情况采取谦称或敬称，最常用的是"家""舍""令"三字，其他较常用的有"小""尊""贤"等。

对自己的亲属应采用谦称。称辈分或年龄高于自己的亲属，可在其称呼前加"家"字，如"家父""家叔""家姐"。称辈分或年龄低于自己的亲属，可在其称呼前加"舍"字，如"舍弟""舍侄"。称自己的子女，则可在其称呼前加"小"字，如"小儿""小婿"。

对他人的亲属，应采用敬称。对其长辈，宜在称呼之前加"尊"字，如"尊母""尊兄"。对其平辈或晚辈，宜在称呼之前加"贤"字，如"贤妹""贤侄"。若在其亲属的称呼前加"令"字，一般可不分辈分与长幼，如"令堂""令尊""令爱""令郎"。

对待比自己辈分低、年纪小的亲属，可以直呼其名，也可以使用其爱称、小名，或是在其名字前加上"小"字相称，如"毛毛""小宝"等。但对比自己辈分高、年纪大的亲属，则不宜如此。

2. 对朋友、熟人的称呼

对朋友、熟人的称呼，既要亲切、友好，又要不失敬意。对长辈、平辈，可称其为"您"；对待晚辈，则可称为"你"。以"您"称呼他人，是为了表示自己的恭敬之意。

对于身份高者、年纪长者，可以"先生"相称，其前还可以冠以姓氏，如"刘先生""何先生"。对文艺界、教育界人士及有成就者、身份高者，均可称之为"老师"。在其前也可加上姓氏，如"李老师"。对德高望重的年长者、资深者，可称之为"公"或"老"，具体做法是将姓氏冠在"公""老"之前，如"谢公""周老"。若被尊称者名字为双字，还可将其名字中的头一个字加在"老"之前，如可称沈雁冰先生为"雁老"。

平辈的朋友、熟人，彼此之间均可以姓名相称。为了表示亲切，可以在被称呼者的姓前分别加上"老""大"或"小"字，而免称其名。例如，对年长于己者，可称"老刘""大赵"；对年小于己者，可称"小李"。

对同性的朋友、熟人，若关系极为亲密，可以不称其姓，而直呼其名，如"伟军""韵月"。对于不太熟悉的异性，则一般不可这样做，否则会引起误会，可能会被认为是恋人或配偶。

对于邻居、至交，有时可采用"大爷""叔叔""阿姨"等类似血缘关系的称呼，这种称呼会令人感到信任、亲切。在这类称呼前，也可以加上姓氏，例如"张大哥""卫阿姨"等。

3. 对普通人的称呼

在现实生活中，对一面之交、关系普通的交往对象，可酌情采取下列方法称呼：以"同志"相称；以"先生""女士""小姐""夫人""太太"相称；以其职务、职称相称；入乡随俗，采用可被对方理解并接受的称呼相称。

二、工作中的称呼

在工作中，人们彼此之间的称呼是有其特殊性的，要求庄重、正式、规范。

（一）职务性称呼

在工作中，以对方的职务相称，以示身份有别、敬意有加，这是一种最常见的称呼方法。以职务相称，具体来说又分为以下三种情况。

（1）仅称职务，如"部长""经理""主任"等。

（2）在职务之前加上姓氏，如"李经理""张处长""刘委员"等。

（3）在职务之前加上姓名，这种方法仅适用于极其正式的场合，如"陈凯经理"等。

（二）职称性称呼

对于有职称者，尤其是具有高级、中级职称者，可以在工作中直接以其职称相称。以职称相称，也有下列三种情况较为常见。

（1）仅称职称。例如"教授""律师""工程师"等。

（2）在职称前加上姓氏。例如"万编审""陈研究员"等。有时，这种称呼也可按约定俗成简化，如，可将"吴工程师"简称为"吴工"，但使用简称应以不发生误会、不产生歧义为准。

（3）在职称前加上姓名适用十分正式的场合。例如"闫秀荣教授""万国清编辑""张锦华主任医师"等。

（三）学位性称呼

在工作中以学位作为称呼，可增加被称呼者的权威性，有助于增强现场的学术氛围。称呼学位一般有以下有四种情况。

（1）仅称学位，如"博士"。

（2）在学位前加上姓氏，如"杨博士"。

（3）在学位前加上姓名，如"万立军博士"。

（4）将学位具体化，说明其所属学科，并在其后加上姓名，如"理学博士崔佳"。此种称呼最为正式。

（四）行业性称呼

案例

尴尬的称谓

某高校一名大学生用手捂着自己的左下腹跑到医务室，对坐诊的大夫说："师傅，我肚子疼。"坐诊的医生说："这里只有大夫，没有师傅。找师傅请到学生食堂。"学生的脸红到了耳根。

点评：看似简单的称呼语，却经常让人处于尴尬的境地。对于称呼语一定要依不同的人、不同的环境、不同的职业等区别对待，既要体现自己的文化水平，也要表示出对他人的尊重。当然，作为大夫也应该注意服务态度，讲究礼仪修养，对病人不当的语言应予以宽容，批评对方要采用委婉的语气。

在工作中，有时可按行业进行称呼，它具体又分为两种情况。

1. 称呼职业

称呼职业，即直接以被称呼者的职业作为称呼。例如，将教员称为"老师"，将教练员称为"教练"，将专业辩护人员称为"律师"，将警察称为"警官"，将会计师称为"会计"，将医生称为"医生"或"大夫"等。一般情况下，在此类称呼前，均可加上姓氏或姓名。

2. 称呼"小姐""女士""先生"

对商界、服务业从业人员，一般约定俗成地按性别的不同分别称呼为"小姐""女士"或"先生"。其中，"小姐""女士"二者的区别在于：未婚者称"小姐"，已婚者或不明确其婚否者则称"女士"。由于国内社会习俗的变化，进入 21 世纪后，推荐使用"女士"，"小姐"应慎用。在此类称呼前，可加姓氏或姓名；在极正式场合可以在此类称呼前加职务和姓名，如"总经理何文兵先生"。

（五）姓名性称呼

在工作中称呼姓名，一般限于同事、熟人之间，其具体方法有三种。

（1）直呼姓名。

（2）只呼其姓，不称其名，但要在它前面加上"老""大""小"。

（3）只称其名，不呼其姓，通常限于同性之间，尤其是上司称呼下级、长辈称呼晚辈之时。

三、外交中的称呼

俗语说："十里不同风，百里不同俗。"在涉外交往中，称呼的问题因为国情、民族、宗教和文化背景的不同而显得千差万别、十分复杂。在对外交往中，对待称呼问题，一是要掌握一般性规律，即国际上通行的做法；二是要留心国别差异，注意加以区分。

（一）一般性规律

在对外交往中，注意掌握称呼方面的普遍性规律。

（1）一般情况下，对男子不管其婚否都称为"先生"（Mister）；对于女士，已婚的称为"夫人"（Mistress），未婚的称"小姐"（Miss），婚姻状况不明的也可称为"Miss"。在外事交往中，为了表示对女性的尊重，也可将其称为"女士"（Madam）。上述称呼，均可冠以姓名、职务、职称、学衔或军衔，例如，"福特先生""市长先生""少校先生"等。

（2）就男性而言，对高级官员，称为"阁下"，也可称职衔或"先生"；对其他官员，可称职衔或"先生"等。就女性而言，对有地位的女士可称为"夫人"，对有高级官衔的妇女可称"阁下"，对其他官员可称职衔或"女士"等。需要注意，在美国、德国、墨西哥等国，没有称"阁下"的习惯。

（3）对军界人士，可以其军衔相称。称军衔不称职务，是国外对军界人士称呼最通用的做法。称呼时，具体有四种方法：一是只称军衔，如"将军""上校""下士"；二是军衔之后加上"先生"，如"上尉先生""少校先生"；三是先姓名后军衔，如"朱可夫元帅""巴顿将军"；四是先姓名、次军衔、后"先生"，如"布莱克上校先生"等。

（4）对宗教界人士的称谓需区别不同宗教。佛教出家人通用称谓是"师父"或"法师"，德高望重者可称"大师"；有职务者也可称其职务，如"方丈"。基督教的神职人员"牧师""长老""执事"，天主教的神职人员"主教""神父""执事"；可称职务，也可称姓名加神职，如"李牧师""亚当神父"。

（5）对君主制国家的王公贵族，称呼上应尊重对方的习惯。对国王、皇后通常应称"陛下"，对王子、公主、亲王等应称"殿下"。对有封号、爵位者则应以其封号、爵位相称，例如"爵士""勋爵""公爵""大公"等。有时，可在国王、皇后、王子、公主、亲王等头衔之前加上姓名相称，例如，"西哈努克国王""莫拉列公主""瑞流那王子"等。对有爵位者，除以爵位相称外，还可称"阁下"，也可称为"先生"。

（6）教授、法官、律师、医生、博士，因其社会地位较高，颇受尊重，故可直接以此作为称呼。称呼的具体做法：一是直接称"教授""法官""律师""医生""博士"；二是在其前加上姓名，如"福特教授"；三是在其后加上"先生"，如"法官先生"；四是在其前加姓名，在其后加"先生"，如"高斯博士先生"。

（7）对社会主义国家或兄弟党的人士，可称之为"同志"。除此之外，对方若称我方为"同志"，我方即可对对方以"同志"相称。不过，"同志"这种称呼，在对外交往中切勿乱用。

（二）国别性差异

以下介绍一些主要国家姓名、称呼方面的特点。

1. 英、美等国家

在英国、美国、加拿大、澳大利亚、新西兰等讲英语的国家，人们的姓名一般由两个部分构成，通常名字在前，姓氏在后。例如，在"理查德·尼克松"这一姓名之中，"理查德"是名字，"尼克松"是姓氏。

在英美诸国，女子结婚前一般都有自己的姓名。但在结婚之后，通常姓名由本名与夫姓所组成。如"瑞拉丽特·撒切尔"这一姓名中，"瑞拉丽特"为其本名，"撒切尔"则为其夫姓。有些英美人士的姓名前会冠以"小"字，例如，"小彼治·威廉斯"，这个"小"字，与其年龄无关，而是表明他沿用了父名或父辈之名。

跟英美人士交往，一般应称其姓氏，并加上"先生""小姐""女士"或"夫人"，例如"华盛顿先生""富兰克林夫人"。在十分正式的场合，则应称呼其姓名全称，并加上"先生""小姐""女士"或"夫人"，例如，"约翰·威尔逊先生""玛丽·瑞特小姐"。

对于关系密切的人士，往往可直接称呼其名，不称其姓，而且可以不论辈分，如"乔治""约翰""玛丽"等。在家人与亲友之间，还可称呼爱称，例如，"多利""比尔"等，但与人初次交往时，切不可这样称呼。

2. 俄罗斯

俄罗斯男性的姓名由三个部分构成，首为本名，次为父名，末为姓氏。例如，在列宁的原名"弗拉基米尔·伊里奇·乌里扬诺夫"这一姓名中，"弗拉基米尔"为本名，"伊里奇"为父名，"乌里扬诺夫"为姓氏。

俄罗斯女性的姓名同样也由三个部分组成。本名与父名通常不变，但其姓氏结婚前后却有所变化：婚前使用父姓，婚后则使用夫姓。

在俄罗斯，人们口头称呼中一般只采用姓氏或本名。比如，对"米哈伊尔·谢尔盖耶维奇·戈尔巴乔夫"，可以只称"戈尔巴乔夫"或"米哈伊尔"。在特意表示客气与尊敬时，可同时称其本名与父名，如"米哈伊尔·谢尔盖耶维奇"，这是一种尊称。对长者表达敬意时，方可仅称其父名，如称前者为"谢尔盖耶维奇"。

俄罗斯人在与亲友、家人交往时，习惯使用由对方本名转化来的爱称。例如，可称"伊万"为"万尼亚"。在俄罗斯，"先生""小姐""女士""夫人"亦可与姓名或姓氏连在一起使用。

3. 日本

日本人的姓名均用汉字书写，而且姓名的排列也与中国人的做法一样，即姓氏在前，名字居后。日本人的姓名往往字数较多，且多为四字组成。为了避免差错，与日本人交往时，一定要了解在其姓名之中，哪一部分为姓，哪一部分为名。书写时，一般将其姓与名隔开一格来书写，例如"竹下　登""小木　二郎""二阶堂　进"等。

日本妇女婚前使用父姓，婚后使用夫姓，本名则不变。在日本，人们在日常交往时，往往只称其姓。只有在正式场合，才使用全称。称呼日本人，"先生""小姐""女士""夫人"皆可用。一般可与其姓氏或全称合并使用，例如"田中先生""宫泽丽悦小姐"等。

四、称呼的技巧

案例

小曾该怎么办呢

小曾进了一家新的单位工作，第一天上班时正式接待她的是公司总经理。她很礼貌地笑着称呼："×总，您好！""叫我 Willion 就行了"老总微笑着谦和地说道。之后小曾面对总经理时，备受尴尬之苦。叫×总，怕老总不高兴；叫 Willion 吧，又觉得没大没小，不礼貌。因此常常猫在办公桌前，不敢随便走动，生怕碰见老总不知如何称呼。有时还真是"屋漏偏逢连夜雨"，她越不想碰见这种情况，还越可能碰上。

当领导把她带到一位同事面前，并告诉小曾，以后就跟着这位同事学习，有什么不懂的就请教她时，小曾恭敬地称对方为老师。这位同事连忙摇头说："大家都是同事，别那么客气，直接叫我名字就行了。"小曾仔细想想，觉得叫老师显得太生疏了，但是直接叫名字又觉得不尊敬，不知道该怎么称呼对方比较合适。

点评：新员工刚到单位时，对于难以把握的称呼，可以先询问对方，比如"请问该怎么称呼您？"不知者不怪，对方一般都会把平时同事对他的称呼告诉你。案例中，对方要求小曾直呼姓名，那只是客套话，作为一位新人，最好不要直呼其名，而可以礼貌地询问对方应该怎样称呼。当你第一次到一家公司时，要多留意一下他们公司的职员是怎么称呼他们的上级的。如果他们称："你好！李总"，你也要这样称呼；如果他们称："你好，Peter"，你就要称："你好！Peter"。

在职场上，过分亲昵和过分生疏的称呼都是不提倡的。因此，我们要把握好称呼这门学问，在职业道路上，做一位讲究礼仪的员工。

视野拓展

怎样得体的称呼

在称呼上，有一点是共通的，那就是要尊重他人和礼貌待人。称呼他人时要注意以下三点。

（1）记住对方姓名。姓名不仅是将自己与他人予以区别的标志，而且不少人的名字还凝聚着父母对子女的期望。每个人都很重视和珍爱自己的名字，同时，也希望别人能记住和尊重它，因此当自己的名字被别人叫到时，就认为自己受到尊重，心里感到愉悦，对称呼自己的人怀有亲切感。

（2）符合年龄身份。称呼必须符合对方的年龄、性别、身份和职业等具体情况。对年长者称呼要热情、谦恭、尊重；对同辈则要态度诚恳，表情自然，亲切友好，体现出你的坦诚；对年轻人要注意慈爱谦和，表达出你的喜爱和关心；对有较高职务或职称者，要称呼其职务或职称。总之，要讲究礼貌，既要表现出你对对方的真诚和尊重，又要不卑不亢，切勿使用"喂""哎"等来称呼他人。

（3）有礼、有节、有序。在与多人打招呼时，如果群体中有年长者，也有年轻人或异性在场时，就要注意称呼的顺序。一般来讲，应以先长后幼，先上后下，先女后男，先生疏后熟识为宜。称呼最能反映说话人的道德修养、知识水平和文明程度，也体现着交往技巧。称呼兼顾长幼的差异，会使年长者觉得受到了尊重，年轻人也心中坦然。

五、称呼的禁忌

在使用称呼时，一定要回避以下几种错误的做法，否则就会失敬于人。

1. 使用错误的称呼

使用错误的称呼，主要在于粗心大意、用心不专。常见的错误称呼主要有以下两种。

（1）误读。一般表现为念错被称呼者的姓氏。比如"郇"（huán）、"查"（zhā）、"盖"（gě），这些姓氏极易念错。要避免犯此类错误，就要做好先期准备，必要时要虚心请教。

（2）误会。一般表现为对被称呼者的辈分、年纪、婚否及与其他人的关系做出了错误判断，比如，将未婚女性称为"夫人"。

2. 使用过时的称呼

有些称呼具有一定的时效性，一旦时过境迁，若再使用，难免贻笑大方。比方说，法国大革命时期人民彼此之间互称"公民"；在我国古代，对官员称为"老爷""大人"。若全盘照搬过来，就会显得滑稽可笑、不伦不类。

3. 使用不通行的称呼

有些称呼具有一定的地域性。比如，北京人爱称人为"师傅"，山东人爱称人为"伙计"，但在南方人听来，"师傅"等于"出家人"（师父），"伙计"是"打工仔"。再比如，中国人把配偶、孩子经常称为"爱人""小鬼"，而外国人则将"爱人"理解为进行"婚外恋"的"第三者"，将"小鬼"理解为"鬼怪""精灵"。因此，称呼应注意其是否在当地通行。

4. 使用不当的行业称呼

学生喜欢互称为"同学"，军人经常互称"战友"，工人可以称为"师傅"，道士、和尚可以称为"出家人"，这本无可厚非，但以此去称呼"界外"人士，并不能表示亲近，对方不仅不领情，还有可能会产生被贬低的感觉。

5. 使用庸俗低级的称呼

在人际交往中，有些称呼在正式场合切勿使用。例如，"兄弟""朋友""哥们儿""姐们儿""磁器""死党""铁哥们儿"等一类的称呼，就显得太随意，不正式。

6. 使用绰号作为称呼

对于关系一般者，切勿自作主张给对方起绰号，更不能随意以道听途说来的对方的绰号去称呼对方。另外，还要注意，不要随便拿别人的姓名开玩笑。要尊重一个人，必须先学会尊重他的姓名。

7. 社交称谓的语音禁忌

应注意交往对象的姓氏与职称、职务的语音搭配。如傅姓、戴姓，如被叫"傅教授""戴局长"外人会误以为他是"副教授"或临时代理局长，这类称呼可以略去其姓氏，直接称其职称或职务"教授""局长"。再如某处长姓贾，最好不要随便张口就"贾处长""贾处"的，以直呼"处长"为宜。职场上称姓道名也有禁忌，例如，工厂、企业对中年女工习惯以"某姐"称之，如"张姐""李姐""徐姐"之类，但对姚姓女同事，以不用此类称谓为妥。

社会交往，人们初次见面，相互自我介绍："您贵姓？""免贵姓李。"一般都没问题，但对焦姓或郁姓的朋友，则应略做变通，直接道姓为妥。

近些年来，某些场合流行简称，正职以姓氏加职务称谓的第一个字，如"李厅""钱局""孙处""李科""周所""吴队""郑总""王工"等。偶尔遇到姓氏谐音难题，如"季院""史科"等，需略做变通或改用全称。

现在对副职的简称很方便，就是"姓氏+副"称之，如"赵副""钱副"等，但对副职的这种简称方式有时会不妥，像"老李"一样容易指代不明。另外，有的副职官员对这个"副"字会心怀抵触，喜欢把这个字免掉，所以在称呼上应先行"扶正"。

视野拓展

实用礼仪用语

初次见面用久仰，很久不见说久违。认人不清用眼拙，向人表歉用失敬。
请人批评说指教，求人原谅用包涵。请人帮忙说劳驾，请给方便说借光。
麻烦别人说打扰，不知适宜用冒昧。求人解答用请问，请人指点用赐教。
赞人见解用高见，自身意见用拙见。看望别人用拜访，宾客来到用光临。
陪伴朋友用奉陪，中途先走用失陪。等待客人用恭候，迎接表歉用失迎。
别人离开用再见，请人不送用留步。欢迎顾客称光顾，答人问候用托福。
问人年龄用贵庚，老人年龄用高寿。读人文章用拜读，请人改文用斧正。
对方字画为墨宝，招待不周说怠慢。请人收礼用笑纳，辞谢馈赠用心领。
问人姓氏用贵姓，回答询问用免贵。表演技能用献丑，别人赞扬说过奖。
向人祝贺道恭喜，答人道贺用同喜。请人担职用屈就，暂时充任说承乏。

第二节　介绍礼仪

介绍是交际之桥，是人与人之间相互沟通的始点，可以缩短人与人之间的距离。无论是在商务场合还是在社交场合，如能正确地利用介绍，不仅可以扩大自己的交际圈、广交朋友，而且还有助于进行必要的自我展示、自我宣传，并且可帮助自己在人际交往中消除误会、减少麻烦。初次认识的人，总少不了相互介绍，而得体的介绍往往会给对方留下良好的第一印象。

介绍一般分为四类：第一类，自我介绍，也就是说明本人的情况；第二类，为他人做介绍，即由第三方出面为不相识的双方做介绍，说明情况；第三类，集体介绍，是在大型社交场合，把某一单位或集体的情况向其他单位、集体或其他人做说明；第四类，业务介绍，比如将某一产品向不了解、不熟悉的人介绍说明等。

一、自我介绍

从某种意义上讲，自我介绍是开启社会交往的一把钥匙，是推销自身形象和价值的一种方法和手段。运用得好可为你社会活动的顺利进行助一臂之力，反之则可能给你带来种种不利，因此是否善于推销自我是至关重要的。

（一）自我介绍的时机

通常需要做自我介绍的情况有以下几种。

（1）应聘求职时。

（2）应试求学时。

（3）在社交场合，与不相识者相处时。

（4）在公共聚会上，打算介入陌生人组成的交际圈时。

（5）在社交场合，有不相识者要求自己做自我介绍时。

（6）有求于人，而对方对自己不甚了解或一无所知时。

（7）拜访熟人遇到不相识者挡驾，或是对方不在而需要请不相识者代为转告时。

（8）在出差、旅行途中，或因业务需要，在社交场合中遇到你希望结识的人，又找不到适当的人进行介绍时。

（二）自我介绍应注意的几个问题

自我介绍应谦逊、简明，同时又具有特色，利用首因效应，给听众一个良好的第一印象。自我介绍的形式多样，既有书面介绍材料（个人简历），也有口头的，或详或简，或严肃、庄重，或风趣、幽默等。

掌握自我介绍的语言艺术，应注意以下几个方面的问题。

（1）镇定、充满自信而又清晰地报出自己的姓名，并善于使用体态语言表达自己的友善、关怀、诚意和愿望。

（2）注意介绍的繁简。自我介绍一般包括姓名、籍贯、职业、职务、工作单位或住址、毕业学校、经历、特长或兴趣等。自我介绍时应根据实际需要决定介绍的繁简，不一定把上述内容逐一说出。公务交往中，自我介绍主要包括以下四个基本要素：一是单位，二是部门，三是职务，四是姓名。自我介绍时应将这四个要素一气呵成说完，对单位、部门等第一次要用全称，第二次才可改用简称。

（3）自我评价要掌握分寸。自我评价一般不宜用"很""第一"等表示极端赞颂的词，也不必有意贬低什么，关键在于掌握分寸。进行自我介绍要实事求是、真实可信，不可自吹自擂、夸大其词。

（4）要抓住时机，在适当的时机和场合进行自我介绍。一般，在对方有空闲，而且情绪较好，又有兴趣时，自我介绍就更容易被其接纳。比如，甲和乙正在交谈，你想加入，而你们彼此又不认识，你就应该选择甲乙谈话出现停顿的时候再做自我介绍，并说一些诸如"对不起，打扰一下，我是某某。""很抱歉，可以打扰一下吗？我是××。""你们好，请允许我自己介绍一下……"之类的话。而且自我介绍要简洁，尽可能节省时间，以半分钟左右为佳。也可利用名片、介绍信加以辅助、节省时间。

（5）注意介绍自己时的顺序。标准化的顺序，是所谓的位低者先行，即地位低的人先做自我介绍。主人和客人在一起，主人先做自我介绍；长辈和晚辈在一起，晚辈先做介绍；男士和女士在一起，男士先做介绍等。若是你的地位高于对方地位的话，也可先做自我介绍，没必要非得等对方先介绍，以避免尴尬。

（三）自我介绍的形式

自我介绍时应先向对方点头致意，得到回应后再向对方介绍自己的姓名、身份、单位等。自我介绍的具体形式如下。

1．应酬式

应酬式适用于某些公共场合和一般性的社交场合，这种自我介绍最为简洁，往往只包括姓名一项即可，例如"你好，我叫张强。"

2．工作式

工作式适用于工作场合，它包括本人姓名、供职单位及部门、职务或从事的具体工作等。例如，"你好，我叫张强，是金洪恩电脑公司的销售经理。"又如"我叫李波，我在北京大学中文系教外国文学。"

3．交流式

交流式适用于社交活动中希望与交往对象进一步交流沟通时的情况。它大体应包括介绍者的姓名、工作、籍贯、学历、兴趣及与交往对象的某些熟人的关系。例如，"你好，我叫张强，我在金洪恩电脑公司上班。我是李波的老乡，都是北京人。"又如，"我叫王朝，是李波的同事，也在北京大学中文系，教中国古代汉语。"

4．礼仪式

礼仪式适用于讲座、报告、演出、庆典、仪式等一些正规而隆重的场合。自我介绍包括姓名、单位、职务等，同时还应加入一些适当的谦辞、敬辞。例如，"各位来宾，大家好！我叫××，我是×××的培训师。我代表本公司热烈欢迎大家光临我们的座谈会，希望大家……"。又如，"各位来宾，大家好！我叫张强，我是金洪恩电脑公司的销售经理。我代表本公司热烈欢迎大家光临我们的展览会，希望大家……"。如果你参加一个集体性质的活动迟到了，你又想让大家对你有所了解，你就应当说："女士们，先生们，你们好！对不起，我来晚了，我是××，是××公司销售部经理，很高兴和大家在这里见面。请多关照！"

5．问答式

问答式适用于应试、应聘和公务交往。问答式的自我介绍，应该是有问必答，问什么就答什么。如，"先生，您好！请问您怎么称呼？（请问您贵姓？）""先生您好！我叫张强。"再如，主考官问："请介绍一下你的基本情况。"应聘者："各位好！我叫李波，现年 23岁，湖南邵阳人，汉族……"。

〜〜〜 案例 〜〜〜〜〜〜〜〜〜〜〜〜〜〜〜〜〜〜〜〜〜〜〜〜〜〜〜〜〜〜〜〜〜

富有个性的自我介绍

相声大师马三立有段著名的自我介绍："我叫马三立。就是马啊，剩三条腿还立着呢——马三立！三立，立起来，被人打倒；立起来，又被人打倒；最后，又立起来了。"

著名节目主持人凌峰在一次晚会上这样介绍自己："在下凌峰。我是以长得难看出名的。

两年多来，我在大江南北走了一趟，拍摄《八千里路云和月》，所到之处，观众给予了我们很多支持，尤其男观众对我印象特别好。因为他们认为本人长相很中国——中国五千年的苦难和沧桑都写在我的脸上。一般来说，女观众对我的长相感觉就不太良好，有的女观众对我的长相已经到了忍无可忍的地步！她们认为，我是人比黄花瘦，脸比煤球黑……"。

点评：从自己名字中寻找特点、亮点，与众不同、标新立异地予以介绍，很可能会收到意料之外的效果。

二、为他人介绍

社交场合互不相识的人，介绍常常是通过第三方进行的，每个人都有可能充当被介绍者或为他人介绍（第三方介绍）的角色。

1. 为他人介绍的原则

（1）在向他人介绍时，要首先了解对方是否有结识的愿望。最好不要向人介绍他不愿认识的人。

（2）注意介绍次序。为他人介绍遵守"先向尊者介绍"的原则：先把晚辈（年轻人）介绍给长辈（年长者）；先把身份地位低者介绍给身份地位高者；先把男士介绍给女士；先把主人介绍给客人；先把晚到者介绍给早到者。如果是业务介绍，必须先提到组织名称、个人职衔等。集体介绍可以按照座位次序或职务次序进行。之所以有"先向尊者介绍"的原则，一方面是为了对长辈、身份地位高者、女士、客人等"尊者"表示尊重，另一方面是考虑到年长者的一些特点，比如，年龄大了，认识的人多了，记性差了，有时候可能记不住对方，所以先要把年轻人介绍给年长者。

（3）介绍人进行介绍时，应该多使用敬辞。在较正式场合，介绍词也应比较郑重，一般应使用"×××，请允许我向您介绍……"的句式。在不十分正式的场合可随意些，可用"让我介绍一下""我来介绍一下"或"这位是……"的句式。介绍时，需吐字清晰地说出得体的称谓，有时还可用些定语或形容词、赞美语言介绍对方。

（4）被介绍时要注意手势和表情。被介绍时，眼睛应正视对方。除年长或位尊者外，被介绍双方一般应站起来点头致意或握手致意，同时应说声"您好，认识您很高兴"或"很荣幸能认识您"等得体的礼貌语言。

（5）注意介绍的时机。介绍的"时机"，包括具体时间、具体地点、具体场合。在有的地方是不方便进行介绍的，比如，在电影院看电影时，你的身边来了一个熟人，这时候大家看电影需要保持安静，此时替朋友引见或者介绍会有碍于人，当时做介绍不太合适，可以先点头致意，待看完电影再替朋友引见。

2. 为他人介绍的方式

一般来说，在社交场合为他人进行介绍的方式主要有以下五种。

（1）引见式。如，"两位认识一下吧！"

（2）一般式。如，"请允许我介绍双方的姓名、单位及职务等。"

（3）附加式。如，"我来为大家介绍一下，这位是××，我是××。"

（4）推荐式。如，"李总，这位是××，××公司市场部主管，您一定有兴趣和他聊一聊吧。"

（5）礼仪式。如，"李总，请允许我向您介绍王总。王总，这位是李总。"

当自己被介绍给别人的时候，要面对着对方，显示出想认识对方的诚意。等介绍完毕后，可以握手并说"你好，很高兴认识你"或"久仰大名，幸会，幸会"等客气话，必要时还可以进一步做自我介绍。如果是一位男士被介绍给一位女士，男士就要主动点头并稍稍欠身，然后等候对方的反应。按一般规矩，男士不用先伸手，如果对方不伸手也就罢了；如果女士伸出手来，男士就要立即伸手相握。如果女士被介绍给男士，一般来说，女士微笑点头也就是合乎礼貌了；如愿意和对方握手，可以先伸出手来。

在被介绍的过程中，双方都应热情得体、举止大方，最好面带微笑。一般情况下，被介绍时，双方应当保持站立姿势，相互热情应答、问候。

课堂训练

1. 应该怎样把自己的亲属介绍给他人？

A. "这是我太太。"　　　　B. "这是胜利。"　　　C. "这是我姐姐大妞。"

2. 介绍两位朋友相识，以下哪种表达方式是应该避免的？

A. "他叫张三，他叫李四。"　　　B. "这位是张三先生，这位是李四先生。"

C. "这是我最要好的朋友张三，这是李四。"

请同学们回答上面的问题，并提出两个日常人际交往中介绍他人时遇到的其他问题供大家分析。

三、介绍集体

介绍集体实际上是介绍他人的一种特殊情况，即被介绍的一方或者双方不止一个人。介绍集体的时候，可以分为以下两种基本形式。

（1）单向式。当被介绍的双方一方为一个人，另一方为多人的时候，往往可以只把个人介绍给集体，而不必再向个人介绍集体，这就是介绍集体的单向式。

（2）双向式。双向式是指被介绍的双方都是多人所组成的集体。做介绍的时候，双方的全体人员都要被正式介绍。在公务交往中，这种情况比较多见。常规做法是：应由主方负责人首先出面，依照主方在场者具体职务的高低，自高而低地依次对其进行介绍；再由客方负责人出面，依次对本方人员进行介绍。

第三节 名 片 礼 仪

名片是用于与人初次见面时的一种介绍卡，是人们用作交际或送给他人做纪念的一种介绍性媒介物。名片记载着个人的身份、职位等重要信息。对于商务人士来说，名片更是十分必要的，除了记录联络方法，也是开始商务活动的敲门砖和伏笔。有了名片的交换，双方的结识就迈出了第一步。

名片在我国已有 2 000 多年的历史，其名称多有变化，样式也各有不同。秦汉时期，一一张好的名片不能保证你的成功，但却能助你给他人留下深刻的印象。建议以"名片怎样设计，才能让人记住你？"为关键词通过网络搜索，找找有创意的名片。

些达官贵人便使用一种称作"谒"的竹制或木制的名片，后来改用绢、纸名片。汉末时期"谒"改称"刺"，六朝时称"名"，唐朝时称"名纸"，宋代时称"门状"，明朝时称"名帖"，清朝又称"名刺"，同时也出现了"名片"的叫法。

15世纪，在法国发明了铜版印刷技术之后，名片在世界范围内得到了广泛使用。

一、名片的用法

宾主相见，互换名片（如图5.1所示），早已成为人们在现代社会中互做介绍并建立联系的一个重要环节。在社交活动中，使用名片有两个好处：①方便自我介绍，这是名片的一项最基本的功能。在做口头自我介绍时，少不了需要字斟句酌，考虑时间的长短，留意对方的表情，然而即使做得再好，也不一定能够让对方记得清楚。也有很多人介绍时对自己的职务不好启齿，觉得一介绍，就有自吹自擂之嫌，特别是身兼数职时更是如此。例如，"我是陈凯，××厂厂长，××协会理事，××学校顾问。"但在社交活动中往往又有必要将这些情况介绍给对方，只有使用名片方能处理好这个矛盾。因为名片上的"内容"既简明扼要，又一目了然。②便于保持联系，让人印象深刻。由于有时接触的人较多，如果只是口头介绍，常常会很快就忘记了对方的姓名、职务，再见面时双方都会感到尴尬。而使用名片就易于保存这些信息，因此把这些信息提供给对方，不仅表明了充分信任对方，而且还表达出了想要进一步交往的愿望。但是，名片不宜广为散发，不能见谁给谁、谁要都给。

案例

名片礼仪能折射出人的行为习惯

范伟先生是某知名企业的总经理，在其他几个单位都兼有职务，手中各种头衔的名片林林总总一大把。范先生每次出席会议或宴会时，都免不了把它们带在身上，虽然平时很注意细节，但仍会出现遗忘或是所带名片不够的情况。遇到这种情况，范先生只得耐着性子，把自己的姓名、电话号码、住址、单位名称等一一报出，让对方挨个记下，此时的尴尬可想而知。

点评：越是成功的人越注重礼仪。参加活动前准备好名片，活动中有礼得体地使用好名片，是成功社交的前提。

交换名片时须注意：一是要事先将名片准备好，放在上衣口袋里或提包的专用名片夹里。否则一旦忘记放在什么地方，左翻右找，既显得不礼貌，又给人一种忙乱、缺乏严谨的感觉。交换名片通常在与人初识，自我介绍或经他人介绍之后进行。二是单方递名片时，要用双手恭恭敬敬地把自己的名片递过去（如图5.2所示）；双方互递名片时要用右手递送。在此须强调的是，国人交换名片一般是双手递、接，同外宾交换名片，要先留意一下对方递接名片的方式，然后再跟着模仿。阿拉伯人和印度人习惯用一只手与人交换名片；日本人则喜欢在一只手接过他人名片的同时，用另一只手递上自己的名片。无论哪种情况，都要求名片的正面向着对方。同时，应用诚挚的语调附上一句"××经理，这是我的名片，以后多多联系"。

如果是事先约定好的面谈，或事先双方都有所了解，则不一定忙着交换名片，可在交谈结束、临别之时取出名片递给对方，以加深印象，并表示愿保持联络的诚意。

　　向多人递送名片时要讲究顺序，可按照由尊而卑、由近而远、由左向右或由右向左的方法进行。在圆桌上一般按顺时针方向递送名片。若向一人递送，则地位低的可先向地位高的递送，男士可先向女士递送。

　　有许多人不重视接名片，对方递名片时，却忙着拿烟倒水，一个劲地招呼对方"请坐，请坐"，或随手往口袋一塞，然后又忙着接待。虽然表现得很热情，但对方看到这样对待自己的名片，心里会不是滋味，甚至反感。

　　接名片的正确做法是：对方递名片时，立即放下手中的事，双手接过来，并点头致谢（参见图5.3）。不要立即收起来，也不要随便玩弄和摆放，而应该当着对方的面，用30秒左右的时间，仔仔细细、认认真真地看一遍，有时还可以有意识地重复一下名片上所列对方的职务、学位及其他尊贵的头衔，以示敬仰。有看不懂或理解不清的地方，可当即向对方讨教，然后再把名片慎重地收藏起来。这样做是以一定的形式使对方感受到对他的尊重。如果接过他人名片后一眼不看，或是漫不经心地随手把它一扔，甚至掖进裤袋或裙兜里，是对人失敬的表现。万一需要暂时把他人刚递过来的名片放在桌上，记住不要在它的上面乱放东西。

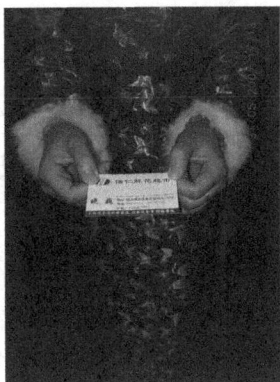

| 图5.1　使用名片 | 图5.2　递送名片 | 图5.3　接受名片 |

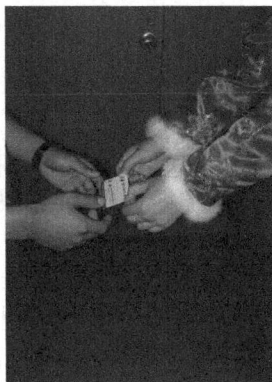

　　在东南亚一些国家，要求接过名片不仅要看，而且要看上一分钟左右（一分钟能看三四遍，就记得很清楚了）。在有些国家不仅要求看，还要嘴里做默读状，请教不认识的字。在另外一些国家甚至要求更高，发现对方有重要头衔，还要读出来，比如，"董事长，这么年轻就是董事长，佩服！"

案例

失礼的商界名人

　　在一次春季商品交易会上，各方厂家云集，企业家们济济一堂。华新公司的徐总经理在交易会上听说衡诚集团的崔董事长也来了，他便想利用此次机会认识一下这位素未谋面的商界名人。午餐时上他们终于见面了，徐总彬彬有礼地走上前去，"崔董事长，您好，我是华新公司的总经理，我叫徐刚，这是我的名片。"说着，便从随身带的公文包里拿出名片，递给了对方。崔董事长显然还沉浸在之前与人的谈话中，只是顺手接过徐刚的名片，说了声"你好"，草草地看过，放在了一边的桌子上。徐总在一旁等了一会儿，并未见这位崔董事长有交换名片的意思，便失望地走开了。

点评： 在使用名片时，无论是谁都应遵循礼节的基本要求。徐总在不恰当的时候递上名片及崔董事长将名片草草看过后放在桌子上都是失礼的，出现以上结果也是必然的。

值得注意的是，第一次见面后，最好在名片背后记下会面的时间、地点、内容等资料，简单记下对方的特征，如爱好、习惯、特长等。这样，待下次见面时，不仅能一下子说出其姓名，还能随口以其爱好、特长为话题，对方必然感到意外和高兴。这样积累起来的名片就成了社交的档案，可为再次会见或联络提供线索与话题。但要记住，如果对方情况有变，要及时掌握、更改，否则反而会使自己陷于被动。比如，初次见面时对方是副总经理，现已升任董事长，若仍以原职务相称就不合适了。不能迅速掌握情况的变化，会对工作不利，也不够礼貌。

二、名片的使用技巧

在公共场合欲向他人索取名片，要想留下"退路"，就要见机行事。依照惯例，最好不要直接开口向他人要名片。若想主动结识对方或者出于某种原因有必要向对方索取名片时，可采取以下办法。

1. 互换法

互换法即以名片换名片。将欲取之，必先予之，先把自己的名片给对方，"您好，很高兴认识您。这是我的名片，请多指教。"正常情况下，对方会回给你一张他的名片。或者可在递上名片时明言："能否有幸与您交换一下名片？"

2. 暗示法

暗示法即用含蓄的语言暗示对方。例如，对长辈、嘉宾或地位、声望高于自己的人，可以说："以后怎样才能向您请教？"对平辈和身份、地位相仿的人，可以问："今后怎么和您保持联系？"

3. 激将法

在遇到交往对象的地位身份比我们高，或者身为异性，难免有提防之心时，我们可以先把名片递给对方，并且略加解释。例如，在酒会上遇见知名企业的经理时，可以说："赵总，非常高兴遇见您，不知道是否有幸与您交换名片？"

4. 谦恭法

谦恭法即在索取对方名片之前，稍做铺垫。面对贵宾（尊长、名人、大人物、重要客户），可说："李教授，听了您的讲座，我很受启发，不知以后怎么向您请教？"又如，见到某学术专家可以说："认识您非常高兴，虽然我也小有成就，但与您这样的专业人士相比简直是相形见绌，不知以后如何才能向您请教？"如果对方是比自己年轻的晚辈时则不宜用这种方法。

通常，不论他人以何种方式向自己索要名片都不宜拒绝，不过要是真的不想给对方，一般不要直接说，而要委婉地表达，在措辞上一定注意不要伤害对方，可以说："不好意思，我忘了带名片。"或是说："非常抱歉，我的名片用完了。"这样都比生硬拒绝或盘问对方要好得多。对方也应知难而退，"没关系，改日再说。"千万不要当场拆穿他人或者表示不满，不可说："不给就算了呗，少来这套！"

课堂训练

每位同学根据自己的兴趣设计自己的身份角色。两人一组，设计好相见的场合，互递名片，注意动作、姿势及适宜的语言交流。

第四节　握手礼仪

常言道："礼多人不怪。"与陌生人初次见面或与熟人见面都少不了各种礼节。在现代社交场合中，与中外友人相见时常用的有握手礼、吻手礼、鞠躬礼、双手合十礼、拥抱礼、点头礼、脱帽礼和举手礼等。在西方国家吻手礼、拥抱礼较常用；在日本，鞠躬礼使用较频繁，在我国则较少使用。下面将重点介绍中外通用，也是我国最常用的握手礼。

视野拓展

鞠躬礼

鞠躬即弯身行礼，是表示对他人敬重的一种郑重的礼节。鞠躬常用于下级向上级、学生向教师、晚辈向长辈表达由衷的敬意，有时还用于向他人表达深深的感激之情。鞠躬时，以臀部为轴，整个上体向前倾斜 15°～30°，目光向下，礼毕后目光注视对方。鞠躬时必须脱下帽子，戴帽鞠躬是不礼貌的。男士的双手应贴放于身体两侧裤线处，女士的双手则应下垂搭放在腹前。身体下弯的幅度越大，表示越尊重对方。

中国古代最常用的见面礼节是拱手礼和跪拜礼。1912 年孙中山宣布废除跪拜礼，改为握手礼，这是中国见面礼节方面的一大进步。

握手，是社交的一部分。握手的力量、姿势与时间的长短往往能够表达握手方对对方的不同礼遇与态度，表露自己的个性，给人留下不同印象。通过握手可以在一定程度上了解对方的个性，从而赢得社交的主动性。美国著名盲聋女作家海伦·凯勒说："我接触的手有的能拒人于千里之外，有的充满阳光，让你感到很温暖。"

握手是在相见、离别、恭贺或致谢时相互表示情谊、致意的一种礼节，双方往往是先打招呼，后握手致意。握手主要表示热情的问候，同时也包含其他含义，如祝贺、鼓励、安慰等。

一、握手的方式

在社交场合中，有多种握手方式，了解不同的握手方式，既有助于我们了解对方的性格、情感状况和待人接物的基本态度，也有助于我们在人际交往中根据不同的场合、不同的对象采取适宜的交往方式。

（1）平等式握手，也叫对等式握手（如图 5.4 所示），这是标准的握手方式。即施礼双方各自伸出右后，手掌均呈垂直状态，四指并拢，拇指张开，肘关节微屈并抬至腰部，上身稍微前倾，目视对方，与之右手相握，可以适当上下抖动，以示亲热。它是礼节性的，一般适用于初次见面或交往不深的人。

图 5.4　握手礼 a

图 5.5　握手礼 b

图 5.6　握手礼 c

（2）扣手式握手，也叫双握式握手（如图 5.7 所示），西方俗称"三明治式"握手，美国人称其为政客式握手。据说在美国历届总统竞选时，几乎所有的竞选人都要以这种样式对上至亿万富翁，下至西部牛仔握手。其具体方式是：在用右手紧握对方右手的同时，再用左手加握对方的手背、前臂、上臂或肩部。使用这种握手方式的人是在表达一种热情真挚、诚实可靠的感情，显示自己对对方的信赖和友谊。从手背开始，对对方的加握部位越高，其热情友好的程度也就越高。

（3）控制式握手，也叫支配式握手（如图 5.8 所示）。用掌心向下或向左下的姿势握住对方的手。以这种方式握手的人想表达自己的优势、主动、傲慢或支配地位。这种人通常说话干净利落、办事果断、高度自信，凡事一经决定，就很难改变观点，作风不大民主。在交际双方社会地位差距较大时，社会地位较高的一方易采用这种方式与对方握手。

（4）乞讨式握手，也叫谦恭式握手、顺从型握手。与控制式握手相对，用掌心向上或向左上的手势与对方握手。用这种方式握手的人往往性格软弱，处于被动、劣势地位，这种人可能处事比较民主、谦和、平易近人，对对方比较尊重、敬仰，甚至有几分畏惧。这种人往往易改变自己的看法，不固执，愿意受对方支配。

（5）抠手心式握手。两手相握之后，不是很快松开，而是双手掌相互缓缓滑离，让手指在对方手心适当停留。握手本来就是身体感觉最敏感的部位相互接触，彼此都能通过握手感到愉悦。如果再让手指在手心轻轻滑过，无疑更会使对方热血沸腾、情绪高涨。抠手心式握手一般只见于恋人、情人之间，或心有灵犀的好朋友之间。

（6）拉臂式握手。将对方的手拉到自己的身边相握，且往往相握时间较长。这常常是社会地位较低者，特别是那些有较强自卑感的人在与社会地位较高者握手时采用的方式。这种人往往过分谦恭，在他人面前唯唯诺诺、缺乏主见。

（7）握手指式握手（如图 5.9 所示）。不是两手的虎口相触对握，而是有意或无意地只捏住对方的几个手指或手指尖部。女性与

男性握手时，为了表示自己的矜持与稳重，常采取这种方式。如果是同性别的人之间这样握手，就显得有几分冷淡与生疏。据说，英国女王与人握手时，为了不让对方完全握住她的手，她总是不把手完全伸出来，并把拇指明显地曲向下方。有不少显贵人物，与人见面时，也总是伸出两三个指头一握了之，以显示他们地位的"尊贵"。

（8）"死鱼"式握手。握手时伸出一只无任何力度、质感，不显示任何信息的手，给人的感觉就好像是握住一条三伏天腐烂的死鱼。这种人的特点如不是生性懦弱，就是对人冷漠无情，或是待人接物消极傲慢。假如你握到这样一双手，那一般就不要指望跟你握手的人会热情地为你办事了。

图 5.7 扣手式握手　　　　图 5.8 控制式握手　　　　图 5.9 捏手指式握手

二、握手的礼仪要求

在现代社交活动中，需要握手的场合很多，如见面、道别、祝贺、感谢、鼓励、慰问时都有可能需要握手。握手的基本礼仪要求主要有以下几点。

（一）握手的姿势

在社交场合中握手的标准方式是行礼时距握手对象 75 厘米左右，上身稍向前倾约 15°，两腿立正，伸出右手，四指并拢，虎口相交，拇指张开下滑，与受礼者握手。握手时用力适度，上下晃动三四次，随即松开手，恢复原状。握手时，双方神态要自然、热情、专注，并且要面带微笑，目视对方，同时要向对方问候。除年老体弱或残疾人以外，坐着握手是很失礼的。

> **思考与讨论**
>
> 图 5.10 和图 5.11 的区别在哪里？

图 5.10 握手 1　　　　　　　　图 5.11 握手 2

（二）握手的力度

握手时，为表示热情友好，应当稍许用力，以不握痛对方的手为限。握手时不要用力过猛，尤其是当男性与女士握手时，用力一定要适度，而且往往只握一下女士的手指部分即可，不可将手直插女士虎口处，更不要对女士采取扣手式握手。

（三）握手的时间

握手时间的长短应因人、因地、因情而异。初次见面时握手时间不宜太长，一般不要超过 3 秒。在多人相聚的社交场合，不宜只与某一个人长时间握手，以免引起他人误会。

（四）与不同人握手的礼仪要求

1. 与女士握手时应注意的礼仪

与女士握手时，男方只要轻轻地一握即可。如果对方不愿握手，也可微微欠身问好，或用点头、说客气话等方式代替握手。一位男士若主动和女士握手，一般情况下是不太适宜的。

在握手之前，男方必须先脱下手套；而女士的装饰性手套则不必脱下。按照国际惯例，身穿军装的男子可以戴着手套与女士握手，握手时先行军礼，然后再握手。握手时要注意保持微笑，不可目视别处，或者与第三者谈话。握手时，不要当着对方的面擦手。

与女士握手，最应掌握的是时间和力度。一般来说，握手要轻一些，时间要短一些，也不应该握着对方的手用劲摇晃。但是，如果用力太小，也会使对方感到你拘谨或者虚伪、敷衍。因此，握手必须根据时间、地点和对象的不同而区别对待。

2. 与老人、长辈或贵宾握手的礼仪

与老人、长辈或贵宾握手，不仅是为了问候和致意，还是一种尊敬的表示。一般应注重以下几点。

（1）一般情况下，与老人、长辈或贵宾握手时应面带微笑，神情专注，以示尊重。切不可左顾右盼。

（2）握手时，不能昂首挺胸，身体可稍微前倾，一般是上体前倾 15° 左右；不能因对方是贵宾就显得胆小拘谨，只把手指轻轻碰对方的手掌；也不能因感到"荣幸"而久握对方的手不放。

（3）当老人、长辈或贵宾向你伸手时，应快步上前握住对方的手，这也是尊敬对方的表示。而且应根据场合，边握手边打招呼问候，如说"您好""欢迎您""见到您很荣幸"等热情致意的话。

（4）碰到若干人在一起时，握手、致意的顺序是：先年长者后年轻者，先职位高者后职位低者。还必须注意，不要几个人竞相交叉握手，或在跨门槛甚至隔着门槛时握手，这些做法都是失礼的行为。

（5）在社交活动中，除注重个人仪容整洁大方外，还应注重双手的卫生，用不干净的手或者湿手与人握手是不礼貌的。假如老人、长辈、贵宾来到你面前，并主动伸出手来，而你此时正在洗东西或擦油污之物，你可先致意，同时亮出双手，简单说明一下情况并表示歉意，以取得对方的理解，同时赶紧洗好手，予以热情招待。

（6）在外交场合，遇见身份高的领导人，应有礼貌地点头致意或表示欢迎，但不要主动上前握手问候，只有在对方主动伸手时，

视频园地

通过视频进一步了解握手礼仪。

才可向前握手问候。

握手八原则

一是伸手有先后。

二是握手分左右。

三是握手前要脱帽和摘手套。

四是与人握手时应采取站立姿势（年老体弱或者残疾人除外）。

五是不宜交叉握手。

六是握手时间要简短。

七是握手姿态有讲究。

八是握手力度要适当。

握手十忌

一忌不讲先后顺序，抢先出手。

二忌目光游移，漫不经心。

三忌不脱手套，自视高傲。

四忌掌心向下，目中无人。

五忌用力不当，敷衍鲁莽。

六忌左手相握，有悖习俗。

七忌"乞讨式"握手，过于谦恭。

八忌握手时间太长，让人无所适从。

九忌滥用"扣手式"，令人尴尬。

十忌"死鱼"式握手，轻慢冷漠。

（五）其他握手习俗

握手作为一种交际礼节，许多国家或民族还有着自己独特的习俗，所以在握手时要尊重当地风俗，做到入乡随俗。例如，在非洲，有的地方的人只是将两手伸到将握未握之时便很快抽回，并要躬身吹几口气；有的地方的人在握手之前，先要用大拇指在手上轻轻弹几下；也有的地方的人是先伸手拍自己的肚子，然后鼓掌，再与对方握手。在菲律宾，有的民族在人们见面握完手后，都要向后转身几步，向对方示意身后没有藏凶器。在库页岛和北海道，土著居民在握手之前要双手合十举向前额，然后手心向对方摊开，再拍打一下自己，通常是男人拍胡子，女人拍上嘴唇。

每人在教室中寻找10个人进行标准握手礼训练，注意姿势、运作；然后再和异性同学用握手指式握手礼体验握手的最佳姿势及力度、时间等。

阿拉伯国家通行按胸礼；韩国、日本、朝鲜流行鞠躬礼；中国古代及华人居住的东南亚流行拱手礼（作揖礼）。拱手礼是华人中最流行的见面礼，行礼方式是：起身站立，上身挺立，两臂前伸，左手在前，右手握拳在后，双手在胸前高举抱拳，自上而下，或者自内而外，有节奏地晃动两三下。

世界各国见面礼丰富多彩，环球网曾改编美国《赫芬顿邮报》的报道《不同国家见面礼节》，请扫描右侧二维码进行了解。

推荐登录网易公开课网站，搜索"湖南大学公开课：现代礼仪"（主讲袁涤非），观看"[第7集]社交礼仪（一）"，本集内有和见面礼仪相关的内容。

本章小结

本章主要介绍了称呼礼仪、介绍礼仪、名片礼仪和握手礼仪，在社交活动中各种见面礼节的基本礼仪要求及运用方式不同，应根据社交中的具体情况恰当地加以运用。

称呼时的职务性称呼、职称性称呼、学位性称呼、行业性称呼、姓名性称呼等要把握好尺度。

介绍时应注意语言、举止及介绍的顺序，应先把男士介绍给女士，先把年轻者介绍给年长者，先把主人介绍给客人，先把晚到者介绍给早到者等。

注意名片的用法，一般双手接递比较庄重，并要注意妥善放置。

握手时一般要掌握标准握手礼，关键点在于伸出的手掌向左，垂直于地面，这样一般都不会失礼。

在社交活动中，正确地运用见面礼节不仅可以扩大自己的交际圈，广交朋友，而且有助于进行必要的自我展示、自我宣传，从而在交往初期塑造一个良好的"第一印象"。

思考与训练

一、复习思考

1. 社交活动中，称呼方式有哪几种？

2. 在称呼别人时应该注意什么？

3. 介绍一般分为哪几类？

4. 自我介绍需要注意哪些内容？

5. 交换名片时的注意事项有哪些？

6. 名片的用途有哪些？

7. 请简要说出握手的要求。

8. 握手的顺序是怎样的？

9. 握手的场合及注意事项有哪些？

二、案例分析

尴尬的李先生

在一次订货会议上，哈尔滨某贸易公司的李先生被朋友介绍给河南某公司的一位女士相识。当时朋友介绍说"这位是李先生""这位是王小姐"。李先生赶紧把手伸向对方，但是没想到王小姐就是不伸手，假装没看见，不吭气。结果李先生的手悬在半空收不回来了，停了半天，假装打了一下蚊子，挺尴尬。

问题：

1. 为什么会出现这种局面？

2. 李先生哪里做错了？

3. 王小姐做得是否合适？

4. 若你是李先生，你将怎么做？

三、应用与设计

1. 参加工作的第一天，你如何向本部门的同事介绍自己？

2. 在你大学毕业后三年的某一天，你的大学同学作为某公司的销售部经理来与你公司的部门经理洽谈业务，你如何向部门经理引见你的同学？

3. 我有两个互相不认识的朋友 A 和 B，有如下三种情况。

情况 1：我和 A 在我家，B 来了，我应该先介绍谁？

情况 2：我和 A 去 B 家或和 A 在街上走，遇到 B，我应该先介绍谁？

情况 3：如果是朋友来串门，正好家里有长辈在，或者一堆朋友在，那么应该怎样介绍一个新来的朋友？介绍时有什么规矩？又有哪些禁忌呢？

4. 假定你的叔叔到你的集体宿舍找你，同宿舍的三个同学都在，此时你应怎样介绍呢？

5. 根据所学知识，自己设计一张合适的业务名片，要求：

（1）设计公司类型及业务。

（2）设计名片的内容及格式。

四、课外实践

天强贸易公司一行五人：总经理李强、副总经理李维臣、业务主管刘涛、公关部主任吴岩、经理助理黎明前往智仁公司进行商务拜访。智仁公司接待团也有五人：总经理关军、副总经理李凯、业务主管宋元、宣传部部长郭立、秘书官丽。当天强贸易公司一行人到达智仁公司大门口时，双方应该如何相互介绍呢？请同学们分组演练（内容包括问候、握手、介绍等礼仪形式）。

第六章 接待和拜访礼仪

【学习目的与要求】

接待和拜访礼仪是社交活动中的常见礼仪，通过本章的学习，应熟悉接待和拜访的基本原则，掌握基本的礼仪要求，能够独立做好社交活动中的接待工作。

【关键概念】

接待 接待程序和礼仪 拜访 拜访程序和礼仪

第一节 接待礼仪

案例

成败一杯茶

某国有大型企业准备到某高校招聘 15 名新员工，负责企业的接待工作，由于待遇优厚，报名者极为踊跃。经过第一轮初选，留下 30 名进入第二轮复试。刷掉谁呢，无论学识还是气质，他们都不相上下，要做出取舍看来还真是比较困难。

复试开始了。人事经理和助手坐在办公室里，应聘者陆续进入，聊得都是些很轻松的话题，似乎并无实质性内容。只是有一点，在应聘者出门之前，人事经理都会很随意地请她（他）泡一杯茶。屋里有热水器，应聘者都照着做了。没多久结果公布了，15 名幸运者脱颖而出。那些落选者很纳闷，不服气，去问人事经理。人事经理很客气地告诉他们，真正的考试在那杯茶上。在泡茶的时候，他们不是忘了放茶叶，就是开水倒得太多，或者端起茶杯时把手指压在杯沿上，有的甚至还沾到了茶水。他认为，能泡好一杯茶，处理其他事情也会得体。

点评： 成败在于细节。接待工作需要热情、周到、细致的服务，细微之处方显一个人的礼仪素养，行为规范才能让服务的对象舒适满意，产生好感。

接待是现代社交活动中的一项重要内容，也是人们常说的"迎来送往"活动。接待工作做得如何，将直接影响到接待者（或主人）在来宾（或客人）心目中的形象。

热情有礼的接待工作能够给来宾留下良好的第一印象，并为进一步的信息沟通、感情联络和交往奠定良好的基础。

一、接待的原则

在现代社交礼仪中，一般有以下几项接待原则。

1. 热情友好原则

接待人员对来宾热情的问候、谦和的话语，能够消除来宾的陌生感和不适心理，营造一种良好的交往氛围，让来宾产生宾至如归的感觉，从而为其留下良好的第一印象。接待人员要时刻保持真诚友好的微笑，再配以亲切的问候和美好的仪态，这样更会使来宾感到如沐春风。

2. 细致周到原则

接待工作讲究细节，关注成效。重大的接待工作更容不得半点马虎，必须处处留心、周密考虑、谨慎行事。要事先制订出符合来宾身份的完善的接待工作方案和实施细则，详细安排接站、用车、就餐、住宿、参观等事项，充分考虑各方面的细节。接待人员还要学会"眼观六路，耳听八方"，留意和体会来宾的每一个眼神、每一个动作以及不经意的每一句话，以便灵活应对，做到周到服务。

3. 身份对等原则

身份对等是指接待人员和来宾的身份应该大体相当。对于十分重要的商务伙伴，或是来洽谈十分重要事宜的来宾，可以做高规格接待，即接待者的身份或级别可以略高于来宾身份，以体现对来宾的重视和尊重。另外，接待规格要保持相对的规范性。比如，同样是两位企业的总裁来访，一位安排在三星级酒店，另一位安排在五星级酒店，就会令前者感觉待遇不公，引起不必要的误会。

4. 礼仪适度原则

礼仪适度是要求人和人打交道时要把握好分寸，这也体现了对对方的尊重。接待来宾既要让对方感到舒适，又必须注意不要"热情过度"，否则反而会使来宾感到不适或尴尬。适度的礼仪应该是谦虚有礼，朴实大方，不卑不亢。

二、接待的种类

一般来说，接待礼仪从不同的角度来看有不同的种类。

（1）按照接待对象的不同可以分为一般接待、贵宾接待和外宾接待。大多数的商务接待都属于一般接待，接待时要特别注意态度热情、礼节周到。贵宾接待因被接待者身份尊贵，所以在接待过程中更需要精益求精，优化接待流程，力求使接待效果最佳。外宾接待则要注意双方文化上的差异，在安排餐饮、住宿、陪同访问及馈赠礼品的过程中，充分考虑外宾不同的宗教信仰和民族习惯。

（2）按照来宾人数的多少可以分为个体接待和团体接待。它们在接待程序上并无大的不同，但是团体接待除了要照顾到每个成员的需要外，还要考虑各成员之间身份的差别，分清主次，在姓名排序、入场前后、座席安排等方面适当体现职务、年龄、性别等身份的差异。

（3）按照接待地点的不同可以分为家庭私人接待和公众场合接待。家庭私人接待的对象多是主人的亲朋好友、同学或同事等，与主人的关系一般比较亲密，在接待过程中主人要善于营造出宾至如归、轻松随意的家庭氛围，整个接待过程应该在一种温馨、和睦、自然的气氛中进行。相反，公众场合的接待工作则要求整个流程保持规范、严谨和流畅，这和公众场合接待对象多是商务或政务人士这一情境是吻合的。

三、接待的程序

以重要的商务接待为例，接待的程序可以分为接待准备工作、迎接宾客、招待宾客和礼送宾客四个步骤。

（一）接待准备工作

接待准备工作主要针对比较正式隆重的接待，具体需要做好以下几方面的准备。

1. 了解来宾情况和来访目的

仔细了解来宾的主要目的，明确其来访意图。向对方仔细询问人数、姓名、性别、民族、职务、部门、来访天数和具体行程安排，以及对方来访乘坐何种交通工具，并问清楚出发和抵达时间，以及离开时间。如对方开车过来，应问清楚开什么车、车的类型和车牌号、是否有专职司机、司机有多少。同时还要了解主宾及主要随行人员的个人爱好、生活习惯、饮食禁忌等，以便做出合理的接待安排。

2. 制订接待计划

根据来宾的要求和工作需要，制订大致的行程安排，对接待标准、食宿安排、安全保卫、交通工具、费用开支、参观地点和行车路线、日程安排等逐项做出计划。制定行程时，主要考虑工作和休息的时间，时间充裕的时候，行程不要太紧张；若时间较为紧迫，则应征求来宾的意见，适当减少某些项目的时间。重要的接待工作要拟订接待计划书或接待手册。接待计划书或接待手册一般应包括：① 接待缘由、背景、重要性和指导性思想。② 接待原则。③ 接待步骤和措施。④ 接待工作负责人和负责单位。⑤ 接待计划需要报送审查的领导或部门等内容。计划书要尽可能详尽，必要时可请教专业礼宾人员，以确认接待程序无误。做好行程计划后，应及时与对方联系，做好沟通工作。

3. 安排接待人员、车辆、食宿

安排接待人员。负责接待的工作人员，要相貌端正、举止大方、口齿伶俐，具有一定的文化素养，受过专门的礼仪训练则更好。

安排来宾用车。根据人员多少安排车辆。如果来宾需要进行其他参观学习的，则要根据对方的要求事先安排好地点，联系有关单位。此外，也应该考虑为来宾安排一些文化娱乐活动。如果来访的事项比较重要，还应及时联系好相关媒体单位，做好新闻报道和宣传工作。

预订来宾住宿的酒店。住宿和就餐要遵循体面、大方、不奢侈浪费的原则，做到让客人满意。安排酒店住宿时，要根据来宾的级别、单位、性别、职务等合理安排房间，各个房间尽量集中并且在同一个楼层。预订时应多订一个房间，以备对方人员有变。预订酒店后，要派人到酒店检查所订房间的状况，如有不妥之应立即整改。安排餐饮时，要了解来宾中主要

领导和随行人员的饮食习惯，然后确定就餐饭店。

4. 布置场所，美化环境

在对接待场所进行布置时，要注意以下几项工作内容。

（1）注意接待场所的卫生、照明、温度和设备四个方面。一个整齐干净的环境会让客人感觉舒适。照明一定要充足，而且所有的灯都要明亮。室内空调的温度应根据季节及气候进行调整，让宾客感觉舒适，而且要在客人到来之前启动空调并调节好温度。接待场所附近应根据需要设置复印机、传真机或互联网设备，以备不时之需。另外还要准备一些必备的文具和可能用得上的相关资料，如企业宣传品、商品说明等。

（2）张贴海报、标语等欢迎标志。欢迎标语、海报要事先张贴在显眼的位置，最好张贴在来宾必经的地点。来宾的地位越重要，相关标志就应该越大、越显眼。

（3）室内装饰。现代接待场所流行通过适当的室内装饰来营造良好的环境，比较常见的有迎宾镜。也可在室内摆放迎宾鲜花进行装饰，它象征着欢迎客人光临之意，摆设的鲜花最好是当天或前一天刚插好的，不宜超过两天。如果是涉外接待，还要考虑外宾的文化背景和风俗习惯，注意鲜花品种的选择。

（4）注意温度。室温以 24℃左右为最佳，这个温度会令人感觉最为舒适。室温低于 18℃时，往往会令人感觉较冷。室温高于 30℃时，则又可能会令人燥热不堪。

（5）注意湿度。一般认为，相对湿度在 50%左右最为舒适宜人。相对湿度过高，往往会让人感到胸闷压抑，呼吸不畅，这时可考虑使用空调的除湿功能。相对湿度过低，则又会让人觉得过于干燥，易生静电，这时就要准备加湿器。

（6）室内陈设要完整无缺。室内设施一般不应有残、破、次、损、坏、废之物。

（7）准备茶点、水果、报纸和期刊。所需茶具包括茶盘、茶杯、杯垫、茶匙等，还要有茶叶、茶包和咖啡。茶具可根据客人不同的需要而准备，但必须事先备全。准备茶点时，也要同时准备一些叉子及纸巾。准备水果时，水果要保证新鲜，外观要色泽明亮。香烟、烟灰缸、打火机这三项是一体的，准备时缺一不可，烟灰缸要清理干净，打火机也须检查是否可用。准备一些报纸和期刊，提供给早到的贵宾及等候的客人，可作打发时间之用，避免使其感到无聊。

（二）迎接宾客

有朋自远方来，为表示尊重，常常要去车站、码头或机场迎接。迎接客人要注意以下事项。

（1）要掌握客人到达的时间，确保提前 10～15 分钟到接站或接机地点迎候，绝对不能让客人在那里等待，迟到是非常不礼貌的。

（2）接站前最好准备一块迎宾牌，写明"××公司欢迎某某光临"，客人的姓名要尽可能突出、清晰。接站时应高举迎宾牌，让出站的客人能清楚看到，给客人留下良好的第一印象。接到客人后要主动问候，一句"您路上辛苦了"会让客人倍感亲切。同时做自我介绍，如果对方不知道怎样称呼你为好，还应该主动进行说明，比如"您就叫我小王好了"。

（3）寒暄后，要主动帮客人提拿行李。帮客人拿行李的时候，注意不要拿客人的手提包或公文包，因为里面一般保存的是客人的贵重物品或隐私物件。

（4）安排客人乘坐事先安排好的交通工具前往住宿酒店。乘车途中，可将预先商定的活动计划和日程表送到客人手上，以便客人灵活安排自己的私人活动。如果没有日程表，一般也要将活动日程安排简单向客人做一介绍，根据活动安排，客人还将与哪些人会面或合作，也应做简要介绍。在迎接客人的途中，除了日程安排，接待人员还可以找些容易引起共同兴趣的话题来谈，如当地的风土人情、气候、物产，当地的旅游资源和风景名胜，近来发生在本地的大事及当地物价等，要避免一路上沉默不语，否则宾主双方都会非常尴尬。

（5）接客人到住宿酒店后，接待人员不宜久留，应让客人早点休息，以消除旅途疲劳。在离开前，要约定下次见面的时间与地点及双方的联系方式，并提醒客人即将举行的第一项活动的时间、地点及活动安排。

（三）招待宾客

宾客到达后可先请其至休息室饮茶休息，然后通报本单位领导出面接见。如领导临时因故无法立即接见，则应该立即告诉客人，并根据需等待时间的长短，请客人决定去留或另约时间会面。

敬茶是中国传统的待客之道，不论什么季节、什么时间有客人来访，一杯热茶都会给客人留下热情好客的印象。当然，现代社交场合用咖啡和其他软饮料招待客人也很常见，因而敬茶前应征求客人的喜好。附带招待点心的时候，应先将点心端出，然后再敬茶。

宾主寒暄后，就进入到了会谈阶段。会谈应围绕主要目的展开，不要只谈自己感兴趣或关注的事情，而不顾对方是否愿意听或冷落对方。发言时态度要中肯，语气要委婉，要尊重客人，在平等的基础上耐心交换意见，力争达成一致。会谈中要注意倾听，因为注意倾听别人讲话本身就是一种礼貌，切忌显现出不耐烦的表情或左顾右盼。倾听过程中还要不时颔首微笑以示对对方谈话的反应。对方发言时不要随便插话，要等对方把话说完再发表意见。会谈中要尽量避免冷场，长时间的冷场像是给客人脸色。接待者要善于找话题、主动打破僵局，防止尴尬场面的出现。

会谈结束后要安排客人就餐。就餐时应尽量选择距客人下榻宾馆较近的饭店。早餐尽量安排在客人下榻的宾馆；午餐、晚餐要根据客人的口味和习惯适当安排，如果下午有另外的工作任务和考察项目，那么午餐尽量不要喝酒。

如果客人的日程安排中还要听汇报或召开座谈会，要安排好会议室，通知参加人员提前到达，并将与会人员名单发给客人。如果客人要去下属企业参观，则应安排好行车路线及到达时间，并通知被参观单位在门口迎接。

在接待工作中，拍照是一项非常常见的活动形式。一次较为正式的会面，宾主双方往往需要合影留念。通过合影，可进一步增进双方感情，能够更好地记住对方，也为双方的交往留下正式的纪念和美好的回忆。为此应提前联系好摄影人员，安排好拍摄的场地、时间及座次。

（四）礼送宾客

礼送宾客是接待工作的最后一个环节，也是非常重要的一个环节。中国有句老话说，"迎人迎三步，送人送七步"，表达的就是送客的重要意义。送客环节做得不好，可能会使整个接待工作前功尽弃、功亏一篑，在送客时应注意以下问题。

（1）除非有紧急事务需要马上处理，否则主人一般不宜主动暗示结束接待工作，以免有"赶人"的嫌疑。客人主动起身告辞时，主人要婉言挽留，切忌客人一说要走，马上起身相送，这会给客人以逐客的感觉。最好等客人起身后，再起身相送；同时握手致意，表达依依不舍之情，并表示希望再度见面的期待之意。

（2）对于重要的客人，应请相关人员热情相送。远道的客人，还要安排交通工具送到车站、码头或机场。临别时再说一些诸如"慢走""一路平安，欢迎下次再来""合作愉快"等道别的话。同时为了表达对来宾及其同事或其所代表公司的友好，可以请客人代为转达问候，比如"请代我们向贵公司领导及全体员工问好""××这次没来真是太遗憾了，回去一定替我向××问好啊"等。

（3）在客人临行前要帮其检查是否有物品遗漏，不要让客人回头再来一趟。这既是一种体贴客人的行为，也减轻了自己保管客人物品的麻烦及责任，对双方都有好处。对于客人在本地停留期间所拍摄的照片等要及时发送给相关人员。

（4）将客人送至门口，并且应该在门口目送一段时间，等客人的身影消失后再返回来。切忌客人刚刚出门就马上关门，这时客人如果想回头再次致谢，发现主人已经不在，心里会感觉不愉快。关门的时候要轻，切忌"砰"的一声将门关上，让人听起来觉得非常不礼貌。如果是将客人送至车站、码头，则要礼貌地挥手告别，而且要等车船开动后再离开。送客到机场的话，要等客人通过安检门后再走。在车站、机场或码头送行的时候，切忌心不在焉或频频看表，这可能会被误认为催促客人赶紧离开。

四、接待的礼仪要求

在整个接待过程中，诸如安排乘车、引导、敬茶、安排拍照留念等活动最为常见，掌握这些接待工作中的基本举止规范至关重要。

（一）乘车礼仪

乘车时，先打开车门，用手示意，请客人先上车，等客人坐稳后自己再上。客人入座后，切忌从同一车门随后而入，而应该在替客人关好门后从车尾绕到另一侧车门入座。下车的时候，自己先下，为领导或客人打开车门，请他们下车。

确定乘车座次的时候，一个基本的常识是：轿车的座次是后排为上座，前排为下座。这一规定主要是考虑到轿车的前排，即驾驶座和副驾驶座最不安全。后排座位中，又以"右侧为上、左侧为次、中间最次"为标准。然而在实际应用这一规定时，往往还需要通盘考虑开车人、车型、安全性及客人意愿四个方面的因素。

1. 开车人

如果是主人亲自开车，礼仪规定：前排的副驾驶座为上座，如图 6.1（a）所示。这主要体现了作为客人与主人"同甘苦、共患难"的一种礼节，特别是只有一个客人的时候，坐到后排是对主人极大的不友好和不尊重。若客人不止一位，应推举其中地位、身份最高者在副驾驶座位上就座。

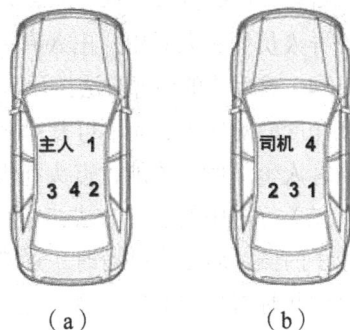

图 6.1 普通轿车的座次

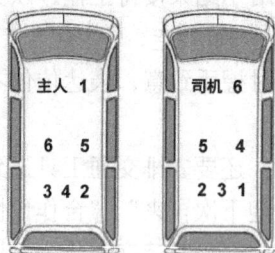

图 6.2　商务车座次

如果主人夫妇开车接送客人夫妇，则男主人驾车，女主人在副驾驶位置就座，客人夫妇应当坐在后排。

若主人一人开车接送一对客人夫妇，则男宾应就座于副驾驶位置上，而请其夫人坐在后排。如果车辆由专职司机驾驶，则请客人坐在后排座的右侧，自己坐在左侧。如果客人有领导陪同，就请领导坐在客人的左侧，自己坐在前排副驾驶座，如图 6.1（b）所示。三排七座轿车，座次如图 6.2 所示。大中型轿车。

不论司机是谁，座次由前向后、自右向左，按距离车门远近来排定。

> 我国汽车是靠右行驶的左舵车（即方向盘在左侧），如到使用右舵车的国家或地区，座次则要左右互换。

2. 安全性

乘车外出，除了能使客人感觉到便捷、舒适，更要关注客人的安全乘车问题。这也是接待工作的首要原则。

3. 客人意愿

轿车上的座次安排不宜过分地墨守成规，而是要尊重客人本人的意愿和选择。

（二）行路引导礼仪

常见的引导情景有走廊引导、楼梯引导、电梯引导、会客厅引导和行进引导等。

图 6.3　引领客人

（1）在走廊的引导方法：引导宾客进入会客室之前，应将道路或走廊的中央路线让给客人行走。引导宾客时主人应走在客人左前方，在宾客视线约 45°的位置，身体稍转向客人一方（如图 6.3 所示）；若是熟悉的宾客或平级的客人，可以并排行进。如正面遇上主方人员须侧身让道，而不要自己居中而使客人让道。

（2）在楼梯的引导方法：当引导客人上楼时，应该让客人走在前面，引导人员走在后面；若是下楼时，应该由引导人员走在前面，客人在后面。上下楼梯时，引导人员都应该注意客人的安全。

（3）在电梯的引导方法：引导客人乘坐无人操控的电梯时，引导人员先进入电梯，等客人进入后关闭电梯门；到达时，让客人先走出电梯。简言之，即引导人员要先入后出。出入有人操控的电梯时，引导人员则应后入先出。

（4）客厅里的引导方法：开门与关门的动作应优雅得体，一般应采用斜侧身姿态，以 45°斜侧角度面对客人，而不可背对客人。当客人走入客厅时，引导人员用手示意，请客人坐下，看到客人坐下后，才能行点头礼再离开。

（5）行进中的引导方法：在宾主双方并排行进时，引导者应主动在外侧行走，而请客人行走于内侧。若三人并行时，通常中间的位次最高，内侧的位次居次，外侧的位次最低。宾主之位此时可酌情而定。概言之，内侧高于外侧，中间高于两边，前方高于后方。在单排行进时，按惯例应由引导者行走在前，而使客人行走于其后，以便由前者为后者带路。在出入房门时，引导者须主动替客人开门或关门，此刻，引导者可先行一步，推开或拉开房门，待客人通过后再轻掩房门，赶上来宾。

（三）敬茶礼仪

敬茶次序要先客后主。客人比较多时，要按级别或长幼依次敬上。茶不要倒得太满，以八分满为宜。水不宜太烫，以免客人不小心被烫伤。敬茶时左手托着茶杯底部，右手扶着茶杯的外缘或杯耳，从客人右方奉上，面带微笑，眼睛注视对方并说："这是您的茶，请慢用。"另外，以咖啡或红茶待客时，杯耳和茶匙的握柄要注意朝着客人的右边，如图6.4所示。

视野拓展

客来敬茶已经成为人际交往的社交礼仪。如何敬茶？敬茶时需要注意什么？推荐扫描二维码阅读相关资料。

图6.4　敬茶

视野拓展

茶文化

早在3000多年前的周朝，茶已被奉为礼品与贡品。到两晋、南北朝时，客来敬茶已经成为当时人际交往的社交礼仪。唐代颜真卿《春夜啜茶联句》中有"泛花邀坐客，代饮引清言"的诗句，唐代刘贞亮赞美"茶有十德"，认为饮茶除了可健身外，还可"以茶表敬意""以茶可雅心""以茶可行道"。

汉族、蒙古等族都有以茶待客的风俗。汉族以茶待客，历史悠久，唐代已有此俗。其内容和名称因地而异，有七家茶、元宝茶、香茶等。蒙古族有"敬奶茶"的风俗，流行于今内蒙古自治区、青海省等地。奶茶是将砖茶瓣碎，放水煮开，去掉茶叶，加鲜奶煮沸而成，根据各人口味，再加炒米、盐或糖。

课堂训练

请根据接待礼仪的要求拟订一份简单的家庭接待计划，具体情况自己设计，并请一组同学表演出来。

（四）拍照摄影礼仪

拍照前要征求来宾的意见，最好在请柬上就注明有拍照等事宜，以便来宾提前做好着装等准备。事先选择好合适的拍摄场所。在室内照相时，要注意场地的大小和光线的明暗等问题。在室外照相时，则要重点考虑天气和位次等问题。背景的布置方面，是否要挂横幅、横幅如何书写等都是事先就应该安排好的事项。

在正式场合合影时，都要进行排位，所有参与者一般均应站立。必要时，可以安排前排人员就座，后排人员则可在其身后呈梯级状站立。但是，通常不宜要求合影的参加者以蹲姿拍照。另外，如有必要，可以提前在合影现场摆设便于辨认的名签，以便参加者准确无误地各就各位。过去在我国，正式场合合影时的排位，一般讲究"居前为上""居中为上"和"以左为上"。具体来看，它又有"人数为单"（如图 6.5 所示）与"人数为双"（如图 6.6 所示）的分别。习惯做法通常是主方人员居右，客方人员居左，即"以左为尊"。在涉外场合合影时，按照国际

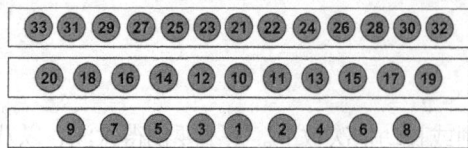

照相机

图 6.5　集体照位次（一）

惯例，讲究"以右为尊"，即宜令主人居中，主宾居右，其他双方人员分主左宾右依次排开，如图 6.7 所示。目前，我国在正式场合的拍照合影大多也按照国际惯例进行安排。

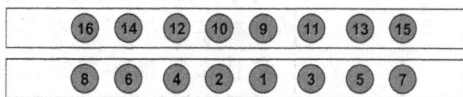

照相机

图 6.6　集体照位次（二）

照相机

图 6.7　集体照位次（三）

第二节　拜访礼仪

中国有句老话叫"礼尚往来"，来是接待，往是拜访。不论是业务发展，还是结交朋友，都少不了拜访这一环节。有目的的拜访，不仅是为了协商或谈判，更重要的是通过交往主动与拜访对象沟通思想、消除分歧和增进友谊。现代社交活动中，拜访和接待一样，也要遵循一定的程序和礼仪要求。

一、拜访的原则

1. 有约在先

有约在先，就是拜访要选择合适的时机，事先预约，这是拜访活动的首要原则。一般而言，当你决定拜访他人时，应先通过电话、邮件或其他适当的方式，约定双方都认为比较合适的会面地点和时间，并把拜访的意图告诉对方。预约应该使用友好、请求和商量的语气，避免强求或命令。确实因事急或事先并无约定，但又必须前往时，应尽量避免在深夜打扰对方。如万不得已必须在休息时间约见对方，则应在见到对方后立即致歉，说声"对不起，打扰了"，并说明打扰的原因。

2. 守时践约

守时践约，就是要准时正点地在双方预先约定的时间及拜会地点出现。万一因故不能准时到达，则务必及时通知拜访对象，以免对方久候。必要时，还可另行约定拜访日期。在这种情况下，一定要向对方郑重其事地道歉。无故迟到和失约都是极不礼貌的行为。

3. 目的明确

目的明确，就是要事先确定拜访是属于哪种性质的，并做好相应的准备工作。应事先将

相应的资料准备好，并将自己的目的、宗旨理清，切忌仓促而去、东拉西扯、主次不分，既浪费对方的时间，还会给对方留下一个不好的印象。

4. 举止得当

举止得当，就是拜访程序要遵循礼节规范，行为举止落落大方。宾主见面，要主动问候与行礼，在先后顺序上必须合乎先尊后卑、由近而远的礼仪惯例。在拜会场所停留时，要注意仪表风度，并且时刻以礼待人。拜会谈话要主题明确，态度要诚恳自然。拜访结束时要真诚感谢主人的款待，事后要电话致谢。

5. 适可而止

适可而止，就是在拜访时要惜时如金，适时告辞，不做难辞之客。一般情况下，礼节性的拜访，尤其是初次登门拜访，应控制在 15～30 分钟。一些重要的商务或政务拜访，通常也不宜超过两个小时，而且往往需由宾主双方提前议定拜访所需的时间。在这种情况下，务必要严格遵守约定，不要单方面延长拜访时间。自己提出告辞时，虽主人表示挽留，仍须按时离开，但要向主人表示感谢，并请主人留步，不必远送。

二、拜访的种类

拜访的类别依其性质可分为四种。

（1）事务性拜访。事务性拜访是基于工作需要而做的拜访，又可分为商务洽谈性拜访和专题交涉性拜访。

（2）私人拜访。私人拜访多是亲友间的拜访，无论是问候、聊天、慰问，还是联络感情，或是有事请托，均属此类。

（3）礼节性拜访。如担任新职后拜访有关人员，迁入新居后拜访邻居等都属礼节性拜访。

（4）辞行拜访。交卸职务时向有关机构辞行拜访，远行前向亲友辞行，均属此类。

三、拜访的程序和礼仪要求

（一）拜访前的准备工作

1. 预约

拜访必须先约定时间，通常必须于数日前预先约定。具体的拜访时间要考虑拜访对象是否方便，应该尽量在对方比较方便和容易接受的时间拜访。约定时间时应注意以下几点。

（1）事务性拜访不宜选周末或假日，除非主人已作表示；也不宜清晨、夜晚或用餐时间前往拜访。

（2）事务性拜访应尽量避开周一上午和周五下午，这两个时间段往往都是最忙的时间，不是安排一周的工作就是要开例会。另外，也要避免在每天刚上班的一小时和下班前的一小时去拜访，因为通常人们每天刚上班时要安排一天的工作，快下班时因为人们已经忙碌了一天，比较疲倦。

（3）拜访还要避免对方的禁忌之日，如宗教的重大节日，一些西方人忌讳的 13 日和星期五等。

（4）预约时要有礼貌地请教对方在某个时间是否有空接见你，同时也必须告知对方你此次的拜访需要占用多长时间。预约时可以多给几个时间段供对方选择，这样既给对方留有选择余地，又让你显得有诚意。

2. 注意仪表服饰

拜访前要对自己的仪表服饰做好准备。衣着方面除了注意因地制宜及保持干净、舒适之外，还须注意了解你所拜访对象的身份。特别在商务拜访的场合中，你的仪表甚至体现了公司形象，更要精心准备。如果客户对你有了良好的第一印象，这次拜访就等于成功了一半。调查显示，给人留下第一印象的好坏常取决于人的外在形象。也就是说，外在形象传达给别人的信息包括：你是个什么样的人，你代表的公司又具有怎样的企业文化及产品形象如何。

3. 准备名片

名片用以表明自己的身份，交换名片可以获得对方的好感和信任。所以，在拜访前要确保名片数量充足，避免分发时不够用。如果有几种名片，应事先核对一下名片上的名称、职务等，看是否适合本次拜访使用。

4. 准备拜访材料和物品

为了充分达到拜访的目的，要提前了解拜访对象的基本情况和背景资料。特别是在商务拜访活动中，需要的话，应该准备一些书面材料，诸如协议书、洽谈纲要、备忘录、公司和产品介绍、报价单等。充足的书面资料，一是可以证明你的诚意，二是可以使你在拜访会谈中做到有条有理、主旨鲜明。如果是私人家庭拜访，则可以根据拜访的目的，适当准备一些小礼品，如鲜花、食品、书籍等，以表达对主人的敬意或谢意。

5. 确认交通路线

大城市里交通堵塞时有发生，因此，要事先了解所去地点的具体交通路线，并尽可能多地准备几套交通应急方案。尽量早点出发，提前到达目的地熟悉环境是比较保险的做法，这比迟到要强得多。

（二）等待会面

拜访一定要准时，提前 5～10 分钟是个不错的选择。来到拜访地点后，要跟接待人员说明你代表哪一家公司、你的姓名及你要拜访的对象是谁，并请其转达和通报。若被拜访者暂时没空，接待人员通常会带你前往接待室等候，这时千万不要显出一副不耐烦的样子，要安静、耐心地等待。如果在接待室中等了很久，还是没有人来与你会面，只要已超过 20 分钟，就可以再次询问秘书或接待人员，"您是否能告诉我，×先生是否有空呢？"当拜访对象因故无法和你见面，而你又无法再继续等候下去时，可以留下名片，并将名片左上角往内折，这个做法就是告诉对方你已经来过，而且一定要请接待人员转交，并向接待人员致谢，表示你实在是因为接下来还有其他事情，所以没有办法继续等待，还可请求秘书或接待人员帮助约定下次拜访时间。但切忌批评或埋怨对方，这是拜访时需特别注意的细节。

到达拜访地点如果没有接待人员或秘书引领，那么来到被拜访者办公室外，必须在进门前先敲门。敲门时要轻重适宜、速度适中，一般轻敲三下即可，不可急促猛敲。切记一点，即使门是开着的，也要站在门旁轻敲，获得允许后方能进入。

（三）正式拜会

进入被拜访者的房间后，应脱掉手套或帽子，冬天有时候还应脱下大衣和围巾，但切忌说"冷"，以免引起主人误会；夏天则再热也不应脱掉衬衫。雨天携带的雨伞，进屋前用自己带来的雨伞套装好，并询问接待人员、秘书或被拜访者应将雨具摆放在何处。如果随身带有公文包，应该放在自己的座位旁边或脚下，不要随意摆放，更不宜直接摆在桌子上。

进入被拜访者的房间后，则要主动和被拜访者打招呼问好，如果在场还有其他人，也应该点头致意。但除非被拜访者主动引见或介绍，否则不宜主动询问别人和被拜访者的关系及来访的原因等。如果和被拜访者是第一次见面，就要做好自我介绍，包括自己的姓名和单位，以及此次拜访的目的，同时还要呈上自己的名片。

被拜访者一般会指明你应在何处就座，你应等候主人指示后再入座，并道声谢谢。如果被拜访者出于某种原因（也许忘了）没有指明，那么，你在落座前最好先问一下："我可以坐在这里吗？"以免错误地坐在别人的座位上。

拜访礼仪强调"客随主便"，这里的意思一是指作为客人不必过于谦让，按照主人的安排行事即可；另一个意思是指不要在未得到被拜访者允许的情况下随意行事，比如被拜访者没有邀请你参观他们的其他办公室或设施，则不宜主动提出参观，更不能未经许可到处乱走或是东张西望、乱翻乱动，这些都是非常不礼貌的行为举止。

当接待人员、秘书或被拜访者给你敬茶时，要立即欠身双手相接，并致谢。如果茶水太烫，要等凉了再喝，切不可一边吹气一边喝。把杯盖放到茶几上的时候，盖口要朝上。喝茶时要细细品饮，不要一饮而尽，也不要啜出声音。别人给你敬烟，如果不会抽或不想抽，也要致谢。

最后要强调的是，如果去被拜访者家中，主人夫妇同时开门相迎，应该先问候女主人好；若你不认识来开门的人，则礼貌地问一声："请问这是××家吗？"得到确认后方可进入。当主人把来访者介绍给他（她）的家人时，要热情地向对方点头致意或握手问好。见到主人的长辈应恭敬地请安，并问候家中其他成员。如主人家中养有狗或猫，不应有害怕、讨厌的表示，更不应踢它、赶它。

（四）告辞

拜访的时间不宜过长，当宾主双方都已经谈完该谈的事情时，就要及时起身告辞。特别是观察到以下一些情况时，更要及时"知趣"告退。比如，双方话不投机，或是无法就某一问题达成一致意见，被拜访者对你的建议或想法反应冷淡，甚至不再发言；被拜访者起身总结你们的谈话内容，并表示以后可以继续保持联系、加强交流；被拜访者反复看手表或室内的挂钟，且面露烦躁的表情；被拜访者把双肘抬起，双手支在椅子的扶手上；已接近休息或就餐时间。

准备告辞的时候，不要选择被拜访者或其他人刚说完一段话的时候，因为这会使人误认为你对他的那段话听得不耐烦。所以，最合适的告辞时间，是在你自己说完一段话之后。

提出告辞的时候，被拜访者往往会说上几句客套话，比如"再坐坐"之类的，一般情况下那只是在表达一种礼节，并不一定是真的挽留，所以如果没有非说不可的话，就要毫不犹豫地起身告辞。告辞前，应该对被拜访者的友好、热情等表示适当的感谢，说一些"打扰了"

"给您添麻烦了""谢谢了"之类的客套话。如有必要，还可以说些回顾、期望或是邀请的话，诸如"和您在一起交谈真长见识""还请您以后多指教""有机会希望您能到我们那儿去""希望我们今后能多多合作"等。

四、几种特殊的拜访礼仪

（一）探视病人的礼仪

去医院探视病人也是我们日常生活中难免要经历的一种社交活动，前往医院探视病人与普通的拜访不同，探视病人的注意事项包括以下几点。

（1）遵守医院规定，在允许探视的时间内前往探视。一般，上午病人需要诊断或治疗，午后需要休息，晚上 9 点以后需要就寝，这几个时间段均不适合探视病人。

（2）应提前了解病人的病情，视病情之轻重，选择探视病人的方式。① 重症病人及传染病隔离者，医院均禁止探视，因此探视者不得违反规定，强行探视，可留下名片或在签名簿上签名表示慰问。② 刚动完手术的病人或生产后的产妇，不允许家属以外的人探视，因为病人或产妇都需要静养。③ 病情不轻，但医院准予探视的，探视时不宜久留，稍寒暄慰问后，即应告辞，以便让病人充分休息。④ 病情转轻已无大碍者，探视者可稍多停留慰问，但时间应不宜过长。⑤ 如应病人或医生要求，探视者可多陪病人一段时间，但不能使病人太劳神。

（3）很多人喜欢给病人送鲜花和水果，但要注意，有些病人或同病房的人可能对鲜花过敏，或者患呼吸道疾病对花粉过敏。另外，如果病人收到的鲜花过多，也容易影响狭小病房内的其他病人。特别要注意的是，一些糖尿病、肠胃病病人不能吃水果。其实，小玩具、画册、羊毛毯、保温杯等都可以送给病人，不一定非要选鲜花和水果。

（4）切忌在病人面前询问病人的病情，更不得向病人透露病情。如果想了解病人的病情，可询问病人的家属，或至医师办公室询问医师。

（5）探望病人时，神情应该保持轻松和关切，不要显得过于担心；看到病人治疗用的针头、皮管及其他医疗器械，不要表现出惊讶的神态，以避免给病人增加压力。

（6）探视时寒暄慰问切忌引起病人伤感，而应多鼓励及安慰。

（7）假如探视的人多，则不宜久留病房，问候后即应告辞。

课堂训练

朋友生病住院了，你去探望时该怎样做？找 3~4 名同学进行表演。结合表演进行礼节规范讲评，并进一步介绍拜访的礼仪知识。

（8）探视时应控制自己的情绪，不要露出悲伤的表情，以免影响病人的情绪。

（9）除非病人渴望见到小孩，不然不要携小孩前往探视。

（10）如自己患感冒，则不得去探视，以免引发病人的并发症。

（11）如病人患的是肺结核或感冒，探视者可根据需要佩戴口罩，不要用手掩鼻。

（12）探视告辞时，应多说吉利的话，如"脸色看来好多了""早日康复"，同时应该问一下病人或家属是否有什么需要帮助办理的事情。

（二）邀约和赴约的礼仪

拜会，是自己主动拜访他人；而约会，则是约请他人或应他人之约赴会。约会有很多种，有职业性的，也有社交性的，约会的礼仪知识包括以下几个方面。

1. 邀约

邀约一般由主方向客方发出，可采用的方式有电话、电子邮件（E-mail）、传真、邮寄邀请信等。无论以什么方式，被邀请方都要答复，越快越好。如果邀请信上附有回执，则一定要寄回去，这也是特别重要的礼仪。

在比较正规的商务往来中，必须以正式的邀约作为邀约的主要形式。在正式邀约的各种形式之中，档次最高，也最常为商界人士所使用的是请柬邀约。凡精心安排、组织的大型活动与仪式，如宴会、舞会、纪念会、庆祝会、发布会、单位的开业仪式等，只有采用请柬邀请嘉宾，才会被人视为与其档次相称。接受邀约后，如果自己答应去而不能去，则务必要打电话与主方沟通，特别是在有预留座位安排的情况下，否则会让主方非常尴尬，而且也是很不礼貌的。不要等到最后一刻才告诉主方说自己去不了了，这也是非常不礼貌的表现。如果真有临时变故，最后一分钟决定不能赴约，也无法通知对方，那么第二天一定要打电话、送花或写信道歉并说明原因。

2. 守时

守时就是尽可能准时。婚礼及丧礼，宜准时到达。鸡尾酒会或晚宴，可以稍微迟到一点。电影、歌剧、音乐会等，因须先入场，故宜提早五分钟入座，节目进行中应避免离座。舞会并不一定必须准时到达。茶会、游园会等，于邀请的时间内到达即可，但如是主宾，必须准时或稍早到达。郊游、爬山及各种运动，因涉及团体行动，应准时到达。

3. 付账

在约会时由谁付账的问题，可以遵循传统原则或由约会双方提前约定。传统认为，在男女社交约会中，男士应负担一切费用。但随着职业女士经济上的独立，她们与男士约会时产生的费用常常采用 AA 制。不变的是当一个人第一次邀请别人约会时，邀请者应支付约会的费用。如果男方第一次邀请女方，他应该付从头到尾的一切费用。以后两个人可以根据双方的意愿和能力分担费用。在国内常常看到的一种情况就是人们为了表示友好，争着付一笔数目不大的账单而推推搡搡，这在社交场合显得极为不雅，为避免这样的情况发生，双方可以在约会前提早商定。

（三）陌生拜访的礼仪

陌生拜访是一种特殊的社交拜访，通常发生在社交人员第一次与拜访对象的接触过程中，双方难免会相互存有戒心，不容易放松心情。陌生拜访一定要注重礼仪，例如，推销人员为了达成拜访目的——成功地向顾客推销出产品或服务，就需要掌握一些特殊的礼仪技巧。

1. 拜访形象的塑造

一般来说，衣着打扮能直接反映出一个人的修养、气质和情操。穿戴整齐、干净利落容易赢得别人的信任和好感；而衣冠不整往往会给别人留下办事马虎、懒散、糊涂的印象。初次拜访，要注意服饰的细节，如衬衫要熨平、领带不要太花哨、皮鞋不能有灰尘，以表明对他人的尊重与重视。

2. 拜访前的准备

在进行拜访前要做好以下一些准备工作。

（1）信心准备。人的心理素质是决定其成功与否的重要因素。社交人员要善于突出自己的优点，赢得他人的好感，同时还要保持积极乐观的心态。

（2）知识准备。拜访中要从对方的言谈举止上寻找共同点，探讨对方关心的话题。所以，社交人员应该具备一定的文化修养，要有丰富的知识储备。

（3）拒绝准备。在接待陌生人来访的初期，人们总会产生本能的抗拒心理，并采用保护自己的方法，甚至会找一个借口来拒绝。社交人员要心平气和、从容不迫地面对拒绝，认真分析被拒绝的原因，有针对性地拟订方案，以便从容应对。

图6.8　微笑

（4）笑容准备。俗话说：如果你希望别人怎样对待你，你首先就要怎样对待别人。拜访陌生人时，打破僵局、获得别人信任的最佳方式就是微笑，练习真诚的笑容是拜访陌生人之前的必修课之一（图6.8）。

视野拓展

笑容的作用

日本保险推销业的"全国之冠"原一平（1904—1984）对笑容在拜访中的作用进行了总结：笑容是传达爱意给对方的捷径；笑容具有传染性，你的笑容可以引起对方笑并使对方愉快；笑容可以轻易地消除双方严重的隔阂，使对方敞开心扉；笑容是建立信赖关系的第一步，它会创造出心灵之友；笑容可以激发工作热情，创造工作业绩；笑容可以消除自己的自卑感，弥补自己的不足；如能将各种笑容拥为己有，了如指掌，就能洞察对方的心灵；笑容能增进健康，增强活动能力。

3. 拜访中的赞美

善用赞美是最好的拜访礼节。适时地赞美你的拜访对象，但要注意掌握分寸，是真心赞美而非吹捧，这样对方才容易接受你。赞美分为直接赞美（如"阿姨您看上去真年轻"）、间接赞美（如"阿姨，墙上那照片上是您儿子吧，看上去真英俊，一定是个知识分子，相信阿姨一定是个教育有方的好妈妈"）、深层赞美（如"阿姨，您看上去真和蔼，像我妈妈一样善良、温和"）三个层次，赞美时最重要的是态度要真诚。

4. 拜访中的倾听

俗话说，上天赋予我们两只眼睛、两只耳朵、一张嘴，就是让我们要少说、多听、多看。陌生拜访中，通过仔细倾听能够进一步了解对方的基本情况及心理、需求等，可以洞察出真正异议的原因。注意运用"一、二、三"方式，即自己说一分钟，聆听对方说两分钟，再附和三分钟。同时，要以消息、利益、兴趣或日常生活中的种种琐事作为谈话内容。还要注意与对方适当地呼应，更要注意神情专注。

5. 拜访中的时间控制

陌生拜访要掌握三个"十分钟"。开始十分钟：陌生拜访是与从未见过面的人的沟通，这十分钟主要是以消除陌生感为目的而进行的一种沟通。重点十分钟：了解对方需求后自然过渡到谈话重点，为了避免对方戒心千万不要画蛇添足超过十分钟。这十分钟主要是情感沟通。离开十分钟：最好在重点交谈后十分钟内离开对方，适当地留下悬念，使其对拜访内容产生兴趣。

6. 拜访后的关系维护

不论陌生拜访是否成功，拜访后与对方关系的维护都是必不可少的。给对方发送一张生日卡片或节日卡片、对方得到晋升或奖励时亲手写一封祝贺信、精心制作一份剪报或一篇文章的复印件，这些都不需要周密考虑，也不需要花费很多的时间和精力，但却可以给对方留下深刻印象。

📖 本章小结

接待拜访礼仪是社交活动中的常见礼仪。中国有句老话叫"礼尚往来"，来是接待，往是拜访。本章主要讨论了接待和拜访的基本原则、程序和礼仪规范，并介绍了一些特殊环境中接待和拜访的礼仪要求。

接待工作要遵循热情友好、细致周到、身份对等和礼仪适度的基本原则，从接待准备工作、迎接宾客、招待宾客和礼送宾客四个步骤开展。在整个接待过程中，诸如安排乘车、引导、敬茶、安排拍照留念等活动是经常或重复进行的，掌握这些接待工作的基本举止规范至关重要。

拜访则强调有约在先、守时践约、目的明确、举止得当和适可而止的基本原则，并且要关注拜访前的准备工作、等待会面、正式拜会和告辞这四个程序中的礼仪细节。此外，还介绍了探访病人、邀约与赴约、陌生拜访等所应遵循的礼仪要求。

📖 思考与训练

一、复习思考

1. 接待工作的基本原则是什么？
2. 如何根据来宾的需要，有针对性地开展接待工作？
3. 根据开车人的不同，在安排乘车座次时应注意哪些问题？
4. 合影时，国内和国外在排位习惯上有什么不同？
5. 预约拜访时间时要注意哪些问题？
6. 探访病人有哪些禁忌？
7. 陌生拜访中如何处理好"听"和"说"的关系？

二、案例分析

案例一　时逢圣诞巧接待

某公司汪总经理的日程表上清晰地写着"12月23日接待英国的威廉姆斯先生。"22日下午，汪总经理在着手安排具体接待工作时，案头的电话响了，打电话的正是威廉姆斯先生，他说因在某市的业务遇到了麻烦，要推迟到 25 日才能抵达其公司，问汪总经理是否可以，并再三表示歉意。尽管汪总经理 25 日需到省城参加一个会议，时间已经做了安排，但他还是很干脆地答复对方，25 日一定安排专人接待，26 日同威廉姆斯会面。因为汪总经理知道，威廉姆斯先生拥有众多的国外客户，同他合作，有望使本公司的商品打入更广阔的国外市场。之后，汪总经理就把接待威廉姆斯的任务交给了公关部经理焦小姐。

接受任务后，毕业于文秘专业的焦小姐立即着手收集有关资料，并制订了详尽的接待方案。

25 日下午 4 时，威廉姆斯乘坐的班机准时降落。当威廉姆斯走出出口后，焦小姐便热情地迎了上去，并用一口纯熟的英语做了自我介绍，使正在茫然四顾的威廉姆斯先生立即有了一种踏实的感觉。

焦小姐陪同威廉姆斯先生乘车离开机场向市中心的宾馆驶去。一路上，焦小姐不时向威廉姆斯介绍沿途的风光及特色建筑，威廉姆斯对焦小姐的介绍很感兴趣。

天色渐暗，华灯初上，望着窗外的景色，威廉姆斯深情地说："在我们国家，今天是个非常快乐的日子，亲人团聚，尽情享受生活的乐趣。"话语中透着几分自傲，又似乎有几分遗憾，焦小姐认真地倾听并不断地点头。

车子抵达宾馆，由服务人员将威廉姆斯先生引入房间稍事整理后，焦小姐便请他共进晚餐。走入餐厅，威廉姆斯先生被眼前的景象惊呆了，圣诞树被五彩缤纷的灯饰装饰得格外绚丽，圣诞老人在慈祥地注视着远方的游子，餐桌上布满了丰盛的圣诞食品。威廉姆斯先生非常兴奋。进餐中，服务人员手捧鲜花和生日贺卡走过来送给他，威廉姆斯先生更是激动不已。原来，这天正好是威廉姆斯先生 55 岁的生日。焦小姐举起手中酒杯，对他说："我代表我们公司及汪总经理，祝您圣诞节快乐、生日快乐！"威廉姆斯兴奋地说道："谢谢你们为我举行这么隆重的圣诞晚宴及生日宴会，你们珍贵的友情和良好的祝愿，我将终生难忘。"

26 日，汪总经理由省城返回，双方就合作业务洽谈得非常顺利。客人回国时，再三向焦小姐及公司给予他的接待表示感谢。

问题：（1）焦小姐组织的这次接待工作为什么取得了良好的效果？

（2）通过分析此案例，你认为这家集团公司在商务接待工作方面做得怎样？

案例二

某公司新建的办公大楼需要添置一系列的办公家具，价值数百万元。公司总经理已做了决定，向 A 公司购买这批办公家具。这天，A 公司的销售部负责人打来电话，要上门拜访这位总经理。总经理打算等对方来了就在订单上盖章，敲定这笔生意。不料对方比预定的时间提早到了 2 个小时，原来对方听说这家公司的员工宿舍也要在近期内落成，希望员工宿舍需要的家具也能向 A 公司购买。

为了谈这件事，销售负责人还带来了一大堆资料，摆满了台面。总经理没料到对方会提前到访，刚好手边又有事，便请秘书让对方等一会儿。这位销售员等了不到半小时，就开始不耐烦了，一边收拾起资料一边说："我还是改天再来拜访吧。"

这时，总经理发现对方在收拾资料准备离开时，将自己刚才递上的名片不小心掉在了地上，而对方却并没发觉，离开时还无意中从名片上踩了过去。但这个无意的失误，却令总经理改变了初衷，A 公司不仅没有了机会与对方商谈员工宿舍设备的购买问题，连几乎到手的数百万元办公家具的生意也告吹了。

问题：（1）A 公司的生意为何没有谈成？

（2）拜访他人应该注意哪些问题？

案例三

小张是某公司的办公室职员，某日受领导委托去机场接公司的一位重要客人，见到客人后，小张热情地说着"欢迎、欢迎"，但却没有主动伸手，等客人伸手了，小张才与之握手。接着，小张一把拿过客人的行李，放入汽车的行李箱，并引导客人到副驾驶座位上，说："坐在这里视野好。"而后，自己坐到汽车后排座位上。一路上，小张非常关心地询问了客人所在公司的情况，打听客人的收入、福利和家庭情况，而这位客人似乎对问到这些很不满意，话越来越少。小张有点摸不着头脑，心想我这么热情地接待他，他怎么会是这样的反应呢？

问题：（1）你认为小李的举止是否合乎礼仪？为什么？

（2）小李应该怎么做才是正确的？

三、课外实践

1. 情景模拟：假如你已经毕业十年，成了一个跨国公司的部门经理，有几位来自法国的重要客户要在半个月后拜访你的公司。公司委派你做接待工作，你应该做哪些安排？你有权决定用哪些人，安排哪些事？

2. 请同学们结合所学知识拟订一份迎接贵宾的接待手册。

3. 假如明天你要拜访一位非常重要的客户，列出你需要做哪些形象准备和资料准备工作（请虚拟客户的背景材料）。

第七章　商务洽谈礼仪

【学习目的与要求】

商务洽谈礼仪往往决定着个人及其所代表企业的生存和发展，通过本章的学习，应熟悉商务洽谈的基本规范，掌握洽谈中的基本礼节要求、程序。

【关键概念】

商务洽谈　　洽谈原则　　洽谈礼仪　　洽谈技巧　　签约与善后

商务洽谈，通常又称商务谈判，指的是商务交往中的利益各方以交流合作、达成交易、拟订协议、签署合同为目的，或是为了处理争议、消除分歧而坐在一起进行会晤、讨论或磋商，以求达成某种程度上的妥协。洽谈中以礼待人，不仅是自身修养和素质的体现，也会在一定程度上影响谈判对手的思想与感情，获得谈判对手的尊重和信任。

第一节　商务洽谈的基本规范

大方的仪表仪容、优雅的言谈、彬彬有礼的举止、周到细致的礼节，都是使洽谈得以顺利进行的重要因素。

商务洽谈的成功，离不开洽谈者精心的前期准备、敏捷的思维、严密的表达、从容巧妙的应对。同时，洽谈中遵守礼仪规范也至关重要，它是保证洽谈成功的必不可少的条件之一。

商务洽谈礼仪是指在商务洽谈活动中，参与各方所应遵循的基本行为规范和准则。商务洽谈礼仪可以归纳为以下两个方面的具体内容。

（1）律己之规，主要包括对商务洽谈人员自身的言谈举止、仪容仪表等方面的规范。它也称形象设计，主要是要求商务洽谈人员要严于律己、维护自尊，并且时时守规矩、处处讲规矩、事事有规矩。

（2）敬人之道，主要包括商务洽谈人员在面对谈判对象时进行交际与应酬的基本技巧，具体涉及商务洽谈人员在洽谈时的各个方面，主要体现为对谈判对手的尊重。

一、商务洽谈礼仪的原则

在开展商务洽谈时，商务洽谈人员除了要维护企业自身的权益外，还必须遵守基本的商务洽谈礼仪准则。

1. 相互尊重原则

相互尊重原则要求人们在商务洽谈过程中要重视洽谈对手，把恭敬、友善置于第一位，尊重对方的人格、风俗与习惯等。

调查结果表明，一个面带微笑、态度友好、言辞得体、举止文雅的谈判者，可以很好地消除对手的反感、冷漠和抵触情绪。相反，一个举止粗鲁、态度蛮横、言语失礼、不懂得尊重和体谅对手的谈判者，会在无形中伤害或得罪对手，大大加强对手的防卫心理，并为自己在不知不觉中增添阻力和障碍。

案例

失礼的同学

王峰在大学读书时学习非常刻苦，成绩也很优秀，几乎年年都拿特等奖学金，为此同学们给他起了一个绰号"超人"。大学毕业后，王峰顺利获取了在美国攻读硕士学位的机会，毕业后又顺利地进入一家美国公司工作。一晃八年过去了，王峰现在已成为公司的部门经理。今年国庆节，王峰带着妻子儿女回国探亲。一天，在大剧院观看音乐剧时，他们刚刚落座，就发现有 3 个人向他们走来。其中一个人边走边伸出手大声地叫："喂！这不是'超人'吗？你怎么回来了？"这时，王峰才认出说话的人正是他的大学同学贾征。贾征大学毕业后，自己去南方做生意，赚了些钱，如今回到上海注册公司当起了老板。今天正好陪着两位从香港来的生意伙伴一起来看音乐剧。这对生意伙伴是他交往多年的年长的香港夫妇。此时，王峰和贾征彼此都既高兴又激动。贾征大声寒暄之后，才想起了王峰身边还站着一位女士，就问王峰这位女士是谁。王峰这时才想起向贾征介绍自己的妻子。待王峰介绍完毕，贾征高兴地走上去，给了王峰妻子一个拥抱礼。这时贾征也想起该向老同学介绍他的生意伙伴了。

点评：该案例中不符合礼仪的地方主要有：①公众场合不宜喊对方的绰号；②公众场合不宜大声寒暄，会影响他人；③应及时介绍彼此同行的客人，不能冷落随行的人；④对异性的拥抱礼不适合我国，还是握手比较好。因地而异，因人而异，因文化而异也是对他人的尊重。

2. 平等协商原则

平等协商原则要求人们对任何谈判对手都必须一视同仁，给予同等程度的礼遇，而不能因为洽谈对象在年龄、性别、文化程度、职业、身份、地位、财富及与自己关系的亲疏远近等方面有所不同，而厚此薄彼、区别对待。

坚持平等协商原则，就是在商务洽谈中要做到洽谈双方不论规模大小、实力强弱，都应在平等的基础上进行协商。对于洽谈中出现的不同观点，只能以协商的方法予以解决，而不能以胁迫的方式把自己的观点强加于人。此外，除规模和实力的差别外，洽谈双方人员地位的差别也可能引发矛盾，因此洽谈双方在地位上要尽可能平等一致。

3. 求同存异原则

案例

适度妥协达成目标

某电子设备进出口公司，欲订购一批电子产品。在洽谈中，买卖双方就价格进行了协商。买方愿意出价 11 万美元，而对方报价 22 万美元。经过几个回合的讨价还价，出于今后长期合作的考虑，双方各自做出了让步，最终以 15 万美元达成协议。

点评： 在商务洽谈中，由于供需双方各为其利，双方经常处于矛盾的状态。求大同存小异往往是将矛盾达到暂时统一的较好的做法。

一位著名的谈判大师曾经说过："所谓谈判，就是一连串的不断的要求和一个又一个不断的妥协。"任何一次正常的洽谈都没有绝对的胜利者和绝对的失败者。参与洽谈的各方都希望通过洽谈来满足或维护自身的利益，只有适度的妥协才能使洽谈顺利进行下去。

在谈判桌上，绝对不可以一成不变、一意孤行。但这也并不意味着要进行无谓的让步，过于牺牲自己的利益。有经验的谈判人士在洽谈一开始往往不会亮出自己的底牌，而是始终把握主动权，根据谈判状况，退中求进。在洽谈时，妥协是通过有关各方的相互让步来实现的。

4. 互惠共赢原则

互惠共赢原则要求洽谈各方在不损害自身根本利益的前提下，尽可能地替对方着想，主动为对方保留一定的利益。在商务交往中，最理想的洽谈结局是有关各方达成了大家都能够接受的方案，即通过洽谈实现互利共赢。一场洽谈最圆满的结局，应当是洽谈的所有参与方都能各取所需，并获得一定的利益，换句话说是"利益均沾、互惠共赢"。

5. 人事分开原则

人事分开原则要求在洽谈中，洽谈者要正确处理自己与对手之间的相互关系，必须做到人事分开、公私分明。要切记朋友归朋友、谈判归谈判，两者之间的界限绝对不可混淆。为此，商务人士在洽谈中对"事"要严肃，对"人"要友善；对"事"不可以不争，对"人"不可以不敬。中国还有句老话叫"君子爱财，取之有道"，这也是告诫人们在商务洽谈中为了争取己方最大的利益，减少己方的损失，应该在洽谈的策略和技巧上多下功夫，而不要指望一些不切实际的人际关系或歪门邪道的帮助。

6. 依法行事原则

依法行事原则要求参与商务洽谈的人员自觉树立法制意识，从而使洽谈依照国家的法律开展下去。违法乱纪、铤而走险、目无法纪只会害人害己，得不偿失。

在涉外洽谈中，还要以国际法为准则。由于国际商务洽谈的结果会导致资产的跨国转移，必然要涉及国际贸易、国际结算、国际保险、国际运输等一系列问题，因此，在国际商务洽谈中要以国际法为准则，并以国际惯例为基础。

二、商务洽谈中的注意事项

商务洽谈作为一门艺术，不仅要求参与洽谈的商务人士具有广博的知识、雄辩的口才及善于观察、应变等能力，还要求洽谈人员要具备良好的风度和个人魅力。

1. 仪表

洽谈是一项严肃的活动，商务洽谈人员庄重、整洁的仪表既是对他人的尊重，也是自我修养的表现。因此，对谈判人员的仪表要求应是面容整洁、头发整齐，根据洽谈的性质、环境、规格等选择合适的服装。一般来说，参加正式的洽谈，男士应着深色西装，打领带；女士可着套装或套裙。不论什么服装，都要整洁合体。参加非正式洽谈，着装可稍微随便些，但也应视情形而定。近些年，随着人们审美标准和流行趋势的改变，休闲正装逐渐成为国际商务活动的主流，这种服装既有正装的正式得体，又不会显得过于死板，还能增加时尚气息。

案例

不同环境应着不同服饰

2017年热播的电视剧《猎场》浓墨重彩地刻画了男主角郑秋冬的多场"商务洽谈"，郑秋冬正是通过一次次成功的商务洽谈不断走上事业巅峰的。以下几个案例充分体现了仪表对商务洽谈的重要意义。

场景一：南国集团负责人涂总欲聘请曲闽京，在安排双方洽谈之前，郑秋冬所代表的猎头公司特意安排造型师重新打造涂总的仪表形象：包括整理发型，变得更干练利落；更换休闲便装为正式的深色西装，搭配亮色简洁的领带；去掉了气场强大具有压制性的手杖（见视频1）。通过本场景可以了解商务洽谈中着装对洽谈效果的影响。

场景二：郑秋冬识破袁昆违规操作的阴谋，为低调制止事态发展，决定通过"谈判"使袁昆主动收手。在与业界知名前辈袁昆见面之前，郑秋冬特意在仪表上下了一番工夫：从手表、领带到西装，郑秋冬都经过了严格的考量，精心给自己设计造型，凭借干净利落的外表给自己加了分（见视频2）。通过本场景可以了解服饰在商务洽谈中的地位。

视频1　　　视频2

2. 举止

洽谈对谈判人员的行为举止有较严格的要求，尤其是正式洽谈。在洽谈过程中首先要举止大方、彬彬有礼，举手投足既要符合自己的身份，又要与当时的环境相协调。谈判人员特别要注意自己的坐姿，身体应自然放松，姿态要端正。举止不仅体现了一个人的修养程度，还会直接给对方留下不同的印象，使对方形成不同的情绪体验，影响洽谈的结果。无论什么性质和规模的洽谈，谈判人员都应体现出稳重、自信的风度，而避免使人对你产生自负、傲慢，或者拘谨不安、缺乏自信的印象。

此外，在洽谈中，谈判人员还要注意表示出对对方的尊重，谈判人员学会倾听对方的谈话。倾听对方谈话时，眼睛应有礼貌地注视对方，并适当地做出回应，如点头、微笑等。心理学家的研究表明，一个人的紧张情绪可以从他脚尖的摆动、喝茶的频率、眼角的颤动、腿部的抖动等方面表现出来，这些表现一旦被对手查觉，就很容易让其控制场面，取得洽谈的主动权。

3. 言谈

洽谈过程中的言谈主要应注意声音、言辞和面部表情三方面的问题。

声音由音量和语调构成。音量的大小和语调的抑扬会使声音产生不同的效果：兴奋、热情、温和、气愤等，表现出说话人当时的情绪。一般来说，洽谈者的声音要保持清晰、悦耳。这就要求洽谈者须做到语调平稳、音量适中。即使情绪激动，也不要使声音听起来尖锐、刺耳，以免暴露自己的心理状态。

面部表情作为人的体态语言的一种，也起着交流思想、传递信息的作用，对声音语言的表达起着不可或缺的辅助作用，会直接影响表达的效果。在洽谈过程中应对自己的面部表情加以控制。对方提的条件不合理，也不应马上紧锁眉头或怒目而视；自己达到了目的，也不要喜笑颜开、兴奋不已，而应尽量使自己的面部表情平静、温和。

洽谈活动不同于一般的社交，它对语言的表达具有较高的要求。在商务洽谈过程中，洽谈者在使用语言表达时应注意以下几个问题：一是语言的规范化。二是语言的通俗化。洽谈中要使用那些常用的、能被大家所理解的语言，避免使用晦涩难懂的字和词。三是语言的文明化。洽谈本身就是一种文明的活动，要求洽谈者通过有礼貌的、文明的语言体现双方诚恳、谦虚、宽容和友好的谈判气氛。四是语言的准确化。洽谈过程中的每一句话都可能影响洽谈的效果，因此要求洽谈者必须准确地表达出自己的看法，不能采用"可能""大概""差不多"等模棱两可的字眼。五是语言的艺术化。语言表达是一种艺术，恰当运用这种艺术，可使洽谈气氛融洽，也可使洽谈峰回路转、柳暗花明。

案例

电影《中国合伙人》中的谈判

2013年以新东方英语培训机构为原型的电影《中国合伙人》获得影评人和观众的一致好评，其中三位主角成东青、王阳、孟晓俊前往美国处理侵权诉讼的片段，成为经典的商务洽谈案例。以下是电影中的三段人物对话，通过这三段对话，体会言谈对一场谈判的重要意义。

1. 营造良好的谈判氛围

王阳：波诺先生，送你的礼物。

波诺：从唐人街回来？

王阳：中国月饼，下个礼拜就是中秋节了。还有，等会儿如果打起来，还可以拿它来扔你。

波诺：哈哈。

王阳：哈哈，你懂我的幽默感，送给你。

《中国合伙人》精彩片段

点评：一场商务洽谈，在有第三方在场的情况下获取其支持或者公平对待，是至关重要的。不论是主场还是客场，都应该塑造利于己方谈判的氛围，将谈判内容之外的分歧降到最低，这样才利于实现最终目的。

2. 态度诚恳，出价客观

　　成东青：波诺先生，我们正式做出道歉，承认我们确实存在侵权行为，并同意
　　　　　　必须为此付出代价。

　　王　阳：但不是 1500 美元。

　　成东青：这是有关本案的条文……

　　点评：成东青具备令人惊叹的记忆力，他现场展示了世界贸易组织、世界版权组织的一些相关规定，逐渐使对方进入己方的谈判节奏，从而反客为主。谈判不是吵架，不能强行让对方接受己方条件。这就要求谈判过程中要评价客观、证据客观，该承担的主动承担，要争取的积极争取。

3. 谈判应对事不对人，有效控制双方情绪

　　孟晓俊：波诺先生，无论官司的判决如何，这都将是我们正式合作的开始，我
　　　　　　们希望 EES 在中国市场实现版权规范化，我们不喜欢被你们说成窃
　　　　　　贼，我们今天来到这里，其实只想告诉你一件事，中国在改变，但很
　　　　　　遗憾，你们一直没有变。

　　波　诺：孟先生，我提醒你，姚明正在 NBA 打球。

　　孟晓俊：那是因为 NBA 需要中国市场，中国是全球最大的英语教育市场。今
　　　　　　天，中国学生来美国不是为了留下，他们愿意回国，可是你还在关心
　　　　　　他们有没有作弊。

　　点评：在谈判初期陷入僵局的时候，EES 的负责人及中间裁判都用"无耻的窃贼"来称呼新希望的学生和领导，这在一定程度上是带有歧视色彩的。不陷入负面情绪，不进一步激化矛盾，是商务洽谈有效开展的必要前提。尊重对手，是很重要的一项谈判技巧，要展示出自己是带着诚意来的，是为了解决问题而不是为了出气，更不是为了贬损对方。尊重对手即是尊重自己。

4. 谈判团体目标一致

　　电影中的三位主角各有所长，角色和分工各不相同，在整个谈判中各司其职，充分发挥了各自的长处。作为谈判团队，对己方的立场、态度、需要争取的最大权益，以及能够接受的最大让步都要做好充分的沟通，这样才能有效形成团队合力。

　　点评：言谈是一场商务洽谈活动中实质内容的重要载体，是有效创造谈判环境、化解矛盾和减少分歧、深入交换意见直至取得一致共识的重要因素。

第二节　商务洽谈中的礼仪

一、商务洽谈的准备工作

（一）了解自己和对手的情况

　　《孙子·谋攻篇》写道："知彼知己，百战不殆；不知彼而知己，一胜一负；不知彼，不知己，每战必殆。"在洽谈准备阶段，既要了解自己的情况，又要了解对手的情况，一方面

是为了更好地实现洽谈的目标，另一方面也有利于对对方表示出充分的尊重，为洽谈成功创造有利条件。

视野拓展

如何了解自己和洽谈对手的情况

知己知彼，百战不殆；凡事预则立、不预则废。进行商务洽谈，一项重要的准备工作就是了解自己和洽谈对手。

1. 了解自己的情况

（1）己方在洽谈中所处的地位与优势。了解自己的地位与优势，一要避免过高估计自己的实力，看不到自身的弱点；二要避免过低评估自身的实力，看不到自己的优势。

（2）己方关于洽谈的详细方案。洽谈方案是指在正式洽谈开始前对整个洽谈目标、议程、对策预先所做的安排。它是指导洽谈人员行动的纲领，在整个洽谈过程中起着重要的作用。

（3）己方洽谈人员的整体素质。一般来说，洽谈班子由主谈人、助手、专家和其他人员组成。主谈人员与对方洽谈代表的身份、职务要相当。洽谈人员的素质修养和仪表形象会与洽谈的实质内容一起"传递"给对方，并相互影响、相互感染。

（4）己方洽谈人员的身心是否处在最佳状态。要选择对己方最有利的时间进行谈判，应避免在身心处于不良状态时、在连续紧张工作后进行谈判。

2. 了解对手的情况

（1）洽谈对手的个人情况。了解对方人员尤其是主谈人的个人情况，如年龄、学历、资历、个性、爱好、心理及其与己方公司的交往情况、所持态度等，还要尽可能了解洽谈对手的家庭成员情况、风俗习惯、文化背景、价值观念、宗教信仰等。

（2）洽谈对手所代表公司的情况。了解对方公司的情况，如法人资格、资信状况、业务范围、产品性能、公司规模、经营水平、市场竞争状况等。

（3）洽谈对手的谈判风格。了解洽谈对手的谈判风格，这样就可以对洽谈的发展趋势和对方在洽谈中可能采取的策略事先做出预测。

（二）掌握相关的市场经济法律法规

市场经济中的所有商品交易活动，既要遵循相关的法律法规，也离不开法律的保护和制约。商务洽谈经常涉及的法律有《合同法》《专利法》《商标法》《公司法》《合伙企业法》《反不正当竞争法》《消费者权益保护法》《产品质量法》等。

（三）洽谈场所的准备

1. 洽谈地点的选择

商务洽谈可以分为主场洽谈、客场洽谈、客主场轮流洽谈、第三方场所洽谈等。一般的大型洽谈，可以在主客双方所在地轮流进行，以示公平。小型的洽谈会，参加人员少，地点可由主客双方协商而定。

主场洽谈的优势在于对场地比较熟悉，可以随时搜集和查询有关资料，洽谈人员更感觉得心应手。劣势是洽谈过程中容易受到其他事务的干扰；要承担烦琐的接待任务，分散精力。而且对手容易找借口逃避责任和义务。客场洽谈的优势是可以省去繁重的接待任务，全身心投入洽谈工作，不受或少受干扰；直接深入对方现场，便于收集第一手资料，观察对方的经营情况。劣势则表现为对洽谈场所陌生，洽谈中遇到困难不利于和上级及时沟通，查找资料不方便等。主客场轮流洽谈，对主客双方都比较公平，但会给双方在洽谈准备方面带来诸多不便。

2. 洽谈会场的布置

大型的商务洽谈一般可安排 2~3 个房间，其中一间作为主谈室，宜选择宽敞明亮、整洁安静的场所，会场要精心布置，这也是对洽谈对手的一种尊重。会场的桌子可以是圆形、方形、长条形；桌上应设有席位卡，标明入席者的姓名和职务，以便引导洽谈人员入座；要备有茶具、茶水或饮料；还要调试好音响设备、灯光设备及附属的通信、复印设备，备好必要的文具。还有一间可作为备用室，它既可以作为洽谈小组内部协商的场所，又可供双方进行小范围讨论之用。如果条件允许，还可单独布置一间休息室，供洽谈双方在洽谈间隙放松紧张的心情，缓和洽谈的气氛。休息室宜布置得轻松、舒适。

多媒体设备的准备。很多商务洽谈涉及展示介绍环节，如企业介绍、商品展示、项目模拟等，通常需要使用计算机、投影仪、音响等。在布置会场时，首先要考虑此次洽谈是否涉及多媒体演示环节，如果需要，则主场一方需负责提前准备调试设备，并尽量保障参会人员都能获得相对良好的观看角度。如果场地受限，无法保证每个人的观看体验，则需要重点保证听取介绍一方或主要参与人的观看。

会议记录的准备。重要的商务洽谈都需要留有准确翔实的会议记录，根据需要，会后可向参会各方提供会议纪要。通常会议记录由主场一方负责，在实际操作中很多商务洽谈参与各方都会配备自己的会议记录人员。借助现代科技手段的会议记录在正式洽谈中的使用比较普遍，包括录像、录音等。在布置会场时，需要为各方会议记录人员准备相应的位置，配置记录设备需要的电源、网络、打印机、桌椅等。

3. 座次的安排

洽谈座次的安排，按照洽谈参与方的多少，主要分为双边洽谈和多边洽谈两种情况。

双边洽谈，是由两方人士参与的洽谈活动，在商务洽谈中最为常见。双边洽谈可选用长桌也可选用椭圆桌，座次排列可分为三种形式。

（1）横列式，见图 7.1（a）[①]，是指长桌在洽谈室内横放。客方就座于面朝门的一排，主方就座于背对门的一排。双方的主谈人居中就座，其他人员按照具体身份的高低，各自先右后左、自高而低分别在本方一侧就座。涉外洽谈中，译员一般就座于主谈者的右侧。

（2）竖列式，见图 7.1（b），是指长桌在室内竖放。此时，以进门的方向为准，右侧为上，由客方就座；左侧为下，由主方就座。竖列和横列的座位安排一样，好处是双方相对而坐，中间有桌子相隔，有利于各自信息的保密；各自的洽谈人员相邻而坐，便于协调和交流意见，也可以形成心理上的安全感和凝聚力。但不利之处在于双方对立感较强，容易形成紧张、对峙的洽谈气氛，不利于洽谈融洽地进行。

（3）混列式，是指不用桌子，双方围成一圈或在 U 形排列的沙发上混合交替就座。如

---

① 特别提醒：读者应注意，图中所示座序以右为尊，国内谈判时应相反，以左为尊，下同。

图 7.1（c）所示，距离各自的主谈人或主要领导越近，表明地位越高。这种坐法适合于双方比较了解、关系比较融洽的自由式洽谈。好处是双方的对立态势不明显，洽谈气氛活跃。不利之处是双方人员被分隔后，成员间有被分割和孤立的感觉，沟通不便。

多边洽谈，是指由三方或三方以上人士所举行的洽谈。多边洽谈的座次排列，主要分为两种形式。

（1）圆桌式，见图 7.1（d），是指参与洽谈的各方不分主次，淡化尊卑界限，围绕一个圆桌就座的形式。这也是举行多边洽谈时的一种国际惯例。

（2）主席式，见图 7.1（e），是指在洽谈会场内面向正门设置一个主席发言台，供各方代表发言时使用。其他各方人士则一律背对正门，面对主席发言台分别就座。发言轮流进行，各方代表发言后，也需台下就座。

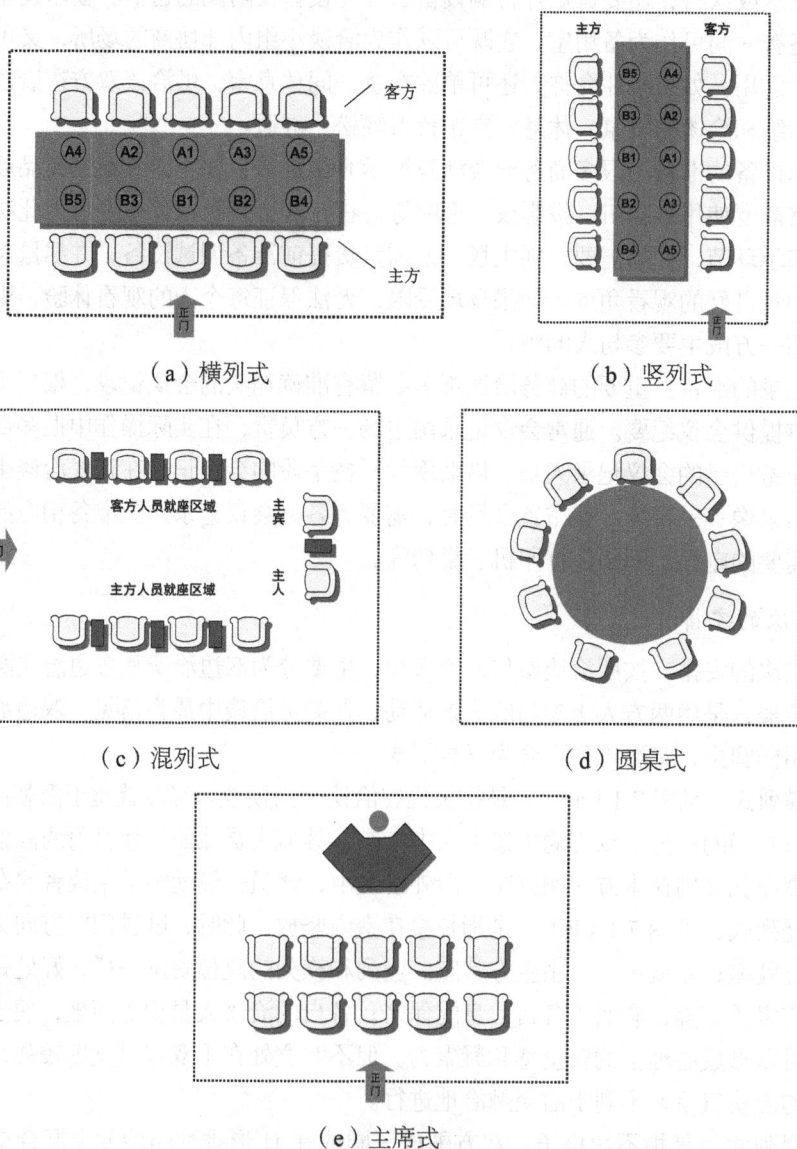

（a）横列式

（b）竖列式

（c）混列式

（d）圆桌式

（e）主席式

图 7.1　洽谈会场座次安排

以色列和叙利亚曾经在美国华盛顿附近的一处农庄举行过和平谈判，东道主美国精心准备的谈判桌，既不是条形桌也不是方桌，而是一张心形桌。桌子中央放着白色的郁金香，壁炉里的炉火熊熊燃烧着，外面的牛群在白雪覆盖的草原上悠闲地吃草，几头小鹿在凝霜的枯树间漫步。这种精心挑选的田园风情和和谐的氛围，目的在于打破谈判人员的心理隔阂，有利于双方达成一致意见。谈判人员在开局阶段首先就要创造一种合作的气氛，为双方下一步的磋商奠定良好的基础。

二、商务洽谈过程中需要注意的礼仪

1. 开局阶段的礼仪

开局是洽谈的起点，起着引导洽谈的作用。开局阶段是通过与对方的见面相识，力求建立一个和谐、友善的洽谈氛围。

双方人员见面，先要相互介绍。一般是主方先将自己的谈判成员介绍给客方，以示尊重。介绍时要落落大方，介绍完毕要相互握手致礼，并适时递上名片。相互介绍完毕，不宜马上切入正题，而是选择一些不涉及各方利益的中性话题开头。这时的话题应具有积极向上、令人愉快的特点，要容易引起双方兴趣，有利于消除双方的陌生感和压抑、防范心理，创造出轻松、诚挚、友好的气氛，但开头的寒暄不宜过多，要适可而止。

2. 表述阶段的礼仪

表述阶段是指洽谈双方各自阐述本方的立场、观点和基本原则，并就洽谈主题达成一致意见的阶段，是一个真正认识洽谈对手及其意图的投石问路时机。双方均应以简明扼要的方式，让对方了解自己的意图和目标。双方发言时间应大体相当。

己方陈述时要言简意赅、突出重点，注意保持平和的感情色彩，措辞要得当，语速、语调要适中，既要表明自己的立场和要求，又不致引起对方的反感和不安。当对方陈述时，要认真倾听，并注意记录和分析，不能漫不经心、左顾右盼。要注意从对方的言谈中捕捉对自己有利的信息，为下一步的辩论和讨价还价做好准备。同时，给对方造成一种心情愉快、乐于畅所欲言的气氛。

3. 辩论阶段的礼仪

在这一阶段，双方要相互提问，表明不同意见。由于洽谈双方都想获得利益和占据优势，所以出现分歧是不可避免的。此时应特别注意说话语气要平和、亲切，注意技巧，不能把提问、查问变成审问或责问，以免引起对方反感。

讨价还价过程会把洽谈推向高潮，双方为了各自的利益据理力争、毫不相让。这是洽谈最为关键的阶段，也是最应该注意礼仪的时候。洽谈中失礼的言行，大部分都发生在这个阶段。此时如不注重礼仪，很容易激化双方的矛盾或产生更多的分歧，影响洽谈的顺利进行。在这个关键阶段，正确的做法是：保持清醒的头脑，互谅互让，心平气和地探讨解决分歧的途径，以使双方有充分的回旋余地；对事不对人，争执仅限于双方观点的交锋，而不要进行人身攻击；态度须诚恳，有礼有节，有的放矢，始终围绕某一个议题，寻求双方都能够接受的方案。

4. 调整阶段的礼仪

双方在辩论阶段要从各自代表的利益出发，或据理力争，或直言反驳，都希望洽谈朝着有利于自己的方向发展。如果双方在交锋的过程中想法和要求差距很大，或是各执己见，出现僵局时，要有礼貌地用灵活的方式进行调整，打破僵局。常用的方式有：开个无伤大雅的玩笑，或插入几句幽默诙谐的话，使双方忘情一笑，缓和气氛，放松情绪，而后再愉快地进行谈判。在大型洽谈会上，东道主可提议暂时休会或稍事休息，可以利用休会期组织双方人员共同游览观光、参与娱乐活动等，使谈判在"业余"活动中进行，或是等情绪调整过来之后再进行洽谈。

视野拓展

中华人民共和国外交部官网"资料——礼宾知识"栏目中的《会见、会谈》可供读者参考。

在洽谈过程中如出现僵局或分歧，不要轻易放弃谈判，而是要寻找一切可能的途径，达到预期的目的。一般来说，有诚意地调整自己的目标，做些必要的妥协与让步是十分必要的。让步要有理、有利、有礼、有度，来而不往非礼也，让步的幅度要对等、要同步。使对方让步的目的是为了实现己方利益的最大化，当谈判目标已达到，或对方再无让步可能时，应主动妥协，不要穷追不舍、咄咄逼人，把对方逼入死角是很不礼貌的。

5. 签约阶段的礼仪

签约阶段是洽谈的"终点站"。经过几轮交锋和让步，双方已基本达到自己的目的，终于达成共识，表示拍板同意，并要以协议的形式予以认可，使之合法化，受到法律保护。达成协议并且双方在协议（或合同）上签字生效即标志洽谈已获成功。这样，整个商业洽谈活动便告结束。

签约阶段应将一切洽谈结果见诸于文字，需要把洽谈成果用准确、规范、符合法律要求的格式和文字记载下来。协议或合同的文字要简洁，表达要准确，以免以后发生不必要的争端。洽谈双方在协议书上签字前应进行认真细致的检查，重要协议或合同签字后要在法律公证部门进行公证。

课堂训练

模拟洽谈并注意洽谈礼仪

某计算机公司准备与某学校洽谈一笔计算机交易，该公司出售的这批计算机每台最低价为 7400 元，负责运送、安装，保修期一年。计算机公司拟派一名业务经理和一名推销员前往该校洽谈。请两位同学按以上情景分别做模拟练习。

第三节　签约时需要注意的礼仪

双方经过洽谈、协商，就某项重要交易或合作项目达成一致，并签订协议书或合同，签字盖章后形成具有法律约束力的文件。围绕这一过程，一般都要举行签约仪式。签约的礼仪包括签约准备礼仪和签约过程礼仪。

一、签约准备礼仪

在签署协议或合同之前，要做好以下几个方面的准备工作。

1. 布置签字厅

签字厅有常设专用的，也有临时用会议厅、会客室来代替的。整体布置应庄重、整洁、清静。一间标准的签字厅，室内应当铺设地毯，除了必要的签字用桌椅外，其他一切的陈设都不需要。正规的签字桌应为长桌，其上最好铺设深绿色的台布。按照仪式礼仪的规范，签字桌应当横放于室内。在其后，可摆放适量的座椅。签署双边协议或合同时，可放置两张座椅，供签字人就座。签署多边协议或合同时，可以仅放一张座椅，供各方签字人签字时轮流就座；也可以为每位签字人都提供一张座椅。签字人在就座时，一般应面对正门。

在签字桌上，循例应事先安放好待签的协议或合同文本及签字笔、吸墨器等签字时所用的文具。与外商签署涉外商务合同时，还需在签字桌上插放有关各方的国旗。插放国旗时，其位置与顺序必须按照礼宾序列摆放。例如，签署双边性涉外商务合同时，有关各方的国旗须插放在该方签字人座椅的正前方。

视频园地

视频 1 为共工商贸战略合作伙伴签字仪式的准备工作。

视频 2~4 为国家旅游局与江西省人民政府旅游业发展合作备忘录签字仪式。

视频 1　　　　视频 2

视频 3　　　　视频 4

2. 安排签字座次

正式签署协议或合同时，对于最能体现礼遇高低的座次问题，各方代表均非常在意，应当认真对待。通常合乎礼仪的做法是：在签署涉外双边性协议或合同时，客方签字人在签字桌右侧就座，主方签字人就座于签字桌左侧（国内左右次序相反，下同）。双方各自的助签人应分别站立于各自一方签字人的外侧，以便随时为签字人提供帮助。双方其他的随员，可以按照一定的顺序在己方签字人的正对面就座，也可以依照职位的高低，依次自左至右（客方）或是自右至左（主方）地排成一行，站立于己方签字人的身后。

在签署涉外多边性协议或合同时，一般仅设一个签字椅。各方签字人签字时，按照各方事先商定好的先后顺序，依次上前签字。他们的助签人应随同行动。在助签时，依"右高左低"的规矩，助签人站立于签字人的左侧。与此同时，有关各方的随员，应按照一定的序列，面对签字桌就座或站立。

3. 规范参加签约仪式人员的数量和服饰

应根据签约文件的性质和内容，安排参加签约仪式的人员。安排时，原则上要强调对等，数量上也应大体相当。一般来说，双方参加洽谈的人员均应在场。客方应提前与主方协商自己出席签约仪式的人员，以便主方做相应的安排。具体签字人在地位和级别上应对等。

在出席签约仪式时，签字人、助签人及随员，服饰应当正式，符合惯例。男士穿着深色西装套装和白色衬衫，系领带，配深色袜子和黑色皮鞋。女士应选择端庄的发型，可化淡妆，穿西服套装或西装套裙，以示正规。礼仪人员、接待人员，可以穿自己的工作制服，或是旗袍之类的礼仪性服装。

4. 准备好待签的协议或合同文本

依照商业惯例，待签协议或合同的正式文本由主方负责准备。提供待签的协议或合同文本的主方应会同有关各方一道指定专人，共同负责完成文本的定稿、翻译、校对、印刷、装订等工作。除了核对谈判内容与文本的一致性以外，还要核对各种批件、附件、证明等是否完整准确、真实有效，以及译本副本是否与样本正本相符。

签署涉外商务协议或合同时，按照国际惯例，待签的文本应同时使用有关各方法定的官方语言，或使用国际上通行的英文、法文。使用外文撰写协议或合同时，要反复推敲，仔细斟酌，行文规范，谨慎措辞。

二、签约过程礼仪

签字仪式是签署协议或合同的高潮阶段，虽然时间不长，但庄重而热烈。签字仪式的正式程序一共分为四步。

1. 签字仪式正式开始

参加签约仪式的双方代表及有关人员按时步入签字厅，在既定的位次上各就各位。

2. 签字人正式签署协议或合同文本

签约仪式开始后，助签人员翻开文本，指明具体的签字处，由签字人签上自己的姓名，并由助签人员将己方签了字的文本递交给对方助签人员，交换对方的文本再签字。

商务礼仪规定：每个签字人在由己方保留的协议或合同文本上签字时，按惯例应当名列首位，因此，每个签字人均应首先签署己方保存的协议或合同文本，然后再交由他方签字人签字。这一做法，在礼仪上称为"轮换制"，它的含义是指，在位次排列上，轮流使有关各方均有机会居于首位一次，以显示机会均等、各方平等。

3. 签字人互相祝贺并交换签字笔

各方签字人起立并热烈握手，互相祝贺，并相互交换各自一方刚才使用过的签字笔，以作纪念。全场人员应鼓掌，表示祝贺。

4. 共饮香槟后退场

签字后，礼宾人员端上香槟酒，双方签约人员共同举杯，庆贺签约。签约仪式结束后，双方可共同接受媒体采访。退场时，安排客方人员先走，主方送客后再离开。

第四节　商务洽谈的技巧

一个完整的商务洽谈过程，包含了从洽谈准备开始到最后签约结束的诸多步骤。除了在洽谈过程中要注重礼节外，还应充分运用洽谈技巧获取更多信息，促进交流。任何一方都应该设法掌握洽谈的进程，控制洽谈的方向，以顺利达到洽谈的目的。在此过程中，能否及怎样运用一些巧妙、恰当的技巧十分重要。一般来说，商务洽谈的基本技巧表现在以下四个方面。

一、组建洽谈团队

洽谈团队是指为了实现一定的谈判目标，依照某种方式结合而成的团体。它展现的是组织的综合实力和总体效应。其力量的来源，一方面是其成员个人的素养和能力；另一方面是各成员之间的协同合作。

（一）洽谈人员的素养

所谓素养，一是指素质，二是指修养。素养是一个人的德、才、学、识、行的集中表现。洽谈是智慧和能力的较量，它不但要应付各种压力和诱惑，还要分辨出机会与挑战。所以，高素养是洽谈人员应当具备的基本条件，是洽谈工作的基本要求。洽谈人员的素养具体分为以下几个方面。

1. 良好的心理素养

洽谈过程中会遇到各种阻力和对抗，也会发生许多意料之外的情况，洽谈人员只有具备良好的心理素养，才能承受住各种压力和挑战，取得最后的成功。洽谈人员应该具备的良好心理素养包括自信心、自制力、意志力等。

2. 优秀的职业素养

洽谈人员要具备强烈的事业心和正确的职业动机。有强烈事业心的洽谈人员，在洽谈中即使面临重重困难，也不会轻易放弃自己的立场，总是百折不挠，克服一切困难；而当洽谈取得一定成果时，也不会居功自傲，而是朝着更高的目标努力攀登。树立了正确的职业动机，便会有强烈的职业自豪感，便能理解商务洽谈的社会意义，自觉控制个人行为，严格服从谈判纪律。

要具备合作意识和团队精神。洽谈工作的协作性很强，必须由各方面共同完成，一个人能力再强，离开了支持与配合也寸步难行。团结合作是商务洽谈的优良传统。一个优秀的洽谈人员，必须尊重别人，虚心听取各方的正确建议和意见。

3. 全面的知识素养

洽谈人员要具备完备的知识结构。不同类型的洽谈活动对洽谈人员的知识结构有不同的要求，但从总体上看，合格的商务洽谈者应该具备"T"形知识结构。知识的广度是人的才能和智慧的基石，往往决定一个人的修养、风度和适应能力，而专业知识的深度则往往决定一个人的专业能力。总之，知识面越宽，洞察能力和分析能力就越强，谈判余地就越大。如果洽谈者孤陋寡闻、知识贫乏，即使他手中掌握着决策权，往往也很难取得令人满意的谈判结果。而一个全能型的谈判者由于知识底蕴深厚，就能在商务洽谈活动中挥洒自如、游刃有余，而且在气质上、精神上能引起洽谈对手的敬重，博得对方的好感，这种知识素养所产生的力量有助于确立自己的谈判地位。

4. 杰出的能力素养

杰出的能力素养主要包括以下几个方面：敏锐的观察能力、良好的表达能力、严密的推理能力、全局的运筹能力、过人的协调能力、巧妙的应变能力、较强的社会交际能力。

（二）洽谈团队的结构

洽谈团队是指由参加商务洽谈的全体人员组成的群体。组建好一支洽谈团队，是使洽谈取得成功的根本保证。

商务洽谈需要配备多少人员，应根据洽谈内容的繁简、技术性的强弱、时间的长短、洽谈人员能力的高低及对方洽谈人员的多少来确定。一般而言，如果是较小型的商务洽谈，洽谈人员多为 2～3 人，有时甚至只由一个人全权负责，这种小型的洽谈对人员的业务素质及临场经验要求都比较高。如果是涉及内容广泛、专业性强、资料繁多、组织协调复杂的大型洽谈，配备的洽谈人员就要多一些，有时甚至可达十几人或几十人。此时可以根据实际工作需要，把商务洽谈人员分成几个小组，如商务小组、技术小组、法律小组等，以负责不同事项的洽谈；也可以组织台前和幕后两套班子，"台前班子"主要负责洽谈及应对对方临时提出的技术、价格要求；"幕后班子"负责搜集、整理有关的资料，为"台前班子"提供技术和价格对比的依据。

洽谈团队要有一个合理的人员结构，要做到：知识互补、性格互补、分工明确。

（三）洽谈团队的组建

洽谈团队一般应包括以下成员：洽谈领导人、商务人员、技术人员、财务人员、法律人员和翻译人员。

除了以上几类人员之外，还可以配备一些辅助人员，但是数量要适当，要与洽谈规模、洽谈内容相适应，尽量避免不必要的人员设置。

二、制订洽谈方案

洽谈方案，又称洽谈计划，是指洽谈团队在进行洽谈之前，对洽谈目标及实现目标的步骤和策略制订周密详细的计划。它是指导洽谈人员行动的纲领，在整个洽谈过程中起着非常重要的作用。一个好的洽谈方案必须做到简明、具体、灵活。一般来说，一个洽谈方案应包括洽谈的议题和目标、洽谈地点、人员配备及各负的责任、洽谈策略等。为了应对突发事件和满足应急需要，可能需要制订出几套方案。

1. 确定洽谈目标

洽谈目标则是期望通过洽谈而达到的目的。

洽谈目标一般可以分为以下三个层次。

（1）最优目标。所谓最优目标是指对目标的制订一方最为理想的洽谈目标，它可以满足目标制定者的最大利益。

（2）可接受目标。所谓可接受目标是指根据各种客观因素，经过科学论证、预测、决策所确定的洽谈目标，它代表了洽谈目标的基准水平。可接受目标一般比较公平合理，能够保证己方的主要利益，但也不像最优目标那样要价过高使对方的利益受到较大的损失，因此按照可接受目标成交的可能性较大。

（3）最低目标。所谓最低目标是指洽谈中制订目标的一方的底线，如果这一目标也不能在洽谈中实现，那么该方就只能放弃此次洽谈。显然，该目标是洽谈中要尽力避免的，因而最终交易以一方的最低目标达成的情况也较少。

一方完胜的谈判导致双方利益受损

美国纽约工会领导人伯恩斯以"商务谈判毫不让步"而闻名美国。在一次与报社进行的谈判中，他不顾客观情况，坚持强硬立场，甚至两次号召报业工人罢工，从而迫使报社满足了他提出的全部要求。报社被迫同意为印刷工人大幅度增加工资，并且承诺不采用排版自动化等先进技术，以避免工人失业。结果是以博伦特·波厄斯为首的工会一方大获全胜。却使报社经营陷入困境。先是三家大报社被迫合并，接下来便是倒闭，导致了数千名报业工人失业。

点评： 在确定洽谈目标时，不仅要考虑自身的利益，也要考虑其他各方的利益，更要考虑长远发展和合作。多方共赢、长远发展是参与各方共同的需求，也是商务洽谈能够成功的基础和前提。

2. 拟订洽谈议题

拟订洽谈议题就是要确定洽谈的事项、先后次序及每一事项所占用的时间。洽谈议题的安排与洽谈策略、洽谈技巧的运用有着密切的联系，从某种意义上讲，安排洽谈议题本身就是一种洽谈技巧。因此，应重点解决以下几个问题。

（1）凡是与本次洽谈有关的、需要双方展开讨论的问题，都可以成为洽谈的议题。应将这些问题列出来，然后再根据实际情况，确定应重点解决的问题。

（2）安排洽谈问题的先后顺序。可首先讨论一般原则问题，达成协议后，再具体讨论细节问题；也可不分首要问题和次要问题，先把双方可能达成协议的问题或条件提出来讨论，然后再讨论可能会有分歧的问题。

（3）每个问题安排多少时间来讨论，应根据问题的重要性、复杂程度和双方分歧的大小来确定。一般来说，对重要的问题、较复杂的问题、双方意见分歧较大的问题，所安排的时间应该多一些，以便让双方能有充分的时间对这些问题展开讨论。

3. 制订洽谈策略

洽谈目标确定以后，就要为实现这些目标制订相应的策略。洽谈策略包括：开局策略、报价策略、磋商策略、成交策略、让步策略、打破僵局策略、进攻策略、防守策略和语言策略等，要根据洽谈过程中可能出现的情况，事先有所准备，做到心中有数，并在洽谈中灵活运用这些策略。

三、安排洽谈议程

洽谈议程即洽谈的议事日程。一般来说，典型的洽谈议程包括时间安排、地点安排、进度、期限等。

1. 安排洽谈时间

洽谈时间是指一场洽谈从正式开始到签订协议或合同所花费的时间。洽谈应重视对时间的选择，一个恰当的洽谈时间，对于洽谈的进度、效率都有着重要的作用。洽谈时间的安排一般分两种情况，双边洽谈和由一方承办的多边洽谈。如果是双边洽谈，则洽谈前应进行电话、电子邮件沟通，以确定洽谈时间；如果是由一方承办的多边洽谈，通常先由承办方以洽谈人数和性质确定会场，再依次与洽谈参与各方联系拟定多个备选时间，从备选时间中最终确定洽谈时间后，再以书面形式（或电子邮件、传真）正式通知各方参会时间。

洽谈时间和地点的确认一般是同时进行的。在书面的参会通知中应尽量清晰描述路线、食宿条件及费用安排、接送机或接送站安排等，如参会人员来自其他省份，还需简要介绍当地气候、饮食风俗等情况。涉及餐饮接待环节时，还需提前确定参会人员的宗教信仰及饮食习惯。

（1）开局时间，即选择什么时候来进行这场洽谈。一般来说，选择开局时间时，要考虑以下几个因素：要给自己留出充分的准备时间。俗话说："不打无准备之仗。"洽谈是一项精神必须高度集中、体力和脑力消耗都比较大的工作，要尽量避免在洽谈小组成员身体不适、情绪不佳时进行洽谈。要把天气、季节、气候情况也考虑在内。此外，还应考虑洽谈对手的情况，不要把洽谈安排在对对方明显不利的时间里进行，因为这样会招致对方的不满。

（2）间隔时间。大多数的洽谈都要经历数次甚至数十次的磋商洽谈才能达成协议。这样，在多次磋商之间，应安排一段暂停时间，让双方洽谈人员暂作休息。洽谈间隔时间的安排，往往对舒缓紧张气氛、打破僵局具有很明显的作用。

（3）截止时间，即一场洽谈的最后限期。截止时间是洽谈的一个重要因素，它往往能决定洽谈的战略。在洽谈开始前，应当对洽谈的期限有所计划和安排。任何洽谈都不可能无休止地进行下去，它必然有期限的限制。洽谈的期限通常是指从洽谈的准备阶段到洽谈的终局阶段的这段时间。洽谈期限越长，双方为洽谈投入的财力、物力、人力和精力也就越大，洽谈的效率就越低。

  2. 选择洽谈地点

洽谈地点的选择并不是一件随意的事情。恰当的地点往往有助于取得洽谈的主动权。根据不同的地点，洽谈可分为三种形式，即主场洽谈、客场洽谈和主客场轮流洽谈。

四、洽谈沟通的技巧

  1. 倾听的技巧

对于倾听的作用，美国的谈判专家卡洛斯说得好，"如果你想给对方一个你丝毫无损的让步，这很容易做到，你只要倾听他说话就成了。倾听是你能做到的一个最省钱的让步。"商务洽谈中，"听"的质量直接影响洽谈的效果。洽谈场合的倾听，是"耳到、眼到、心到、脑到"四种综合效应的"听"，即不仅要用耳朵去听，还要用眼睛去观察，设身处地地为对方着想，并动脑筋去研究判断对方话语背后的内在动机。倾听一般要做到如下四点。

（1）心到。听对方说话时至少要有 3/5 以上的时间注视对方，全神贯注地进入听众的角色里。一定要聚精会神地去获得说话者的信息，要了解对方的立场、观点、态度，了解对方的沟通方式、内部关系，甚至是小组内成员间的意见分歧，从而掌握洽谈的主动权。

（2）思考。听者在听的同时还需要积极思考，及时把握对方说话内容的真正内涵。听者需要在用心倾听的基础上鉴别对方传递过来的信息的真伪，从而去伪存真，去粗留精，抓住要点，这样才能收到良好的倾听效果。

（3）参与。要使倾听取得良好的效果，还要不时地给予对方及时的信息反馈。向对方反馈信息的方式包括语言方式，如重复对方所讲的某句话、顺着对方的谈话启发对方的思路等，也包括非语言方式，如点头、微笑等，从而使对方产生被尊重感，有利于营造融洽的洽谈气氛。

（4）专注。在会谈中，洽谈者必须时刻保持大脑清醒和精力集中。有关研究资料表明，普通人至多只能记住他当场听到信息的50%～70%，倘不专心，能记住的就更少。

2. 提问的技巧

商务洽谈中，如何"问"是很有讲究的。重视和灵活运用发问的技巧，不仅可以引起双方的议论，获取信息，而且还可以很好地控制洽谈的方向。提问也要注意四个方面的问题：一是不打断对方，即对方正在阐述问题与观点时不提问。二是在非辩性论场合应以客观的、陈述性的语言提问，不要用带有限制性的语言提问。三是注意辩论性场合的提问方式，要先用试探性提问，后用直接性提问，如可以说"冒昧问一下你的意思是指……是这个意思吗？"四是充分考虑好重要提问时的条件、措辞、对方将可能给出的答案，并对可能的回答做好准备。

为了取得良好的提问效果，还需要掌握一些发问的技巧。第一，可以预先准备好问题，最好是一些对方不能马上想出恰当回答的问题，以期收到意想不到的效果；第二，要避免提那些可能会阻止对方让步的问题，否则会明显影响洽谈效果；第三，如果对方的回答不够完善，甚至故意回避，也不要继续追问，而是要有耐心和毅力等待时机成熟时再问；第四，在适当的时候，可以将一个已经发生，并且己方知道答案的问题提出来，验证一下对方的诚实程度，以及其处理事情的态度；第五，提问的句式要尽量简短明了。

视野拓展

商务洽谈的提问类型

商务洽谈中常将提问作为摸清对方底牌、掌握对方心理状态、表达自己意见、观点，进而通过洽谈解决问题的重要手段。

（1）封闭式提问，是指在一定范围内引出肯定或否定答复的提问。例如"您是否认为售后服务没有改进的可能？"

（2）开放式提问，是指在广泛的领域内引出广泛答复的提问。这类提问通常无法以"是"或"否"等简单字句答复。

（3）婉转式提问，是指在没有摸清对方虚实的情况下，采用婉转的语气或方法，在适宜的场所或时机向对方提问。

（4）澄清式提问，是指针对对方的答复重新措辞，使对方证实或补充原先答复的一种提问。

（5）探索式提问，是指针对洽谈对手的答复，要求引申举例说明的一种提问。

（6）借助式提问，是指借助权威人士的观点、意见影响洽谈对手的一种提问。

（7）强迫选择式提问，是一种将自己的意志强加给对手，并迫使对方在狭小范围内进行选择的提问。

（8）引导式提问，是指具有强烈的暗示性或诱导性的提问。这类提问几乎使对方毫无选择余地地按发问者所设计的备案作答。

（9）协商式提问，是指为使对方同意自己的观点，采用商量的口吻向对方发出的提问。

3. 回答的技巧

洽谈中回答本身就是一个证明、解释、反驳或阐述己方观点的过程，洽谈中常用到的技巧包括以下几种。

（1）拖延时间。故意在对方陈述问题后装作没有听清，要求对方复述，从而为自己思考对策赢得时间。

（2）顾左右而言他。有时对方提出的问题己方很难直接从正面回答，但又不能以拒绝回答的方式来逃避回答。这时，可以用转移话题的办法来应对。

（3）寻找借口。当对方提出一些涉及自己商业秘密的问题时，可寻找借口将问题岔开。

（4）反问对方。当对方提出自己不便回答的问题时可反问对方，使对方在回答中明白自己的难处，以取得谅解。

（5）含糊其辞。对于一些对方故意为难的问题可以不作正面回答或不给予确定的答复。

4. 辩论的技巧

商务洽谈中的讨价还价就是所谓的辩论，它具有双方辩者之间相互依赖、相互对抗的特点，具有较强的技巧性。一名优秀的洽谈人员，为了获得理想的辩论效果，应该从以下技巧着手。一是观点要明确，立场要坚定，不要轻易被对手掌握主动；二是保持敏捷的思路和严密的逻辑性；三是抓大放小，大的原则不退让，小的枝节不纠缠；四是态度要客观公正，措辞要准确犀利；五是掌握好进攻和防守的尺度；六是处于优势时不骄傲自满，处于劣势时不沮丧气馁，要时刻牢记洽谈中的优势和劣势是相对而言的，而且是可以转化的；七是辩论时要展现个人风采和气度。

5. 电话沟通技巧

电话营销是现代企业常用的一种营销洽谈方式，每个业务人员都要遵守打电话的礼仪规范，掌握电话沟通的技巧。

（1）打电话的礼仪。打电话时要遵守以下礼仪规范：一是时间适宜。一般业务型电话，应选择在8点以后，尽量避开临近下班、中午休息的时间。打国际电话，要考虑与对方国家的时差。打一次电话的时间最好不要超过3分钟。特殊情况，可以适当延长通话时间，但要掌握好分寸。二是通话内容须简明扼要。应在打电话前做好充分的准备工作，列好提纲，以节省通话时间。三是热情礼貌。说话吐字清楚，语速、音量适中，语气平和，语调热情，能够给对方以亲切感，多使用礼貌用语。

（2）接电话礼仪。接电话时要遵守以下礼仪规范。一是要及时接听，接电话有"铃响不过三"的说法。二是礼貌接听。拿起电话应主动问好并自报家门。要专心致志，不要心不在焉。要认真做好笔录。电话结束时一般要由打电话一方挂断电话。如果对方不是找自己，则应问清楚找谁后，用手轻捂话筒，请其要找的人接听电话。如果对方要找的人不在，需转达有关事项，代接电话的人一定要认真记录，及时传达转告。

（3）手机礼仪。手机已经是商务活动中处理日常事务时不可缺少的工具。正确地使用

手机，对商务活动的成功起着重要的作用，一般应注意以下几点：一是不随意更换号码。二是勿妨碍他人。特别是需要安静的环境下要关机或静音。三是如遇开会或因其他情况不方便接听手机时，事后要及时回复。四是要注意安全。驾车中、危险环境下不宜使用手机（如加油站、燃料库、进行爆破作业的危险地点等）。五是手机宜放在公文包或皮包内。

视野拓展

手机礼仪知多少？

本章小结

    洽谈是现代社交活动的重要组成部分。商务洽谈，通常又称商务谈判，指的是商务交往中的利益各方，以交流合作、达成交易、拟订协议、签署合同为目的，或是为了处理争议、消除分歧而坐在一起进行会晤、讨论或磋商，以求达成某种程度上的妥协。在正式的洽谈会上，礼仪一向备受重视。商务洽谈过程中坚持有礼有节可以收到很好的效果，反之，在洽谈中采取粗暴、蛮横的态度，必将导致洽谈失败。

    商务洽谈要秉承相互尊重、平等协商、求同存异、互惠共赢、人事分开和依法行事的基本原则。洽谈人员除了应注重自身的形象和仪表礼仪外，还要通过对洽谈对手的充分了解、对洽谈时间和场所的精心安排、对洽谈过程的精心把握来实现谈判利益的最大化。

    同时，作为一项集体任务，在洽谈人员的选择、洽谈团队的组建、洽谈策略的制定，以及洽谈语言技巧的掌握方面，要善于发挥团队的优势，以实现最理想的洽谈目标。

思考与训练

一、复习思考

1. 商务洽谈的基本原则有哪些？
2. 商务洽谈对参与者的言谈有什么具体要求？
3. 洽谈的过程包括哪几个阶段？各阶段在礼仪上有什么要求？
4. 签约时有哪些注意事项？
5. 如何确定洽谈的目标？
6. 洽谈过程中倾听和提问有哪些技巧？

二、案例分析

案例一

    巴西一家公司到美国采购成套设备。巴西谈判小组成员因为上街购物耽误了时间。当他们到达谈判地点时，比预定时间晚了45分钟。美方代表对此极为不满，花了很长时间来指责巴西代表不遵守时间，没有信用，如果老这样下去的话，以后很多工作将很难合作，浪费时间就是浪费资源、浪费金钱。对此，巴西代表感到理亏，只好不停地向美方代表道歉。谈判开始以后，美方似乎还对巴西代表迟到一事耿耿于怀，一时间弄得巴西代表手足无措，说话处处被动，无心与美方代表讨价还价，对美方提出的许多要求也没有静下心来认真考虑，匆匆忙忙就签订了合同。等到合同签订以后，巴西代表平静下来、头脑不再发热时才发现自己吃了大亏，上了美方的当，但为时已晚。

同样是面对这种迟到的情况，日本的谈判代表是如何做的呢？日本有一家著名的汽车公司在美国刚刚"登陆"时，急需找一家美国代理商来为其销售产品，以弥补他们不了解美国市场的缺陷。当日本汽车公司准备与美国的一家公司就此问题进行谈判时，日本公司的谈判代表在路上塞车迟到了。美国公司的代表抓住这件事紧紧不放，想要以此为手段获取更多的优惠条件。日本公司的代表发现无路可退，于是站起来说："我们十分抱歉耽误了你的时间，但是这绝非我们的本意。我们对美国的交通状况了解不足，所以导致了这个不愉快的结果。我希望我们不要再为这个无所谓的问题耽误宝贵的时间了，如果因为这件事怀疑到我们合作的诚意，那么我们只好结束这次谈判。我认为，我们所提出的优惠代理条件是不会在美国找不到合作伙伴的。"日本代表的一席话说得美国代理商哑口无言，美国人也不想失去这次赚钱的机会，于是谈判顺利地进行了下去。

问题：（1）通过这个案例，你对商务洽谈礼仪的重要性有什么认识？

（2）日本公司运用了怎样的洽谈技巧来避免自己在洽谈中处于不利位置？

案例二

有一则故事，是说有四位年轻人想要出家，法师问他们为什么想要出家。

年轻人 A：我爸叫我来的。

法师：这样重要的事情你自己都没有主见，打 40 大板。

年轻人 B：是我自己喜欢来的。

法师：这样重要的事情你都不和家人商量，打 40 大板。

年轻人 C：不作声。

法师：这样重要的事情你想都不想就来了，打 40 大板。

年轻人 D：我受到法师的感召，我很喜欢来，我爸也很支持我来！

法师：……

问题：读完法师和 A、B、C、D 四位年轻人的对话，你有何感想呢？

三、课外实践

1. 汇源果汁和可口可乐公司就收购问题举行洽谈，请同学们扮演汇源果汁方作为东道主安排洽谈会的会场。可口可乐公司准备派出五人洽谈组。

2. 请同学们结合所学知识分别模拟一次商务洽谈会和签约会。

第八章 宴请礼仪

【学习目的与要求】

宴请活动是人际沟通的极佳手段，是交友、扩大社交圈的较好途径。通过本章的学习，熟悉宴会组织安排礼节，熟练掌握宴会进行中的基本礼节要求。

【关键概念】

宴会　中餐　西餐　餐具　上菜次序　工作餐　自助餐

宴请是社交活动中常见的交际形式之一，它可以创造亲切、友好、融洽的交际气氛，尤其是在饮食文化历史悠久的中国，它是沟通人与人的情感、密切人与人之间商业合作关系的重要手段之一。在国际商务活动中，商务宴请也是必备环节，是增进双方友谊，使双方加强相互了解的良好时机，能够有效促进商务合作的达成。在社会交往和现实生活中，懂得一点宴请礼仪的常识，对提高社交能力和加强社交礼仪修养，都是十分有益的。

第一节　宴会安排礼仪

宴请的礼仪程序从组织宴请开始，需要精心设计，包括宴请的形式、规格、范围、时间等，并根据实际情况的需要提前发出邀请。在大型的宴会场所，需要根据中、西餐的不同要求，对桌次和位次进行必要的、准确的排列，餐桌上餐具的摆法也要有所讲究。无论是中餐还是西餐，进餐时都要遵从一定的规矩、规范，餐具的使用也不能太随意，特别是西式餐具，有刀、叉、勺、匙、碟等多种，应遵循各种约定俗成的使用方法，避免在宴会场合失礼。

一、宴请的形式

通常的宴请形式有宴会、招待会、茶会和工作餐四种。每种形式的宴请均有特定的规格和要求。

1. 宴会

宴会一般包括国宴、正式宴会、便宴和家宴等。按举行的时间来分，又可分为午宴和晚宴。其隆重程度、出席规格及菜肴的品种与档次等均有区别。一般来讲，晚上举行的宴会较白天举行的宴会更为隆重。

（1）国宴。这是国家元首或政府首脑为国家庆典或为外国元首、政府首脑来访而举行的正式宴会（图 8.1），因而规格最高。宴会厅悬挂国旗，安排乐队奏国歌及席间乐，席间主方会致辞或祝酒。

图 8.1　国宴（新闻截图）

（2）正式宴会。宾主均按身份排位就座，讲究排场。宴会对服务人员的服饰、仪态，对餐具、酒水、菜肴及环境陈设等都有严格的要求。通常菜肴为汤和几道（中式四道，西式两道至三道）热菜，另有冷盘、甜食、水果等。西餐宴会前还上开胃酒，席间用红、白葡萄酒佐餐，餐后上一小杯烈性酒如白兰地等；中式宴请的做法相对要简单些，一般不再上饭后酒。

（3）便宴。便宴即非正式宴会，这类宴会形式简单，可以不排座席、不安排正式讲话，席间气氛也比较随便、亲切。

（4）家宴。家宴即在家中设宴招待客人。西方人喜欢采用这种形式，以示对来宾的亲密友好。家宴往往由主人亲自下厨烹调，家人共同招待。

2．招待会

招待会是指各种不备正餐、较为灵活的宴请形式，备有食品、酒水饮料，通常可以自由活动，不排座位。常见的形式有冷餐会和酒会。由于这两种方式自由、方便，不受正式宴会上任何礼仪的限制，所以在现代商务活动中越来越多地被采用。

冷餐会形式类似自助餐，其特点是不排席位，菜肴以冷食为主，也有少量热菜，连同餐具一起陈设在桌上，供来宾自取。客人可以自由活动，可以多次取食。酒水可自取或由服务员端送。冷餐会可在室内、院子里或花园里举行，举办时间一般在中午 12 时至下午 2 时，或下午 5 时至 7 时。冷餐会适宜招待人数众多的宾客。

酒会又称鸡尾酒会，这种招待会形式较为活泼，便于参加者广泛接触。招待品以酒水为主，略备小吃、茶点。不设座椅，仅摆放小桌或茶几，以便来宾随意走动。举办时间较为灵活，中午、下午、晚上均可举办。请柬上通常会注明酒会起止时间，来宾可在此时间内自由出席，不受限制。酒会主要提供由多种酒调配成的鸡尾酒，另备有多种果汁饮料等；小吃多为三明治、面包托、小香肠、炸春卷等，上插牙签以备取食。

3．茶会

茶会是一种简单的招待形式，大多在下午 4 时左右举行。茶会通常设在客厅，而不用餐厅，厅内设茶几、座椅，不排座次。茶会，顾名思义就是请客人品茶，因此对茶叶、茶具的选用非常讲究。茶具一般选用陶瓷器皿，除特殊茶叶一般不用玻璃杯，也不宜用热水瓶代替茶壶。外国人一般用红茶，略备点心和小吃，偶尔也可用咖啡代替。

4．工作餐

工作餐是现代商务活动中经常采用的一种非正式宴请形式，利用进餐时间，边吃边谈问题。这类活动一般只邀请与工作有关的人员，并且往往安排席位。按时间来分，工作餐可分为工作早餐、工作午餐和工作晚餐。工作餐既简便又卫生，在一些商务活动中，当日程安排紧凑时，一般会采用这种形式。

二、宴请准备工作

成功的宴请和周密细致的准备分不开。一般来说，宴请的准备工作包括以下主要内容。

1．确定宴请目的、对象、范围和形式

宴请的目的多种多样，可以为某个人，也可以为某件事。如为某人赴约谈判，为某工程的开工或竣工，为商务谈判中双方合作的开始或成功，为洽谈中某环节、某阶段问题的磋商或成功解决等。总之，目的要明确。

邀请对象和范围，是指邀请哪方面的人士、哪一级别的人士、请多少人、主办方请什么人作陪等。对象和范围的确定要考虑宴请的性质、主宾身份、惯例等多种因素，确定后即可草拟具体邀请名单。

采用何种宴请形式，主要取决于习惯做法及需要。目前，各种交际活动中的宴请工作都在简化，范围也趋向小型化，形式更加简便，酒会、冷餐会被广泛采用，具体选用哪一种可视情况而定。

2．确定宴请的时间、地点

时间的选择应对主宾双方都适宜，注意不要选择重大节假日，或有重要活动或有禁忌的日子。如对西方人来说，宴请安排在圣诞夜是不受欢迎的；对日本人来说，宴请活动逢"4"和"9"是不受欢迎的。最好先口头预约，以征求对方的意见。地点的选择一般是：正式的、隆重的宴请活动一般安排在高级宾馆、大厦内举行；其他可按宴请的性质、规模大小、形式、主人意愿及实际情况而定。

3．发请柬

组织宴请活动时，一般都发请柬，这既是出于礼貌，也可作客人备忘之用。便宴可约妥而不发请柬，工作餐一般不发请柬。

请柬一般要提前 1～2 周发出。有的时候还需再提前些，以便被邀请人可以有所准备。请柬的内容包括活动形式，举行的时间、地点，主人的姓名。请柬行文不加标点，提到的人名、单位名、节目名等都应用全称。中文请柬行文中不提被邀请人的姓名，而应写在封面上，主人姓名应写在落款处。请柬可以印刷也可以手写，但手写字迹要美观清晰，信封上被邀人及其职务等书写要准确。

为了表达主人的诚意，在宴请前，还应该打电话给被邀请人进行确认，询问一下请柬是否收到，对方能否出席等。如果对方能出席，应向对方表示感谢，即使对方不能前来，也应表示理解，对于小规模的且属于比较重要的宴请，可进一步与对方商量是否可以改期前来等。

4. 订席

席上菜肴要根据宴请形式和规格及规定的预算标准而定。选菜应主要考虑主宾的爱好与禁忌。若席中有个别人有特殊需要，也可单独为其上菜。大型宴请应照顾到各个方面的需求，菜肴道数和分量要适当。事先应列出菜单，并征求主管负责人的意见。地方上可适当用有地方特色的菜品招待。

案例

不会点菜的悲哀

一天，某公司老总准备宴请新员工，让秘书杨小姐去酒店预订包房并点菜。杨小姐到了酒店，面对服务员递上来的菜谱眼花缭乱，不知点什么菜好。点太好的菜，担心老总说太浪费；点一般的菜吧，又怕员工说"小家子气"。最后，只是按服务员的推荐点了一桌菜，结果因搭配不当，许多菜竟无人动筷，以致出现了很大的浪费。饭后，老总对杨小姐十分不满。

点评：点菜也是一门学问。一般点菜前要征询客人的意见，对客人的饮食偏好和禁忌要有所了解。还可以结合酒店的特色菜肴点菜。杨小姐面对这种情况时应该首先做好功课，对新员工的饮食喜好做初步了解，选择合适的酒店，结合服务人员的推荐进行荤素搭配、冷热搭配。

三、宴请安排

正式宴请的安排主要包括桌次安排、座次安排和餐具摆放，餐具摆放一般由饭店服务员完成，本书不再赘述。

1. 桌次安排

宴请可用圆桌，也可用长桌或方桌。冷餐会的菜台一般用长方桌，如坐着用餐，可摆四五人一桌的方桌或圆桌。一桌以上的宴会，桌子之间的距离要适当，每桌各个座位之间也要等距离放置。

传统中上座的位置，讲究背北面南即坐北朝南。由于现代建筑风格的多样化，人们习惯于把面对门的位置定为上座，故宴请中面向宴会厅正门的位置即为主座的位置。按国际惯例，桌次高低以离主桌位置远近而定，右高左低；有左、中、右之别时，中尊右高左低。桌数较多时，要摆桌次牌，既方便宾主就座，也方便管理。[①]

团体宴请中，餐桌排列一般以居中或最前面的桌子为主桌，如图8.2（a）、（b）所示。只有两桌的小型宴会，可根据餐厅具体情况竖排或横排，如图8.2（c）、（d）所示。

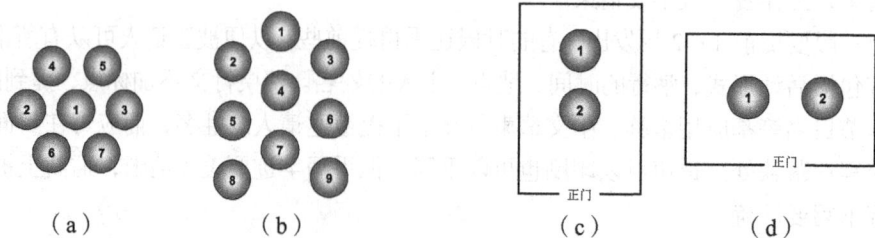

图 8.2 餐桌排列

---

① 注意：无论是桌次还是座次，都应注意中外有别，本书以国际通行惯例为尊举例（国内一般以左为尊，而且外国也并不都是以右为尊，重大场合如不能确认对方国家的习惯，最好提前沟通确认）。

2. 座次安排

正式宴请，一般均排座次，座次高低依离主宾的座位远近而定。有时是排出部分客人的座位，其他人只排桌次或自由入座。要在入席前通知到每一位出席者，现场还要有人引导。

安排次序以礼宾次序为主要依据。国际上常见的礼宾次序排列方法有以下几种。

第一，按身份与职务的高低排列。

第二，按字母顺序排列。比如有多个国家参加的宴请活动，以各国国名首位字母顺序排列，一般按英文字母顺序排列，少数情况可按其他语种的字母顺序排列。

第三，按抵达日期的先后次序排列。在多边活动中，常按代表团到达的日期先后排列礼宾次序。

在排列国际礼宾次序时，可酌情选用上述方法，并在邀请书中做明确说明。安排礼宾次序有时还应适当考虑其他因素，诸如国家之间的关系、与会方对于活动的贡献大小等，有时还要酌情考虑参加宴请人员之间的相互关系、宗教信仰、语言交流等因素。

我国习惯按个人本身职务排列，以便交谈。如果夫人出席，通常把女方安排在同一桌，即主宾位于男主人左侧，其夫人坐在女主人左侧。按外国习惯，主桌上男女穿插安排，以女主人为准，主宾在女主人左上方，主宾夫人在男主人左上方；其他人员或宾客按其身份、职务穿插安排，或按性别分主宾穿插安排，如图8.3所示。

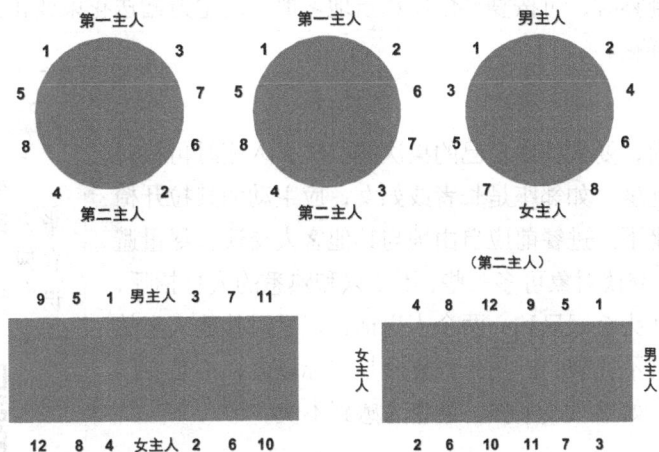

图8.3 座次排列

席位排妥后，要打印或手写席卡。中方举行的宴会，席卡中文在上、外文在下。

课堂训练

某企业在酒店包房里宴请客户，主方有总经理、部门经理及办公室主任三人，受邀客方有总经理、副总经理、部门经理及两名业务骨干（双方均为中国人）。请8名同学表演从主方和客户刚进入包房时到宴会开始主人致辞结束的情境。

四、赴宴礼仪

主人安排宴会并发出了邀请，客人应邀出席宴会，也要讲究有关礼节。

1. 愉快应邀

涉外交往中，对注有 R.S.V.P 字样的请柬或邀请信，无论出席与否，均应迅速答复；注有"Regret Only"（不能出席请回复）字样的请柬或邀请信，则不能出席时才回复；若是原先已有口头约定，再发来的请柬上一般注有"To remind"（备忘）字样，只起提醒作用，可不必答复。若答复对方，可用打电话、发信函等方式。

应邀出席宴会前，要核实宴请的时间和地点、是否携带配偶、有无服装要求等，以免因弄错而尴尬。出席宴会时，要穿着得体，至少要穿上一套合时令的干净衣服。切忌穿着工作服，带着疲态赴宴，这会使主人感到不被尊重。

2. 赴宴时间

按请柬上注明的时间准时赴宴为佳。既不要迟到，也不要过分提前。在我国以正点出席或提前两三分钟到达为宜。在一些国家，提前 15 分钟以上赴宴会被人笑话为太急于进餐。

3. 抵达

抵达宴请地点，先到衣帽间脱下大衣、帽子，然后前往迎宾处，主动向主人问好，再向其他客人问好。赴宴时，可按宴请性质和当地习惯，向主方赠送花束或花篮，赴家宴可酌情赠送女主人少量鲜花。

4. 入座

进入宴会厅前，要先找到自己的桌次和位次，入座时再核对一下，不要随意乱坐。如邻座是长者或妇女，应主动为其拉开椅子，协助他们先坐下。进餐前应自由地与其他客人交谈，尽量避免一人静坐不语。交谈对象可多一些，不要只和熟悉的人打招呼，要多交新朋友。从头至尾只和一两个人说话，似乎对其他人全然不感兴趣也是非常不礼貌的。另外，宴会是交际场合，不是专门谈论工作的地方。如果只谈工作，会令人感到不快。

5. 进餐

进餐时举止要文雅。具体的礼仪细节将在下面几节详细阐述。

第二节　餐具的使用

宴会中会用到各种不同的餐具，而中西餐的餐具在使用上有较大的不同。因此，学习宴会礼仪应从学习正确使用餐具开始。

一、中餐餐具的使用

1. 筷子

筷子是中餐中最常用的餐具，正确使用筷子能够体现一个人的风度和教养。用筷子吃饭是东方人尤其是中国人的"传统"，也是东方人的一种教养。

使用筷子有很多禁忌：必须是成双使用。不用的时候不能"竖直"插放在食物、菜肴上。因为根据民俗，只有祭祀祖先时才这样做。暂时不用筷子，要放在筷托上，或支放在自己的碗、碟边缘上。不要直接放在餐桌上，也不能横放在碗、盘上，更不能放在公用的碗、盘上。和别人谈话时，要暂时放下筷子，不能用它来"指手画脚"、来回"舞动"，更不能敲击碗、碟发出声响。夹菜时，不要用筷子穿刺菜肴，不要让菜汤滴下来，不要用筷子搅菜，不要将筷子含在口中。不论筷子上是否残留有食物，都不要去舔它。

2. 勺子

勺子的使用分为两种情况：一是公勺，二是自己专用的勺子。现代中餐礼仪提倡公勺的使用，特别是取用汤肴的时候，显得文雅和卫生。使用公勺舀完汤肴后，要先将汤肴放到自己的碗碟里并将公勺放归原位，再用自己的勺子食用，忌用公勺舀完汤肴后直接食用，这样会使公勺失去意义。

用勺子舀汤喝的时候，和西餐不同的是，要从外往里舀着喝，千万不要端起碗来直接喝，喝的时候也不要发出声音。

吃勺子里的食物时，不要把勺子塞进嘴里，或者反复吮吸、舔食。暂时不用的勺子，要放回自己的碟子上，不要把它直接放在餐桌上，或是插在食物里。

3. 碗

商务场合不要端起碗来吃，更不能用双手捧着碗吃。吃的时候可以用筷子、汤匙来辅助，切不可直接"下手"或"下嘴"，更不能用嘴吮吸碗边。盘子和碗里的剩余食物，不要直接倒进嘴里，更不能去舔，可以借助筷子或勺子。不用的碗，也不要往里面乱扔东西，比如一些不用的餐巾纸等。

4. 食碟

中餐的食碟用来放从公用餐盘中夹来的菜。每次夹的菜不宜过多，最好不要把多种菜堆放在一起，这样菜之间不但会互相"串味儿"，看上去也不文雅。

吃剩的食物残渣不要吐在地上、桌上，而是要放在食碟前端，也不能直接从嘴里吐在食碟上，可以用餐巾掩口，用筷子或手协助。食碟用脏了或骨、刺放满了，可以让服务生来更换。

5. 湿巾和牙签

宴请开始前，如果服务生为每人送上一块热的湿巾，这块湿巾是用来擦手的（饭后另上的湿巾可用来擦脸等），因此不可以用来擦脸、擦嘴、擦汗。擦手之后，应将其放回盘中，由服务生取回。

牙签用来剔牙，剔牙时可以略侧过身去，以手掩口。不可用果盘里取食水果的牙签剔牙。

二、西餐餐具的使用

1. 刀、叉、匙的使用

使用刀叉的基本原则是右手持刀或汤匙，左手拿叉。先用刀把食物切成小块，再用叉送入嘴里。吃正餐时，刀、叉

的数目与上菜的道数是相等的，并按照上菜的顺序由外至内排列，刀口向内。也就是说，吃一道菜换一套刀叉，第一道菜用最外侧的餐具，然后按顺序向内推移，直到每件都用过为止。暂时离开时，刀、叉应交叉摆放成"八"字形，以示尚未吃完。若将刀、叉并拢放在盘子上，刀右叉左，叉面向上，就表示不想再吃了（见图 8.4）。当嘴里正在吃东西时，不要说话。手里拿着刀子在别人面前舞动，也是不礼貌的行为。

（a）使用中　　　　　　（b）暂时离开　　　　　　（c）吃完

图 8.4　刀叉的使用

　　刀叉的拿法是轻握尾端，食指按在柄上，不可以翘着小指头拿刀。吃体积较大的蔬菜时，可以用刀叉来折叠、分切。较软的食物可以放在叉子平面上，用刀子整理一下。切东西的时候左手拿叉按住食物，右手拿刀把食物切成小块，然后用叉子送入嘴里。使用刀的时候，刀刃一定要向内。切带骨或带壳食物时，叉子一定要把食物叉牢，刀要紧贴叉边下切，以免滑开。切菜时，不要用力过猛撞击盘子发出声响。不易叉的食物，可用刀将其轻轻推上叉。

　　汤匙一般摆放在刀组的最外侧，是喝汤用的。汤匙要用右手拿，拿汤匙的柄端，食指在上，按住汤匙的柄，拇指和中指在下面支撑。除喝汤外，不能用匙进食。

　　正式的西餐宴请，餐具摆放及其功能如图 8.5 所示。

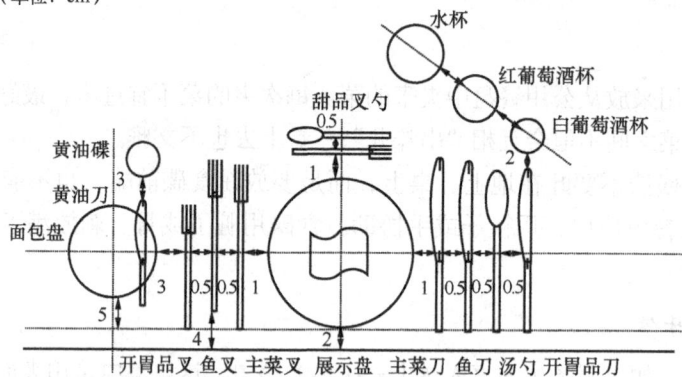

图 8.5　西餐宴会摆台示意图

2. 餐巾的使用

　　西餐的餐巾分为午餐巾和晚餐巾。午餐巾可以完全打开铺在腿上；而晚餐巾需要对折，将折口向外，然后铺在大腿上，开口朝外是为了方便拿起来擦拭嘴巴（参见图 8.6、图 8.7）。餐巾应在即将上菜时打开，切不可一落座就打开餐巾，此外还应遵循长者优先和女士优先的原则。餐巾是放在腿上的，围在脖子上或折在腰间都不妥当。中途如果需要离席，应把餐巾放在座椅上，切不可把餐巾挂在椅背上或是揉成一团放在桌子上。只有进餐结束时，才能将餐巾折一下放到桌上。

　　餐巾的主要用途是保洁，一方面防止食物溅到身上，另一方面也可用它擦嘴、擦手。但切不可用餐巾擦拭餐具，这样会让主人以为你觉得他的餐具不干净。此外，也不可用来擦拭眼镜、擦汗等。女士用餐前可用面纸拭去口红，不可以把唇印留在餐巾上。

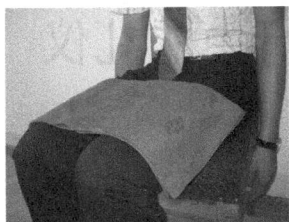

图 8.6　餐巾使用方法一　　　　图 8.7　餐巾使用方法二

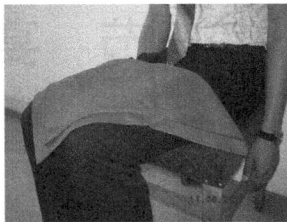

在吐出鱼骨头或果核的时候，可以用餐巾来擦嘴。擦的时候，要拿起餐巾的末端顺着嘴唇轻轻压一下，弄脏的部分为了不让人看见，可以往内侧卷起；也可以在吐食物残渣时用餐巾来掩口或直接吐在餐巾内，再将餐巾向内侧折起。如果餐巾脏得厉害，可以请服务生重新更换一条。

3. 洗指碗

顾名思义，洗指碗是用来洗手指的（如图 8.8 所示）。碗里盛着水，上面往往漂着点小花瓣来装饰。如果上了需要用手解决的菜，比如虾，就会同时送上洗指碗。从另一个方面来说，如果和某道菜同时端上来的有洗指碗，也就说明这道菜可以"用手"。把手指伸进去轻轻地洗一洗，然后把手指拿出来，在餐巾上轻轻拭干即可。

图 8.8　洗指碗

4. 西餐中使用的酒杯

一般情况下，饮用不同的酒水，要用不同的酒杯。在每位用餐者桌面上右边餐刀的上方，大都会横排放置着三四只酒杯，一般包括香槟杯、红葡萄酒杯、白葡萄酒杯、烈性酒杯及水杯等（如图 8.9 所示）。取用时，可依次由外侧向内侧选用。

（1）　　（2）　　（3）　　（4）　　（5）　　（6）　　（7）　　（8）

图 8.9　西餐杯具

（1）香槟杯：杯体较深，杯口较窄，酒的气泡不易很快散掉。

（2）红葡萄酒杯：主要用于盛放红葡萄酒和用其做成的鸡尾酒。

（3）白葡萄酒杯：比红葡萄酒杯略小些，主要用于盛白葡萄酒和用其做成的鸡尾酒。

（4）白兰地杯：大肚、收口、矮脚杯，用来盛白兰地。

（5）威士忌杯：多用于盛加了冰块的烈性酒和古典鸡尾酒。

（6）啤酒杯：用来盛啤酒。

（7）鸡尾酒杯：鸡尾酒专用杯。

（8）水杯：可盛放水、果汁或其他软饮料。

第三节 宴会进行中的礼仪

一、中餐礼仪

1. 点菜

点菜前要礼貌地征询客人的意见，对客人的饮食偏好和禁忌要有所了解，以免好心办坏事。商务场合的点菜不是为了讲排场、装门面，在点菜时大点、特点，甚至乱点一通，这样不仅浪费，也会给客人留下不好的印象。点菜也可以用点套餐、包桌的方式，或请几位主宾点几道主菜，其余菜肴搭配着点的方式。如果不是点套餐或包桌的话，可以让服务员推荐饭店的招牌菜或特色菜，并征求客人的意见。如果请的是外地客人，还可以点本地特色。

视频园地

推荐观看 2015 年 1 月 4 日辽宁卫视《年底聚餐多　点餐学问大》视频片段。

作为被宴请的客人，点菜的时候可以告诉对方你没有特殊要求。另外，不要评论别人点的菜，比如说"吃不惯""不合口味"之类的话，这样的评价既是无意义的，也可能使他人产生不快。

现在流行吃不完打包带走，以提倡节俭，但这仅限于非正式场合，在正式场合，这样做是不太合适的。

2. 上菜次序

正式的中餐宴会，标准的上菜次序通常是冷盘、热炒、主菜（烧、蒸、烩、炖）、汤和点心（指主菜结束后所供的甜点，如馅饼、蛋糕、包子等）、水果拼盘。其中主菜的道数通常是四、六、八等偶数，因为中国人认为偶数是吉数。在豪华的餐宴上，主菜有时多达十六道或三十二道，普通餐宴也是六道至十二道。此外，如果是咸点心的话，一般讲究配咸汤；如果是甜点心，则习惯配甜汤。

宴会上桌数再多，各桌也要同时上菜。上菜的方式大体有以下几种：一是把大盘菜端上，由各人自取；二是由服务员托着菜盘逐一放入每个人的食盘中；三是用小碟盛放，每人一份。

3. 用餐礼仪

开始用餐的一般原则，俗话说是"主不请，客不尝"。上菜后，不要急着吃，要待主人说"请"后，再动手夹菜。开始用餐时取菜要适量，不要显得过于贪婪。主人向客人敬酒时，应起立回应，喝过酒后再开始吃菜。吃东西时应尽量不要发出声响。

进餐时切忌一边嚼食一边说话，饭食喷洒到桌上是十分失礼的。如果需要交谈，应用餐巾拭嘴，以免食物残留唇边不雅观。

喝汤时不要吸，更不可发出"咕咕"的声音。汤如果太烫，可以过一会儿再喝，不要用嘴去吹。

进餐时，骨头和鱼刺应用筷子夹放在食碟上，吃剩的菜、用过的勺也应放在食碟内。掉在桌子上的菜，不可再吃。个人用的食碟如果满了，就要更换，以免味道混杂，有损食物原有的风味。

就餐的过程中，要做到"有劳有逸"，不可一味"埋头苦干"，在遇到自己喜欢的菜肴时也要照顾别的客人。就餐时应尽量避免吸烟。

宴请的时候，往往人会很多，桌子也会比较大，难免会有菜在对面够不着的情况，这时千万不可探起身子去夹。最好的办法是请最靠近你的人帮你传递过来，接到东西后，也不要忘了说声谢谢。取菜时，分量要适中，即使是你最喜欢的食物也一样。

此外，作为主人，在每一道菜端上来时应先请主客或长者品尝。为了表示客气，主人可用公筷、公勺为客人分菜。分菜也应有先后之别，先分给主宾、长者，后依就座次序再分给他人；分菜要注意适量，如客人婉谢就不必勉强。此外，一些不易分开的菜肴，可要求服务员事先分好再端上餐桌，以免给客人在取食时造成不必要的麻烦。

视野拓展

中国餐桌上的老规矩你知道多少？其实这些"老规矩"均是用餐礼仪的精髓，推荐扫描二维码进行学习，而后在生活中加以实践。

在宴请外宾吃中餐时，对外宾不要反复劝菜，可向对方介绍中国菜的特点，吃不吃由对方决定。有些外宾在吃中国菜时不如想象中那么得心应手，这时可由中方主人做介绍或示范。

案例

请客请错了吗

从新加坡回来的黄老板，准备在家乡投资建厂，想为家乡做点贡献。回到家乡后的第一天晚上，在他的祖屋里亲属们为他准备了地道的家乡饭菜。正要开始吃饭的时候，门外响起了汽车喇叭声，原来是镇长秘书代表镇长来邀请黄老板赴宴。想到以后办厂还要多与政府领导打交道，黄老板便与秘书一同前往。宴会开始时，黄老板看到餐桌上放着两瓶茅台酒，情不自禁地说道："啊，茅台啊！"镇长秘书赶紧应道："这可是真酒，上午我到县里买来的。"宴会开始，镇长为黄老板斟酒，黄老板道："对不起，我滴酒不沾。""那就喝饮料。"镇长为黄老板斟满饮料。酒过三巡，酒桌上热闹了起来，哥们酒、兄弟酒、同乡酒，大家相互敬酒，只有黄老板在一旁喝着饮料。席间，镇长秘书拿出两条中华烟，每人分两盒，黄老板道："我不会吸烟。""拿着吧，人人有份儿。"秘书说。

第二天，镇长一行来到黄老板祖屋时，他的亲属交给镇长一个大信封，镇长看到里面有500元钱，两盒"中华"牌香烟，还有一封信："镇长大人，很抱歉，我由于新加坡有急事，突然要赶回去，没有来得及当面辞行。昨天的宴会我请大家，略表心意。另外，原来投资建厂计划改为捐资助学，助学款我会尽快汇来。再见！"

在场的镇领导们十分茫然。

点评：宴请是人与人交往最常见的一种方式。宴请过程中主人的言谈举止会给客人留下深刻的印象。秘书的言语之间流露出来的公款吃喝风气及陪同人员间的猜拳行令着实将客人冷落一旁，这是宴请的大忌。这样的投资环境你敢来吗？

视野拓展

宴请外国友人的 5M 原则

M（money），费用的问题。国际交往要强调节俭、务实，要强调宴请的少而精，反对铺张浪费、大吃大喝。

M（menu），讲的是菜单，就是讲菜肴的安排。以西方人为例，他们一般不吃什么？第一，不吃动物内脏，比如炒肝尖、溜腰花、卤煮等；第二，不吃动物的头和脚；第三，不吃宠物，猫肉和狗肉绝对不吃；第四，不喜欢吃无鳞无鳍的鱼，即蛇、鳝、鳅、鲶四类；第五，不吃淡水鱼，认为淡水鱼土腥味重、刺多，他们比较喜欢吃海鱼，而且以煎炸为主。

M（medium），讲环境。实际上宴请客人从高层次来讲，是讲究档次和特色的。因此就餐环境非常重要。

M（music），讲音乐。高档的宴请，强调音乐伴宴，当然这个音乐最好选择交往对象的民族音乐或交往对象个人偏好的那种乐曲，而且应该是若有若无，不要演奏进行曲或迪厅的音乐。

M（manner），讲行为举止。宴请餐桌上要做到：第一，让菜不夹菜；第二，祝酒不劝酒；第三，不当众整理服饰；第四，宴请时在外人面前吃东西不发出声音。

——根据金正昆"商务礼仪讲座"改编

二、西餐礼仪

（一）上菜的次序

西餐在菜单的安排上与中餐有很大不同。以举办宴会为例，中餐宴会除冷菜外，还要有热菜6~8种，再加上甜点和水果，显得十分丰富。而西餐虽然看着有六七道菜，似乎很烦琐，但每道菜一般只有一种，下面就将其上菜顺序作一简单介绍。

视野拓展

扫描二维码阅读《一张图让你学会西餐礼仪》，可以更加直观地了解西餐的各种礼仪要求。

（1）头盘。西餐的第一道菜是头盘，也称为开胃前或前菜。开胃菜一般有冷头盘和热头盘之分，常见的有鱼子酱、鹅肝酱、熏鲑鱼、鸡尾杯、奶油鸡酥盒、焗蜗牛等。因为是要开胃，所以开胃菜一般都具有特色风味，味道以咸和酸为主，而且数量较少，质量较高。

（2）汤。与中餐有极大不同的是，西餐的第二道菜就是汤。西餐的汤大致可分为清汤、奶油汤、蔬菜汤和冷汤等四类。品种有牛尾清汤、各式奶油汤、海鲜汤、美式蛤蜊汤、意式蔬菜汤、俄式罗宋汤、法式焗葱头汤等。其中冷汤的品种较少，有德式冷汤、俄式冷汤等。

（3）副菜。水产类菜肴一般作为西餐的第三道菜，也称为副菜。品种包括各种鱼类、贝类及软体动物类。通常水产类菜肴与蛋类、酥盒菜肴品均称为副菜。因为水产类菜肴肉质鲜嫩，比较容易消化，所以放在肉类菜肴的前面，叫法上也和肉类菜肴主菜有所区别。西餐吃水产类菜肴讲究使用专用的调味汁，品种有鞑靼汁、荷兰汁、酒店汁、白奶油汁、大主教汁、美国汁和水手鱼汁等。

（4）主菜。肉禽类菜肴是西餐的第四道菜，也称为主菜。肉类菜肴的原料取自牛、羊、猪等各个部位的肉，其中最有代表性的是牛肉或牛排。牛排按其部位又可分为西冷牛排、菲力牛排、"T"骨牛排、薄牛排等。其烹调方法常用烤、煎、铁扒等。肉类菜肴配用的调味汁主要有西班牙汁、蘑菇汁、班尼斯汁等。禽类菜肴的原料取自鸡、鸭、鹅。禽类菜肴鸡肉用得较多，如山鸡肉、火鸡肉、竹鸡肉等，做法上可煮、炸、烤、焖，主要的调味汁有黄肉汁、咖喱汁、奶油汁等。

（5）蔬菜类菜肴。蔬菜类菜肴可以安排在肉禽类菜肴之后，也可以与肉禽类菜肴同时上桌，所以可以算作一道菜，或称为一种配菜。与主菜同时提供的沙拉，称为生蔬菜沙拉，一般用生菜、西红柿、黄瓜、芦笋等制作。沙拉的主要调味汁有醋油汁、法国汁、千岛汁、奶酪沙拉汁等。沙拉除了蔬菜之外，还有一类是用鱼、肉、蛋类制作的，这类沙拉一般不加味汁，在进餐顺序上可以作为头盘食用。还有一些蔬菜是熟食的，如花椰菜、煮菠菜、炸土豆条。熟食的蔬菜通常是与主菜的肉食类菜肴一同摆放在餐盘中上桌，称为配菜。

（6）甜品。西餐的甜品是在主菜后食用的，可以算作第六道菜。从真正意义上讲，它包括所有主菜后的食物，如布丁、煎饼、冰淇淋、奶酪、水果等。

（7）咖啡、茶。西餐的最后一道是上饮料、咖啡或茶。咖啡一般要加糖和淡奶油。茶一般要加香桃片和糖。

正式的全套西餐在非正式宴请时没有必要全部都点，点太多却吃不完反而失礼。

稍有水准的餐厅都不欢迎只点前菜的人。前菜、主菜（鱼或肉择其一）加甜点是最恰当的组合。点菜并不是从前菜开始点，而是先选一样最想吃的主菜，再配上适合主菜的汤。

视频园地

视频 1 为面包、柠檬等食物吃法讲解；视频 2 为西餐赴宴的礼仪演示及讲解。

视频 1　　　　视频 2

（二）用餐的礼仪

由于中西方文化的不同、食物制作方法的不同，以及餐具的不同，西餐在具体吃法上与中餐区别很大。

首先，西餐的开始是以主人打开餐巾并铺在腿上为信号的，当主人放下餐具，拿起餐巾折好放到餐桌上的时候，表示宴会结束。其次，坐姿方面，应是靠到椅背，腹部和桌子保持约一个拳头的距离。

1. 汤

不可吸着喝。先用汤匙小心将汤舀起、汤匙的底部放在下唇的位置将汤送入口中。汤匙与嘴部呈 45°，身体的上半部略微前倾。碗中的汤剩下不多时，可用手指将碗的一侧略微抬高。如果汤是用有握环的碗装，可直接拿住握环端起来喝。汤太烫时，不能用嘴吹，可用勺子搅动使之冷却。喝汤不能发出声响，也不能端着汤盘喝。喝汤必须借助于汤匙，其正确的方法是：右手拿着汤匙，从内向外的方向舀着汤喝。

2. 肉和鱼

西餐中的肉一般都是成块的，无论是羊排、牛排还是猪排都要用刀叉将其切成小块，边切边吃，不可一次性全部切成小块后再吃，也不可用叉子把整块肉夹到嘴边，边咬边吃。吃有骨头的肉，可以用手拿着吃，但用刀叉显得更文雅。切食时，叉子朝上，用叉子背部压住肉，再用刀沿骨头切入，把肉切开，一般边切边吃。吃鸡肉时，应先切下一片，再用叉取食。直接上手去撕扯，是失礼的。

吃鱼的时候要将鱼对半切开，剔去鱼骨。具体做法是：首先用刀在鱼鳃附近刺一条直线，刀尖不要刺透，刺入一半即可。把鱼的上半身挑开后，从头开始，把刀叉在骨头下方，往鱼尾方向划开，把鱼骨剔除并挪到盘子的一角。最后再把鱼尾切掉。用手捡出鱼刺放在餐盘边。吃鱼应以刀切开，用叉取食，从左到右，边切边吃。因为鱼肉较嫩易碎，所以餐厅往往备有专用的汤匙，这种汤匙比一般喝汤用的稍大。鱼吃完一面，不可以把鱼翻过来，而是应从已经吃完的这一面取肉吃。吃龙虾时可以用手。

3. 面包和意大利面条

吃面包时先用两手将面包撕成小块，再用左手拿来吃。吃硬面包时，可用刀先将其切成两半，再用手撕成块来吃。避免像用锯子一样剖面包，切时可用手将面包固定，避免发出声响。面包应在上汤之后吃，可用手撕下一块，用刀涂上奶油或果酱。把整块面包托在手上吃，用叉子叉着面包吃或把面包浸在汤中捞出来再吃，都是不合适的。取奶油的方法，是用放在奶油盘上的奶油刀，切取所需的奶油到自己的盘子上。

吃意大利面条时可以叉子、调羹并用，用叉子慢慢挑起少量（四五根）面条，将其绕在叉齿上成团状，同时用调羹辅助往嘴里送。因为意大利面条和中国面条在吃法上有些不一样，同时会有调味汁，所以绝对不可以直接往嘴里吸。

4. 沙拉

如前所述，沙拉既可以作为前菜，也可以作为配菜。对沙拉中大块（片）的蔬菜，可用叉或刀将其切成小块（片）。对沙拉中的豆子，可以左手持叉，右手持刀，用刀把豆子推到叉面上。如果要吃的芦笋菜中有汤汁，可以先切成小块，再用叉食用。如果芦笋很大而且需要蘸汁，应先把头切下，然后分开来吃以防滴汁或掉渣，也可以用手拿着茎柄蘸汁吃。

5. 土豆

土豆片和土豆条是用手拿着吃的。除非土豆条有汁，那样的话要使用叉子。如果土豆条太大，不好取用，就用叉子叉开，但不要挂在叉上咬着吃。把番茄酱放在盘子边上，用手拿或用叉子叉着小块蘸汁吃。烤土豆一般在食用时已被切开，如果没有切的话就用刀从上部切开，用手或叉子将土豆分成两半，加入奶油或酸奶、盐或胡椒粉，每次加一点。

图 8.10　西餐煮鸡蛋的吃法

6. 煮鸡蛋

不可直接用手去皮后拿着吃。应将蛋置于蛋杯上，敲破一头，然后舀着吃（如图 8.10 所示）。

7. 甜点和水果

上甜点时大都会附上汤匙和叉子。冰淇淋、布丁之类的甜点容易滑动，可以用叉子固定并集中，再放到汤匙里吃。蛋糕、西饼也要用汤匙吃。

如果是没有加工的苹果或梨，可先切成四块，分别去皮，再用手拿着吃。如果是葡萄和樱桃可直接用手拿着吃。如果是香蕉，在去皮后应用刀切成小段叉着吃。

三、中餐饮酒礼仪

失礼的敬酒

深圳某公司的刘老板想要与一家企业建立业务关系，该企业的王经理也相当重视这次合作。刘老板到达后，王经理设宴招待。参加宴会的除了经理，还有各个部门的主管和负责人。大家热情寒暄后，宴会开始了。刘老板见服务员拿了瓶白酒正想给自己杯子里斟酒，便解释说自己不能喝白酒，要求来点啤酒。但王经理却非常热情地说："为了我们双方的合作，无论如何要来点白酒。"话未说完，酒已经倒入刘老板的杯中。随后王经理拿起杯子提议大家为了合作、为了结识刘老板干杯，并带头一饮而尽，其他人也干了杯中的酒。刘老板只得拿起杯子沾沾嘴唇，并再次表示抱歉说自己确实不能喝白酒。王经理仿佛觉得自己面子上过不去，一直盛情劝说，刘老板只好喝了一杯。随后，刘老板提议谈工作上的事，但王经理却言"酒逢知己千杯少"，一定要喝尽兴了再谈工作。于是他又带头向刘老板敬酒，在座的各个主管也都纷纷效仿。刘老板经不起一个个理由的强劝，又连喝了几杯。终于，刘老板承受不住，醉倒了。等他醒来的时候，发现自己躺在医院的病床上，此时已经是第二天的晚上了。次日清晨，王经理再次来到医院，护士告诉他，刘老板一大早就出院回深圳了。

点评：中餐宴请中常常有"无酒不成席"之说，但也应量力而行。酒桌上万万不可绑架式地劝酒，着实是强人所难，这是失礼的行为。

在中国，正式宴会又叫酒席，可见酒在宴会中的重要性。俗话说"无酒不成席"，尤其是在中国这样一个有几千年酒文化历史的国家，酒是国人的一大爱好，但我们在喝酒时一定要注意"喝相"。

1. 备酒

喝酒与进餐一样，客人要等到主人说"请"字后，才能开始喝。传统的宴会以白酒为主，但现在喝红酒或啤酒的人越来越多。因此主人在宴请客人时也往往会同时准备好几种酒以备客人选择。宴席上客人可以根据自己的爱好选择喜欢喝的酒水。但如果主人只准备了一种酒，则不可主动向主人提出要求。

2. 温酒

各种酒都有一个最适合饮用的温度。通常白酒可开瓶直接饮用，但也有人喜欢把白酒温热后饮用，即把酒壶放入热水中加温。烫过的白酒香味四溢更加醇厚和适口。红葡萄酒可在室温下饮用。香槟酒、白葡萄酒应该喝冷的，可把酒瓶放入冰桶冷却或在酒杯里加冰块。啤酒也应该喝冷的，冰镇或在酒杯里加冰均可。此外，红葡萄酒应该在启塞后放置一段时间再饮用，酒的酿造年代越近，需开瓶透气的时间越长。

3. 斟酒

宴会上，上酒在左，斟酒在右。中国人习惯由主人，或主人请的

> **视频园地**
>
> 葡萄酒专业侍酒及饮酒礼仪

陪客，或服务员，按宾主的要求斟酒。斟酒时，应从主宾开始，自右向左顺时针方向依次斟酒。斟酒者应右手持酒瓶，中指齐标签处，食指朝上抵住瓶颈，徐徐倒出。斟完一杯，应把瓶口向上抬一下，以免瓶口的余酒滴到桌布上或宾客的衣服上。中国有句俗语叫"满酒浅茶"，斟酒以"满"为宜，但也不可过满。一般白酒或葡萄酒斟至酒杯容积的 3/4 到 4/5 即可。斟酒时，不要将酒杯端离餐桌。给自己斟酒时，则应右手持瓶，左手拿杯。一般只有在杯子里的酒喝完时才能重新"满上"。对临时离席的客人，应待其回席后再为他斟酒。不应趁人不在时给人家斟酒，更不能趁人不备偷偷斟酒，这样会有灌酒之嫌。

4. 饮酒

会喝酒的人饮酒前，应有礼貌地品一下酒。可以先欣赏一下酒的色彩，闻一闻酒香，继而轻呷一口，慢慢品味。不要为显示自己的海量，举起酒杯看也不看便一饮而尽，更不能让酒顺着嘴角往下流。饮酒不宜过快，这样既容易醉，又不雅观，尤其是女士饮酒。如果主人特意要求"感情深，一口闷"，可根据自己的情况多喝或少喝。喝酒讲究留有余地，特别是喝烈性酒，不要喝一饮而尽的"英雄酒"，也不要喝不认输的"赌气酒"，更不要喝不忍拒绝的"面子酒"，这些都不是文明的喝酒行为。酒喝到尽兴时，大家往往喜欢在饮酒前或饮完酒后用酒杯轻轻地敲击一下桌子，但千万不可用力过猛，以免敲碎杯子。猜拳也是席间常见的行为，猜拳可以助兴，但在正规的宴席上是不宜猜拳的。

5. 劝酒

劝酒是中国酒文化的一大特点。在酒席上，应当保持热情好客的优良传统，但也不宜过分劝酒，可做到"劝者尽其情，饮者度其量"，使宴会在愉快的氛围中进行。

6. 拒酒

虽然自古以来就有"酒逢知己千杯少"和"一醉方休"的说法，但对于确实不会喝酒的人，是不宜劝其饮酒的。在宴会上不会喝酒或不打算喝酒的人，可以有礼貌地阻止他人敬酒，但不要什么都一概拒绝，至少要喝上一点汽水、果汁或其他饮料，使举座尽欢。拒绝他人敬酒通常有三种方法：第一种方法是主动要一些非酒类的饮料，并说明自己不饮酒的原因。第二种方法是让对方在自己面前的杯子里稍许斟一些酒，然后用手轻轻推开酒瓶。按照礼节，杯子里的酒是可以不喝的。第三种方法是当敬酒者向自己的酒杯中斟酒时，用手轻轻敲击酒杯的边缘，这种做法的含义就是"我不喝酒，谢谢"。当主人或朋友们向自己热情地敬酒时，不要东躲西藏，也不要把酒杯翻过来放，更不要将他人所敬的酒悄悄地倒在地上。

7. 祝酒

祝酒是饮酒过程中不可缺少的环节。正式宴会中主人皆有敬酒之举，会饮酒的人应当回敬一杯。敬酒时，上身挺直，双腿站稳，以双手举起酒杯，待对方饮酒时，再跟着饮。敬酒的态度要热情而大方。在规模盛大的宴会上，主人将依次到各桌敬酒，而每一桌可派遣一位代表到主人的餐桌上去回敬一杯。在祝酒中要配以祝酒辞，良好的祝酒辞不仅能增进人们之间的情谊，更能给人带来温暖。常见的祝酒辞如"祝你生日快乐""祝你身体健康"等。在祝酒时一般应以碰杯为礼，如果坐得太远，可代为以杯底碰桌。根据社交礼仪的规定，提议大家干杯、向来宾祝酒的只能是主人，其他人则不宜这么做。在为欢迎某位贵宾而特意举行的欢迎宴会上，在主人祝酒之后，主宾也可祝酒。碰杯时，主人和主宾先碰，人多可同时举杯示意，不一定碰杯。祝酒时注意不要交叉碰杯。在主宾和主人致辞、祝酒时，应暂停进餐，停止交谈，注意倾听。主人和主宾讲完话，与贵宾席人员碰杯后，往往会到其他桌敬酒。

8. 其他礼仪

有些国家的饮酒习俗与我国完全不同，接待外宾之前，应有所了解。例如，日本人讲究开怀畅饮，对于酒后不检点的言行是不以为怪的。他们敬酒时不碰杯，而是敬酒者手提酒瓶，不停地为对方斟酒。

📖 **视野拓展**

日本人的宴请礼仪

日本人一般不会在家里宴请客人。如果应邀到日本人家中做客，在门厅要脱掉帽子、手套和鞋。走进房门，男子坐的姿势比较随便，不过最好是跪坐，上身要直；妇女要正跪坐或侧跪坐，忌讳盘腿坐。告别时，离开房间后再穿外衣。到日本人家中做客通常要为女主人带一束鲜花，同时也要带一盒点心或糖果，一般用浅色纸包装，外用彩色绸带扎好。

日本人接待至亲好友时，常使用传统敬酒方式，主人在桌子中央摆放一只装满清水的碗，并将每个人的杯子在水中涮一下，然后将杯口在纱布上按一按，使杯子里的水珠被纱布吸干，这时主人斟满酒，双手递给客人，看着客人一饮而尽。饮完酒后，客人也将杯子在清水中涮一下，在纱布上吸干水珠，同样斟满一杯酒回敬给主人。这种敬酒方式代表宾主之间亲密无间的友谊。

日本人的斟酒方式也很讲究，酒杯不能拿在手里，而是要放在桌子上，斟酒时，右手执壶，左手抵着壶底，千万不能碰酒杯。主人斟的头一杯酒一定要接受，否则是失礼的行为；第二杯酒可以拒绝，日本人一般不强迫人饮酒。

四、西餐饮酒礼仪

（一）西餐中酒水的种类

在正式的西餐宴会上，酒水是主角，西餐宴会中所上的酒水，一共可分为餐前酒、进餐酒、餐后酒三种。它们各自又有许多具体种类。

1. 餐前酒

餐前酒也称开胃酒，就是以增加食欲为目的而饮的酒。顾名思义，它是在正式开始用餐前饮用的。在饮用餐前酒时应该注意的是要把握好量，不可过多饮用，以免变开胃为"失胃"，反倒没了食欲。餐前酒的种类很多，不同的国家一般所饮用的餐前酒也有所不同。

美国以鸡尾酒、威士忌和啤酒为主；日本以啤酒、威士忌、鸡尾酒和葡萄酒为主；法国以葡萄酒、威士忌和马天尼为主；英国以葡萄酒、威士忌、鸡尾酒和啤酒为主；俄罗斯以伏特加和葡萄酒为主。

2. 进餐酒

进餐酒也称佐餐酒，就是在正式用餐时配着食物饮用的酒水。西餐里的进餐酒一般为葡萄酒，可分为红葡萄酒、白葡萄酒、桃红葡萄酒，此外还可根据有无气泡分为不起泡葡萄酒和气泡酒。常用的进餐酒有雪醒酒、苦艾酒、香槟酒或鸡尾酒等。在享用西餐时，每上一道菜，侍者就会奉上一次酒。不同的菜配不同的酒，因此在正式宴会上要根据菜的不同来选择不同的葡萄酒，一般的原则为"白酒配白肉，红酒配红肉"。白肉主要包括鱼肉、海鲜、鸡肉等。吃这类肉时，须以白酒搭配。而红肉主要是指牛肉、羊肉、猪肉等。吃这类肉时，则应佐以红酒。

3. 餐后酒

餐后酒也称作消化酒，就是帮助消化的酒。最常见的餐后酒是利口酒和白兰地。利口酒又叫香甜酒，是一种烈性酒，但其风味是由加入的香料决定的，同时还要加入糖浆。最有名的餐后酒，则是有"洋酒之王"美称的白兰地，饮用时一般不掺其他饮料。白兰地由葡萄酒蒸馏而成，酒精浓度一般为 42° 或 43°，代表性的餐后酒是法国科涅克产的白兰地。

（二）西餐中饮酒的礼仪

1. 斟酒

斟酒时，应站在客人的右后侧，面向客人，将右臂伸出后再斟倒，瓶口与杯口保持 1 厘米的距离。红葡萄酒斟至酒杯容量的 1/2 即可，白酒、白葡萄酒、香槟酒斟至酒杯容量的 2/3，白兰地酒则斟至酒杯容量的 1/5。每斟一杯换一个位置，不允许在同一位置给左右客人斟酒。

在正式的西餐宴会中，酒类服务通常由服务员负责。斟酒时，酒瓶应该以餐巾包裹。一般情况下，服务员会先将少量酒倒入酒杯中，让客人鉴别一下品质的好坏。一般情况下这只是一种形式，喝一小口并点头示意或回答"很好"即可。在没有异议的情况下，侍者就会来倒酒，这时不要动手去拿酒杯，而应把酒杯放在桌上由侍者倒。饮酒时，还要根据不同酒的最佳饮用温度而选用不同的握杯姿势。

2. 饮酒

西餐喝酒时不能吸着喝，而应倾斜酒杯，像是将酒放在舌头上似地喝。轻轻摇动酒杯让酒与空气接触以增加酒味的醇香，但不要猛烈地摇晃杯子。此外，一饮而尽是非常失礼的举动。女士不要用手指擦杯沿上的口红印，用面巾纸擦较好。

3. 祝酒

国外正式宴会上，通常都是由男主人首先举杯，并请客人们共同举杯。若是他要为在座的女士的健康而干杯，就不应忘掉任何一位女士。客人、晚辈、女士一般不宜首先提出为主人、长辈、男士的健康而干杯。女士接受他人祝酒时，不一定要举起自己的酒杯，以微笑表示感谢即可，自然稍微喝上一点更好。当为贵宾的健康而干杯时，酒杯中的酒最好一饮而尽。知道自己酒量不行的话，事先应只斟少许酒。

五、宴会中特殊情况的处理

在正式宴请中，往往还会遇到一些"特殊事件"，如何有效地、从容地应对这些特殊事件，最能体现一个人良好的教养和深厚的社会阅历。

1. 随身物品摆在哪里

按照欧美国家的惯例，随身物品如手提包等一般都应放在脚边的地板上。如果不习惯这样，还可以把手提包放在后背和椅子之间或大腿上（餐巾下）。也可以把包集中放在一张椅子上，或是挂在皮包架上。切记，不可以把手提包放到桌上，餐桌永远都是就餐的地方。

2. 主人在宴会前做宗教感恩仪式

很多有宗教信仰的人，都有在餐前感恩祷告的习惯，这个习惯即使在正式宴请场合也不例外。为了表示对主人及其习惯的尊重，这时候，来宾应该和主人一样进行祷告。感恩祷告前，不要吃任何东西，安静地低着头。直到祷告结束，再把餐巾放到膝上，开始进餐。

3. 有不喜欢吃的菜

尽管餐桌上的菜都是主人精心准备的，但因为各地的风俗习惯不同，个人的口味爱好不同，每个人对事物的理解也不一样，主人的好心好意无论如何不能辜负，即使餐桌上有你并不喜欢的菜肴，也要象征性地吃一点，以示对主人热情款待的接受和感谢。

4. 异物塞牙

进餐的时候被食物塞牙或吃到异物，不要在餐桌上马上张开嘴就剔，可以喝口水试试看；如果不行，就去洗手间，这样可以用力地漱口，也可以用牙签剔牙。

5. 上了葱、蒜、韭菜、洋葱类的菜肴

如果上的菜肴中有刺激性的食品，如葱、蒜、韭菜、洋葱类等，则要考虑进食的后果。如果是早、中餐，并且餐后还要参加社交活动，则不宜吃这些食品，以免口腔产生异味。如果不慎吃了这些刺激性食品，那就要尽快用漱口水漱口、嚼口香糖、用柠檬擦拭口腔内部和舌头、嚼几片茶叶或咖啡糖，而最快捷的方式就是备一个口腔清新喷剂。

6. 餐桌上洒了东西

在餐桌上泼洒了东西，如果很少，直接用餐巾盖住就行了。如果洒了很多，悄悄地叫服务人员（尽量用手、眼神示意，不可大喊大叫）帮你清理。如果是别人洒了东西，不要表现得大惊小怪，可以悄悄地示意服务人员过来处理，避免引起他人尴尬。

7. 餐具掉到地上

假如不小心把餐具，如筷子、刀叉等掉到地上，最恰当的方式是示意服务人员来处理，为你更换新的餐具。

8. 餐具看起来不干净

如果还没有开始用的杯子或餐具看起来不干净，则当服务人员过来时，悄悄地告诉他再换一套干净的就可以了。

9. 看到别人脸上有饭粒

如果看到别人脸上有饭粒，一般应巧妙地引起他的注意，用食指轻触自己脸上相对应位置提醒其注意，而不可以用惊讶的或过分夸张的眼神示意"你脸上有东西"。为了避免自己

也出现这种尴尬，宜经常用餐巾轻擦脸部。

六、自助餐礼仪

如前所述，自助餐是一种不排席位，且由来宾自取，来宾可以自由进餐的会餐方式。自助餐也要求遵守相应的餐饮安排规范和进餐礼仪。

（一）自助餐的安排

自助餐的安排指的是自助餐的筹办者在筹办自助餐时的规范性做法，包括就餐的时间、就餐的地点、食物的准备、客人的招待四个方面的问题。

1. 就餐的时间

在商务交往之中，自助餐大都被安排在各种正式的商务活动之后。

根据惯例，自助餐的用餐时间不必进行正式的限定。只要主人宣布用餐开始，大家即可动手取餐。用餐者只要自己觉得吃好了，在与主人打过招呼之后，随时都可以离去。通常，自助餐是无人出面正式宣告其结束的。

2. 就餐的地点

自助餐的就餐地点要求它既能容纳下到场就餐之人，又能为其提供足够的交际空间及宜人的环境。

3. 食物的准备

自助餐为就餐者所提供的食物，应既有其共性又有其个性。

它的共性在于，为了满足就餐者的不同口味，应当尽可能地使食物品种丰富多样；为了方便就餐者进行选择，同一类型的食物应集中摆放。

它的个性则在于，在不同的时间或是款待不同的客人时，食物可在具体品种上有所侧重，可以分别以冷菜为主、甜品为主、茶点为主、酒水为主。除此之外，还可酌情安排一些时令菜肴或特色菜肴。

具体来讲，一般的自助餐所供应的菜肴大致应当包括冷菜、汤、热菜、点心、甜品、水果及酒水等几大类型。在准备食物时，务必要注意保证供应充足。同时，还须注意食物的卫生及热菜、冷饮的保温问题。

4. 客人的招待

招待好客人，是自助餐主办者的责任和义务。要做到这一点，必须特别注意下列环节。

（1）照顾好主宾。不论在何种情况下，主宾都是主人重点照顾的对象，在自助餐中，也不例外。在用餐时，主人对主宾所提供的照顾，主要表现在陪同其就餐、与其进行适当的交谈、为其引见其他客人等。只是要注意给主宾留下一点供其自由活动的时间，不要始终伴随其左右。

（2）要充当引见者。作为一种社交活动的具体形式，自助餐自然要求其参加者主动进行适度的交际。在自助餐进行期间，主人一定要尽可能地为彼此互不相识的客人多创造一些相识的机会，并且积极为其牵线搭桥，充当引见者，即介绍人。

（3）要安排服务者。小型的自助餐，主人往往可以同时充当服务者。但是，在大规模的自助餐中，显然是不能缺少专人服务的。在欧美的主要国家，自助餐上的侍者须由健康而敏捷的男性担任。他的主要职责是：为了不使来宾因频频取食而妨碍了同他人所进行的交谈，而主动向其提供一些辅助性的服务。

（二）用餐礼仪

所谓用餐礼仪，在此主要是指在以就餐者的身份参加自助餐时所需要具体遵循的礼仪规范，主要涉及以下八点。

1. 要排队取菜

在就餐取菜时，大家都必须自觉地排队。不允许乱挤、乱抢、乱插队，更不允许不排队。在取菜之前，先要准备一只食盘。轮到自己取菜时，应用公用的餐具将食物装入自己的食盘之内，然后应迅速离去。

2. 要循序取菜

取菜时一般的顺序应当是冷菜、汤、热菜、点心、甜品和水果。因此在取菜前，最好先在全场转上一圈，了解一下情况，然后再去取菜。

3. 要量力而行

在根据本人的口味选取食物时，必须量力而行，切勿浪费。

4. 要多次取菜

用餐者选取每一种菜肴时，每次应只取用一点，待品尝后觉得适合自己的口味，可以再次去取。

5. 要避免外带

所有的自助餐，只允许用餐者在用餐现场享用，而不允许用餐完毕之后再携带食物出门。

6. 要送回餐具

用餐者在用餐结束之后，要自觉地将餐具送至指定位置。

7. 要照顾他人

在排队、取菜、寻位及食用期间，对于其他用餐者要主动加以谦让，不要目中无人、蛮横无理。

8. 要积极交际

一般来说，去吃自助餐时，相关人员必须明确，吃东西往往属于次要之事，而与其他人进行适当的交际活动才是自己最重要的任务。在自助餐上，交际的主要形式是几个人聚在一起进行交谈。为了扩大自己的交际面，在此期间不妨多与一些人交谈。

介入陌生的交际圈，大体上有三种方法：其一，请求主人或圈内之人引见；其二，寻找机会，借机加入；其三，毛遂自荐，自我介绍后加入。千万记住，介入一个陌生的交际圈时，唐突地硬闯进去通常不会受到欢迎。

七、工作餐礼仪

（一）工作餐安排

工作餐安排，主要指在工作餐进行之前的有关准备事项，主要应由东道主一方负责。它主要分为目的、时间及地点等三个具体问题。

（1）目的。主动提议与他人共进一次工作餐，提议者大都心中有数，意欲借此机会来实现自己的某种目的。

（2）时间。举行工作餐的具体时间，原则上应当由工作餐的参与者共同协商确定。有时，亦可由做东者首先提议，并且征得参与者的同意。按照惯例，通常认为举行工作餐的最佳时间是中午的 12 点钟或下午 1 点钟左右。若无特殊情况，每次工作餐的进行时间以一个小时左右为宜，至多也不宜超过两个小时。当然，若是届时有要事尚未谈完，而大家一致同意，适当地延长一些时间也未必不可。

（3）地点。根据惯例，举行工作餐的地点应由主人选定，客人们则应当客随主便。具体而言，举行工作餐的地点可有多种多样的选择。饭庄、酒楼的雅座，宾馆、俱乐部、快餐店等，都可予以考虑。不过从总体上讲，选定工作餐的具体地点时，应当主要兼顾主人的主要目的与客人的实际情况。

（二）工作餐的招待

作为主人须负责以下几件事情。

（1）要负责通知客人。依照常规，应由主人负责将工作餐相关的时间、地点、人员、议题等通知给其他人员。对于重要人士，必须由主人亲自相告。

（2）要负责餐厅订座。前往一些有名的餐馆举行工作餐，通常需要提前预订座位，此事应由主人负责。

（3）要负责迎候客人。商务礼仪规定，举行工作餐时，主人必须要先于客人抵达用餐地点，以迎候客人们的到来。正常情况下，主人应当至少提前十分钟抵达用餐地点。稍事休整之后，即应在适当之处恭迎客人的到来。一般认为，除餐馆的正门之外，预订好的餐桌旁、餐馆里的休息室，以及宾主双方提前约好的会面地点，都是迎宾的适当之处。假定主人因故不能提前抵达用餐地点迎候客人，则最好委托专人代表自己前往。必要时，主人还须说明原因，并为此向客人致歉。不管怎么说，客人准时抵达后而无人迎候，都算是主人的失礼。

（4）要负责餐费结算。根据常规，工作餐的结算应当由主人负责。在就餐结束后，由主人自掏腰包，负责买单付账。得体的做法是，主人应当先与侍者沟通，独自前往收款台结账，或是在自己送别客人之后，再回过头来结账。尽量不要让侍者当着客人们的面口头报账，更不能让侍者将账单错递到客人手里。

（三）进餐礼仪

参加工作餐时，宾主双方都有一些需要通晓的注意事项，主要包括以下四条。

1. 就餐的座次要注意

鉴于工作餐是一种非正式的商务活动，所以对其座次可由就餐者自由选择。不过出于礼貌，主人不应率先就座，而是应当落座于主宾之后。主人宜坐的位置，如接待外宾，则在主宾之左或者其正对面。主人与主宾若是同性，则双方就座时根据具体情况可有较多的选择；主人与主宾若为异性，则双方最好是对面而坐。

2. 菜肴的选择应相对简单

与宴会、会餐相比，工作餐仅求吃饱，而不刻意要求吃好。因此，工作餐的安排，应以简单为好。根据常规，工作餐的菜肴安排应当由东道主负责。然而东道主若要表现得称职，则在具体安排菜肴、饮料时，最好还是先同其他人，特别是主宾，协商一下为好。最重要的是要主动回避对方的饮食禁忌。出于卫生方面的考虑，工作餐应该采取"分餐制"的就餐方式。

为了不耽误工作，工作餐应将烈性酒排除在外。同时，全体就餐者还须自觉禁烟。

3. 席间的交谈要及时

举行工作餐时，讲究的是办事与吃饭两不耽误。所以，在为时不多的进餐期间，宾主双方所拟进行的有关实质性问题的交谈，通常开始得宜早不宜迟。不要一直等到大家都吃饱喝足了，方才正式开始交谈。那样一来，时间往往不太够用。

4. 用餐的终止要适时

工作餐必须注意适可而止。依照常规，拟议的问题一旦谈妥，工作餐即可告终。在一般情况下，宾主双方均可首先提议终止用餐。主人将餐巾放回餐桌之上，或是吩咐侍者来为自己结账；客人长时间地默默无语，或是反复地看表，都是在向对方发出"用餐可以到此结束"的信号。只是在此问题上，主人往往需要负起更大的责任。尤其是在客人需要"赶点"去忙别的事情，或者宾主双方接下来还有其他事要办时，主人更应掌握好时间，适时地结束用餐。

第四节　宴会结束时的礼仪

在正式的宴请中，宴会结束后主人还常常用茶、咖啡或水果等招待来宾。这样既可以进一步增进感情，也可以使宾主在比较轻松的环境里进行沟通和交谈。

一、饮茶礼仪

茶是中国人最喜爱的饮料，亦为外宾所乐于接受。茶水虽然物美价廉，但饮茶却是一种文化。在家里、办公室里接待来访者，茶水是必备的。有时还可专门举行茶会招待来宾。

为客人沏茶之前，要先洗手，并洗净茶杯或茶碗。要特别注意茶杯或茶碗有无破损或裂纹，残破的茶杯或茶碗是不能用来待客的。另外，还要注意茶杯或茶碗里面有无茶锈，如果有一定要清洗干净。茶具以陶瓷制品为佳。

不能用旧茶或剩茶待客，必须沏新茶。可以事先征求客人意见喝哪种茶。就接待外宾而言，美国人爱喝袋泡茶，欧洲人爱喝红茶，日本人则爱喝乌龙茶。

茶水不要沏得太浓或太淡，每一杯茶斟得七成满就可以了。正规的饮茶，讲究把茶杯放在茶托上，一同敬给客人，杯把要放在左边。要是饮用红茶，可事先准备好方糖，请客人自取。茶水可以多准备上一两杯，因为可能还会有后到的客人。喝茶时，不允许用茶匙舀着喝，茶匙应从杯中取出。

上茶时，可由主人向客人献茶，或由招待员给客人上茶。主人给客人献茶时，应起立，并双手把茶杯递给客人，然后说一声"请"。客人也应起立，以双手接过茶杯，道以"谢谢"。添水时亦应如此。由招待员上茶时，要先给客人上茶，不允许先给主人上茶。若客人较多，应先给主宾上茶。

视野拓展

喝茶暗语，你知道多少？通过资料《喝茶门道多：千万别在喝茶的时候失礼》能够让你了解平时不知道的一些茶礼仪。

如果用茶水和点心一同招待客人，则应先上点心。点心应给每个人上一小盘，或几个人上一大盘。点心盘应用右手从客人的右侧送上。待其用毕，即可从右侧撤下。

不论主人还是客人，都不应大口吞咽茶水，或喝得咕咚直响，而应当慢慢地一小口一小口地仔细品尝。遇到漂浮在水面上的茶叶，可用杯盖拂去，或轻轻吹开，切不可用手从杯里捞出来扔在地上，也不要吃茶叶。

西方常以茶会作为招待宾客的一种形式。茶会通常在下午 4 点左右开始，设在大厅之内。准备好座椅和茶几就行了，不必安排座次。茶会上除饮茶之外，还可以上一些点心或风味小吃。我国有时也以茶会招待外宾。

我国旧时有以再三请茶作为提醒客人应当告辞了的做法，因此在招待老年人或海外华人时要注意，不要一而再、再而三地劝其饮茶。

二、饮用咖啡的礼仪

正式的西式宴会，一般在结束的时候都会安排咖啡及红茶以备不同爱好的人士选用。下面主要就咖啡饮用的数量、饮用咖啡的礼仪及饮用的方法加以简单介绍。

1. 饮用的数量

在正式场合饮用咖啡与日常生活中饮用咖啡是有区别的。此时咖啡更多的是作为一种交际的手段，而不仅仅是一种饮料。因此在饮用时不宜过多，一杯即可，一般情况下不可超过三杯。同时在饮用时，要小口慢慢地喝，不可当作解渴的饮料，一饮而尽，以免贻笑大方。喝时不要发出声音，一杯咖啡能延续整个谈话过程。

2. 饮用咖啡的礼仪

饮用咖啡时通常佐以牛奶、糖、坚果碎等，可根据个人爱好自己动手选用。一般情况下，不要主动为他人添加咖啡配料。另外，在添加配料的时候要小心行事，尽量避免将配料等洒到桌子上，添加后搅拌动作要轻柔，尽量不要使搅拌匙与杯壁碰触而发生声响。

3. 饮用的方法

（1）正确的持杯姿势。盛放咖啡的杯碟都是特制的，它们应当放在饮用者的正面或者右侧，杯耳应指向右方。一般用右手的拇指与食指握住杯耳，再轻缓地端起杯子。不可用手拿其他部位，如杯身、杯口。在正式场合，咖啡杯都是放在碟子上一起端上桌的。咖啡杯托盘的作用是用来放置咖啡匙，并接收溢出杯子的咖啡。是否应该在饮用咖啡时将托盘一并端起不可一概而论。如果是坐在桌前饮用咖啡，一般就不用端起托盘，但如果一边走动一边饮用就需要端起托盘。

（2）搅拌匙的使用。搅拌匙是用来搅拌咖啡的，不是用来舀咖啡喝的，搅拌过咖啡的匙子，应该顺着杯子的内缘，将咖啡的汤汁刮掉，然后放于靠近自己身体的内侧，也可以放在托盘的对侧。千万不能因为咖啡很烫，就用汤匙舀着喝，也不能用嘴吹咖啡。

外交场合常常为女宾举办咖啡宴，作为夫人们彼此结识的一种有效的形式。若咖啡宴于上午 11 时举行，则客人们应于 12 时之后离开。

在家中请人饮用咖啡时，通常安排在下午 4 时以前，一般不用速溶咖啡。

饮咖啡是一种文化，只有讲究礼节，才能体味它的意韵。

三、吃水果的礼仪

在宴会上请客人吃水果时，通常应准备一种以上的水果，这样客人们会有一个选择余地。水果应洗净后装入水果盘内端到桌子上。不要主动为客人削、剥水果，这样做并不卫生。拿着削好、剥好的水果硬逼着客人吃也不太礼貌。

在正式场合，端上水果的同时，应备好水果刀或成套的水果餐具。不论是水果刀还是成套的水果餐具，都要求绝对干净。

在涉外活动中，禁止直接用手拿着水果吃。吃苹果和梨时，应用水果刀将其切成 4 至 8 瓣，去掉皮、核后，再用叉取食。还有一种吃法，是先将苹果或梨竖放在盘中，沿着纵向切下一角，先去掉核，然后用叉子叉住，再去皮，切成小块食用。吃李子时，可先用手将其掰开，去核后再吃。杏、桃一类的水果以水果刀去皮、核后，应分为适当的小块食用。香蕉可先剥皮，用刀切成小块吃，也可先用刀切除两端，将皮剥去后，再切成片或段食用。橘子、荔枝可用手去皮后吃。橙子可用刀去皮后切成块吃。吃葡萄不可整串拿着吃，而应用手一颗一颗揪下来吃。吃这类带核的水果，要用手遮着嘴吃，以便把果核吐在手中或匙中，然后放在果皮盘里。

在宴请活动中，只有主人才有权利表示筵席结束。只有主人首先从座位上站起，宾客们才能随之起立。在主人和主宾离开座席后，其他宾客才能随之离开。如果是家宴，则至少要在饭后停留一刻钟左右才可告辞，吃完饭马上离去是不礼貌的。

主人应在门口为宾客送行。如果是家宴，主人应把宾客送到楼下道别。一般情况下，道别的顺序是男宾先向男主人道别，女宾先向女主人道别，然后再交叉道别。

客人应向主人致谢，感谢主人的盛情款待，称赞主人的周到安排和精美菜肴。无论您参加的宴请多么乏味，道别时都不要向主人流露出厌倦或不悦，否则是失礼的。

📖 **本章小结**

宴请是社交活动中常见的交际形式之一，它可以创造亲切、友好、融洽的交际氛围，尤其在饮食文化历史悠久的中国，它是沟通情感、密切人与人之间商业合作关系的重要手段。宴请的礼仪程序从组织宴请开始，就需要精心设计，包括宴请的种类、规格、范围、时间等，并根据实际情况的需要提前发出邀请。比较大型的宴会场所，需要根据中、西餐的不同要求，对桌次和座次进行必要的、准确的排列；餐桌上餐具的摆法也有讲究；无论是中餐还是西餐，无论出席酒会还是宴会、冷餐会，进餐时都要遵从一定的规范；餐具的使用也不能太随意，特别是西式餐具，有刀、叉、勺、匙、碟等多种，更应遵循各种约定俗成的使用方法，避免在宴会场合失礼。

除了正式的宴请，在主办或参加自助餐和工作餐时，同样要遵守各种礼仪规范的要求。

思考与训练

一、复习思考

1. 宴请客人时应如何点菜?

2. 应如何正确地使用筷子?

3. 中式宴会上饮酒和祝酒时要注意哪些问题?

4. 西餐上菜的次序是什么?

5. 西餐进餐的礼仪包括哪些?

6. 自助餐的礼仪注意事项有哪些?

7. 工作餐的礼仪注意事项有哪些?

二、案例分析

国宴标准

国宴标准四菜一汤是新中国成立初期制订的国宴标准,一直沿用至今。

第 29 届夏季奥林匹克运动会主办方款待出席开幕式的五大洲贵宾的正餐包括一道冷菜、一份汤和三道热菜,餐后甜品是一道点心和一道水果冰淇淋。当时的冷菜——宫灯拼盘,其外观设计取意于中国古典华美宫灯,三道热菜分别是中西合璧的荷香牛排、人民大会堂为奥运专门设计的鸟巢鲜蔬和酱汁鳕鱼,汤为瓜盅松茸汤。北京烤鸭则被作为额外小吃向客人们提供。席间,每一位宾客面前都有一个餐盘,餐盘两侧放置着三套刀叉、一把汤勺,另有三个高脚玻璃杯一字排开置于餐盘前方,左边外侧还有一个面包盘和一把黄油刀,除了最右侧那双筷子以外,一切都依照标准的西餐礼仪要求进行安排。刀叉、汤勺俱为金色,盘子、碟子烙着国徽并镶有金边,整套餐具在灯火辉煌中显得愈发金光灿灿。

问题:(1)国宴标准"四菜一汤"体现了怎样的宴请原则?

(2)中西合璧的宴请有什么特点?

三、课外实践

1. 请同学们结合所学知识拟定一份中餐宴会活动的策划方案。

2. 根据中西餐礼仪,分别设计中餐时圆桌的座次,以及西餐中主人夫妇宴请宾客夫妇等人的长条桌的座次,并画图。

第九章 馈赠礼仪

【学习目的与要求】

社交活动中的馈赠是人际交往的必要环节，礼尚往来能够促进双方的深度交往，通过本章的学习应掌握社交中馈赠礼仪的原则和技巧。

【关键概念】

馈赠　礼物　原则　禁忌　技巧

第一节　馈赠原则

案例

一束鲜花的成与败

天强贸易公司的一位客户经理手捧一束非常精美的鲜花去看望一位生病的爱慕虚荣的客户，在距离客户住的地方约 500 米处便开始挨户询问："我是天强贸易公司的客户经理，请问张强先生住在哪？"对方虽然回答不知道，但是都在想，"天强贸易公司在给他们的客户送礼。"由于这条街上所有的人都知道了，事情很快就传到这个爱慕虚荣的客户耳朵里，他觉得很有面子，非常高兴，与天强贸易公司的交往也更加密切，该客户经理达到了送礼的目的。另外一位客户经理听说后，也采取同样的方式，捧着很大一束鲜花去拜访一位生病的客户。他在离客户 1 千米的地方便开始向人询问客户的住址。但送去后，非但没起到好的效果，反而使客户与公司断绝了关系，原来这个客户所在的公司由于在市场上占据垄断地位，为防止员工以权谋私，明文规定员工不得收受任何礼品。

点评：赠礼是人际交往中表达友情、敬重和感激别人常用的礼仪形式，但应用的时间、地点、场合及对象不同，效果也会截然不同。案例中送礼的对象不同，第一种送礼是对客户的关心，让客户有一种自豪感；第二种送礼让客户有受贿的嫌疑，且过于张扬，有损客户及其公司的形象。

馈赠也称赠送，一般是指将自己的财物无偿地送给别人。馈赠礼品是人际交往中一种表达友情、敬重和感激别人常用的礼仪形式，其目的在于沟通感情和保持联系。一份适宜的礼品，可以表达对他人的尊重、祝愿、关心、慰问、喜爱、谢意等。馈赠作为社交活动的重要手段之一，是用语言文字表达情意的一种辅助。礼尚往来，自古就是我们中华民族的优良传统，至于有人借收受礼品进行敲诈、勒索、贿赂等则是对这一方式的不正当的运用。

送礼之人都希望自己所送礼品能够寄托情感和表达心意，进一步加深双方关系。然而，有时赠送礼品不当非但达不到这种目的，反而还会事与愿违。因此，认真研究和把握馈赠的基本原则，是馈赠活动得以顺利进行的重要前提条件。

一、轻重得当原则

馈赠礼品须轻重得当，一是须考虑环境条件要适宜，二是须考虑送礼和受礼人之间的关系程度。通常情况下，礼品的轻重往往是衡量馈赠一方的诚意和情感程度的重要标志。然而礼品的轻重与其价值含量并不总成正比。因为礼物是言情、寄意、表礼的，它仅仅是人们情感的寄托物，人情无价而物有价，有价的物只能寓情于其身，而无法等同于情。

"千里送鹅毛"的故事在中国妇孺皆知，被标榜为礼轻情意重的楷模和学习典范。"折柳相送"也常为文人津津乐道，因为柳的寓意有三，一为表示挽"留"，二因柳枝在风中飘动的样子如人惜别的心绪，三为祝愿友人如柳，能随遇而安。在这里，这些礼物本身的价值的确是很轻的，对于受礼人来说甚至是微乎其微的，然而它所寄寓的情意却是浓厚的。

社交中"礼"的轻重把握尺度，视具体情况而定。除非是有特殊目的的馈赠，其他馈赠礼物的贵贱厚薄都应以对方能愉快接受为尺度。

商务、公务场合，礼物宜薄宜精，避免留下行贿嫌疑。

案例

"千里送鹅毛，礼轻情意重"的由来[①]

唐朝时，云南土官缅氏为表示对唐王朝的拥戴，派特使缅伯高向唐太宗进献天鹅。路过沔阳湖时，好心的缅伯高把天鹅从笼子里放出来，想给它洗个澡。不料，天鹅展翅飞向高空。缅伯高急忙伸手去捉，但还是让天鹅飞走了，他只扯得几根鹅毛。缅伯高急得顿足捶胸，号啕大哭。随从们劝他说天鹅已经飞走了，哭也没有用，还是想想补救的办法吧。缅伯高一想，也只能如此了。

到了长安，缅伯高拜见唐太宗，并献上礼物。唐太宗见是一个精致的绸缎小包，便令人打开，一看是几根鹅毛和一首小诗。诗曰："将鹅贡唐朝，山高路遥遥。沔阳湖失去，倒地哭号号。上复唐天子，可饶缅伯高。礼轻情意重，千里送鹅毛。"唐太宗感觉莫名其妙，缅伯高随即讲出事情原委。唐太宗不但没有怪罪他，反而认为缅伯高忠诚老实。

二、时机适宜原则

就馈赠的时机而言，及时、适宜是最重要的。社交中很讲究"雨中送伞""雪中送炭"，即十分注重送礼的时效性，因为只有在最需要时得到的才是最珍贵、最令人难忘的。一般

① 编辑注：本故事梗概见载于明朝徐渭所编《路史》，各方转载细节、诗文略有差异，编辑未仔细考证。

来说，贵在及时，超前滞后都达不到馈赠的目的；"门可罗雀"和"门庭若市"时，人们对馈赠的感受会有天壤之别。所以，对处境困难者的馈赠，其所表达的情感就更显真挚和高尚。

三、效用性原则

同一切物品一样，当礼以物的形式出现时，礼物本身也就具有了价值和使用价值。就礼品本身的使用价值而言，人们经济状况不同、文化程度不同、追求不同，对于礼品的实用性要求也就不同。一般来说，物质生活水平的高低，决定了人们精神追求的高低，在物质较为贫乏时，人们多倾向于选择实用性的礼品，如食品、水果、衣料、现金等；在生活水平较高时，人们则倾向于选择艺术欣赏价值较高、趣味性较强、具有思想性和纪念性的物品为礼品。因此，应视受礼者的物质生活水平，有针对性地选择礼品。

案例

送礼的真谛

美国作家欧·亨利在其著名的小说《麦琪的礼物》里讲了这样一个故事：一位妻子十分想在圣诞节来临时送给丈夫一份礼物，她盼望能买得起一条表链，以匹配丈夫祖上留下的一只表。因为没有钱，于是她把自己秀丽的长发剪下来卖了。圣诞之夜，妻子对丈夫献上了自己的礼物——一条精美的表链。丈夫也在惊愕之中拿出了他献给妻子的礼物，竟是一枚精致的发卡。原来，丈夫为给妻子买礼物把自己的表卖了。这时，他们紧紧地拥抱在一起，彼此的爱成为这个圣诞之夜唯一的却是最珍贵的礼物。

点评：这对夫妻送给对方的礼物，在此时似乎已毫无效用，然而并非如此，他们的爱不仅因此而得到了升华，而且如此一来还激发了他们战胜困难、追求幸福的决心和意志。有这样的情和爱，世上还有不可克服的困难和不可逾越的生活难关吗？

四、投好避忌原则

由于民族、生活习惯、生活经历、宗教信仰及性格、爱好的不同，不同的人对同一礼品的态度是不同的。因此，我们要把握住投其所好、避其禁忌的原则，在这里尤其强调要避其禁忌。禁忌是一种不系统的、非理性的、作用极大的心理和精神倾向，对人的活动影响极为重要。当自己的禁忌被冒犯时，无论对方是有意的还是无意的，心中的不快不满甚至愤恨都是不言而喻的。当我们冒犯了别人时，就会引起纠纷，甚至冲突。所以，馈赠前一定要了解受礼者的喜好，尤其是禁忌。例如，中国人普遍有"好事成双"的说法，因而凡是大贺大喜之事，所送之礼，均好双忌单，但一般情况下忌讳"4"这个数字，因为"4"和"死"发音相近，是不吉利的。再如，白色有纯洁无瑕之意，但中国人比较忌讳，因为在中国，白色常是悲哀之色和贫穷之色；同样，黑色也被视为不吉利，是凶灾之色、哀丧之色；而红色，则是喜庆、祥和的象征，受到人们的普遍喜爱。另外，我国人民还常常讲究给老人不能送"钟"，给夫妻或情人不能送"梨"，因为"送钟"与"送终"，"梨"与"离"谐音，都是不吉利的。

第二节　馈赠礼品的选择及包装

用"心"来选择礼品

国际著名影星奥黛丽·赫本十分爱狗。多年来一直豢养着一只名叫杰西的长耳罗塞尔种的小猎犬。白天，杰西那无忧无虑和温柔的品性，令赫本感到平和亲昵，夜晚杰西暖融融地依偎在赫本的脚旁，伴她入睡。然而，有一天，杰西误吃了毒药，很快就死了。赫本爱犬心切，竟无法控制自己的悲伤，一连数日，终因悲伤过度而一病不起。这时，她的朋友克里斯多夫·格里文森托人给她送来了一只长耳罗塞尔狗，它叫彭妮，小巧玲珑，毛色白亮，十分可爱。彭妮给了赫本无限的慰藉，赫本说："彭妮不仅使我恢复了健康，也赐给我无限的幸福，它真是来自天堂的宝贝。"

点评：礼品的选择要用"心"。要了解受礼者的喜好及需求。只有用"心"选择的礼品才能够打动对方，让受礼者感动，达到送礼的目的。

一、礼品的选择

选择礼品时，要注意礼品是否合适。一般来说，送礼是为了表示对他人的祝贺、感谢、关怀、安慰、鼓励和思念等心情，是为了让受礼者因此而愉快幸福，从而增进彼此的感情。礼品选择的共同标准是：无论送礼给谁，都要了解对方的兴趣、爱好，要从对方的立场出发，去精心挑选和精心制作。价格不一定昂贵，既能投其所好，又能让礼品真正表达你的心意，最好是出乎受礼者意料，但又是他向往已久的礼品，这才是最成功的礼品。一般来说，对家贫者，以实惠为佳；对富裕者，以精巧为佳；对恋人、爱人，以纪念性为佳；对朋友，以趣味性为佳；对老人，以实用为佳；对孩子，以启智、新颖为佳；对外宾，以特色为佳。

（一）礼品选择注意事项

总体来说，选择礼品时要注意以下三个方面的问题。

1. 要选择对受礼者有使用价值的礼品

我国传统的送礼习惯是送水果、食品、衣料及现金等，雅俗贵贱常以礼品本身的价值和使用价值来衡量。西方人在送礼时，常选鲜花、工艺品、首饰及书籍等，是以艺术价值、知识价值及精神价值为尺度来衡量的。

2. 选择的礼品价值不要太高

俗话说"礼轻情谊重"，送礼不一定要送价值很高的礼品。礼品的价值太高，会给送礼者造成经济上的压力，同时也会给受礼者带来思想负担。

3. 选择礼品应适时、适地、适俗

要针对不同的目的、不同的受礼对象选择不同的礼品。结婚礼物一般宜选择家庭用品、床上用品、餐饮具或字画等，若用礼金代替礼品，可在封套上写明"贺仪""恭贺"等字样，以示庄重并表心意。生子贺礼一般宜选婴儿用品，如婴儿衣服、鞋帽、玩具、食品、生肖纪念章或给产妇的滋补营养品等。生日礼物，一般给长辈做寿宜选寿糕、营养品或衣服等。夫妻生日宜送鲜花、化妆品、饰品、领带等。朋友生日宜选工艺品、学习用品、鲜花等小件礼品。节日礼物一般应根据不同的节日选择不同的礼品，春节送腊味、礼盒，端午节送粽子（台湾地区不宜），中秋节送月饼，情人节送玫瑰花、巧克力等。探望病人宜送食品、滋补品、水果、鲜花等。丧礼可选送花圈、挽联或"帛金"（即金钱）等。升学贺礼宜送书籍、学习用品、生活用品等。乔迁贺礼以送字画、镜屏、工艺品、家庭装饰品为佳。

📕 课堂训练

假设马上就是你客户的生日，请从鲜花、手机、衣服、羽毛球拍四件物品中选择最合适的礼物送给她（扫描右侧二维码可查看作者意见）。

（二）鲜花

鲜花是一种高雅的馈赠礼品，相较其他礼品有一定的特殊性，下面单独对其进行介绍。

1. 注意花语

"花语"表示花的寓意，各国、各地不完全一致，下面仅就一般常见的寓意进行介绍。

鲜花成为馈赠礼品，除了其自身的先天条件比较优越之外，还有一个重要的因素，那就是人们往往借助于鲜花来抒发情怀，并且给鲜花附加了种种美好的寓意。如春日的兰花象征高雅不俗，夏季的荷花象征自尊自爱，秋天的菊花象征坚贞顽强，冬时的梅花象征无私无畏。在南宋诗人陆游与唐婉的爱情故事中，称秋海棠为"断肠红""相思红"，因而，此后就用秋海棠表示苦恋、苦苦追求。鲜花的寓意，是送花时特别要注意的一个问题。鲜花的寓意是指按照人们的一般看法，某一种鲜花依其品种、色彩、数目、搭配的不同而表示的特定含义也不同，若不了解则可能会有失礼的情况发生。

一般向老人祝寿，长春花表健康长寿，桃花表长寿幸福，水仙花祝吉祥如意，兰花寄寓正气长存，送晚香玉赞壮心不已。

送别亲友、恋人，万年青表友谊长存，芍药表惜别之情。

送遇到困难或取得成绩的友人，山茶花表拼搏，鹤望兰象征胜利，木棉花象征英雄，杜鹃花祝前程万里。用表示勤勉的红丁香、表示谨慎的鸟不宿和表示战胜困难的菟丝子组合而成的花束，表示"君如奋斗，必将成功"。

探望病人可送表示温馨祝福的康乃馨搭配满天星，意为"把祝福带在身边"。

与师长告别，送满天星，表示纯真和幸运。

与恋人约会，送玫瑰表示求爱，蔷薇花表示热恋，丁香花象征对爱情坚贞不渝。

送新婚朋友，玫瑰或海棠花表示"祝君新婚快乐"，并蒂莲表示"祝夫妻恩爱、白头偕老"，香味月季表示"爱情

🏅 视野拓展

为了更好地在人际交往中使用鲜花这种礼物，推荐扫描二维码了解花语，以便在社交中能更好地运用鲜花礼仪。

永远不衰"，牡丹花表示"祝愿家庭幸福美满"。

迎接客人，紫藤表示主人热情好客，木棉花表示对英雄的敬重。

向钟情的恋人表示爱情，第一次送红冠花——我爱你，第二次送红郁金香——正式求爱，第三次送紫丁香——初恋阶段，进一步感情融洽时送红蔷薇花——我爱你。

送一束玫瑰花——求爱，对方同意时回送玉兰花——接受求爱，拒绝求爱回送康乃馨。

2. 送花时应注意的礼节

（1）花束不要去掉包装。

（2）一束鲜花数量应以单数为宜。因为在西方，人们认为大自然是不平衡的。中国在喜庆活动中，送花可以送双数，意为"好事成双"；在葬礼上则要送单数，以免"祸不单行"。

（3）拜访时一般不要送菊花。菊花在法国、意大利、比利时等国家主要表示哀悼。

（4）不送干花、塑料花。

二、礼品的包装

图 9.1　礼品包装

送人的礼品一定要有精美的包装。没有包装的礼品是失礼的，受礼者会有被轻视感。美观的包装，有时会比礼物本身更能给人留下深刻的印象。而对礼品的精心包装，又能进一步显现出馈赠的情谊。

凡是送人的礼品，即使原来有包装盒或包装袋，也要再包上包装纸，并且一定要用礼品纸包装，用彩色丝带系一个漂亮的蝴蝶结或梅花结，如图 9.1 所示，有时还可在礼品包装上别一朵鲜花。最好再自己做一张小卡片，写上相应得体的话语。

包装礼品前一定要把礼品的价签取掉，如果很难取，则应把价格涂掉。易碎的礼品一定要装在硬质材料的盒子里，然后填充防震材料，如海绵、泡沫等，外面再用礼品纸包装。礼品最好有彩色包装，要从色彩、图案等方面选择合适的礼品纸，一般选用花色、彩色纸，不选用纯白、纯黑色包装纸。要注意有些国家和民族的人对色彩与图案有不同的理解。如用彩带扎花，可以系上漂亮的蝴蝶结、梅花结等，但不能结出"十字"状，注意日本人不喜欢"蝴蝶结"。如果礼品是托人转交，为了保证受礼人知晓礼品的来源，可以在礼品包装好后，把送礼人的名片放在一个小信封中，粘贴在礼品的包装纸上。

第三节　馈赠的方法

一、赠送礼仪

要使交往对象愉快地接受馈赠，并不是一件容易的事情。因为即使你是在馈赠原则指导之下选择了礼品，如果不讲究馈赠的艺术和礼仪，也很难使其成为社会交往的有益手段，甚至还会适得其反。

1. 赠礼方式及言语表达

送礼一定要公开大方。把礼品不声不响地丢在某个角落然后离开是不适当的，这样不仅达不到馈赠的目的，甚至还会适得其反。只有那种平和友善的态度和落落大方的动作，并伴有礼节性的语言表达，才是双方都能共同接受的。

礼品一般应当面赠送。参加婚礼或送别可预先送去。祝贺生日、赠送年礼，可派人送上门或邮寄上门，并随礼品附上送礼人的名片；也可书写贺词，装在大小相当的信封内，信封上写清楚受礼人姓名（不写地址）。如果是会谈、会见等活动，一般都由最高职位的人代表本单位向对方人员赠送礼品，赠送应从地位最尊的人开始，同一级别的人员中应先赠女士后赠男士、先赠年长者后赠年少者。赠送礼品应双手奉送，或者用右手呈交，避免用左手。

碰到对方拒收时，如果赠送的礼品确实没有贿赂之意，则应大胆坚持片刻。如果对方坚持拒收，则可能确实有不能接受的理由，不能一再强求，也不应表现出不高兴的情绪。

与中国人送礼不同，国外送礼有独特之处，一些基本的约定俗成的"规则"主要是：外国人在送礼及收礼时，都很少有谦卑之词。中国人在送礼时习惯说"礼不好，请笑纳"，但外国人认为这有遭贬之感；中国人习惯在受礼时说"受之有愧"等自谦语，而外国人则认为这是无礼的行为，会使送礼者不愉快甚至难堪。另外，当接受宾朋的礼品时，绝大多数国家的人是用双手接过礼品，并向对方致谢。

2. 人多的场合赠送礼品

首先要考虑礼品的数量、礼品发放的范围、礼品的种类。在人多的场合发放礼品，可能会漏掉一些人，因此要格外小心礼品的数量。宁可多备一些，不可少发，否则会出现一些尴尬局面。在人多场合赠送的礼品不宜过于贵重或具有针对个人的倾向，可以双方协商好，只赠主宾，其他客人的礼品另择机赠送。把受礼人的单位或姓名刻在礼品的某个位置，注明赠礼的理由，会使礼品具有更大的珍藏价值。同一个人在前后几次见面时要尽可能分送不同的礼品，否则说明赠礼人缺乏诚意。选择不同的礼品给不同的人是很多国家的习俗，特别是对于不同身份的人给不同的礼品是非常重要的。如果给主人和陪同人员的礼品完全相同，在一些国家会被认为是一种不尊重对方的表现。

二、受礼礼仪

在别人给你赠送礼物时，我们应当注意自己的行为，不能失礼于人。一般来说，可以从以下几个方面着手。

1. 从容接受礼物

在接受对方赠送的礼物时，我们要落落大方地去接受。一般情况下，接受礼品不需过分地推让，大方、愉悦地接受礼物并适当对礼品表示赞赏、表示喜欢是对送礼者最好的回赠和安慰。不要过于推辞，没完没了地说："受之有愧，受之有愧！"以致伤害送礼者的感情。即使送的礼物不合意，也应有礼貌地表示感谢。对不能接受的礼品，要向送礼者说明原因，并婉言相拒；对能接受的礼品，应接受，没必要半推半就。只要不是贿赂性礼品，一般最好不要拒收，那会很驳赠礼人的面子，找机会回礼就可以了。

另外，我们还要注意行为上的礼仪，接受礼物时应双手接礼，然后用右手与对方握手并表示谢意。有些国家的人在接受礼品时有推辞的习惯，但这只是一种礼节，并不代表拒绝。

2. 视情况而定是否当面打开礼物

中国的传统是不当面打开礼物，特别是在比较传统的地方更要注意。但在现代社交活动中，特别是年轻人之间，在接过他人相赠的礼品之后，应尽可能地当面将礼品包装拆开。这表示自已看重对方，同时也很看重获赠的礼品。在启封时，动作要井然有序、舒缓文明，不要乱扯、乱撕、乱丢包装用品，此时，撕破包装纸被认为是粗鲁的举止。但请注意，结婚礼品是不可当场打开的。

当面打开包装欣赏礼品，还可同时请赠礼人介绍礼品的功能、特性、使用方法等，以示对礼品的喜爱。与此同时，应赞美礼品的精致、优雅或实用，感谢赠礼者的周到和细致，并附上感谢之辞（按中国传统习惯，是表明谦恭态度的感谢之辞）。比如，可将他人所送的鲜花捧起来闻闻花香，随后再将其装入花瓶，并置于醒目之处。

礼物是否当面打开要看赠予人的习惯、目的和具体的环境。

3. 要让对方感觉到你的愉快

我们可以说一些悦耳的话或者是令人开心的话来表达自己的喜悦之感。

（1）可以感谢送礼人所花费的心血，如"你能想到我太好了。"

（2）可以感谢对方为买到合适的礼品所付出的努力，如"你竟然还记得我集邮。"

（3）如果你确实喜欢某件礼物，那就明确地告诉对方。

4. 表达谢意

收到礼物后要以书面或其他郑重的形式表示感谢，而不是随便打一个电话了事。这样表示感谢表明你是花了一些心思和时间的，就像送礼人花费时间来挑选礼物一样。在写感谢信时我们要注意以下事项。

（1）感谢信要在收到礼物后几天，最迟两个星期内寄出，写信给长者应尽量快，以示尊重。

（2）如果你同时收到了很多礼物，也必须抽时间尽快向每个人亲自致谢，结婚礼物可除外。

（3）如果送礼的人太多或自己时间太紧，不能及时给每位送礼者写感谢信，那么可以给每位送礼者寄张明信片或发电子邮件，表明已收到了礼物。这是万不得已的办法，稍后有空时仍应写封感谢信。

礼品如果是托人赠送或寄送来的，可通过电话、信函等方式表示谢意。不要在人前炫耀礼品是谁送的，要保持低调，别人问起时可以讲出来。没有特殊的原因不要将礼品转赠他人，这是很不礼貌的行为。

三、回赠礼仪

案例

邻里之间的礼尚往来

为表示友好，甲家用小碗给乙家送了一碗饺子；为了还礼，没过几天，乙家用中碗给甲家送了一碗饺子；来而不往非礼也。于是，甲家过几天给乙家用大碗送了一碗饺子；乙家一看急了，不能失礼呀，于是用盛汤的瓷盆给甲家送了一盆饺子；甲家一看，嘿！不能让人小瞧了！赶紧做了一锅饺子给乙家送去。

点评： 礼尚往来是人之常情，一般情况下是应该你敬我一尺我还你一丈。然而也要适可而止，不可过分没有尺度。而且礼尚往来也不是只有礼物馈赠这一种方式。

一般而言，来客应该赠送礼品，主人则应回礼。回礼的方式可以有很多种，既可以回赠一定物品，也可以用款待对方的方式来代替回礼。如果是回赠礼品，应注意以下几点。

1. 注意回礼的时机

选择回礼的时机与选择赠送礼品的时机要求大致相同。时间要长短适度，如果还礼过早则容易被别人认为是"等价交换"；如果拖延太久，等事情完全冷淡了再还礼效果也不好。

常与外国客户打交道的公司不免要赠送礼品，如探望病人、参加婚礼或生日宴会的时候可送上一束鲜花。相处较长时间的外宾离别时，赠送一两件小纪念品，则是友好、祝愿或者感谢的表示。

（1）在节日庆典中，分别时是最好的回礼时机。

（2）在生日、婚庆、晋级升迁等时候接受的礼品，应在对方有类似的情形或适当的时机再回赠。

（3）收到私人赠送的礼品，回礼时应该有一个恰当的理由和适当的时机，不能为了回礼而不分时间、地点的单纯回送等值物品。一般可在以后登门拜访时还礼。

2. 回赠礼品的技巧

在还礼的时候要选择得体的还礼形式，如果还礼的形式不当，"还"不如"不还"，下面还礼的几个注意事项可以借鉴。

（1）不超值。回礼的价值一般不应超过对方赠送的礼品，否则会给人攀比之感，也不必每礼必回。

（2）每当接受他人的馈赠，都应留心记住其所赠礼物的大致情况，回赠时，以选择类似的物品为宜。

（3）一般，每个人在选择礼物时，总会无意之间选择自己喜欢的物品。因此，回赠对方时，不妨参考一下对方馈赠的礼物，这样较易赢得对方的欢心。

（4）可用某种意在向对方表示尊重的方式来代替，不必非要还礼。这种情况，一般对方也是非常愿意接受的。例如，在受礼后，口头或书面向对方致谢，或者见面时使用对方的赠礼等。

四、回绝礼品的一些技巧

一般情况下，不论你怎样看待收到的这份礼品，最好都表示一下谢意并接受它。当然，有时候有必要拒收礼品。这可能是由于礼品的价格超过了相关规定的限度，也可能是由于你不便接受那个礼品。我们在拒绝对方所赠送的礼品时，应注意以下几个问题。

（一）要及时做出反应

确定拒收的礼品，应该快速高效地退回，一般情况下要在 24 小时之内做出反应。

1. 对善意赠品的处理

如果送礼人是善意的，应向他解释一下将礼品退回的原因，如个人禁忌、相关规定等，并对他表示感谢。

善意的送礼人可能是诚心实意地想挑选一份你喜欢的礼物，却对你个人的禁忌或相关的禁令不了解，比如不知道你对海鲜严重过敏。你并不想因为拒收礼品而让对方难堪，可以很有礼貌地收下礼物，然后将它妥善地处理掉；或者你也可以为将来埋下伏笔："你真是太好了，我对海鲜过敏，不过我的家人会喜欢的。"

如果你需要将礼品退回，可以给送礼人写下这样的回信："感谢你的盛情，不过，由于相关规定不允许我接受这件礼物，我只好将它退还给你。"

2. 对有隐含条件赠品的处理

如果送礼人不怀好意，比如隐含附加条件等，则只需告诉他礼品不合适。为了自我保护，要把退还礼品时写的信复印一份保存，并注明退还礼品的日期及退还方式。

从不怀好意的人手里接受礼品意味着你也接受了其中隐含的条件。你要在拒绝这样的礼品时，委婉地表达出对这种做法的不认同。回信可以简明扼要，如"这件礼物确实不合适，请不要再给我送礼了。"如果对方打来电话，要你作出解释，你可以重申你的想法，或者更具体地作出解释："这件礼物过于亲昵了，我们之间的关系不允许我接受这样的礼物。"如果对方坚持要你收下礼物，那他就太不尊重你了。你只需说"我已经给你解释清楚了"或"我仍然不想接受任何礼物，抱歉。"

一定要把退还礼品时写的信复印一份保存。退礼信可以这样写："我只想让你知道这件礼物超出了相关规定。"

（二）回绝礼品的方法

通常，有以下几种比较礼貌地拒绝礼品的方法。

1. 先收后退法

如果当着很多人的面拒绝别人的礼品，无疑会让对方觉得很尴尬，所以建议在这个时候先将礼品收下，然后再单独将礼品原封不动地退还给送礼人。要注意收下的礼品不能拆封，更不应该使用，要争取尽快送还，否则容易让人误以为你已经收下。老师如果觉得接受学生的礼品不妥，也不要当面拒绝，应先收下礼品，然后通过家长或其他途径退还。

2. 直白法

在公务往来中，如果遇到别人赠送贵重礼品时，可以采取直接告知不能收受礼品的原因的方法来拒绝对方。

3. 委婉法

可以在对方准备送礼时，委婉暗示对方自己无法接受礼品，从而礼貌地拒绝对方。

第四节　馈赠禁忌及外国馈赠习俗

一、馈赠禁忌

馈赠礼品的禁忌有很多，一般来说，最常见的是数字忌和谐音忌，另外还有一些其他禁忌等。

1. 数字忌

在送礼时，要注意一些数字的禁忌，避免出现失礼的情况。如欧美人特别忌讳"13"这个数字，在我国也有人很忌讳它。例如，在很多西方国家，宾馆没有 13 层楼，没有 13 号房间。13 日再遇上星期五，则是西方国家忌讳的"黑色星期五"。据说，英国海军有一次想要破除星期五不详的迷信，故意把一艘新舰命名为"星期五"，在星期五安放龙骨，星期五起航，找一个姓"Friday"的人当船长，结果这艘舰出海之后便杳无音信，一去不返。这虽然只是一个传闻，但是今后若与外国人交往，也要注意他们的这个忌讳。

中国普遍有"好事成双"的说法，因而凡是大喜大贺之事，所送之礼均好双忌单。但多数中国人忌讳"4"，不仅我国，"4""9"也是日本人、朝鲜人忌讳的。

2. 谐音忌

我国还常常讲究忌给老人送钟，忌给夫妻或情人送梨，还有忌给参加比赛的人送书，忌给好朋友送伞等。

3. 其他

"送扇无相见"，预示着秋季凉后，再无使用价值，而狠心抛弃。"刀剪是伤人武器"含"一刀两断"之意，让获赠者觉得有威胁之感。

在我国台湾地区有个风俗，即"送巾断根"，丧事办完送手巾给吊丧者留念，表示与死者断绝来往。台湾地区的人逢年过节，常以甜果用作祭祀拜神之物，以甜果赠人使对方会有不祥之感。台湾地区的人坐月子通常吃麻油鸡、猪肝、猪腰等热性食物，不送鸭子，鸭子属于凉性食物，而且台湾地区的谚语"七月半的鸭仔——不知死期"会使对方有不祥之兆的联想。

此外，送礼者一声不吭地把礼物放在门口或房间角落里一走了之，这也是失礼的；礼品上的标签、价签没有取下，会有让受礼者关注礼品价钱之疑，有失礼貌和真诚；散装的礼品或用报纸等简装的礼品是不能够送人的；婚事、丧事过后不要补礼；还有，不能给健康的人送药品，不能给异性朋友送贴身的用品，不能给生理有缺陷的人送他们无法使用的礼品。送礼时还应注意对方的风俗习惯、宗教信仰等，不要送错礼、表错情。

伊斯兰国家忌送酒类、肉类产品；印度人认为牛是神圣的，因此不要送他们牛皮制品；法国视核桃为不祥之物；英国、委内瑞拉忌送带孔雀（淫鸟、祸鸟）图案的礼物；美国忌大象（无用、累赘的象征）图案。在美国，看望病人可以送一盆盆栽植物，但在日本则表示希望病人病入膏肓。

总之，在现代社交场合中要想获得良好的人际关系，就要懂得馈赠礼仪，注意在和各种朋友交往时把握好尺度，赠礼适宜。

📚 **视野拓展**

赠送礼品禁忌

1. 忌送或慎送有服务隐患的物品。
2. 忌送药品与营养品。
3. 忌送广告性、宣传性物品。
4. 忌送易于引起异性误会的物品。
5. 忌送涉及国家和商业机密的物品。
6. 忌送不道德的物品。
7. 忌送对健康存在隐患的物品，如食品或者不环保的物品。
8. 女性忌送男性领带和腰带，除非你和他有亲密关系，因为这些东西有要拴住对方的意思。同样，送没有亲密关系的女性项链、戒指也不太合适。
9. 忌送鲜货。即使是给热爱烹调的主妇送礼，也不能送鸡鸭鱼肉菜蔬等。
10. 忌送超过保质期的营养品、食品、化妆品等。

二、外国馈赠习俗

由于各国文化的差异，社会、宗教的影响和忌讳，送礼成了一种复杂的礼仪。如果运用得当，送礼能巩固双方之间的业务关系，运用不当则会有碍业务联系。选择适当的礼物和赠送礼物的时机，以及让收礼人做出适当的反应，都是送礼时要注意的关键问题。一般外国人喜欢中国的景泰蓝、刺绣品等传统工艺品。

（一）亚洲国家

1. 日本

日本人有送礼的癖好，因此给日本人送礼，往往可以送一些方便其转送他人的礼品，所以送礼者不要在礼物上刻字、作画。中国的文房四宝、名人字画、工艺品等最受日本人的欢迎。日本人对装饰着狐狸和獾图案的东西甚为反感：狐狸是贪婪的象征，獾则代表狡诈。到日本人家里做客，携带的菊花只能有15片花瓣，因为只有皇室徽章上才有16瓣的菊花。另外，选择礼物时，要选购"名牌"礼物。日本人认为礼品的包装同礼品本身一样重要，因此要让懂行的人把礼物包装好。

2. 韩国

韩国的商人对初次来访的客人常常会送当地的手工艺品，但通常会等客人先拿出礼物来，再回赠他们本国的礼品。

3. 阿拉伯国家

在阿拉伯国家初次与人见面时不能送礼，否则可能会被视为行贿。盯住阿拉伯主人的某件物品看个不停是很失礼的举动，因为这会让阿拉伯人认为你一定是很喜欢它，并一定会要你收下这件东西。阿拉伯人认为来而不往是有失尊严的，不让他们表示自己的慷慨大方是不恭的，也会危害到双方的关系。中国的工艺品在阿拉伯国家很受欢迎，造型生动的木雕或石雕动物，古香古色的瓷瓶、织锦或香木扇，绘有山水花鸟的中国画和唐三彩，都是馈赠的佳品。他们喜欢"名牌"货，不喜欢不起眼的古董；喜欢知识性和艺术性的礼品，不喜欢纯实用性的东西。不能送旧物品和酒，忌讳带有动物图案的礼品，因为这些动物可能代表着不吉祥。送礼物给阿拉伯人的妻子被认为是对其隐私的侵犯，然而送礼物给孩子则总是受欢迎的。

（二）欧美国家

欧美国家一般只有在双方关系确立后才互赠礼物。高级巧克力、一瓶上等的葡萄酒在欧美国家都是很好的礼物。登门拜访前应送去鲜花，并且要提前一天送去，以便主人把花布置好；而且要送单数的花，同时附上一张手写的名片，不要用商业名片。

1. 英国

一般只送较轻的礼品，由于花费不多就不会被误认为是贿赂。一般宜送不贵但有纪念意义的礼物。合宜的送礼时机应是晚上，请人在高级餐厅用完晚餐或在剧院看完戏之后。一般送礼给英国人可选巧克力，名酒和鲜花也是英国人的喜爱之物。对于饰有客人所属公司标记的礼品，他们大多数并不欣赏，除非主人对这种礼品事前有周密的考虑。切记不要送百合花，因为这种花对他们来说意味着死亡。涉及私生活的服饰、肥皂、香水也不宜送给英国人。

2. 法国

初次结识一个法国人时就送礼是很不恰当的，应该等到下次相逢时再送。礼品应该表达出对他的智慧的赞美，但不要显得过于亲密。法国人很浪漫，他们将香槟酒、白兰地、糖果、香水等视为好礼品，体现文化修养的书籍、画册也深受他们的欢迎。应邀到法国人家里用餐时，应带上几支不加捆扎的鲜花，但菊花是不能随便赠送的，在葬礼上才送菊花。

3. 德国

"礼貌是至关重要的"，故赠送礼品适当与否要特别注意，包装更要尽善尽美。朋友间赠送生日礼物常送鲜花和葡萄酒。生意伙伴在谈成生意后可以互赠礼品，香烟、书籍、工艺品都是常见的礼品选项。玫瑰是为情人准备的，不能送给客户。因为德国人多数对葡萄酒很内行，对酒的品质拿不准时应尽量避免选择葡萄酒为礼品。

4. 美国

去美国人家中做客一般不必备厚礼，带些小礼品如鲜花、美酒或工艺品即可。如果空手赴宴，则表示你将回请。美国人很讲究实用，故一瓶上好的葡萄酒或烈性酒、一件高雅的名牌礼物都是合适的。

为提升当代大学生的综合素质，2014年，我国某高校与某外企开展校企合作教育模式。时值我国农历马年，该高校领导选择了一个"唐三彩"（图 9.2）送给某外企作为礼物。马年送"马"是中国人表示吉利的做法，快马加鞭、马到成功，寓意着合作顺利、前景美好。这件礼品表达了希望这种国际化的校企合作教育模式能够更快更好地培养符合社会需要的国际型人才的美好愿望。

图9.2　唐三彩

本章小结

在现代人际交往中，馈赠礼物是不可缺少的交往手段。"礼尚往来，往而不来，非礼也；来而不往，亦非礼也。"本章主要介绍了现代社交中馈赠的目的、原则、内容和方法。在馈赠中要注意轻重得当、时机适宜、注重效用、投好避忌的原则，选择合适的礼品，以合适的方式、技巧将礼品送给他人，特别要注意受礼者的喜好、习惯、禁忌等，以达到增进友谊、加深感情、表达心愿的目的。

思考与训练

一、复习思考

1. 简述在现代社交中馈赠的重要作用。
2. 请概述社交中一般送礼的标准。
3. 在社交活动中，送礼时应该考虑哪些因素？
4. 请举出你身边发生的一次送礼行为，并分析选择礼品应考虑哪些因素。
5. 请列举出十种一般社交场合的禁忌。
6. 总结在社交中送礼的技巧。

二、案例分析

案例一

综合媒体报道　英国前首相布朗在奥巴马上任以后首次访问美国，在这次普遍被媒体认为是英国"一头热"的访问中，布朗有备而来，却遭遇了奥巴马的慢待——美方不仅接待规格大不如前，就连礼物都那么漫不经心。

布朗的礼物是经过精心准备的，极具象征意义，以强调英美之间的传统友谊。为了和奥巴马总统椭圆形办公室里那张名为"坚毅桌"的书桌相配，布朗准备的礼物是一个笔筒。奥巴马总统这张书桌在白宫已有129年的历史，是用19世纪英国皇家海军"坚毅"号军舰的船身木材打造而成的，并于1880年由维多利亚女王赠送给当时的美国总统海斯。肯尼迪入主白宫后，特意把它找到放回椭圆形办公室，之后历届总统都使用这张书桌。

布朗送给奥巴马的笔筒取材于英国皇家海军"塘鹅"号军舰的船身木材，而"塘鹅"号和"坚毅"号是姊妹舰。此外，布朗还送给奥巴马一套第一版七卷本的《丘吉尔传》，挑选这些礼物可谓煞费苦心。相比之下，奥巴马回赠布朗的却是25盘好莱坞大片影碟，包括《星球大战》《公民凯恩》《教父》《愤怒的公牛》等，甚至还有《精神病患者》。这让英国媒体先是目瞪口呆，继而怒火中烧，把嬉笑怒骂、冷嘲热讽等看家本领发挥到了极致。《每日电讯报》指责奥巴马"无礼"得让人吃惊，惊叹道"上帝啊，给我力量吧，我们也有电视和碟片店。这些影碟在这里任何一家店都能买到……怎么不再附赠点爆米花呢？"

这些礼物也成了英国百姓的笑柄。有网民说"这和背回家一口袋袜子有什么区别呢？"更火上浇油的是，这些影碟由于美国和欧洲视频制式的差异，居然在英国无法播放。英国媒体刻薄地说，"布朗首相已经失去了一只眼睛的视力，这下不必用仅有的视力去劳神费力地看《2001太空漫游》了。"这一意外还被一些媒体抓住借题发挥，引申为"两国关系确实特殊，特殊到像屏幕上显示的一样——'错误地区'。"

问题：分析以上的资料，从馈赠礼仪的角度，你得到了哪些启示？

案例二

有一次，礼仪专家金正昆老师到外地去参加一个会议，春节不能回家，他妻子也在外地，两人春节都不能回家陪老人过年。妻子给他打电话，问春节给他父母送什么礼物，金老师说："这样吧，第一，给我娘到北京好一点的商场去买一条羊绒围巾。要红的，要宽大一点的，因为我们家老太太比较胖，个头儿比较高，给她弄宽大一点的，显得比较富态。""我爹你就给他到米老鼠、唐老鸭那种儿童专柜买一双手套，滑雪手套，大点儿就行了。因为老人年龄大了，今年八十五岁了，走路不太利索，身体挺好，天冷给他买一双大手套。"过了一天，妻子又给他打电话说："今儿周末，东西我全买了，但觉得有点不够意思。""手套不到100块，羊绒围巾碰上打折，200来块，加起来300块，我们也不常给爸妈送东西，给他们送这么点儿东西，合适吗？"金老师说："你不明白，对爱着自己孩子们的父母来讲，他们是别无所求的。只要孩子惦记着他们，比什么都强。"

金老师的妈妈七十多岁。老太太高大，稍胖，两鬓如霜，围一条红色羊绒围巾特别醒目。过节时出门，别人一看就会说："啊，金妈妈，你这个围巾很漂亮啊，哪儿买的？"金妈妈会说："儿媳妇买的。"说明儿媳妇孝顺她，老人要的就是媳贤子孝、家庭和谐，这是老人最成功的感觉，送这种礼品的效果肯定会比送一万块钱现金要好得多。

问题：请从心理学的角度来探讨如何馈赠才能愉悦他人，赢得交际的主动权。

三、课外实践

情境一：假设在你工作的单位中，一位同事的孩子考上了××大学土木建筑专业，作为家长自然高兴万分，准备庆贺一番。同事给你发来请柬："兹于8月18日11时在锦江酒店11楼牡丹厅安排庆贺宴会，恭请您届时光临！"请从馈赠礼仪的角度考虑你将如何适宜地参与此项活动。

情境二：假设你的儿子考上了××大学土木建筑专业，将举行庆贺宴会，你将怎样做更适宜？（组织两组学生，一组表演请客方，另一组表演参加方。）

第十章 婚丧礼仪

【学习目的与要求】

通过本章的学习，应了解社交活动中婚丧礼仪的发展，掌握现代社交活动中婚丧礼仪的基本程序及礼仪要求。

【关键概念】

婚礼　证婚人　葬礼　讣告

第一节　婚庆礼仪

婚礼，即人们在结婚时按照一定的程序所举行的喜庆仪式。结婚是人生的一件大事，虽然男女双方只要履行一定的法律手续就可以建立婚姻关系，但无论古今中外，人们都喜欢举办盛大或独特的婚礼以示纪念。

视野拓展

婚姻一词的三种说法

一是指嫁娶之礼。婿称为"昏"，妻称为"姻"。因为新郎在黄昏时迎娶新娘，所以称为"昏"；而新娘随着男方而行，所以称作"姻"。这个婚姻指的是夫妻关系。

二是在古代的婚礼中，男方通常在黄昏时到女家迎亲，而女方随着男方出门，这种"男以昏时迎女，女因男而来"的习俗被称为婚姻。这个婚姻是指男娶女嫁的过程。

三是"婿之父母为姻，妇之父母为婚。妇之父母、婿之父母相谓为婚姻。"这是说，新郎的父母称为"姻"，新娘的父母则称为"婚"。婚姻在这里指的是姻亲的关系。

一、结婚礼仪

（一）订婚的礼仪

我国古代，男女间的婚姻关系，常以婚约的确定为开始，即"订婚"。现在订婚在法律上并无保障，结婚也不必经过订婚，故一般不办订婚手续。但在农村，不少家庭还是将订婚作为结婚前的重要程序，现在订婚的礼仪日趋简约，通常是备几桌酒筵或茶点，除双方当事人及法定代理人外，还请双方介绍人、证明人及关系比较密切的亲友共同聚会，有的即席交换饰物，填写订婚证书（有的是农村当地自拟的协议）等。所谓交换饰物，一般是赠送订婚戒指等。订婚证书一般包括：双方出生年月日、籍贯、订婚时间、地点等。订婚人、证明人、介绍人、主婚人（家长或法定代理人在场时，为当然主婚人）在订婚证书上盖章或签字。订婚证书一式两份，男女双方各执一份。席终人散，订婚仪式也就告成了。至于被邀请参加订婚礼的亲友，究竟是否应该随礼，则根据各地风俗习惯有所不同。

（二）结婚的仪式

目前的婚礼仪式（图 10.1）较传统的婚礼仪式已经有了很大的不同。除部分农村或者极为保守的家庭仍保留较多传统因素外，一般很难再见到传统的婚礼仪式。新式的婚礼，一定程度上模仿了西方婚礼仪式，同时结合我国传统习俗，可以说是中西合璧。各地甚至各个家庭因风俗习惯或所处社会环境的不同，婚礼仪式也互有差异。

图 10.1　婚礼仪式现场

1. 家庭婚礼

当前我国最普遍的结婚仪式，是迎娶新娘之后在饭店或家中举行宴会。迎娶新娘时，新郎新娘一般着礼服，至于何种款式，则因地因人而异。新郎多着西装（按西方礼仪，应着燕尾服），也有着传统中式服装的；新娘礼服的选择多种多样，婚纱礼服、大红中式服装，甚至大红西装套裙均有。在宴会时，新郎新娘一般换为常服。

新郎新娘通常有伴郎伴娘陪伴，伴郎伴娘一般都是选择最知己的朋友充任。在宴会中，新郎新娘须相偕至各席敬酒，以示谢意。

结婚当晚，往往有所谓"闹新房"的余兴节目，如果不闹得过分，可增加欢乐热闹的气氛，是无伤大雅的。

2. 集体婚礼

集体婚礼是一种简单、节约的结婚仪式。这种结婚仪式是由单位、团体举办的，其时间多选择在节假日。集体婚礼的行礼仪式大致如下。

（1）婚礼开始

（2）奏喜乐

（3）新人入场

（4）全体起立

（5）证婚人宣读结婚证书

（6）结婚人、介绍人、主婚人依次署名或盖章

（7）新人相向行鞠躬礼

（8）证婚人致辞

（9）来宾致辞

（10）主婚人致辞

（11）新人谢证婚人、介绍人行鞠躬礼（证婚人、介绍人答礼）

（12）新人谢来宾行鞠躬礼（来宾答礼）

（13）新人向主婚人行鞠躬礼（主婚人答礼）

（14）奏喜乐

（15）礼成

3. 旅行婚礼

旅行结婚是将结婚与蜜月旅行合并进行的一种结婚方式，在欧美各国非常普遍，在我国也逐渐流行起来。旅行结婚亦有于事后补宴宾客的。

4. 基督教婚礼

基督教婚礼要求双方中至少有一方已经受洗礼。基督教婚礼的仪式比较复杂，参加人员比较多，大体上会按以下程序进行。

人员到齐后，新郎穿着礼服由男傧相陪同，站在教堂圣坛前等候新娘。新娘一般应身穿白色婚纱，头披白纱，手戴白手套，捧着花束随《婚礼进行曲》挽着父亲的手臂进入教堂走向圣坛，后面有花童跟随。新娘走到圣坛前时，应放开父亲的胳膊，并摘下手套，连同花束一并交给伴娘，然后走到新郎的左边。这时，主持婚礼的牧师会先问："是谁把新娘嫁给了新郎？"新娘的父亲答："我和我的妻子。"说完这句话之后，新娘的父亲可以在就近的座位上坐下来了。接下来，牧师通常会以虔诚地解释婚礼仪式的意义作为开始，"亲爱的兄弟姐妹们，我们一起聚集在上帝面前……"是传统的导言，然后牧师分别问男女双方是否愿意以对方为妻（夫），一直到死也永不分离。两人分别回答"是"，随后朗诵结婚誓言："我嫁给（娶）你，作为妻子（丈夫），与你结合并共同承担将要来临的一切，无论是付出和接受、诉说和倾听、受激励和响应。在我们生活的任何时刻，用我的整个生命和我所有的一切，忠诚于你。"随后互换戒指、祝福、唱赞美诗，参加婚礼的人一齐朗诵"主祷文"。牧师祷告后，新婚夫妇由至亲及主要宾客陪同，进入圣坛后面的祈祷室，签署登记本。签好后出来，现场再奏《婚礼进行曲》，新娘挽着新郎的右臂走出教堂，整个婚礼宣告结束。

（三）婚庆致辞

证婚人是证明男女当事人进入夫妻关系的人，证婚人的邀请，往往由男方主其事。证婚人应有责任感，在接受邀请之前，必须先对双方（尤其是对不太熟悉的一方）当事人的身世加以了解，这样致辞时就可应题取材不患词穷了。

1. 证婚人致辞

证婚人致辞，应庄重，切忌油腔滑调，要给新人以真诚的祝福及期望。

案例

各位来宾、女士们、先生们、朋友们：

大家好！

今天，是××先生和××女士喜结良缘的大好日子。

首先我代表各位来宾祝新郎新娘新婚快乐、万事如意！

我受新郎、新娘之托，担任他们的结婚证人，感到十分荣幸，同时也万分欣喜。新郎、新娘通过相识、相知、相爱，直至成为夫妻，走过了难忘的时光，对此让我们表示热烈的祝贺！

现在，我宣布：××先生和××女士的感情是真挚的，他们对共创未来已经有了充分的心理和物质准备，他们的婚姻是合乎逻辑的，程序是合法有效的！

青山为你们作证！秀水为你们作证！在座的亲朋好友们为你们作证！希望你们在今后的日子里，要互敬、互爱、互谅、互助，无论今后是顺畅或是坎坷，你们的心总要连在一起，把对方作为自己毕生的依靠，相依相爱走向灿烂的明天。

值此美好的日子，不能忘了给予你们无限呵护的父母亲，要把对父母的感恩之情化为实际的行动，孝敬和侍奉双方的父母，让他们颐养天年。

让我们祈祷！让我们祝福！让我们举起手中的酒杯，共同祝愿这一对新人新婚愉快、永结同心、白头偕老，携手共创更美好的明天！

谢谢大家！

2. 介绍人致辞

介绍人致辞一般是简要介绍新人并加以祝福。

案例

各位来宾：

大家好！今天是新娘××和新郎××大喜的日子，能作为介绍人站在这里讲话，我感到无比的荣幸！

月老把姻缘的红线递给了我，按照月老的意志，我把红线的一端抛向才貌双全的英俊男子××，红线的另一端系住了淳朴善良的美丽姑娘××。他们的结合堪称是这世上最般配的，正所谓天造的一对，地设的一双。作为牵红线的介绍人，作为男方和女方家长的老朋友，我特在此祝愿两位新人：

生活幸福，白头偕老，早生贵子。

谢谢大家！

3. 来宾致辞

来宾致辞者为参加婚礼的来宾代表，是参加婚礼来宾中最具有代表性的人物，代表全体来宾向新郎新娘致辞祝福。

新郎、新娘、主婚人、各位来宾：

今天是××和××两家合婚的大喜日子，承蒙主人邀请，得以参加盛会，万分荣幸。我代表全体来宾祝福新郎新娘新婚愉快，美满幸福。

大家知道，家庭是社会的基础，社会的昌盛是以家庭的幸福以及婚姻的美满为起点的。今天×先生与×女士结婚，郎才女貌，佳偶天成。我希望他俩白头偕老，互助互谅，共同努力，创造美满幸福家庭。

祝愿新郎新娘健康快乐，鸾凤和鸣，白头偕老。

4. 主婚人致谢辞

一般由主婚人向所有来宾表示谢意及祝福。

各位来宾、女士们、先生们：

今天是我儿子（女儿）与××女士（先生）喜结良缘的大喜日子，各位来宾远道而来，在此表示最热烈的欢迎和衷心的感谢！我儿子（女儿）与××女士（先生）结为夫妻，身为父母我们感到十分高兴。从今以后，希望两位互敬、互爱、互谅、互助，以家庭为重，用自己的聪明才智和勤劳的双手去创造美好的未来。

最后，祝你们新婚愉快、早生贵子、幸福美满！

祝大家身体健康、万事如意。谢谢大家！

5. 新郎致谢辞

新郎向所有来宾表示感谢，并表达自己新婚的喜悦心情，还应对所有来宾表示祝福。

新郎谢辞一

各位来宾、女士们、先生们：

大家晚上好！在这个令人激动的时刻，我们的父母、长辈、朋友、领导在百忙之中抽空来参加我们的婚礼，为我们带来了喜悦和快乐，也带来了真挚的祝福。此时此刻我们再一次真诚地感谢父母含辛茹苦将我们养大，感谢领导的关心和厚爱，感谢亲友的真诚祝福，请大家举起杯来和我们一起分享这个幸福快乐的时刻，也祝愿各位嘉宾心想事成，万事如意，谢谢！

新郎谢辞二

各位领导、女士们、先生们：

人生能有几次最难忘、最幸福的时刻，今天我真正从内心里感到无比激动，无比幸福，更无比难忘。今天我和心上人××小姐结婚，有我们的父母、长辈、亲戚、知心朋友和领导在百忙之中远道而来参加我们的婚礼庆典，给今天的婚礼带来了欢乐，带来了喜悦，带来了真诚的祝福。借此机会，让我们再一次真诚地感谢父母把我们养育成人，感谢领导的关心，感谢朋友们的祝福。

　　请相信我，我会永远深深地爱着我的妻子，并通过我们勤劳的双手，创造美满的幸福家庭。

　　最后，请大家与我们一起分享这幸福快乐的时刻。

　　祝大家万事如意、心想事成！

　　谢谢！

二、出席婚礼的礼仪

　　受邀出席婚礼是一种荣幸。作为婚礼的宾客，应仪容整洁，不能不修边幅，但也不应过度修饰，以免喧宾夺主，使新人产生不快。

　　在出席婚礼之前，一般应向新人赠送礼品或礼金。送给新婚夫妇礼品的品种和档次可以根据自己的经济状况以及与新婚夫妇之间的关系而定。一般来说，可以送一些有纪念意义的物品，如工艺品、书画作品等；也可以送婚后生活用品，如茶具、餐具、厨具、床上用品、衣料等。如果送礼金，礼金袋上要写上祝福语，如"天作之合""百年好合""永结同心"等。

　　来宾在到达婚礼场所时通常会在入口处受到新郎、新娘等人的热烈欢迎。这时来宾应走到新郎、新娘面前，简单地向他们道喜，但是不要长时间交谈以免妨碍他们接待其他客人。

　　通常，来宾在婚礼上都能遇到一些熟人或朋友，大家可以进行交谈，但是要注意不要长时间地几个人聚在一起窃窃私语而不理会其他客人。在婚宴上，与同事谈论单位的事情或工作问题是很不合适的。

　　在出席婚礼时，言谈举止要有分寸，不能因为气氛热烈而忘形失态。

　　总之，婚礼上新郎、新娘是主角，其他人都是配角。作为来宾应时刻注意这一点，要让婚礼的主角感到温暖、幸福。

　　随着社会的进步，婚礼的形式和内容也会发生很大的变化，现代婚礼提倡男女双方协商而定，且不宜大操大办。"礼不可能全，事不可能完"，婚礼中男女双方相互理解、主宾之间相互担待不仅是涵养的问题，也是一种礼节，更有益于自己的幸福。

> **视野拓展**
>
> 　　中国礼仪网"婚庆礼仪"栏目中有不少相关知识，可供读者参考。

第二节　丧葬礼仪

> 　　凡不孝生于不仁爱也，不仁爱生于丧葬之礼不明。丧葬之礼所以教仁爱也，致爱，故能致丧祭，春秋之礼不绝，致思慕之心也。夫祭祖，致馈养之道也。死且思慕馈养，况于生而存乎，故曰：丧祭之礼明，则民孝矣。故有不孝之狱，则饰丧祭之礼也。
>
> ——《大戴礼·盛德》

　　葬丧礼仪也称丧礼、葬仪、葬丧或丧事、白事，是一种社会仪式，正式标志一个人的死亡，同时也是一种向逝者告别的礼仪。世界各民族都有不同形式的葬丧礼仪。

一、丧葬程序

一般来说，丧事可依以下顺序逐步进行。

1. 将死者送往殡仪馆

经医生鉴定并宣告死亡，无论在医院、家中或其他场所，应立即通知殡仪馆派专车将遗体运往冰库。遗体启程时，宜由亲友陪伴死者家属一同前往，注意其家属中如有年迈或多病之人，最好劝其不必前往，以免悲恸过度，发生意外。到达殡仪馆后，照例登记，并将遗体移入冰库。

2. 请人帮办丧事

最好请几位稍有经验的亲友帮忙，分管总务、财务（收支款项）、布置、招待及其他杂务。

3. 与殡仪馆洽谈有关治丧事宜

通常殡仪馆的工作人员会问下列诸事：开吊时间、丧礼采取何种仪式（是否是宗教仪式）、家祭还是公祭等。

4. 灵堂的布置

灵堂布置以庄严肃穆为原则。正后方墙壁上扎"花牌"，花牌的正前方置灵桌，灵桌后方正中央置遗像（用黑边镜框）一座，灵桌上通常置备鲜花（黄、白菊花为主）、供果、供菜，中间放灵位，两旁置大香烛一对，另有香炉等。如有致送素花篮的可置放灵桌两旁，以八字形排开较宜。孝家挽联（死者家属的挽联）挂在遗像两旁正后方的花牌上，其他各界人士致送的挽联挽幛则可分别挂在灵堂两旁的墙壁上。花圈、花篮安放于入门两侧。灵堂内左右置长桌，放香烟茶水，并置座椅若干，均备吊唁者休息时用。灵堂门外小间左右或灵堂外两侧空地上置长桌，一边为收礼处，另一边为签名处。

5. 讣闻的刊发

向亲友们报告死者逝世及吊丧时间、地点，可口头通知，也可发新闻或登报纸。

案例

鲁迅先生讣告

鲁迅（周树人）先生于一九三六年十月十九日上午五时二十五分病卒于上海寓所，享年五十六岁。即日移置万国殡仪馆，由二十日上午十时至下午五时为各界瞻仰遗容的时间。依先生的遗言："不得因为丧事收受任何人的一文钱。"除祭奠和表示哀悼的挽词、花圈等以外，谢绝一切金钱上的赠送。

谨此
讣闻

鲁迅先生治丧委员会　蔡元培　内山完造　宋庆龄　A.史沫特莱　沈钧儒　萧三　曹靖华　许季茀　茅盾　胡愈之　胡风　周作人　周建人

说明： 这里未写明发讣告的时间，是因为讣告刊载在报纸上，而报上有时间。

6. 收礼处、签名处注意事项

普通丧事各方送礼一般包括花圈、花篮、挽联、挽幛、奠仪（礼金）五种，应置备礼簿及谢帖，一方面登记收礼项目及数量，另一方面写谢帖交送礼者作为证明之用。在签名处通常要招呼来吊唁者签名，并随手送上一朵纸花供吊唁者佩戴。

7. 准备骨灰盒

骨灰盒有多种式样，可根据自己的经济条件选购。

8. 死者的化妆及穿衣等事项

死者的化妆及穿衣等事项殡仪馆的工作人员会安排，通常包括理发、修容、化妆，至于穿衣可根据丧家的要求办理。

9. 出殡的注意事项

对参加"送殡"的人数要有大概的估计，要准备车辆，以供送殡者乘坐。如果是中午时刻出殡，还需准备点心和饮料。

二、西方葬礼

西方丧葬礼俗主要受基督教文化的影响。基督教认为每一个人的灵魂都直接与上帝发生关系，不允许偶像崇拜，崇尚灵魂升华而轻视肉体，因此西方的丧葬风俗是简丧薄葬。人死之前要在神父面前忏悔，之后神父要为其祈祷。这也是临终关怀，使死者正确看待死亡，摆脱对死亡的恐惧。

葬礼一般应遵循死者生前的遗嘱或遗言来确定是土葬还是火葬。丧葬事务一般由殡仪机构或承办人来具体安排，包括埋葬或火化的时间、地点及举行葬礼仪式的时间、地点等。

西方葬礼仪式多在教堂举行。其程序是先把棺材运入教堂，然后进行洗尸、更衣、停尸整容、送葬哭丧、宴谢、祭奠等，其整个过程有很明显的基督教特点。

洗尸是人死后在神父主持下给死者清洗尸体，其宗教含义是洗去死者的生前罪过，使之干干净净地去见上帝。

停尸一般是停在教堂，由神父主持召开追悼会。神父要介绍死者的生平并为之祈祷，死者的亲友则一同祷告。祷告完毕后，用一块天鹅绒棺罩遮盖住棺材，由四人一人一角抬着棺材走向墓地或火化场，神父、亲友跟在后边送葬。西方社会对死者相当敬重，殡仪馆接送尸体时，其他车辆会主动让道，并鸣笛以示哀悼，路人也注目肃立。

西方葬式主要有火葬、土葬两种。无论采用哪种葬式，均葬于公墓。

下葬时，神父还要再为死者祈祷。无论是刚去世还是在教堂，也无论是在送葬路上还是下葬时，亲友都不能大声号哭，只能默默流泪，意为不要打扰死者灵魂安静。下葬时，可以随泥土撒入一些花瓣。葬毕，要在墓前立上十字架，放上一束鲜花，而后亲友默默离开坟墓。

西方人在居丧的第九天、第二十天、第四十天和一周年都要举行祭亡灵仪式。届时，亲友可以单独去，献上一束鲜花，默默站立一会儿即可。

本章小结

本章主要介绍了社交活动中的婚丧礼仪，主要分为两个部分：婚庆礼仪和丧葬礼仪。婚礼，就是人们在结婚的时候按照一定的程序所举行的喜庆仪式。葬礼也称葬仪、葬丧或丧事、白事，是一种社会仪式，正式标志一个人的死亡，同时也是一种向逝者告别的礼仪。通过本章的学习，读者首先可以简单了解婚丧礼仪，以便在社交活动中得体地参加中外婚庆及丧葬仪式；其次可以了解中外婚丧文化，提升自身道德文化水平，加强礼仪修养。

思考与训练

一、复习思考

1. 请简述建立婚姻关系，设立相关制度与规范的原因。
2. 请列举现今流行的结婚仪式（三种以上），并加以描述。
3. 出席婚礼的礼仪主要包括哪几个方面？
4. 丧葬的程序及礼仪包括哪些？
5. 悼词的表现手法可以大致分为哪几类？
6. 请简述中外婚丧仪式及礼仪的异同。

二、课外实践

假设你的好友（好友 30 岁，工作于某外企，从事动漫设计工作，部门经理，身高 1.80 米。其女友 28 岁，身高 1.72 米，活泼开朗）也是你的大学同学就要结婚了，想请你为他组织婚礼，请你为好友设计并组织一个完美的婚礼。

第十一章　公共场合礼仪

【学习目的与要求】

通过本章的学习，读者应能了解公共场合中的社交礼仪要求，学会在公共场合遵守礼仪规范，掌握其基本标准并能够在实践中熟练运用。

【关键概念】

公共场所　　沙龙礼仪　　舞会礼仪

公共场所是可供全体社会成员进行各种活动的社会公用活动空间，在公共场所里活动应遵守以下原则：社会公德原则；不妨碍他人原则；女士优先原则。

第一节　旅游观光礼仪

旅游是人们为了休闲、娱乐、探亲访友或者商务目的而进行的非定居性旅行，旅游的目的是寻求精神上的愉悦。然而，在放松心情、陶冶情操、开阔视野和增长知识的同时，我们更要遵守旅游观光的礼仪。

通过游客的言谈举止，能够看出其素质高低。若想在游览中表现得有素质、有教养，我们就要遵守旅游观光礼仪。

> **名人名言**
>
> 亲善产生幸福，文明带来和谐。
>
> ——（法国）雨果
>
> 生命是短暂的，然而尽管如此，人们还是有时间讲究礼仪。
>
> ——（美国）爱默生

一、文明游览，爱护设施

游客都应爱护旅游观光地区的公共财物，这是对一个游客的基本要求。具体地说，大至公共建筑、设施和文物古迹，小至花草树木，都要珍惜和爱护，不能随意损坏。山川名胜和历史古迹是不可再生的宝贵的自然资源和文化遗产，更是文明的标志、民族文化的骄傲，每一位游客都应倍加珍惜。

游客还要十分注意爱护亭廊水榭等建筑物的结构、装饰，不要用脚去踩。不能在柱、墙、碑等建筑物上乱写、乱画、乱刻。然而，现实生活中常常会出现一些不文明的游客，在名胜古迹上留下"某某到此一游"的字样，更有甚者会用刀子刻字，有些景点刚刚修缮一新，没多久就又被那些不堪入目的涂抹弄得一塌糊涂。

游客要爱护旅游景点的一砖一瓦、一草一木。不要采折花卉、践踏草地，不用树木作为承重载体做各种运动，在照相时不要拉扯树枝、不要触摸珍贵的文物展品、不要用棍棒去捅逗或用东西投掷动物取乐，也不要随便给动物喂食。

游客参加游乐项目时要遵守排队的秩序；不要参与赌博、迷信活动；在一些山区游览时，要注意防火区内不能使用明火；游览前应先了解景点旅游的相关注意事项；要尊重当地的风俗习惯和一些宗教禁忌，否则可能会因小事而酿成大错。

案例

例一　如何杜绝游客在文物古迹上乱刻乱画

英国哲学家培根曾说："对青年人来说，旅行是教育的一部分；对老年人来说，旅行是阅历的一部分。"想知道一个人的品行，就跟他去旅游。

在文物古迹上乱刻乱画是令人深恶痛绝的行为，无论是国内还是国外，总有一些人在旅游时会随手刻下"某某到此一游"或类似的字迹，这对很多古迹来说都是无法补救的损害。以长城墙砖上的乱刻乱画为例，如果把这些内容涂抹掉，就要把砖抹掉一层，这样会对其造成二次损害，这也是不可行的。难道我们的后代只能看到满是刻字的长城吗？

如何杜绝或减少这种行为呢？重罚是办法之一，来看看其他国家的情况。

德国：少则罚数百欧元的清洗费，多则罚款 20 万欧元，还要被罚做社区服务。造成严重损失的，还可能受到刑事指控，判两年监禁。

埃及：破坏文物可罚 10 万美元最高可被判无期徒刑。

墨西哥：根据对文物造成的损害程度大小，判决 3～12 年监禁。

意大利：2017 年 2 月，一名法国游客用一枚古钱币在罗马大斗兽场的墙壁上雕刻名字而被捕。早先，一名厄瓜多尔游客也曾在遗迹墙体上刻下了他妻子和孩子的名字，被举报后，该游客被罚款 2 万欧元。

相比之下，我国这方面的处罚措施虽然还不够严厉，但也在逐步完善：根据《刑法》，故意损毁国家保护的珍贵文物，可处三年以下有期徒刑；情节严重的，处三年以上十年以下有期徒刑。故意损毁国家保护的名胜古迹的，可处五年以下有期徒刑。2017 年 5 月，《山东省风景名胜区条例》规定，在风景名胜区刻字立碑情节严重的，最高可处罚 20 万元。

例二

扫描二维码可观看广西卫视 2013 年"'到此一游'屡禁不止，卢沟桥狮子遭签名'张玉坤'"新闻片段。

问题：处罚仅是一道"最后的防火墙"，为杜绝在文物古迹上乱刻乱画的不文明行为，还需要想更多办法，您有什么好的意见和建议？

二、保持安静，注重环保

作为一个文明的游客，要尽量保持旅游观光地区的环境卫生和安静。游客在旅游观光时，都有维护环境整洁的责任与义务。进入旅游观光区后，不要大声喧哗、嬉笑打闹，以免对他人造成影响。

在旅游观光区内，游客不要随地吐痰、随地大小便；不要任意把果皮纸屑、杂物弃置在地上或抛入水池中，要尽量保持水域的环境卫生。在外野餐之后，要将所挖灶坑恢复原状后再离去。一定要将垃圾收拾干净，集中丢弃在垃圾箱或垃圾点，不可随手丢弃。

思考与讨论

如果你在国外看到一些中文提示"请便后冲水""请保持安静"时你会作何感想？

三、以礼相待，主动谦让

作为一个文明的游客，在旅游中要关心他人，注意礼让。旅游途中，走在狭窄的曲径、小桥、山洞时，要主动给老弱妇孺让道，不争道抢行。如果不小心冒犯了他人，应及时致歉，不要与人发生纠纷。在随团队旅游时，一定要听从导游的安排，应征得导游同意方可离队，在自由游览时不可玩得忘乎所以而延误归队时间，以致全队人等待你、为你担心。

当游人较多时，游客不可自管自躺在长椅上睡觉，也不要背靠椅背而脚踩在椅面上。见到老、弱、病、残、孕和抱小孩者，应主动让座或请人让座。当见到空位时，若旁边有人应征得其同意后方可入座，并要表示谢意。

旅游时如果划船，要小心不要让桨碰到他人，或将水溅到他人的船和身上；在两船过狭窄水面时不要争先抢行，避免碰撞。在海滩上玩耍时，投掷沙子或球等都是令人反感的事；在海滩上休息时，不要占用过多的地方，更不要堂而皇之地和异性做出过分亲密的动作而引起别人的反感。带孩子到儿童乐园玩耍时，不要让自己的孩子长时间独占游乐场里的设施，作为成年人，更不应该去占用儿童游乐设施。

乘坐游览车时，游客要提前几分钟上车，不要迟到，以免让他人等候或耽误行程。年轻游客尽量坐到车厢后面，把前几排座位让给老人、妇女和儿童。观光车的第一排座一般都是留给领队导游的，游客尽量不要坐。

案例

北京八达岭野生动物园老虎伤人事件

2016 年 7 月 23 日，北京八达岭野生动物园的东北虎园内发生一起老虎伤人事件，32 岁女游客 X 中途下车，被老虎拖走，其母 Y 下车去追，遭老虎撕咬，事件造成 Y 死亡，X 受伤。这一事件曾引发公众对国内野生动物园安全问题的广泛关注。

点评： 动物园应加强安全防范措施。而对于游客的不文明行为，管理人员应该积极应对并予以阻止，每个人都应做到安全观赏，文明旅游。

视野拓展

为提高公民文明素质，塑造中国公民的良好国际形象，中央文明办、国家旅游局 2006 年 10 月 2 日曾联合颁布《中国公民出境旅游文明行为指南》《中国公民国内旅游文明行为公约》，建议读者认真阅读，并向身边的亲人、朋友做宣传。

《中国公民出境旅游文明行为指南》　　　　《中国公民国内旅游文明行为公约》

第二节　观赛礼仪

随着工作和生活节奏的加快，观看比赛已成为越来越多人放松心情、缓解压力的方式之一。然而，在观看比赛时，除了欣赏精彩的表演，还应该配合比赛进程遵守赛场礼仪。

一、入场礼仪

1. 着装

观看比赛时的着装一般是非正式的，以穿着应时、舒适为主，尤其是在秋冬季的室外赛场观赛时，优先考虑的应该是保暖。在室内观赛时，包厢里的观众要比看台上的观众衣着正式些，但也不同于晚宴的着装，仍以休闲、轻松为主。

无论什么样的服装，衣着都要整洁。而且，根据不同比赛项目的特点，着装也应该有所不同。比如，不要穿着背心和短裤看台球比赛，否则会被视为不礼貌；也不能西装革履地观看高尔夫球比赛，最好穿棉质的长裤入场。由于入场时的路程一般较长，所以最好穿着舒适的运动鞋。如果是戴帽子入场，则要在入场后将帽子摘下，以免阻挡别人的视线。另外，不要把随身携带的衣物垫在座位上。

2. 准时排队入场

观看比赛一般应提前入场，至少也要准时入场。遵守时间、提前入场是对参赛者和裁判员的尊重，也是自身文明素养的表现。观众入场口常由于人多而出现拥挤的状况，这时观众一定要按照顺序排队入场，以免发生危险。在遇到老弱病残孕时要主动礼让。到检票口时，要事先将票证准备好；听从工作人员的安排，避免与其发生冲突。

3. 就座

入场以后，应尽快找到自己的位置并就座。不要抢占他人的座位，或是因为赛前无事而东游西逛。不要为了方便自己，而坐在过道上，或擅自进入赛场内就座，那样会妨碍通行、影响比赛。观看比赛时，不要因为情绪激动而站在座位上观看。

4. 通信工具的使用

入场后，观众应主动关闭随身携带的手机等通信工具，如果确实有重要的事情等待接听，也要将手机调整到振动状态。正确的做法是：如确实有事，可以使用短信或用微信进行沟通；实在要接听电话，应该用手盖住手机话筒和自己的嘴巴，放低音量，告知对方过一段时间再打过来。观看比赛是一种享受，但前提是只有遵守相关规则，才能真正让自己乐在其中。

5. 禁止携带"违禁品"

为了保证赛场的安全和比赛的顺利进行，观看比赛时要遵守相关规定，不能携带违禁品入场。有些比赛，如足球比赛，由于赛场气氛比较特殊，观众的情绪容易激动，所以为保证观众的安全，一般禁止携带易燃、易爆等危险物品进场；有的甚至禁止携带易拉罐、玻璃瓶、锣鼓、标语、望远镜、背包和饮料等入场。所以，观众在入场前一定要多了解比赛有哪些特殊的要求，防止因所带物品不符合规定而影响观赛。

案例

李娜的"怒吼"敲响文明观赛警钟

网球名将李娜，在一次比赛中，"爆冷"战胜了大威。闯进女网四强的李娜，突然人气飘升。她与俄罗斯名将娜拉·萨芬娜之间进行的半决赛极具看点，赛场吸引了大批球迷拥入。然而，在李娜先失一盘，第二盘大比分5：4领先、手握盘点的情况下，在一个关键球的处理上，受现场观众不适时的加油呐喊声的干扰，出现了不应有的失误，而被扣杀出界，结果遭萨芬娜破发。打完这个球后，又气又恼的李娜朝着看台怒吼了一声，以示不满，随后她的情绪出现了明显的不稳定，最终以总比分0：2败北，无缘决赛。

> 人民网《李娜的"怒吼"敲响文明观赛警钟》原文

点评：不同的比赛有不同的观赛礼仪，加油助威需要把握合适的时机，否则就是失礼，这方面我们还要多加学习。

二、观赛礼仪

1. 遵守秩序

在比赛场上，许多人都想拍摄到比赛的精彩瞬间，但在拍照时使用闪光灯可能会对参赛人员造成致命的影响。参赛人员在比赛中注意力非常集中，心理压力也比较大，有时闪光灯的干扰可能会影响其正常发挥，所以，观众应在拍照时关闭相机闪光灯或在比赛结束后再尽情地拍照留念。

视野拓展

观看某些比赛时不要使用闪光灯

在乒乓球、羽毛球比赛中，闪光灯对运动员眼睛的刺激非常大，会闪花运动员的眼睛，致使他们难以判断来球的方向和角度，因此会严重影响运动员的发挥。而在冰上项目中，由于一般场地较小，距离观众较近，闪光灯的光亮会使运动员看不清方向，所以在做一些高难动作时，很有可能发生致命的危险。还有，体操运动员在做一些动作时，如在平衡木上翻跟头时，一旦被闪光灯刺激到双眼，就很可能发生从器械上摔下的危险。

作为观众，可以在比赛中为其所喜爱并支持的赛队或个人欢呼呐喊。不要在己方参赛人员失利时就嘲讽和辱骂裁判员，大声喧哗、起哄、吹口哨、怪声尖叫、喝倒彩、扔东西等，这些行为都是有损国格和人格的不文明行为。即使己方失利，也要给予对方参赛人员应有的尊重和祝贺，这是作为文明观众必须具备的基本素质之一。

2. 文明观赛

观看比赛时，应该遵守公共场所的一般礼仪。尽量不要在观看比赛的同时又吃又喝，如果比赛时间较长，可少量进食。但进食后不要将废弃物随手乱扔，而应装入自备的袋子，赛后带出赛场后，投入垃圾箱。

观看比赛时，与身边的人适当交流未尝不可，但切勿大声地高谈阔论、旁若无人地发表自己的见解。

在比赛开始或颁奖时，有时要升国旗、奏国歌。无论奏响的是自己国家还是其他国家的国歌，都要起立，面向国旗肃立致敬，可以正常音量地和着乐曲唱国歌。这时，不能在场地内嬉笑打闹或随意走动，也不要接听电话。

在有外宾出席的比赛场所内，要表现得友好亲善。在大赛组织者向观众介绍来宾时，要报以热烈的掌声，鼓掌时间不要太短，也不要太长，以来宾入席就座为止。

〜〜〜 案例 〜〜〜〜〜〜〜〜〜〜〜〜〜〜〜〜〜〜〜〜〜〜〜〜〜〜〜〜〜

剧场和赛场也是文明考场

2015 年 1 月 23 日的《今晚报》曾对不文明观赛（或观看演出）行为进行过报道，以下是其中的三个场景。

镜头一：晚上 7：38，河西区南北大街某剧院，话剧演出已经开始了 8 分钟，一些观众姗姗来迟。一个小女孩拉着中年女子的手着急往里走："妈妈，阿里巴巴出场了！"中年女子并不着急，边推门边给孩子脱外套，由于不断开关门，坐在最后排的观众被一次次影响。

镜头二：晚上 8：30，津南区津沽公路附近的某体育馆，一场篮球赛正在举行，一名队员纵身一跃，抢到篮板上篮进球，对方的一些球迷大声喧哗，出现了不雅的骂声。

镜头三：晚上 8：58，和平区贵州路某体育馆，一场排球赛进入尾声，客队一名队员发挥失常，几名球迷接连发出嘘声并当场起哄。

点评：剧场或赛场中，一个人的行为举止是否有礼得体，反映的是一个人的文明程度及礼仪素养。三个场景中出现的状况都是失礼的，在剧院等需要保持安静的地方一定不能出声，在观赛时不能出现失礼的言语更不能出现喝倒彩的现象。

〜〜〜〜〜〜〜〜〜〜〜〜〜〜〜〜〜〜〜〜〜〜〜〜〜〜〜〜〜〜〜〜〜〜〜〜

3. 拥戴偶像

很多人之所以热衷于观看比赛，主要是希望能见到自己心中的偶像并能送上一份礼物。向偶像递送礼物的最佳时机是比赛后。由于并非每位观众都能有机会和自己的偶像"亲密接触"，可以请工作人员帮忙递交礼物。

4. 应对突发事件

作为观众，具备一些应对突发事件的常识和思想准备是应该的。入场时，应留心观察场地内的安全通道标志，熟悉逃生通道的位置，以免发生突发事件时慌不择路。不管发生任何突发事件，都要听从工作人员的指挥，同时，要克服自己的恐惧心理，做好自救工作。在遇到老人或小孩需要帮助时，要尽可能帮助他们离开危险的地方。

市球迷协会发出倡议　向赛场不文明行为说"不"！

2013年10月3日《今晚报》讯（记者徐国玺）2013年9月21日天津泰达队与北京国安队的比赛，有将近5万名观众到"水滴"体育场为泰达队加油助威，观众人数创了新高。但是在比赛过程中，现场出现了个别球迷用激光笔向场内照射干扰比赛和投掷矿泉水瓶的情况。尽管这是比赛现场极少数球迷的不文明观赛行为，但仍给泰达队主场形象造成了不良影响，给天津球迷的良好形象抹了黑。泰达俱乐部高层向记者介绍，为了进一步加强天津赛区组织管理和安保工作，周六与哈尔滨队比赛时将进一步加大观众进场的安检力度，同时还将在比赛进行期间，增强赛场看台内的巡查力度。如发现有观众向场内照射激光或投掷杂物的行为，安保人员将根据相关法规给予其严肃处理。

天津市球迷协会负责人王津洲表示："作为一名球迷，尤其是助威团的球迷，我们对不文明观赛行为十分反感。上赛季亚冠比赛，泰达队就因为主场观众不冷静而受到处罚。不文明行为不仅损害了天津球迷的良好形象，甚至可能会令俱乐部被取消主场资格或令球队被直接判罚输掉比赛。相信这是每一名天津球迷都不愿看到的，我们天津球迷应该自觉抵制这样的行为。"

点评：不文明行为是所有人都应该抵制的，呼吁全社会一起来自觉抵制不文明观赛行为。

三、退场礼仪

1. 中途退场

比赛过程中，有时比赛尚未结束，但结局已经没有悬念，这时便会有些观众在比赛没有完全结束时中途离席而去。在比赛中，观众对参赛人员的鼓励和支持会让其有更大的比赛激情，能发挥出更高的水平。观众中途离去，是对比赛的否定，也是对参赛人员的不尊重，还可能会影响参赛人员的正常发挥。

如果没有极特殊的事，最好自始至终将比赛看完。如果必须中途离开，也要尽量选择在比赛中间休息时离场。

2. 赛后退场

比赛结束时，观众最好起立向参赛双方鼓掌致意后，再按顺序耐心地排队退场，不要抢行。退场时，还要注意将自己的随身物品或垃圾带走，以保持场地的干净整洁。

3. 退场后

有些观众在退场后还在尾随、堵截自己的偶像，拦住其乘坐的车辆或纠缠其要求签名留念，这些都是不礼貌、不文明的行为。

退出场地后，不要在出口附近长时间停留，以免影响他人。比赛结束后的一段时间内，由于乘坐交通工具的人员密度大，在等车的过程中，也要注意安全，不要拥挤。

第三节　沙龙礼仪

沙龙是意大利语，也是法语"Salon"的音译，原意为大客厅，后在法国被引申为贵妇人在客厅接待名流或学者的聚会。志趣相投的人通过这种形式会聚一堂，一边呷着饮料，欣赏典雅的音乐；一边就共同感兴趣的话题长谈，无拘无束。后来，人们便把这种形式的聚会叫作"沙龙"。到了现在，沙龙已经逐步成为室内社交聚会的一种形式。

一、沙龙的类型

（1）交际型沙龙。亲朋好友、同事、同学间定期或不定期的聚会，目的是为了使参加者保持接触，相互交流信息，以促进相互之间的了解和友情。其具体活动形式灵活多样，如座谈会、校友会、同乡会、庆祝会、生日派对、节日晚会等。

（2）学术型沙龙。由职业、兴趣相同或相近的人参与，目的是探讨某一领域的学术或理论问题。一般由文化、学术部门人士组织，主要研究文学、艺术、科技等问题。

（3）文艺型沙龙。主要由文艺界人士和文艺爱好者发起、参加，是以联络感情和相聚娱乐为目的的聚会。参加文艺型沙龙可以增加生活情调，增长文艺知识。

（4）休闲型沙龙。以休闲、娱乐为主要活动形式，是在家中、乡间别墅、度假村或休闲性的会员制俱乐部中举行的一系列活动，如打台球、网球、保龄球、高尔夫球，唱卡拉 OK、游泳、钓鱼等，目的在于放松身体、愉悦心灵。

（5）综合型沙龙。通常是参加人数众多，活动内容丰富、包罗万象的大型社交聚会，目的在于促进人们自由交谈，互相了解，提高文化水平，如举办酒会等。

二、举办或参加沙龙的礼仪

虽然沙龙聚会形式比较自由、随意，但也应当讲究必要的礼仪。参加各种沙龙的礼仪有其相似和共同之处，也有不同之处。这里我们主要介绍参加交际型沙龙、学术型沙龙和休闲型沙龙的礼仪。

（一）举办或参加交际型沙龙的礼仪

1. 选择举办的时间、地点、形式和参与者

举办沙龙的时间以周末下午或晚间为宜，因为此时不会影响参与者的正常工作。另外，沙龙的时长一般应为 2～4 小时。当然，如果大家意犹未尽，也可以适当地延长，没有严格的规定。

举办沙龙的场地面积要大，要足以容纳所有的参加者；通风要好，环境要优雅，灯光明亮，没有外界干扰。具体地点可以选择自家客厅、庭院，也可以选择宾馆、饭店或写字楼内的专用房间。

应当事先确定好沙龙的参加者。为了大家能更好地交流，减少陌生感，减少拘束，参加者大多应为相识者。当然，也并非不允许有"新人"加入，但"新人"在加入前应征得主人的同意，以防与有前嫌的人在沙龙上"狭路相逢"，彼此尴尬。出席沙龙如要求携带相关人员时，要按规定携带相应出席者。出席沙龙一般不宜携带未成年人，特别是幼童、婴儿，由于他们不能参与沙龙的议题，不听管教，四处跑动，会影响整个沙龙的氛围。

2. 注重仪表

参加交际型沙龙之前，应认真对自己的仪表、服饰进行修饰，但不需要过分讲究，要符

合沙龙的主体风格。男士应当理发、剃须，着西装套装或休闲型西装，女士则要做发型、化淡妆，并选择旗袍、时装、连衣裙等样式的服装。

3. 准时赴约

参加沙龙时，应按时赴约。无故迟到、早退或失约，不仅浪费他人的时间，也失信于人。特别是商界人士，更是惜时如金，守时守约是立身之本。参加交际型沙龙，通常也不宜过早到，准时到场或早到三五分钟，是较为合适的。

4. 体谅主人

沙龙的主人一般是家庭的男女主人，或是沙龙的发起者或组织者。一般，独身、未婚或配偶不在本地的，则应由其父母、子女、同事或秘书来临时充任男主人或女主人。为了使沙龙上的男女宾客都能得到周到的服务，一般沙龙的主人应男女兼有。

参加沙龙活动时，应当设身处地地多替主人着想，不要过多地评头论足、说三道四，更不要当众让主人难堪，或是指责、非议、侮辱主人。

沙龙结束时，在向主人道别之后，方可离去。

5. 遵守公德

公共场所应该遵守的公德，在此也应该遵守。即使主人同意，也不可吸烟、随地吐痰或乱扔东西。未经主人邀请，不要闯入其他非活动区域，如书房、卧室、阳台、储藏室等，更不要乱动主人的物品，以免主人反感。

6. 真诚交流

参加沙龙时可以主动同身边的人进行攀谈，以借机认识更多的新朋友，扩大自己的交际范围。也可先旁听他人的交谈，再适时加入。无论是主动还是被动交流，都应当表现得诚恳、谦虚、谨慎，既要真实地发表自己的见解与主张，又要宽容大度，善于向他人学习和请教。

有些以前的老朋友，已经习惯了原来的交际圈和交流主题，奉行"排他主义"，排斥其他人介入，这种不当的交际方式，只能使自己的交际范围受限。为此，应该对他人的加入表示欢迎，或主动邀请他人参与交流，只有这样才能使沙龙的举办更有意义，让参与者达到集思广益、取长补短、开阔视野、增长知识的目的。

（二）参加学术型沙龙的礼仪

由于学术型沙龙主要是为解决某一问题而举行的，更注重议题、讨论的过程及结果，因此参加学术型沙龙最主要的是要学会交流。

交流中举止要文雅大方，尽量赢得大家的信任和尊敬。应当多听、多记、多向别人请教。与他人交谈、交流、发言时，应当三思而行，出口谨慎。要言之有物，言之有理，紧紧围绕主题，切忌空洞无物，信口开河。要尊重别人，不要轻易打断他人的发言，插话时要礼貌地说一声"对不起"。

既不能哗众取宠，也不要自以为是、唯我独尊、滔滔不绝、故弄玄虚，这样只能弄巧成拙，在众人面前失态。交谈中适度的幽默和风趣是必要的，可以活跃沙龙的气氛，但不要说些庸俗的俏皮话或语带讥讽，也不可违心地对别人进行肉麻的吹捧。

（三）参加休闲型沙龙的礼仪

有一位颇有成就的西方大企业家曾经说过："我的成功，主要不是来自谈判桌上，而是来自乡间别墅或是俱乐部里同对手的友好接触。"

1. 参加休闲型沙龙要像玩

所谓像玩，就是要求"轻装上阵"。如果在休闲型沙龙上露面时，像很多正规场合一样一本正经，男士西装革履、女士高贵华丽，则会给人装腔作势、道貌岸然的印象，让人敬而远之。最终自己既得不到放松，也达不到与人交流的目的。因此，参加休闲型沙龙的人要换上与具体环境相匹配的休闲装，穿上运动方便的休闲鞋，实实在在地让自己进入角色。

2. 参加休闲型沙龙要会玩

对休闲型沙龙上所玩内容的选择要谨慎。一般来说，沙龙可以选择打桥牌、下象棋、打网球、打高尔夫球，或是举办小型音乐会等高雅脱俗的休闲娱乐项目。这些项目使参与者都能积极参与其中并玩得轻松、愉快。玩看似简单，但实际上玩的内容体现着沙龙主人及参与者的品位，所以应当合乎参与者的身份和整个沙龙的主题和氛围，对那些可能违背国家法律或有损社会公德的娱乐活动一定不要贸然尝试。

3. 参加休闲型沙龙要以玩为中心

休闲型沙龙应以休闲、娱乐为主，即使有工作上的需求，也不宜急于求成，否则就会欲速则不达。因此，参加休闲型沙龙要以玩为主要内容，以玩为中心。在客人玩得渐入佳境，心情甚好时，一切都会顺理成章地进行下去。

有些人不懂得"该工作时就要工作，该休息时就要休息"的道理，将二者混为一谈。在他人玩兴正浓时，与之谈正事，这样既败了他人的雅兴，又会令人反感。反之，在玩过之后一两天再谈及此事，效果会比在玩兴中谈论更好。

课堂训练

将同学分成若干组，每组同学自由选择沙龙场景模式，并拟定活动主题，由同学们进行现场情景模拟。情景展示结束后，请其他同学对参与人员进行点评。

第四节　舞 会 礼 仪

舞会是现代社会交往的重要形式之一，也是一种高雅的社交娱乐活动。它不但能促进人们之间的交往，并且能够增进友谊、消除疲劳、陶冶情操。从表面来看，舞会的气氛好似轻松随便，但种种礼仪却不可忽视。

一个人舞场上的表现和其素质及内在修养息息相关，因此，要时刻遵守舞会的礼仪规范。

一、讲究仪容仪表

1. 仪容大方

舞会的参加者均应事先沐浴。男士要头发干净、剃须，女士在穿无袖装时须剃去腋毛。

出席舞会之前，要注意个人口腔卫生，认真清除口臭，不要吃葱、蒜、韭菜、海鲜、腐乳等气味经久不散的食物，不要饮酒。在舞会上不要吸烟，也不要为消除异味而大嚼特嚼口香糖。如果正赶上感冒或患有传染性疾病，要自觉地不参加舞会；如果隐瞒不说，自己可能会因得不到休息而使病情加重，而且一旦被人知晓，还会引起别人的反感。

2. 精心化妆

参加舞会前，要尽量根据个人的情况，进行适度的化妆。男士化妆的重点，通常是美发、护肤、祛味；女士化妆的重点，则主要是美容和美发。要提前一周修剪头发，一周后看起来才是最佳的。舞会并非舞台，化妆不能太夸张，因为毕竟是与人近距离的交往，对方可以看得清清楚楚。不过舞会妆还是可以稍稍大胆一些，因为灯光比较暗。不管怎么化，给人的感觉最重要的就是必须干净。现在国际上流行的趋势是"裸妆"：露出皮肤自然的本色，使其看上去光洁而有弹性；自然润泽的唇色，能使人看上去健康而美丽。

3. 服装得体

着装干净、整洁、端庄是最基本也是最重要的要求。一般的舞会，女士可以穿便于舞动的裙装或旗袍，搭配色彩协调的高跟皮鞋；男士可以穿深色西装，如果是夏季，可以穿淡色的衬衣，若打领带最好穿长袖衬衣。而大型正规的舞会，请柬上会注明男女宾服饰要求，大多数会要求穿晚礼服。缎子或丝绸做的小手袋是穿晚礼服时必不可少的，既具有实用性，又具有装饰作用。露肤的晚礼服一定要佩戴成套的首饰：项链、耳环、手镯。晚礼服是盛装，因此最好佩戴贵重的珠宝首饰，在灯光的照耀下，首饰会为你增光添彩。男士一般要穿黑色燕尾服，黑色的漆皮鞋，正式的场合还需戴白色的手套。

一般，舞会上不允许戴帽子、墨镜或者穿拖鞋、凉鞋、旅游鞋，不允许穿外套、军装、工作服，也不适宜穿得过露、过透、过短、过紧。

二、邀人共舞

1. 邀请惯例

跳舞时，男士要主动邀请女士。在舞曲奏响以后，男士要大方地走到女士面前邀请，如果女方的家人同在，则应先向女方的亲属点头致意，并征得他们的同意后，方可邀请。在女方面前立正，欠身施礼，目视对方，轻声说"请您赏光"或"可以请您跳一支舞吗"。有时还要向陪伴女方的男士征求意见："先生，我可以请这位小姐共舞吗？"得到允许后，再与女方走进舞池共舞。如果两位男士同时发出邀请，女方全部委婉地谢绝最能顾全邀请者的面子。如若二者一前一后走过来，则可按先来后到的顺序接受邀请，并诚恳地对后面的人表示歉意。

一般情况下，女士是不用主动邀请男士的。但特殊情况下，也需要女士请长者或者贵宾共舞，邀请方法与男士类似。但不同的是，一般女士可拒绝男士的邀请，但男士对于女士的邀请则不宜谢绝。同性不宜共舞，特别是在有外宾的情况下及在国外的舞会上，要特别注意这一点。在西方人来看，两位男士共舞表明他们不愿意邀请在场的任何一位女性，而两位女士共舞，则表明没有男士相邀。

2. 邀请人选

如果舞会未指定舞伴，则在自行选择舞伴时，不要着急，先要适应一下舞场的氛围，再细心地观察周围的环境，寻找可供选择的跳舞对象。在跳舞对象选择上，一般应注意以下几点。

（1）选择年龄相似者。彼此之间有共同语言，容易合作。

（2）选择身高基本相同者。即使未必相同，也不能悬殊太大，试想差距过大，会有滑稽之感，令人尴尬。

（3）选择舞技相近者。跳舞的目的是希望施展自己的舞艺，从中得到快乐和满足。大多数舞会的舞蹈都需要双方合作完成，而舞技相近者才能更好地配合，相得益彰，跳出美感。

（4）选择无人邀请或未带舞伴者。选择这些对象被拒绝的概率小，同时也表示出了对对方的尊重。

（5）选择气质相仿者。气质相同、性格相似的人容易交流，彼此不会因不同而产生争执，从而可以和睦相处。

（6）选择想要结识和接触者。舞会是相识的桥梁，如若想结识某人，可以邀其共舞，给自己创造接触的机会。

（7）选择需要解围者。这是一种特殊情况，如若有人被异性纠缠或骚扰，可挺身而出主动邀请被纠缠者，这样既帮助别人解了围，又不失礼。

3. 邀请方法

邀请他人跳舞，要礼貌大方、自然亲切，绝不可勉强他人，更不能与别人争抢舞伴。邀请他人时，可以直接主动邀请，彬彬有礼地询问："能否有幸请您跳支舞？"由于不熟悉而没有把握或不便邀请时，可间接请与彼此双方都熟悉的人士引见介绍后，再发出邀请。

依照常规，结伴而来的一对男女，要共同跳第一支舞曲。而后，男士要先邀请过坐在身旁的女士之后，才能去邀请其他女士。第二支曲子开始，应该有意识地交换舞伴，以结识更多的朋友。邀请过程中，如果旁边的女士误认为是被邀请，并已起身，男士应将错就错，同这位女士跳上一曲，以示尊重。

一般作为来宾，依照常规男士应先邀舞会的女主人、以前认识的舞伴、被介绍相识的女士、坐在自己身旁的女士共舞。而与这些女士同来的男伴也应回邀这位男士的舞伴跳上一曲。

三、拒绝邀请

舞会是通过跳舞交友、会友的场合，在舞会上女士一般不宜对邀请表示拒绝。如果出于某种原因，不想接受他人的邀请，只要做得得体，也不算失礼。

一般女士受到邀请后，要热情回应，起身并微笑示意。如果因某种原因不能接受对方的邀请时，可委婉推辞。

男士被拒绝之后，要对对方给出的理由表示理解，礼貌告退，千万不要赖着不走、胡搅蛮缠。当然，拒绝一个人的邀请后，不要马上接受其他人的邀请，尤其不要当着

> **视野拓展**
>
> 拒绝邀请常用的托词：
> 我有些累了，需要休息一会儿。
> 我已经有人邀请了。
> 我不熟悉这首舞曲，跳不好。
> 我不喜欢这种舞蹈。
> 禁止使用的托词：
> 你是谁呀，跳不了。
> 一边待着去。
> 别来烦我。
> 也不看看自己算个老几。

被拒者的面堂而皇之地与他人共舞，这是对别人的一种侮辱，容易激起矛盾和冲突。

四、舞场规范

1. 上场

为了对舞伴表示尊重，上场时男士应主动跟在女士身后，让对方来选择跳舞地点。步入舞池时，步伐不宜太快，要照顾舞伴的速度，并且要选择不太拥挤的区域。需要注意的是，对于自己不熟悉的舞曲，不要轻易邀人上场，以免因舞步不熟悉而尴尬，影响自己的形象。

2. 跳舞

舞会重在人人参与，不是每一个舞者都具有专业的舞技。即便如此，跳舞时也要尽量合乎规范，给人以美感。

跳舞时，通常为男士领舞。男士身体要始终保持平、正、直、稳，无论进或退都要保持好重心，力量分配均匀，移动自如。运步要有技巧，无论怎样变换方向，都要以自己左脚或右脚的前脚掌为轴心进行转动。舞场上所有人都要按逆时针方向行进，才会保持舞场正常秩序，不至于发生舞者相互碰撞的情况。

跳舞时，女士的左手应轻轻放在男士的右臂上，男士要用右手扶着女方腰肢，正确的手势是手掌心紧贴女方腰部。男士的左手应让左臂以弧形向上与肩部成水平线举起，掌心向上，手指平展，将女伴的右手轻轻托住。男士不可把女士的手捏得太紧，不可把整个手掌全贴在女士的腰上，不要在旋转时把女士拖来扯去，或是腿部过分伸入对方两腿之间。女士把头部主动俯靠在对方的肩上，或双手勾住男士的脖子，或双方握得、搂得过紧，都是有失风度的。即使是热恋的一对，也不应显得过分亲昵，否则会有失体统。

跳舞时，双方身体应保持一定距离。双方胸部应有 20 厘米左右的间隔，与其他舞者也要保持适当的距离，如不小心碰撞或踩到了他人，应自觉道歉。

双方神情姿态要轻盈自若，给人以欢乐感受。双方都不要目不转睛地凝望对方，而应面带微笑，说话和气，声音轻细，不要旁若无人地大声谈笑；表情要谦和悦目，给人以美感；动作协调舒展，和谐默契，特别是男士更要温柔，不要强拉硬拽，否则有失风度。

3. 下场

除非特殊情况（如发现女士眩晕），否则不宜在舞曲未完之际先行离去。当一曲结束后，男士应热情大方地对女士说一声"谢谢"，男士可在原处向女士告别，也可以伴送女士回到原来的座位，道谢后再去邀请另一位女士。

五、文明交际

任何参加舞会的人都不要在舞场中大声喧哗或借酒闹事，不要在舞池中穿行或聊天。如若在舞会上遇到异性故友，朋友间要礼貌地邀请对方共舞一曲，还要找机会致以必要的问候，但叙旧时间不宜太长，别忘了还有新友需要相识。异性交往要有分寸，在舞场上，不要

> ### 视频园地
>
> 视频 1：摩登舞-本尼迪托-华尔兹-慢动作欣赏。
>
> 视频 2：双人舞欣赏，了解舞蹈的美，学习基本舞步，在社交活动中展现风采。
>
> 　
>
> 视频 1　　　视频 2

对异性过分殷勤，不要跟刚刚相识的异性长时间地厮守在一起，不要过多地与对方谈心或过多地打听对方的隐私。同性之间要互谅互让、宽容大度，不要与别人争舞伴，也不能强行阻拦别人邀请自己的舞伴。

与不相识的舞伴跳舞时，可略作交谈。话题应不涉及双方的利益和隐私，可以称赞对方的舞技、乐队的演奏水平等，也可以简单自我介绍。舞会结束，应向主人道谢告辞，男士可护送女士回家，但不应勉强，更不应勉强女士留下联络方式。

课堂训练

将同学分成两组，一组同学做观众，另一组同学模拟一次简单的小型舞会。小型舞会可选用大家较熟悉的舞曲。请同学们注意礼仪要求。10分钟后两组互换角色。

第五节　其他公共场所礼仪

公共场所的类型有很多，除了上述几个公共场所之外，图书馆、商店、影剧院、健身房等也是社会成员进行多种活动的场所。因此，在这些场合也应该自觉遵守社会公德，讲究公共礼仪，共同维护公共秩序。

凡标有"一米线"的公共场所，应在"一米线"（图11.1）后依次排队；没有"一米线"的地方，最前排也应留出足够的操作空间。排队过程中因故有急事需要先办理，应向服务员和排在前面的人说明理由，必须在征得他们的同意后方可提前办理。如遇到老弱病残者或有急事的顾客，则应发扬互助精神，主动让他们先办理。

在使用公共卫生间时，如遇人多，则要在卫生间门外排队等候。使用时关好小门，使用后冲水，便后洗手，不要边走边甩手上的水。

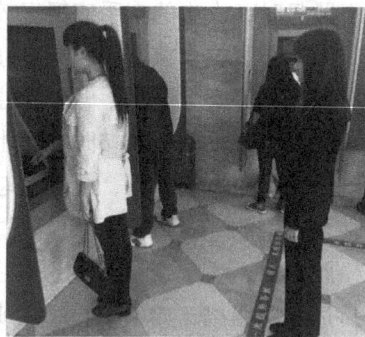

图 11.1　一米线

一、图书馆礼仪

图书馆是公共学习的场所，人们来这里或借阅图书资料，或查看报纸和期刊，都是为了丰富、充实自己的精神世界，提高自己的文化修养。所以，到这种场合尤其应当注意文明礼貌。

读者到图书馆学习应衣着整洁，不能穿背心、拖鞋进图书馆。在图书馆内要注意维持公共卫生和公共秩序，自觉遵守图书馆的规章制度。不吃零食，不吸烟，不随地吐痰，自觉保持环境的清洁卫生。人多时，要按次序进入。进入图书馆阅览室后，应自觉关闭手机，或调成静音模式，不高声说话，以保持环境安静。

图书馆是公共学习场所，不能多占座位，有空位人皆可坐。如果看到别人旁边有座位，要先礼貌地询问是否有人后再入座。无论在借阅室还是在阅览室，走路要轻盈，入座和起座要轻，阅览时应轻翻书页，翻页时不要沾唾沫。若与别人交流，也要轻声细语。检索卡片时，用力要轻缓，不要弄坏图书。去书架上找书，要轻拿轻放，看完后要放回原处。要爱护图书，不折叠、污损，不乱涂、乱画。更不允许把自己所需要的资料撕剪下来或带出馆外，这是极不道德的行为，如有想要的资料可携带笔记本随时摘抄。

借阅图书、报纸、期刊要遵守图书馆的规定，尊重管理员。借阅图书时，要先填好借书卡，耐心等待，不要语言生硬地催促工作人员，更不要出言不逊。在使用电子查询机查询时，应尽量抓紧时间，以免给他人造成不便。开架阅览时，要正确使用借书板，取下需要的图书时要及时将借书板插入图书所在位置做好标记，以便准确归位，不给工作人员增添麻烦。

视频园地

本视频是公共场所"大声喧哗"的情境模拟，请思考我们在公共场所应该如何做才是得体的。

借阅图书时出示有效证件，借阅完毕要礼貌致谢。图书借阅到期要及时办理归还或续借手续。如果不慎遗失或发生损坏，要主动说明并照章赔偿。另外，图书本身也会携带病菌，自己若是传染病患者，应暂时不去借阅，也不传阅公用图书。

二、影剧院礼仪

影剧院礼仪与观看比赛的礼仪有相似之处，这里我们只谈其特别需要注意的礼仪要求。电影院、剧院是比较高雅的文化场所，观看电影、戏剧可以获得娱乐和美的享受，观众的仪态举止应当与其氛围相协调。在着装方面，以庄重、高雅、整洁为好，男士一般应着正装，显得既庄重又和谐；女士可化淡妆，喷香水，最好穿着素雅些的旗袍，这样会让自己显得稳重、高雅、有修养、有学问，与欣赏高雅艺术相匹配。

要提前几分钟到场，如果迟到，不要对号入座，而应该坐在靠近走廊的位子上，或在幕间入座。观看中不要高声发表见解，不要谈笑喧哗，也不要把自己熟知的情节向不知道的朋友介绍。如果坐在你附近的人在说话，可以友好地提醒他们，千万不可大声斥责。爱吃零食的观众要自我约束，尽量不吃带壳或带声响的食品。咳嗽打喷嚏时，最好用手帕捂住嘴，尽量压低声音。

观看演出时，要注意脱下帽子，身体不要左右摇晃，两腿不要抖动，更不要脱鞋子，以免引起别人的反感。热恋中的男女，应当自重，举止端庄。在公共场合过分亲昵，属于不文明的行为，是没有修养的表现。观看过程中，要有礼貌地适时鼓掌，以表达对演员、指挥的尊敬、钦佩和谢意，鼓掌要掌握好时机，不合时宜的鼓掌会影响演员的演出情绪，也是失礼的表现。如果演员不小心发生失误，要给予理解，不要喝倒彩。

演出将结束时，不要提前起立退场，这可能会导致全场混乱，同时对演员也十分不礼貌。散场时要慢慢依次退出，不要前挤后拥。

三、购物礼仪

为满足日常生活的需要，购物已成为人们现实生活中的重要环节。购物时，应平等对待商场服务人员，尊重他人的劳动。购买商品时要用恳切、礼貌的语言招呼售货员或服务员，态度要谦和，不能用命令式的语气说话，态度和蔼的顾客能赢得更好的服务。当营业员正在为别的顾客服务时，应耐心等待，不要急于插话，更不要用手敲击柜台或橱窗。遇到态度不好的营业员，要宽宏大量，耐心说理，可提出意见，但尽量不要与之发生冲突。

在购物时，要保管好自己的私人物品，不要带宠物逛商店。浏览商品时，应保持安静，不要大声说笑。挑选商品时要预先考虑，应尽量避免给售货员制造无效劳动。不要过分挑剔，以免影响其他顾客购物。如对挑选的商品不满意，则应将商品放回原处。万一不慎损坏了商品，应主动赔偿损失，或者把损坏了的商品买下来，不要强词夺理，拒不认账。去顾客较多的商店购物，特别是在节假日购物时，应自觉排队，不要插队。

四、健身场所礼仪

健身房是运动场所，应保持安静，不要高声谈笑或大声喧哗。健身房内有很多器材，适合于锻炼身体的不同部位，因此不要一个人长时间占用一项器材，否则其他人无法使用。在使用器材的过程中，要保持器材干净，若自己的汗水弄湿了器材，应用毛巾等擦干。运动结束后，要将器材回位到初始状态，这样不会影响其他人使用。

在游泳池游泳时，入池前，应先将身上的汗水、灰尘等冲洗干净，以保持池水清洁。游泳时，最好按照一定的路线前进，不要突然急转弯；与别人相撞时要主动致歉，对泳技不好者要给予关照。同时，在游泳池游泳或嬉戏，要特别注意安全，尽可能避免出现呛水或身体碰撞等情况。如带小孩，则要照顾好，小孩要一直有专人陪伴，以免发生危险。

📖 本章小结

本章主要介绍了公共场合应该遵守的礼仪要求，重点说明了在旅游观光、观看比赛、参加舞会和沙龙时应遵守的公共礼仪。同时，也对在图书馆、购物场所、影剧院和健身场所等一些其他的公共场合应该遵守的礼仪做了简单介绍。掌握公共场合的礼仪要求可以使自己树立良好的个人形象，满足人们的心理需要，促进人与人之间的交往；还可以在公众之间架起友谊的桥梁，这样不仅有利于协调关系，消除误解，还有利于深入交谈和沟通。

📖 思考与训练

一、复习思考

1. 在旅游过程中，如何做到文明观光？
2. 参加舞会和沙龙的礼仪要求有何不同？
3. 观看比赛时应注意哪些问题？
4. 在购物时应注意哪些礼仪规范？

二、案例分析

案例一

曾有媒体报道，在雅典奥运会"铁人三项"的赛场外，记者看到了一种"另类"排队。

"铁人三项"的看台可容纳上千人，有三个出口。比赛结束后，记者随着人流出来时，看见前面形成了一个松散的队形，但移动较快。待近前一看，原来是人们在排队往垃圾桶里扔矿泉水瓶。雅典的垃圾桶通常是两个并排在一起的，一个是装饮料瓶的，一个是盛废纸制品的。饮料瓶垃圾桶的投入口，有一层起软封闭作用的剪口橡胶垫，塞入空瓶时需稍用点力穿过橡胶垫，这个过程需一两秒的时间，人一多便排起了队。

　　记者在一旁观察，人们依次把空瓶塞进去。有人是两个，就一手塞一个；有一位女士因有三四个瓶子装在一个塑料袋里，她一个一个往外掏，后面的人都耐心地排队。还有一位女士，带着两个小孩，到跟前时，她抱起其中一个孩子，让孩子自己探着身体将瓶子塞进去。其实，她这样比自己塞要费事，但显然她是在培养孩子的环保意识。

案例二

　　2012 年 12 月 20 日晚，北京男排主场对阵辽宁队的比赛正在激烈地进行。第 2 局，北京队外援温特斯情绪激动，推了两下辽宁队老将袁志，被主裁判出示黄牌警告。此后，或许是因为不满判罚，个别球迷接连大声恶语攻击客队球员和教练，一度影响了比赛的正常进行。经俱乐部工作人员劝说，局面才有所缓解。后来，北汽俱乐部以公开信形式向客队致歉，还发布了加强主场管理的措施。其中的"观赛公约"规定：禁止使用不文明、侮辱性的语言刺激运动员和裁判员，禁止"京骂"；违反公约并经多次劝说无效者，工作人员有权请其离场。另外，赛区将增加安保力量，及时处理突发事件；建立黑名单，多次违规并造成恶劣影响者，将纳入黑名单，永久禁止观赛。至于上述男排赛场的"吃黄牌"一事，俱乐部也对当事人进行了批评教育，并要求教练加大管理力度，杜绝类似事件再度发生。

　　问题：根据上述两个案例，对如何文明观看比赛谈谈你的看法。

三、课外实践

　　分小组讨论：寻找在公共场合中不符合礼仪规范的陋习。每组选定一类场所，至少找出十种目前常见的陋习，结合自己或听说的实例来找更好。

第十二章 文书礼仪

【学习目的与要求】

通过本章的学习，了解社交活动中文书礼仪的重要性，掌握常用的公文、书信、请帖、网络文书等的基本要求，熟悉文书礼仪。

【关键概念】

公文　　书信　　请帖　　网络

文书的应用十分普及，有明确的礼仪要求。即使在网络上发布信息、写邮件，也都有较明确的礼仪要求。文书礼仪有助于增强人们的社交效果，提高沟通效率，使人们的交往更加亲近轻松，有助于缩短人与人之间的距离感。因此，文书礼仪具有很强的实用性，已经成为人们在运用文字进行交流和沟通时使用的一种重要的礼仪规范。

第一节　公务文书与礼仪文书

公务文书是指政府机关或组织在公务活动中，按照特定的形式、经过一定的处理而形成和使用的书面材料，又称公务文体。礼仪文书是指用于各种礼仪活动的文书。使用公务文书和礼仪文书要特别注意其礼仪规范，否则会带来不必要的麻烦。

案例

不重视文书礼仪的后果

某单位准备举行"销售额突破千万元庆功联谊会"，于是给相关单位邮寄了请帖，邀请大家参加，并准备了精美的礼品，以感谢受邀请者平时对本单位的帮助。结果，活动当日多数单位没有接受邀请前来参加联谊，活动场面冷冷清清，没有取得预期效果。后来，经调查得知是因为给各单位邮寄的请帖的格式及用语等都不符合文书礼仪的要求，使很多受邀请人因不明白受邀请的原因及联谊活动的目的而未参加联谊会。

点评：在本例中，仅仅由于活动组织者对请帖这种文书使用的礼仪不规范，就导致单位精心组织的一次大型的商务活动效果不佳。由此可见，文书礼仪在社交活动中有着极其重要的作用。

总体来说，公务文书和礼仪文书的使用需要注意以下几个问题。

1. 选用恰当的文种

我国的公务文书和礼仪文书的文种有很多，每一文种的适用范围都有十分严格的规定，所以行文前必须根据行为意图，恰当地选用文种。

公务文书是常用文种，有命令（令）、议案、决定、指示、公告、通告、通知、通报、报告、请示、批复、函、会议纪要等。由于公务文书经常使用的文种很多，所以在撰写这类文书之前要注意仔细推敲那些性质和用途相类似的行文文种之间的区别，避免出错。

在礼仪文书中，贺卡、请帖、名片、祝贺信、慰问信、喜报、祝酒词、祝寿词等文种的适用范围比较明确，而对于感谢信和表扬信这两种相近文种，则应注意两者在使用对象上的区别。表扬信可以由受益者写，也可由旁观者写；而感谢信必须由受益者写。

2. 遵循文种格式要求和书写规范

每一文种对书写格式都有严格的要求，无论使用者是何身份、选用何类文种，在行文时都应遵守文种的格式要求和书写规范，以便清晰地表达作者的意图和情感。比如，对于称呼的规范要求，公务文书和礼仪文书就各有不同。

常见的公文称谓有：第一人称，如我（本）办（部、所、院、校、委、站……）；第二人称，如你（贵）处（馆、委、办……）；第三人称，如该单位（部门、系、院、所、局……）、他、他们。

礼仪文书的称谓则显得更加亲切，通常把男性称为"先生""阁下"，把女性称为"女士""小姐""夫人"等。

3. 行文语言要准确得体、表意清晰

文书的行文用词要准确规范、语意明确、逻辑清晰，不可使用含糊不清的词语。

公务文书对语言文字的要求更为严格一些，用语应当极为标准。

礼仪文书与公务文书的语言要求有些不同之处，礼仪文书多篇幅简短、语言平实、简明扼要，其语言的特点更多地表现在对礼貌用语的使用上。礼仪文书的礼貌用语主要是指称谓语、引述语、表态语和结尾语等。不同的文种，对礼貌用语的要求也不相同。在使用礼貌用语时，要搞清礼貌用语所固有的含义及对应用对象的要求，以避免出现错用、滥用现象。

4. 采取对文书即时处理的原则

公务文书的制作、审批、发文和接受都有着严格的程序管理要求。诸如对文书的即收、即办等工作环节的要求，都体现出了公文办理中对时效的要求。而礼仪文书对此也有明确的规范，对收到的信函和请帖等应及时进行拆阅和回复，重要的信函要在两日内给予答复，一般信函也要在两周内做出答复。

🎓 视野拓展

常言道："一字入公门，九牛拖不出。"，公务文书相对而言最严格，其他很多应用文的格式也可参照公文格式。推荐读者在中国政府网查找并阅读《党政机关公文处理工作条例》，除此之外，读者还可通过网络百科相关词条查阅《党政机关公文格式》《标点符号用法》。

第二节　书信礼仪

书信是用来沟通音信、探讨问题、联络友谊、交流思想感情的重要交际工具。由于其历史悠久、使用广泛，所以它在礼仪方面讲究特别多，礼仪形式格外完备。不过，现在人与人之间进行交流的手段越来越多样化，书信的使用也在逐渐减少。但是书信的独特形式和作用，依然是其他任何交流形式所不能替代的，如感谢信、表扬信、贺信等使用传统书信形式显得更为重视；同时，在使用电子邮件、微博、微信、QQ等进行交流时如能借鉴传统书信格式，便会达到更好的交流效果。

一、书信及其构成

书信是人们在生活中利用文字形式按照一定格式与他人进行交流的一种应用文体。虽然在当今的科技社会，人们已拥有了诸如电话、短信、微信等快捷传递信息的方法，但是却不能给人带来在阅读和书写信件时的那种"见字如面"的亲切感。因此，有些人仍然保持着使用书信来进行交流的习惯。人们在写信时若能注意书信的结构、语言、格式等要求，则有助于更好地发挥书信的功能。

书信一般由信封和信文两部分构成。

信封就是书信外面的包装纸袋，须写明寄信人与收信人的地址、姓名、邮编。

信文，即写在信笺上的文字，是书信的主体部分。现代书信一般由称谓、正文、敬语、落款及时间、附候与补述等部分组成。

二、信封的填写方法与要求

（一）信封的填写方法

为了准确、迅速、方便地投递书信，各国邮政机构都对信封的样式、写法作出了具体的规定。我国的信封填写方法：收信人所在地邮编填写在信封左上方，邮票粘贴在右上角。收信人邮编方框下，第一行写收信人的地址——"××省××市（县）××街道（乡镇村）门牌和单位名称"。收信人的姓名填写在第二行中部，在姓名后填写"先生""女士""同志"等称呼，称呼后面写"收""启"等字样。发信人的地址、姓名填写在第三行靠右一些，后面写"缄"字，即封闭的意思。发信人邮政编码写在右下方六个方框内。由人捎带的信件，地址可不写，只写"请××转交"等；地址、姓名也可都不写，只写"内详"。

寄往国外的书信封文写作除须用寄往国家的文字书写（有的可用英文书写）外，还有格式上的明显区别。国外一般的规则是：封文左上方依次写发信人的姓名、地址（包括邮政编码）、国名（这三项内容也可写在背面封口上），右下方依次写收信人的姓名、地址（包括邮政编码）、国名，右上角贴邮票。

（二）信封的填写要求

填写信封一定要准确、详细、工整，以免延误投递。在填写收信人地址时对地址、单位和收件人等项一定要填写全称，以便邮政部门进行准确的投递。在填写信封内容时要使用黑色、蓝色笔，不能使用铅笔书写，也不能使用红笔书写，因为红笔代表绝交。

（三）封文写作中的礼貌用语

封文写作中还有一些文饰成分，这就是礼貌用语。邮寄书信和托人带交的书信之间的封文中的礼貌用语有着明显的不同。

1. 邮寄书信封文中的礼貌用语

邮寄书信是将信文封好投到邮局进行邮寄的，因此，封文中的礼貌用语还涉及邮递员与收信人。邮寄书信封文中的礼貌用语有三部分：一是对收信人的称呼；二是启封辞；三是缄封辞。

（1）对收信人的称呼。许多人习惯在收信人的名字之后加上私人关系称谓，如"某某 父亲收""某某 爱妻收"，这是错误的用法。封文中收信人姓名下的称呼不同于信文中的称谓，它不是发信人对收信人的称呼，而是邮递员（送信人）对收信人的称呼。一般来讲，对无职衔的高龄尊长称"老先生""女士"；对有职衔者，可称职衔，也可称"老先生"或"先生"；对女性则称"女士"；对普通长辈及平辈，有职衔者可称职衔，也可称"同志""先生""女士"；对晚辈一般不称职衔，而称"先生""女士"。

（2）启封辞。启封辞是请收信人拆封的礼貌用语，它表明了发信人对收信人的感情和态度，所以，在郑重严肃的书信中，应该精心选择运用。一般来说，对高龄尊长用"安启""福启"；对普通长辈用"钧启""赐启""道启"等；对平辈，则可依照收信人职业、性别等不同，在"启"字之前加适当的修饰词，如对军人用"勋启"，对教师用"文启"，对女士用"芳启"等；对晚辈一般用"启"或"收启"就可以了；对居丧者则须用"礼启"。

（3）缄封辞。缄，也即封闭之意。缄封辞用以表明发信人封信时的感情和态度，给长辈写信宜用"谨缄"，对平辈用"缄"即可，对晚辈一般用"手缄"。在一般不需要感情色彩的书信中，只用一个"缄"字即可。

对不封口的书信（如明信片、信简、贺年卡、柬帖及托人带交的便信便条等），封文中不写"启""缄"，因为不存在拆封和封存的问题。

2. 托人带交的书信封文中的礼貌用语

托人带交书信有两种情况：一是带信人知道收信人的地址和姓名；二是带信人不知道收信人的地址和姓名。

第一种情况，带信人是熟人，书信封文的内容有下列几项就可以了：附件语、托带语、收信人姓名和称呼、收件辞、发信人自署及拜托辞、发信时间。若是第二种情况，则应将收信人的详细地址写清楚。

（1）附件语。附件，是指托人带交书信的附件。也就是说，除托人带交的书信之外，还附带有其他物品。如有，须附以简明的文字说明随信托带物品的名称及数量，以便收信人如数查收，如果没有随信托带物品，自然也就无附件语了。

（2）托带语。托带语是发信人对带信人表示拜托之意的用语。托带语中反映的人际关系有三层：一层是发信人与带信人的关系；另一层是收信人与带信人的关系；再一层是发信人与收信人的关系。托带语的写作应依上述三者关系的不同而选用不同的词语。

（3）收信人姓名和称呼。如果带信人是熟人，收信人的姓不必写，甚至姓名都可不写，而直接写称呼即可，如"家父大人收""家兄收""舍妹收""小女收"等。当然，如果带信人不是熟人，就应在写托带语的同时，将收信人的地址、姓名写详细。

（4）收件辞。收件辞与邮寄书信封文中的启封辞书写位置相同，作用相似。如"台收"，"检收"。收件辞的核心是"收"，用"收"而不用"启"，是因为托人带交的书信一般不封口，对有封口的信则应选用启封辞。收件辞的书写规则是：如果托带信之外有附件，收件辞应写"检收""查收"；如果没有附件，则在"收"字前适当用礼貌用语加以修饰，一般对长辈用"赐收"，对平辈用"台收"，对晚辈用"收"即可。

（5）发信人自署及拜托辞。发信人的自署与拜托辞是发信人对带信人说的，须依二者的具体关系加以选用。一般来说，姓名全署显得比较疏远、比较客气，仅署名字显得比较亲密。拜托辞主要依长幼尊卑关系变化，如果带信人为长辈，则用"敬托"为宜；如果是平辈，则宜用"拜托"；如果是晚辈，则用"托"即可。

（6）发信时间。托人带交的书信不通过邮局，无邮戳表明传递的起止日，所以书信封文中可写明发信时间。发信时间为书信开始传递的时间，一般字号略小于自署与拜托辞的字号，仅注明×月×日即可。

三、信文的书写方法与要求

1. 称谓

称谓是寄信人对收信人的称呼，在信笺第一行起首的位置书写。一般情况下可把收信人分为两种情况。

（1）寄信人与收信人为亲属关系，可用私人关系称谓，也称亲属称谓。

如收信人为长辈，可以根据与收信人的亲属关系进行称呼，并可在称呼前添加"敬爱的"等敬语，如"敬爱的父亲"等。

如收信人为平辈，可直接称呼其名字，并可以在其后添加亲属关系，如"××吾兄"等。

如收信人为晚辈，可直接称呼其名字，并可以添加昵称或亲属关系，如"可爱的××""××贤侄"等。

对上述这些称呼选用的原则有二：一是确切表示收信人与发信人之间的关系；二是要符合习俗，令收信人感到自然、亲切。

（2）选用公职位称谓。公职位是指收信人在国家机关、社会企事业单位及社会团体中的职务或职称，如部长、局长、校长、主任等。

2. 提称语

提称语是用来提高称谓的语词。有的提称语除提高称谓之外，还有请收信人查阅此信的意思，如"赐鉴""青鉴"等。提高称谓，就是对收信人进行尊敬抬举的意思，如"××老师尊鉴"。

现代书信中提称语常常被省略。省略提称语后，在称谓下加冒号"："，如"××老师："。

3. 启事敬辞

启事敬辞，多用于传统书信中，即表示开始叙说事理的敬辞，现代书信使用较少。常见的启事敬辞"敬禀者"，意思是说"我恭敬地禀告的事情如下"。

4. 开头应酬语

开头应酬语属于客套话，是在述说正事之前问候、寒暄之类的话，用来引出正事。传统书信中的开头应酬语虽然繁杂，但自有一番情趣。

现代礼仪简洁明快，书信格式简洁化，一般都将启事敬辞部分与开头应酬语简化为一，多用"您好"，然后连接正文。

5. 正文

正文是书信的核心内容，即书信要说的事、要论的理、要叙的情。

正文紧接在问候语的后面，另起一段，头一行要空出两格书写。正文可分段书写，一般为了正文内容的层次清晰，应一事一段书写。语言要通顺、条理清晰、措辞得体。

6. 结尾应酬语和结尾敬语

结尾应酬语是在正文写完之后，紧接正文最后一段或自成一段按照惯例所用的谦词。结尾应酬语写作须从正文内容引出，要简洁自然、不落俗套。书信中要有如"临书翘企，敬候佳音""恕不详叙，望早日面谈"等字样。

结尾敬语，敬告对方谈话到此结束，与前段的启事敬辞相呼应。前头用"敬启者"，后面用"敬此""肃此"；前头用"兹复者"，后面则用"专此""草此"。

7. 问候祝颂语

在书信中写完正事之后常常要向对方表示问候与祝颂。

传统的问候祝颂语有很多。收信人为长辈时，常用"敬请金安""敬请康安"等；收信人为平辈时，可用"即请大安""敬颂台安"等；收信人为晚辈时，可用"即颂""顺问"等。

现代书信的问候祝颂语比较简洁，如"祝你身体健康""祝你进步""祝你成功""此致""敬礼"等。

8. 自称、署名、礼告敬辞及日期

信文的结尾要写上落款。传统书信落款包括自称、署名、礼告敬辞及日期四部分。

自称与开头所书收信人的称谓是相呼应的，是对收信人的自称，如给老师写信时自称"学生"，反映写信人与收信人之间的关系。礼告敬辞，也叫作"末启辞"，如"敬启""叩""启上"等。写信的日期写在最后，在礼告敬辞之下；如果省略掉礼告敬辞，则日期便写在署名之下。

9. 附候语及补述语

附候语是附带问候的辞令，是在与收信人的家人或身边朋友、同事也有交情，或者写信人的家人及身边朋友、同事也认识收信人的情况下，往往需在信中附带问候，以示思念之情。

附候语的写作应特别注意三点：一是要注意称谓的恰当；二是另行写起；三是力求简练。

补述语，即信文写毕之后又要补充说明的话

课堂训练

离开父母，离开家乡，来到大学学习，你经历了许多，你长大了。根据礼仪要求给父母写一封信。

语。补述语一般用"又及:""又启:"加以提示。补述语不宜过长,现代书信中常用"另""又"等词语。

四、常用的书信类别

在社交活动中,一般常用的书信类别有以下几种。

1. 普通信件

此类信件主要在私人社交活动中广泛应用,信件往来主要是为了传递信息、表达和沟通情感。朋友之间的信件,写信时应注意根据与收信人之间的交往程度把握语言表达的分寸。亲属之间的信件,写信时要根据辈分的不同,区分表达不同的情感。一般来说,给长辈写信时语言要恭敬,给平辈写信时语言要亲近,给晚辈写信时语言要亲切、关爱。

2. 表扬信

写信人或是自身受到他人关怀、帮助,或是耳闻目睹了他人帮助别人,自己深受感动,事后给对方的单位或领导、上级组织、报社、电台写信,希望对做好事者给予表扬。写表扬信时要注意,表扬的内容应实事求是;评价要恰当,不讲大而空的道理;篇幅要短,在一封表扬信里只写一件事。

案例

表 扬 信

××大学:

我们是中国人民解放军某部三连的全体官兵。2月4日,我连干部家属陈某携三岁的女儿自杭州来部队探亲,不慎在×火车站遗失所有的现金和车票。正当陈某母女万分焦急之时,贵校的张某和施某两位同学向她们伸出了援助之手。这两位同学不仅掏钱为她们买了到××地的火车票,而且一路上为陈某母女俩买饭买菜、递茶递水,之后又为她们叫好出租车并预付了车费。陈某母女俩这才平安到达部队驻地。

张某和施某两位同学这种助人为乐的"雷锋精神",令我们全体指战员感动万分。十分感谢张某、施某同学,我们号召全连官兵向这两位同学学习,在建设祖国、保卫祖国的工作中奉献我们的青春,同时也希望学校领导对张某、施某同学予以表扬。

此致
敬礼!

某部三连全体官兵

2018年2月10日

3. 感谢信

感谢信是在得到有关单位或个人给予的关心、支持或帮助后,向对方表示感谢的信函。写作感谢信时应注意以下事项。

(1)叙事要简洁,内容要真实,有关人物、事件、时间、地点、原因等要交代清楚。

(2)评价和颂扬对方良好的行为及

课堂训练

前一段时间班级的一名同学患了重病,住院治疗,我院师生主动为其捐款,同寝室的同学们日夜在医院轮流照顾。请结合此情况写一封感谢信。

品德，要有高度，又要适度。

（3）情感要真挚，文字要精练。

（4）在写作时要注意感谢信与表扬信的区别，表扬信可以由受益者写，也可由旁观者写；感谢信则须由受益者写。表扬信只写给被表扬者领导、单位，或报纸、电台等新闻媒介，一般不写给被表扬者本人；而感谢信既可以写给被感谢者的单位、领导，或者报纸、电台等新闻媒介，也可以写给被感谢者本人。表扬信的结尾要建议对被表扬者的行为或精神给予宣传、表扬，而感谢信则无此要求。

〜〜 案例 〜〜〜〜〜〜〜〜〜〜〜〜〜〜〜〜〜〜〜〜〜〜〜〜〜〜〜〜〜〜〜〜〜〜

感 谢 信

××部队全体指战员：

我县上月遇到了特大洪涝灾害，许多地区被淹，人民的生命、财产受到了严重的威胁。在此危难之际，你部全体干部、战士连夜赶赴我县，投入到紧张的抗洪抢险之中。十几个日日夜夜，你们发扬"不怕牺牲，排除万难"的献身精神，始终冒雨战斗在抗洪抢险的第一线，留下了许多可歌可泣的动人事迹。你们的奋力救援，保护了我县人民的生命和财产安全，使我县上万亩良田和几百座房屋免于被洪水冲毁，帮助我县赢得了抗洪斗争的胜利。你们这种急他人所急、助人为乐、无私奉献的精神值得赞扬和学习。为此，特向你们表示衷心的感谢！

我们决心向你们学习，在党的领导下，积极恢复生产，重建家园，以实际行动报答你们的关怀和帮助。

此致

敬礼！

××县人民政府

2017 年 8 月 15 日

〜〜〜〜〜〜〜〜〜〜〜〜〜〜〜〜〜〜〜〜〜〜〜〜〜〜〜〜〜〜〜〜〜〜〜〜〜〜〜

4. 贺信

贺信也称祝贺辞，是表示祝贺、祝愿的言辞和文章，是人们在交际活动中使用频率较高的一种公关礼仪文书。贺信一般用于节日庆贺、婚庆、寿辰等。

贺信的格式包括标题、称谓、正文、结尾和署名。

贺信的书写应注意：用词热情、喜悦，给人以鼓舞和力量。颂扬内容要实事求是，评价成绩要恰如其分。语言要精练、明快、通俗流畅，篇幅要短。还要注意发文的时效性，切记要适时送达。

〜〜 案例 〜〜〜〜〜〜〜〜〜〜〜〜〜〜〜〜〜〜〜〜〜〜〜〜〜〜〜〜〜〜〜〜〜〜

贺 信

××公司：

贵公司成立并开业，是我市商界也是企业界的一件大喜事。在此谨向你们致以热烈的祝贺！

贵公司拥有一支由软件专家组成的精干队伍，技术力量相当雄厚，必定能够开发出具有竞争力的软件产品，对于满足用户的需求，活跃我国的计算机软件市场，定会起到重要作用。

祝贵公司开业大吉，宏图大展！

××公司全体员工同贺

2018 年 2 月 15 日

5. 慰问信

慰问信是以组织、家庭或个人名义向有关集体、个人表示慰劳、问候、致意的书信。慰问信分为给遇到意外损失者写的慰问信、给做出巨大贡献的集体或个人写的慰问信和节日慰问信等。慰问信应根据所慰问对象的不同确定信的内容。慰问信的抒情性较强，语言要求亲切、生动。

案例

慰 问 信

中共××市委、市人民政府转

受灾的县、区委和县、区人民政府：

最近以来，特别是五月二十日凌晨，你市一些县（区）内不少乡镇受到狂风暴雨和冰雹袭击，农业生产和人民的生命财产遭受了一定的损失，特向你们和受灾群众表示亲切的慰问，向战斗在生产救灾第一线的广大党团员、各级干部、群众和部队指战员致以崇高的敬意。

省委、省政府和全省人民十分关心灾区人民的生活和工农业生产，希望你们发动群众积极开展生产自救，克服困难，重建家园，战胜灾害。

我们坚信，有党中央的正确领导，有优越的社会主义制度，有广大人民群众的努力，有各级政府和有关部门的支持，你们一定能够克服这次灾害带来的困难，安排好受灾企业的生产和人民群众的生活，取得抗灾、生产的双胜利，推动工农业生产的大发展。

中共××省委

××省人民政府

××××年×月×日

第三节　请帖礼仪

在社交活动中，单位或个人为了增加交流机会、融洽社交圈子氛围、增进友谊、扩大自身影响常常会举办一些联谊或庆祝活动，并用请帖邀请客人参加。使用请帖既可以表示对被邀请者的尊重，又可以表示邀请者对此事的郑重态度。

请帖（图12.1）在款式和装帧设计上应美观、大方、精致，使被邀请者体味到主人的热情与诚意，感到喜悦和亲切。请帖一般有两种基本样式：一种是单面请帖，这种请帖由单张纸制成，在纸张的正面直接书写内容。另一种是双面请帖，即折叠款式，外面为封面，写"请帖"或"邀请函"字样，里面为封里，书写内容。

图 12.1　邀请函（请帖）

一、请帖的制作

请帖是礼仪文书中的一种，写作格式与书信格式大致相同。在撰写时，不论哪种样式的请帖，都包含标题、称谓、正文、敬语、落款和日期等内容。

（1）标题。双面请帖封面印上或写明"请帖"或"请柬"二字。单面请帖，标题写在顶端第一行居中，字体较正文稍大。

（2）称谓。顶格写被邀请的单位名称或个人姓名，其后加冒号。个人姓名后要注明职务或职称，如"××经理"。邀请的对象为某一个群体时，写上"某某单位全体员工"。有时在商务活动中对关系单位进行邀请时，并不明确写明邀请某人参加，而是由对方单位自行安排代表出席活动，此种情况可在称谓处写上单位名称。

（3）正文。另起一行，前空两格，写明活动的内容、时间、地点及其他应知事项。

（4）敬语。一般写"敬请光临""敬请莅临""此致""敬礼"等礼貌用语。在书写时，"此致"另起行，前空两格，再另起行写"敬礼"等词，须顶格书写。

（5）落款和日期。写明邀请单位名称或个人姓名，下面写日期。

二、请帖的书写

在书写请帖时要注意以下一些问题。

（1）文字要美观，用词要谦恭，书写时应根据具体场合、内容、对象，认真把握措辞。用语可选用古朴典雅类型的，也可选用平易近人、通俗易懂类型的，但要前后风格统一，并要充分表现出邀请者的热情与诚意。

（2）请帖的篇幅有限，语言要简练、准确。凡涉及时间、地点、人名等一些关键性词语时，一要表述清晰，二要核准、查实。

（3）纸质、款式和装帧设计要做到美观、大方。如今，请帖多为印刷制品，在选用款式时，应注意根据邀请内容和邀请对象身份的不同来选择请帖的颜色和花纹图案，使请帖能够衬托出活动的氛围。

（4）请帖发送时应注意掌握时间和发送方式。请帖的发送时间要恰到好处，送达过早则易被邀请人遗忘，送达过晚又易给被邀请人造成被动，来不及安排参加时间，所以请帖的发送时间一般需提前一到两周。

（5）收请帖的人如因某种原因不能出席时，应及时回复邀请方，并作简单说明，表达歉意。

××先生（女士、小姐）：

兹定于 2018 年 9 月 19 日 10:00 在××大酒店 10 楼多功能厅举办××大学文学院××届毕业生校友联谊会。

敬请光临

此致

敬礼

××届毕业生校友联谊会组委会

2018 年 9 月 5 日

第四节　网络交流礼仪

随着网络技术的快速发展，人们在个人生活和商务活动中广泛地使用网络来传递信息和交流情感，因此网络礼仪的规范逐渐受到了人们的重视。网络礼仪就是在借助互联网交往时，为使人们在交往中形成良好的交际氛围、建立友好的人际关系而形成的言行礼仪规范与准则。

一、网络语言要规范

网络语言要遵循以下规范。

（1）网络语言应简明。在网络上与人沟通时，文字用语宜简短易懂，不需要的赘语应予以删除；正确及简短地书写邮件，不宜加入过多无谓的感情词句。

（2）网络语言要礼貌。网络上，在私人之间交流时，礼貌用语可偏向简单和非正式，在商务活动中则要求使用规范的礼貌用语。

（3）语言文字使用要规范。通过网络进行交流时应慎重考虑选用哪种语言，一般应考虑到双方的文化背景因素。无论私人之间的交谈还是商务活动，在打字时都要使用规范的文字，注意不要为提高打字速度而有意地使用同音字代替。

（4）个人交流不推荐使用网络简语，商务交流禁止使用网络简语。如今人们在网络上交谈时已经形成了一些代表特定意思的符号或数字，如："886"代表"再见"，"7456"代表"气死我了"，"9494"代表"就是就是"，"GG"代表"哥哥"，"MM"代表"妹妹"，": -)"代表"幸福的微笑"，": -("代表"不高兴"，";-)"代表"眨眼的微笑"；"白骨精"代表"白领+骨干+精英"；"喜大普奔"表示"喜闻乐见、大快人心、普天同庆、奔走相告"，多用于嘲讽，幸灾乐祸，落井下石等。读者应注意，并非网络另一端的每个人都明白上述网络简语，而且这些简写也多有歧义，为避免交流中产生误解，建议不使用代称，但可简单了解。

二、电子邮件礼仪常识

电子邮件是使用最为广泛的网络交流工具之一，下面简单说明使用电子邮件时的相关礼仪问题。

1. 收信人

收信人可区分为收件人、抄送人和密送人，在使用时应注意以下事项。

（1）收件人。收件人是要受理这封邮件所涉及的主要问题的人，应对邮件予以回复响应。

（2）抄送人。收件人是可以看到邮件同时抄送给了某人的。抄送人是只需要知道这封邮件情况的人，抄送人没有义务对邮件予以响应，当然如果抄送人有建议，可以对发件人进行回复。

（3）密送人。密送区别于抄送，收信人是看不到邮件同时发送给了哪些人。

（4）有多个收件人时，各收件人的排列应遵循一定的规则，如按部门排列，按职位等级从高到低或从低到高排列等。

2. 主题

邮件的主题是接收者了解邮件的第一条信息，因此要提纲挈领，选用有代表意义的主题词，这样可以让收件人迅速了解邮件内容并判断其重要性。填写主题时需注意以下事项。

（1）主题一定不能空白，这是一种十分失礼的行为。

（2）主题的撰写要简短，不宜冗长。

（3）主题要能反映邮件的内容和重要性，切忌使用含义不清的标题，如"××先生收"。

（4）一信一事一主题。

（5）回复对方邮件时，应根据回复内容更改标题。

3. 电子邮件内容

电子邮件主体内容的书写格式可借鉴传统书信，如称谓顶格、使用问候语等。

（1）称谓。邮件的开头要称呼收件人。这既显得有礼貌，也明确提醒某收件人，要求其给出必要的回应。如果对方有职务，则应按职务尊称对方，如"××经理"。在发给多个收件人的信件中可以称呼收信人"各位先生""各位女士"等。

（2）开头结尾问候语。邮件的开头和结尾应有礼貌的问候语，常用的开头问候语是"你好"，常用的结尾问候祝颂语有"祝你身体健康""此致""敬礼"等。

（3）正文。邮件的正文一般要求一信一事，行文流畅、简明扼要。在写信时，须根据收件人与发件人的熟络程度、等级关系、邮件是对内还是对外等性质的不同，选择恰当的语气。

（4）结尾签名。虽然收件人可以查看到发件人信息，但每封邮件在结尾都应签名，以便于收件人查看。签名信息不宜过多。电子邮件末尾加上签名档是必要的。签名档可包括姓名、职务、公司、电话、传真等信息，也可使用短语、名言或公司的宣传口号作为签名。有时可以设置多个签名档，区分收件人对象与场合使用，切记一定要得体。对内和私人的邮件往来，可使用简单、有个性的签名；商务活动中需使用庄重的签名。

4. 附件的使用

如果邮件带有附件，应在正文里面提示收件人查看附件。附件文件名应能够说明附件的内容。特别在发送多个附件时，附件的文件名应相互区别，不宜使用"文件一""文件二"这样含糊不清的文件名。

附件数目不宜过多，一般以不超过三个为宜，较多时应打包压缩成一个压缩文件。附件文件格式为特殊类型时应附带相关软件或注明打开方式，以免影响收件人查看。

5. 使用邮件应注意的一些事项

合理使用字体、字号、文字颜色等设置。常用字体设置为宋体或新宋体，字号为五号或10号字。一般商务电函中不使用稀奇古怪的字体或斜体，不使用背景信纸。对重点信息可使用粗体、彩色字体、加大字号等进行合理的提示，但提示过多会让人抓不住重点，影响阅读。

收到他人的电子邮件后，应及时回复对方。如果邮件涉及事情复杂，而无法及时确切回复时，则应该回复说"收到您的信件，我们正在处理，一旦有结果将立即通知您。"如将长时间外出不能登录邮箱，应该设定自动回复功能提示发件人，以免影响工作。

视野拓展

微信成为大众社交工具后，礼仪问题迅速成为热门话题，2015 年年初，网友自发编撰的 26 条"微信朋友圈礼仪规范"迅速传播开来，曾引发各大媒体报道。2015 年 3 月 15 日腾讯公司发布《微信朋友圈使用规范》，推荐读者看后讨论，以利提高在"朋友圈"中的个人形象。

三、微信礼仪常识

微信已经成为人们日常交流、工作的重要沟通工具，微信用户看到好的文字、图片也常忍不住转发给朋友分享，企业营销也常常借助微信的力量。然而，我们在享受微信这一即时通信工具便利的同时，却未曾注意一些行为会令朋友厌烦，而有损形象。使用微信时应注意以下几个礼仪问题。

（1）与朋友直接交流时注意不用或少用网络简语，以免造成误解；注意发送信息的时间，不应打扰对方休息或引起对方不快。

（2）企业或个人营销行为应注重"形象"，不造成他人困扰，令朋友生厌不仅有损形象，还会使营销行为适得其反。

（3）在朋友圈发布信息应慎重，应使内容于公众有益、文字无差错，不宜频繁发布。

（4）转发他人信息时应注明来源，尊重原创。

（5）转发信息前应核实无误，避免转发虚假信息。

本章小结

本章介绍了文书礼仪的含义和总体要求，并通过对古代书信与现代书信的比较，介绍了书信的礼仪规范和不同种类书信的写作要求，讲解了请帖的制作和使用的礼仪规范，以及利用网络进行社交的礼仪规范问题。使用标准的文书写作格式和恰当得体的语言文字表达，有利于在社交中塑造良好的形象。尤其在网络交往中，规范的网络礼仪行为可以增加彼此的信任感，提升个人形象。

思考与训练

一、复习思考

1. 什么是文书礼仪？

2. 文书礼仪的总体要求有哪些？

3. 现代书信由哪几部分组成？

4. 表扬信与感谢信有何区别？

5. 请帖的制作礼仪规范有哪些？

6. 网络礼仪规范的内容有哪些？

7. 使用电子邮件与他人沟通时应注意哪些事项？

二、案例分析

案例一

感 谢 信

××出租汽车公司：

　　11月5日下午，我单位总经理张宇乘坐贵公司"××××××"号出租车时，不慎将皮包丢失，内有数码照相机一部、合同书一份、人民币5万元及各种票据若干张。在我们万分焦急之时，贵公司司机××师傅主动将捡到的皮包送至我单位，使我单位避免了一次重大损失。为此，我们再三表示感谢并拿出5 000元作为酬谢，××师傅却说："这是我应当做的"，表示不能接受。在此特致函贵公司，深表谢意。

××× 集 团

2018 年 11 月 6 日

问题：请将案例一写作中存在的错误指出来。

案例二

请 柬

　　小王：

　　谨定于20××年12月10日15时在香格里拉大酒店10楼多功能厅举行庆功宴会，请准时参加。

思远网络公司

2018 年 12 月 1 日

问题：案例二是一篇病文，请对该请柬进行修改。

三、课外实践

　　1. 曾经有一首名叫《一封家书》的歌曲红遍大江南北，抛开音乐因素，请对歌词进行分析，看看歌词体现了哪些方面的文书礼仪规范。

　　2. 小王是个计算机高手，喜欢通过网络与朋友进行交流，有时半夜三更发"微信"约朋友上网聊天，有时会把朋友的照片修改后传到网上"搞笑"，还曾冒充朋友的名义给他人发送电子邮件。

　　请结合案例，谈谈网络上不符合礼仪规范的行为有哪些，正确的礼仪规范应该是怎样的。

第十三章 求职礼仪

【学习目的与要求】

通过本章的学习，了解求职过程中礼仪的重要性，学会如何做好充分的求职准备工作，掌握一般的求职技巧。

【关键概念】

求职　面试　求职材料

第一节　求职前的准备

求职是指寻找工作岗位和就业的过程。在现实生活中，求职礼仪对求职者有着近乎苛刻的要求，因为礼仪是个人素质的一种外现。一个自尊、自信、有礼的人能够让人产生好感并受到尊重和重视，从而增强其竞争能力。虽然求职者一般都会意识到这个问题，但是却往往由于一些细节方面出现纰漏而失败，因此对待求职礼仪切不可掉以轻心。

一、审视自己

俗话说，"知己知彼，百战不殆"，要迈入职场，首先需要做的就是要认真审视自己，对自己的特点进行客观、细致的分析。择业前需要考虑以下几个方面的事情。

1. 目标

职业的选择在很大程度上取决于求职者的志向。虽然大多数人并不奢望自己成为有广泛社会影响的一代名流或伟人，但是必要的志向还是不可缺少的。古语说，"求其上，得其中；求其中，得其下；求其下，不得"。所以，无论人生目前状况如何，都应该确定一个比较高远的理想目标，作为选择职业的方向，进而有所成就。

2. 能力

初步确定职业目标之后，要客观地分析自己的能力是否有可能实现这个目标。每个人的能力侧重点不同，并不是所有人的能力都足以实现其职业目标。一般认为，与人的职业有关的主要能力有观察能力、思维能力、记忆能力、想象能力、动手操作能力、语言表达能力、组织管理能力和社交能力等。

据研究，人所获得信息的 80%～90% 是通过观察得来的。有些职业对人的观察能力有着特殊的要求，如记者、作家、画家、演员等，这些职业要求从业者必须通过敏锐的观察力来发现问题或捕捉灵感；而有些职业，如高层管理、科学研究等，要求从业者必须具有超强的管理或思维能力。一般来说，教师、学者、法律工作者、邮递员和咨询人员需要具有良好的记忆能力；艺术家、发明家、改革家、作家必须具备强于常人的想象力；公关人员、教师、影视演员、节目主持人、律师等要有良好的口头表达能力；新闻记者、文艺创作人员、秘书等要有较强的书面表达能力。此外，公关人员、企业家、记者、推销员、导游、秘书等还必须具备较强的社交能力。

3. 气质类型

气质与人的职业及其发展也有很大的关系。

胆汁质的人适合做内容和环境不断变化的工作，如导游、推销员、节目主持人、演员等，对那些需要长期坚持、细心对待的工作则较难适应。

多血质的人往往具有较强的交往能力，容易适应新的环境，工作适应面较广，尤其适合做导游、公关、谈判、外交、推销、宣传咨询等工作，但是不适合做过于细致或过于单调的机械性工作。

黏液质的人很适合做外科医生、法官、会计、出纳、播音员等需要长时间专注于某些严谨事务的工作。

抑郁质的人特别适合做耐心细致的工作，如打字、排版、登记、化验、刺绣、雕刻、文秘等。

气质类型无所谓好坏，每一种气质都有它的积极面和消极面，而且气质本身并不能决定一个人社会成就的高低，也不能单独决定人们应该选择哪种职业。因此，选择职业时不能只看气质，还必须要结合其他因素综合考虑。

4. 性格

性格对于人们职业的影响也比较突出。一般来说，具有独立型性格的人适合做管理人员、记者、科研人员等，而具有顺从型性格的人则适合做秘书等一般职员。此外，性格较外向的人适合从事公关、外交、采购、推销等与人打交道较多的工作，而性格内向的人则比较适合做会计、统计、出纳、校对、档案等与人交往较少的工作。

5. 兴趣

兴趣对职业的影响是显而易见的。一个人对某一特定的职业感兴趣并不意味着一定能做好这项工作，但如果对某一职业不感兴趣，那么做好的希望就很小，兴趣是最好的老师。

6. 性别

对于个体来说，性别对于职业的选择具有重要影响。因为男女在生理、心理、气质、性格、思维等方面都存在着明显差异。通常，重体力劳动、抽象思维工作、富有刺激冒险性的工作比较适合男性；而那些细致复杂、对形象思维要求较高的工作则比较适合女性。

二、寻找机会

在认真客观地审视自己的各方面情况之后，要想方设法寻找与自己的既定目标有关的机会。这主要可以通过两种方式进行：一是利用已有的人际关系，靠熟人和朋友的推荐寻找工作机会；二是通过大众传播媒介，如招聘网站、报纸、电台、电视台等了解招聘信息，或通过劳务市场、人才交流会、职业介绍所等了解相关信息。

三、求职的心理准备

现代社会中，很多人都随时面临着"失业—择业"的挑战。在求职前要有充分的心理准备，这是任何一个想获得成功的求职者应当必备的。

1. 培养积极主动的择业意识

现阶段的就业趋势是人才自由选择职业、单位，用人单位择优录用。对于这种趋势，求职者应该树立主动择业意识。随时收集社会各方面的招聘信息，不断完善自己的知识结构，不断修正自己的职业方向。树立积极、正确的择业意识应该做到以下两个方面：一方面是求职者应主动去选择适合自己兴趣、特长爱好的工作；另一方面，在选择自己职业的同时，也要以被动者的身份去接受用人单位的选择。

2. 培养积极的竞争意识

在一个充满竞争的社会中，求职者只有具备较强的竞争心理，才能抓住那些稍纵即逝的机会，才能找到一份令自己满意的工作，进而施展自己的才能和抱负。一般来说，机会面前人人平等，但是机会还是偏爱那些做好准备且具有竞争意识的人。因此，每一个求职者，在走向社会择业之前，都应积极地培养自己的竞争心理、竞争意识，以便在激烈的求职竞争中取得成功。

3. 培养自信心理

自信是成功的基石。人生好比一场游戏，而自信则是游戏的法则之一。任何一个求职者，无论在什么样的情况下，都应该坚定地相信自己，相信自己能够面对挑战，并且最终会战胜挑战。"相信自己"有时会产生令人意想不到的威力。

案例

自信能创造奇迹。

4 分钟能跑完 1 英里（约 1.6 千米）吗？这个问题困扰了一代又一代的优秀运动员，他们尝试着、努力着，然而总是不能成功。最后由专家下了一个结论：不可能成功！理由是，人的体力不可能达到那样一个极限。然而，若干年后，一个充满自信的运动员用行动推翻了专家们的结论，他就是第一个创造了 4 分钟 1.6 千米"神话"的罗杰·班尼斯特。更富有戏剧性的是，就在罗杰创造 4 分钟 1.6 千米"神话"之后的 6 个星期，约翰·兰迪又奇迹般地以提前 2 秒的成绩打破了罗杰的纪录。

点评：自信是人生成功的基石，人的成功之路必须踏着自信的石阶步步登高。有了自信，人才能达到自己所期望达到的境界，才能成为自己所希望成为的人，才能坚持自己所追求的信仰。无论在什么情况下，自信者的格言都是："我想我能够做到，即使现在不能，以后也一定会做到！"

4. 培养今后工作所需要的心理素质

不同的工作是需要不同的心理素质的。在明确了个人的职业意向和心理特点之后，就要按照今后的职业要求，有意识地调整和培养自己适合未来工作的心理素质，要有意识地在这方面改变自己，以便走上工作岗位之后能够顺利地适应新的工作。

5. 培养笑对失败的心理

求职是一个双向选择的过程，在这个过程中，可能会一帆风顺，也可能会事与愿违。在求职的过程中，求职者面对挫折和失败的打击要保持清醒的头脑，做到落聘而不落志。要求职就会有竞争，而有竞争就会有失败。面对失败，只有那种"面对不利与艰难的遭遇百折不挠"的人，才能笑到最后，获得成功。

视野拓展

推荐通过中国教育网查找"应届毕业生求职前的准备"相关内容。

第二节　准备求职材料

一、求职信

求职伊始，求职者须首先呈上一封事先准备好的求职信，以供招聘人员了解相关的信息。对于用人单位来讲，求职信是求职者自我描绘的一幅立体画像，是求职的第一步工作。

1. 明确招聘者对求职者的期望

要想写一封成功的求职信，一定要明确对方的要求。不明确招聘单位的招聘范围、项目、条件，而盲目地写信求职，是不可能成功的。

招聘条件一般来说有两种：一种招聘条件是显性的，是直接能从招聘启事上看到的，诸如对年龄、学历、工作经历等的具体要求。另一种招聘条件则是隐性的，这类条件在招聘启事上不能直接看到，它们隐藏在那些具体要求的背后。要洞悉这些隐性条件，就需要对招聘者、招聘工种、招聘条件进行系统的分析，从而找出那些字面之下的含义，并且在求职信上要有所暗示或反映。

2. 撰写求职信的一般原则

一般来说，撰写求职信有以下几个原则。

（1）诚实不欺。求职信务必要实事求是，切不可弄虚作假。

（2）简明扼要。求职信要简明扼要，切忌冗长繁杂。求职信越简单越好，当然简也要简到适度，不能因简而少、因简而缺。

（3）个性化。求职信没有现成的规则，只要能从实际出发，写出自己的特点、专长，并能引起对方的兴趣就够了。

3. 求职信的内容

写求职信和进行其他创作一样，可以是各有特色、不拘一格的。只要按照每项要求，如实扼要地写出就可以了。一般来说，求职信的基本内容应包括以下几点。

首先，要写明自己的求职目标。在求职竞争中，招聘单位一般都欣赏那些目标明确的人，而不愿接纳一个没有求职目标或目标模糊的人。

其次，要写明自己所具备的胜任所申请工作的条件。要明确地告诉招聘单位，你既有相当的学历，又有相当的训练、才干和潜力去胜任那份工作，并且对那份工作很感兴趣。在撰写这些内容的时候，要记住不要和简历表重复。同时，在求职信中，你还可以讲述一些对所申请工作的独到见解和看法，或者自己具备什么样的特殊条件因而适合这份工作。

再次，在求职信中还可以谈些与求职相关的其他有利条件，如个人的品质、意志、毅力等方面的内容，告诉对方自己是一个有毅力、有主动性和创造性、有朝气、有作为的求职者。有时，这方面的资料比单纯技术上的资料更能打动人。

关于薪金问题，在求职信中最好不要涉及，如果招聘单位一定要应聘者列出心目中的薪资水平，那么你就应该先进行一番调查，看看同行业同类职位的薪金是多少，以便确立一个合理的数目，并且这个数目最好是一个范围，而不是一个实际的数字，这样就更有弹性。

在求职信的最后，一般应该提醒招聘人注意你所附上的文件（如简历、证书等），并且希望对方有进一步的反馈（如回复、安排面试等）。

4. 求职信的写法

求职信作为一种应用文，有一定的内容和格式。其措辞必须小心处理，既要有吸引力又要不落俗套，还要能突出自己的个性和专长。一般来说，它具有以下几个特点。

（1）行文如行云流水、酣畅淋漓，不可含混晦涩、词不达意。

（2）版面要美观，每页的文字不要过于拥挤，两旁要留空白。

（3）求职信应该具有针对性，每申请一份工作，应都应专门写一封求职信，针对不同岗位的求职信会取得更好的效果。

（4）杜绝错别字。

5. 撰写求职信时常犯的错误

撰写求职信息时常犯的错误有以下几类，求职者应注意。

（1）过分自信。初出茅庐的年轻人，往往以为凭着自己的本领就可以找到一份满意的工作。于是在写求职信的过程中，自觉或不自觉地就会流露出一种志在必得的情绪。这种情绪往往会使收信人对你产生误解，他会把你看成是一个好大喜功、自吹自擂、忘乎所以而又容易骄傲自满的人，反而会因此把你拒之门外。

（2）不够自信。过分自信不好，不够自信亦不好。大多数用人单位都不欢迎这类求职者，因为它们认为一个没有主见和独立人格的人是不会有所创造和开拓的。所以，求职者在求职信中谦虚一点是可以的，但是要把握分寸，尽量做到不卑不亢、有礼有节。

（3）过于简单。求职信冗长繁杂不可取，同样过于简单也是大忌。过于简单的求职信让人看后总觉得少了点什么，不尽如人意。因此，撰写者在撰写求职信的过程中，一定要言不烦、一一道来，既能保证说明问题，又不浪费笔墨。

（4）语气不庄重。有些求职者在求职信中频繁地使用"我觉得""我认为""我看""我想"我希望"等字眼。这些字眼不是不能用，适当地用来加强语气、表达心情是完全可以的，但在用的时候要慎重，否则用得太多会给人留下一种不庄重、不和谐的感觉，让招聘单位觉得你是一个自高自大、思想不成熟，而且爱发号施令、命令他人的人。

（5）习惯性地应用简称。平时与人交往、交谈的过程中，可能会习惯地简称自己的学校、学科、专业，甚至是住址等，但当这些内容被反映在求职信上的时候，最好不要用简称。简称有可能会使人产生误解。

（6）主次不分，中心不明。求职信忌写成简历，避免让人看后不知所云。任何一封求职信都应该有明确的目的，有主次之分，对于自己的目的应该重点写，至于其他只需用一两笔轻轻带过即可，切不可均分笔墨。

（7）过于呆板。求职信中忌用陈词滥调，以免被当成迂不可救、没有创新意识的求职者而被直接拒之门外。

（8）套话、空话太多。有些求职信，写得洋洋洒洒，看似气势恢宏，却是一些没有多少实际内容的华丽辞藻。这样的求职信也不会产生太好的效果。相反，会使招聘单位觉得你是一个油嘴滑舌、脱离现实的人。所以在写求职信的时候，要用事实说话。

此外，在准备求职信的过程中，还有以下几点应该引起注意。

（1）精心组织开篇，最好做到一鸣惊人。

（2）避熟就奇，无论在求职信的内容上，还是在其格式上，都要行他人所不能行，避免落入俗套。

（3）使用传统信件寄送求职信时，不要轻易在信封上写出你的地址和姓名，因为如果写了，收信人很可能连看也不看就给退了回来。必要时可以在信封上注明"私人信件"等字样。使用电子邮件时，主题中应明确写明要应聘的职位。

（4）使用传统信件寄送求职信时，要避免在六七月份或节假日投寄，因为那些时候大部分人都在度假或准备过节。同样，使用电子邮件时，应避免下班前、周五、节假日前一两天等时间段。

（5）在寄求职信的同时，要把简历一同寄出。使用电子邮件时，求职信应直接写在电子邮件内，以简历文档作为附件。

视野拓展

求职信怎么写？请扫描二维码阅读相关内容。

案例

求 职 信

尊敬的人事部经理先生/女士：

　　您好！

　　我是哈尔滨师范大学管理学院市场营销专业的学生，将于2019年6月毕业。获悉贵公司在我院招聘的消息，经比照贵公司的要求，认为自己符合招聘条件。我的专业课成绩优秀，在大学学习期间，我曾两次获得"学习优秀奖"。我熟练掌握 Windows 操作系统及 Office 等办公软件，已经获得国家计算机三级证书，具有良好的英语能力，目前已经取得英语六级证书，并正在参加英语口译中级班的培训，约于明年5月完成培训并有望获得培训合格证书，这为我今后在贵公司的涉外部门工作，扫除了语言上的障碍。我带领的团队在第五届全国大学生市场营销大赛中曾荣获一等奖。

在学校，我担任了管理学院学生会的部长助理和班组织委员等职务，组织策划了许多全校性的活动，这些活动锻炼了我的沟通能力、组织策划能力、协调能力，更主要的是使我具备了团队合作精神；班级工作锻炼了我的领导能力、人际交往能力等。我在任职期间得到了校团委的大力支持和学院师生的一致好评。

贵公司是上汽集团与特利特莱国际控投有限公司合资组建的企业，公司产品——车用启动机、发电机是上海大众、一汽集团等著名企业的名牌汽车所用的重要部件，新一代永磁减速式启动机、双风扇内冷式发电机等产品，科技含量高，具有较好的发展前景。

我学的是市场营销专业，想应聘贵公司产品营销的岗位。请相信，我如果能在这个岗位上工作，一定会加倍努力，为贵公司的业绩增长做出积极的贡献。

期盼着您对我的当面指导，这也有助于您及公司对我的能力有一个更深入、更全面的了解，我将非常珍惜并十分感谢您和贵公司为我提供的就业机会。

希望能够早日得到您的当面赐教。

此致

敬礼

自荐人：×××

2018 年 12 月 30 日

二、个人简历

求职者千万不能轻视一张小小简历表的作用，它不仅是个人经历和经验的简单总结，更重要的是自我宣传、自我推销的工具，是求职者叩开招聘单位大门，通向成功的一张王牌。

课堂训练

写一份给某国有大型企业营销部门经理助理岗位应聘的求职信。注意求职信的格式、内容要别致、新颖。

然而，大多数求职者对简历并没有足够的重视。他们也许会花费大量的时间和精力去准备一封封热情洋溢的求职信，简历却总是沿袭过去填写的若干表格，再机械地补上近期的一些活动。这种简历看上去呆板、苍白、千篇一律，没有一点新意，自然也就很难反映出求职者与他人的不同之处。这种简历不但不能引起招聘单位的注意和兴趣，甚至还会使之反感、不屑一顾。

（一）外观和样式

简历是一份资料文件，它列明的是求职者个人的身份详情、受教育情况、工作经验等。这份文件是用来支持你的请求，证明你能够胜任所申请的那份工作的证明。个人简历一般有一到两页就够了，太多则不妥。

在撰写简历的时候，如手写则字迹一定要工整，忌模糊不清；文字不要过于拥挤；避免出现错别字及漏字。写完后，要反复地修改，直至达到最佳状态。如有可能，可请专门的就业指导人员或其他有经验的人阅读一下，并根据他们的建议，再次对内容进行修改。

在个人简历的表述部分，要使用简短、精练的词语和句子，避免出现冗长乏味的叙述。而对其中的重点部分，可以加注着重号以示强调。写简历要以真诚质朴见长，不要矫揉造作，故意卖弄文笔，堆砌华丽辞藻。否则，会使人感觉你是一个很虚、很浮的人。个人简历应力求简洁、生动、有条理。

（二）个人简历的准备

求职者要写好一份个人简历，首先就必须对自己有一个很好的了解，列出自己的特长和优势。对自己加以了解和研究是一个系统工程，它需要平时的积累。在平时，只要是对个人简历有用的事情，哪怕是只言片语、零星的琐事，也应该将其记录下来。比如，你参加了一个有意义的社会实践、获得特等奖学金，或者其他有收获的活动，都应该把它们记录下来。这样在准备简历的时候，就会拥有许多可供选择的材料。

（三）个人简历的内容

个人简历的内容至少应包括姓名、年龄、住址、电话号码、邮政编码、婚姻状况、健康状况、学历、求职目标、工作经历、工作经验、个人特长、爱好和兴趣等，有时还要有推荐人。其中，姓名、年龄、住址、电话号码、邮政编码、婚姻状况、健康状况等几项是有关个人的基本情况，只需如实填写就可以了。但是，也有下列问题需要注意：在填写姓名的时候，所填的姓名务必要跟其他证件（如毕业证书、推荐信）上的姓名保持一致，以免引起招聘单位的误解；所填写的地址应该是常住地址，不要填写临时地址，以便联系；在填写电话号码的时候，不要填写那些让招聘者在办公时间内很难找到你的电话号码（如宿舍电话），如果只有这类电话可填，那么不妨在填写的时候顺便告诉对方给你打电话的最佳时间；对于婚姻状况，只需说明已婚或未婚即可，如果招聘者没有特殊要求，此项可以略去；对于健康状况，只要说明自己身体健康就可以了，无须将身高、体重等情况——列出，当然招聘者有特殊要求的则不在此限。填好上述内容且保证准确无误后，就应该着手撰写下列内容。

1. 求职目标

简述你追求的工作目标。如果不止一个，要确信它们都是互相联系的。如果自己的能力较强，面临的择业机会较多，那么就可以把自己的求职目标定为一个概括性目标。如果确实有些不相关但又有潜力的目标可供考虑，那么你就不妨为每一个工作目标拟定一份个人简历。要注意的是：既不要使自己的目标过于宽泛，也不要使自己的目标过于狭窄。

2. 工作经历和经验

首先要列出你最后一份工作经历，然后依次向前追溯，在每列一份工作经历的时候，要具体包括就业日期、就业单位、工作地点、工作权限等。其中，对于工作权限，要特别地加以注意，要明确地写出自己在过去工作中拥有的工作权限：直接对谁负责，手下有多少职员，他们的素质如何等，因为有些工作权限本来就是一个人工作能力的体现。

如果没有专职的工作经历可写，比如学生，那么也可以把业余时间打短工或假期兼职的经历写出来。这是可以理解的，因为学生没有全职的机会。不要小看这种打短工的经历，对于一个全日制学生来讲，它却是相当宝贵的财富，如果你的这种经历同你所谋求的职位关系很近，那也会给你加分的。

3. 取得的成绩

仅仅向招聘单位展示你在过去的工作岗位上拥有的工作权限，还不足以使对方相信你是一个有才华的人，因为工作权限毕竟不等于工作能力。只叙述前者，会使人产生一种"只占槽头不推磨"的误解，这时就需要你拿出在工作中取得的成绩来。在叙述成绩的时候，可以将自己主要的成绩列成一个表格，同时要尽量用那些有一定分量的词语，诸如组织、指导、协调、演讲、写作、公关、增加、降低、挽回、开发、研制、创造等。在列出自己主要成绩的时候，还要找出体现这些成绩的例子，以应付面试时主考人员的提问。

4. 个人的兴趣与爱好

在简历表上也可以写上有关个人的兴趣或背景，这一点也很重要。如果你和另外一名求职者才学相当，工作表现也不相上下，那么最后促成结果的因素很可能就完全与工作无关，个人的爱好和兴趣这时候往往能起到举足轻重的作用。在撰写个人的兴趣和爱好时，还要做到严肃与活泼的平衡，要表现出自己兴趣的多样化，不要把"看电视"之类平淡无味、不是兴趣的活动写出来。

5. 推荐人

只需表明"经人推荐"即可，不必列出推荐人的职位、年龄等其他方面的内容。因为你可以将推荐人的情况做成一张专门的小卡片，另外附上。这张卡片应该包括推荐人的姓名、职位、就职单位、详细住址和联系电话等基本情况。

在使用推荐人的时候，要首先征得他们的同意，将整理好的简历，送给推荐人一份。如果他们有什么建议的话，那就按照他们的意思修改一遍。另外，使用推荐人要适当，不要过分地炫耀推荐人。在面试的时候，除非招聘者主动问及你的推荐人的情况，否则自己不要主动提及。

6. 学历

在填写自己学历的时候，可以首先列出最高的学历，然后依次后推。写学历，还要明确写出受教育的时间和院校、获得的文凭和学位、主修或选修的科目，并且要注明平均分数，以及所有的奖状、证书等。当然，如果分数与证书没有什么说服力，那就可以不写。请记住，不要轻易公开自己的负面消息。同时，不要将所学的课程全部列出，只需列出招聘单位可能感兴趣或者能够体现能力多样化的课程。如果能根据类别将课程列出，效果会更好。总之要突出你现有的经验和专业优势。

> **视野拓展**
>
> 个人简历模板数例

7. 其他方面

在简历上，也可以列出以下信息：性格倾向、所属的组织、家庭成员的简单情况及他们对你选择此工作的态度等。

第三节　面试礼仪

面试是指招聘单位对求职者的职业技能和综合素质进行当面的考核和测试。它是求职者走上工作岗位的必经之路。当今社会，就业竞争日趋激烈。面试成功与否，直接影响着一个人的事业发展乃至生活质量。面试时，除了要努力展现自身的能力、素质、水平之外，还要注意穿着得体、谈吐流利、举止大方，因为这些方面能够使招聘单位对求职者产生良好的印象，进而增加求职者的成功概率。

一、面试前的准备

1. 面试时的仪表修饰

有资料统计，大约有 15% 的招聘者会把应聘者的外表作为决定录取与否的一个重要考量因素。虽然应聘者的外表很难改变，但他的穿着打扮、风度气质、举止谈吐可以决定留给他人的印象。得体的打扮有助于应聘者树立良好的形象，使其增强自信，同时还能体现出应聘者的良好素养。

面试服装的色调也有讲究。如果在面试服装的色调上能够巧妙融合所面试公司的标识性色彩，则通常比较容易取悦主考人员；如果应聘管理类岗位，那么深藏青色、深蓝色的服装是比较合适的；如果应聘的是充满活力的工作，最好选用富有朝气的红色或浅蓝色服装。

2. 心理准备

求职者要树立真诚、自信、谦虚、敬人的态度，只有这样才能在面试过程中从容应对、言行得体。这就需要求职者在平时要加强各方面的修养，"临时抱佛脚"是行不通的。

3. 知识准备

求职者应在面试前再复习或阅读一些有关所应聘岗位的专业图书，这样既可以增强自信，又可以为面试提问做好准备。

4. 其他应注意的事项

求职者应聘前不要喝酒或者吃辛辣食物；不要带陪同人员前去面试，以免让主考人员认为应聘者不够自立或者自理能力很差；不要携带除公文包或手提包以外的其他物品。

> **视频园地**
> 本视频为电视剧《杜拉拉升职记》中的片段。杜拉拉到 DB 公司面试，由于敢于尝试，她最终被 DB 公司录用。

二、面试中的礼仪

面试中，求职者应至少做到准时入场、举止得体。

（一）准时入场

一般面试都有约定的时间，无论如何必须准时到场。守时是一种礼貌，是尊重对方的表现。准时到场不仅意味着诚意、信用，而且还能给人以讲求效率、懂得礼貌的良好印象。同时，准时入场还可以避免使主考人员因为等待而烦躁，以及求职者因为迟到而紧张的情况。经验告诉我们，面试迟到就已经失去了 50% 的成功机会。

面试时最好能提前十分钟左右到达面试地点，这样求职者就可以稳定一下情绪、调整一下心态、整理一下思路并且熟悉一下周围的环境，可以更好地适应面试地点的氛围。如果迫不得已迟到了，应该诚恳道歉，略作解释，但不要长时间说个不停，以免浪费主考人员更多的时间。

（二）举止得体

1. 就座前的举止礼仪

在进入室内前，如果门是关闭的，应先敲三下门，然后后退一步等待，以免里面有人出来时不小心相撞；如果门是开着的，也应先敲门，以便给室内的人以提示。室内的人员答"请进"之后才可以进入室内，进入后要向对方行点头礼或鞠躬礼，然后随手轻轻关上门。

从进入面试场所到就座这段时间是求职者给主考人员留下深刻印象的时刻，此时应注意步态要稳健，从容而坚定的步态往往最能体现一个人的信心和勇气。因此求职者应神情自然、保持微笑地注视主考人员，并走上前去与他们打招呼，打招呼时要热情，握手要专业。

在主考人员请求职者入座之前，求职者要站着等待，不要东张西望找座位。主考人员请坐时要道谢，动作应稍慢，身体略向前倾，面带微笑。一般面试时以坐满椅子的 2/3 为宜，坐姿要规范。无论主考人员是否允许，求职者都不应吸烟。就座时应注意与主考人员保持一定的距离，一般以 2 米左右为佳，以便让双方有一个宽松的环境，避免局促和压迫感。

2. 就座后的礼仪要求

入座后，求职者应注意使自己的坐姿符合礼仪规范。在面试进行的过程中，要保持自信、谦和的微笑和不卑不亢的态度。不能因为自己来自名校、成绩优异而显示出优越感，也不能因为自己是求职者就低声下气。同时，要注意运用好体态语言，在主考人员面前，无论坐、站、走都要得体雅观，成熟庄重，给人以有教养、有知识、有礼貌的印象。尤其是要运用好目光语，以安然、柔和的目光注视面试人员的眼睛或鼻眼三角区，神态应镇定自若。

在聆听时，应注意专注有礼、有问必答。回答问题前可以转移视线两三秒钟做思考，回答问题时则应把视线收回来，视线切忌飘忽不定。说话时的声音不要太大或太小，要注意讲话的节奏，控制好语速，保证对方能够听得清楚。同时，要注意语言表述的逻辑性，做到层次分明、重点突出。另外，说话时尽量不要使用方言土语，并尽量控制不说口头语。

说话时可以做适度、恰当的手势，但不要频繁使用手势，也不要使用具有消极意义的手势。如果谈自己的想法，可以详细一些，但言谈必须要有礼貌，提到对方单位时要使用敬语，如"贵公司""贵处"等。对对方的称呼要准确，如果是应聘公司的职位，可称呼对方为"先生""女士"；如果是应聘政府机关或事业单位的职务，可称呼对方"同志""老师"，也可以采用职务性称呼。

在面试过程中，不要与主考人员争辩，不要抢话或插话，不要开玩笑或试图与其攀关系。不管其态度如何，在面试结束时都应保持心态平和，自始至终以礼待人。当确定面试结束时，要果断地拿好东西先站起来，不要一边告辞一边收拾东西。告别时，眼睛应平视主考人员，面带微笑，身体前倾，与在场的人员一一握手道别，让对方再一次感受到你的热情、爽朗、果断和自信。

三、面试后的礼仪

面试结束并不意味着求职过程就此完结。为了加深主考人员对自己的印象，可以在面试后的两天内，给其打个电话或写封信表示感谢。这不仅是礼貌之举，也会影响到主考人员在确定录用人员时的决定，但是感谢信要注意简短，电话感谢不要超过三分钟。一般应在问候后及时报上姓名及简单情况，提及面试时间，并对主考人员表示感谢。也可以重申自己对招聘单位和岗位的兴趣，补充一些对求职成功有用的材料，补救或尽量修正面试时可能留下的不良印象，并再次表明求职的诚意和愿望。

视野拓展

面试礼仪与技巧有哪些？推荐扫描二维码进行阅读和学习。

一般情况下，面试结束后，招聘单位都要进入讨论或投票、送人事部门汇总、最后确定录用人员等一系列程序。求职者在这段时间内一定要耐心等候消息，不要过早或频繁地打听面试的结果。一般在面试两周后或在主考人员许诺的通知时间已到而没有收到对方的答复时，才可写信或打电话给招聘单位询问是否已做出了决定。

第四节　面　试　问　答

面试中主考人员决定选取哪一个应聘者，主要是看其回答问题的表现。如果问题答得不够好，成功的机会将大打折扣，所以参加面试之前，应该先了解一下面试时通常会问哪些问题，应试之前自己想清楚答案，面试时就会信心大增。每一次面试几乎都会有难以预知的问题出现，所以应试者要随机应变。

一、问题的提问方式

就发问的方式来说，面试中的问题一般可以分为六大类，每一类问题都应该用相应的方法回答。

1. 封闭的问题

封闭的问题回答时只有既定的选择，不能自由发挥，例如："你从××大学毕业？"（答案只会是"对"或"不对"）"你读的是文科、理工科，还是商科？"（答案只能是其中的一个）这类问题只要求你简简单单地回答。有些时候，你觉得适宜的话，也可以主动提到有关的、合适的补充资料。例如，在问到你住处时，如果你的住处确实离该单位较远，你可顺便说明如该单位录用后的打算。

2. 开放的问题

开放的问题没有可供选择的答案，你有机会自由发挥。这类问题是你表现自己的最好机会，不容错过，因此最需要预先准备，否则你可能会不知道从何说起，往往要想一会儿才答，或者随便作答，这种情形都不会给主考人员留下好印象。这类问题如"你的好朋友怎样形容你？""你有什么嗜好？"

3. 假设性的问题

不少主考人员利用假设性的问题来测验应聘者的想象力、原创能力、解决问题或处理突发问题的能力。例如："假设有一天，本工厂某生产组 50 名工人因职称问题罢工，而你身为生产组组长，你会如何处理？""最近公司一些员工养成了迟到早退或偷懒的习惯，作为本公司的人事经理你会如何应付？"大家都知道，假设性的问题只不过是用来测试别人反应的，主要目的是看看你有没有应变能力，思想有没有深度。应付这类问题的技巧可归纳如下。

（1）随机应变，不要立即毫不考虑就作答，但也不要太久都没有反应。

（2）先分析问题的症结所在。

（3）应提出实际可行的解决办法，千万要注意不可太务虚，要有实际内容。

（4）可提出一个以上的解决办法并评论其优劣，但不要长篇大论使事情复杂化。

（5）如主考人员提出另外一个可行的办法，不应盲目加以否定。

（6）除解决当前问题外，如能提出比较长远的而又能改善情况的办法则更佳。

4. 连串问题

有时主考人员会连珠炮式地发问，不断地提出来问题。例如："你平时工作之余做什么？喜欢看电视吗？最近有没有看《×××》，人人都在谈论的那部纪录片？"通常这些问题都是主考人员没有想清楚该怎么问，中途改变主意的结果，于是用另一种方式发问。结果问题变得一团糟，使应聘者不知如何应付。碰到这种情形，可以先答一大堆问题中的第一个，或回答最好答的一个问题（往往是要求最少资料的）。如果你真的不想回答这个问题，或者忘了开头那一个，那最好就回答一个范围最狭窄的。连珠炮式的问题是一个好机会，让你可以自由选择回答问题的哪几部分，但切勿企图回答所有问题，否则很可能内心慌乱、不知所措。

5. 压迫性的问题

在比较高级的职位面试里，有时主考人员会提出一些咄咄逼人，甚至蛮横无理的问题。例如："我们只聘用漂亮的女孩子，你好像不大适合吧？""你在大学（或中专、中学）的学业成绩不敢恭维，你觉得本公司还应该录用你吗？"抛出这类问题往往是一种"压迫法"的面试技巧，主考人员故意提出令应聘者尴尬、困扰的问题，或者故意直接指出应聘者的弱点，看看他在压力之下怎样反应。问题其实不是关键所在，应聘者若明白这个道理，就不应该在听了问题后灰心、羞愧、生气。如果你不客气，反唇相讥，或者无言以对，或者一怒之下拂袖而去，那就中了对方的套圈。相反，这种问题其实是表现应变能力与修养的好机会，你应该沉着应付，想办法扭转劣势。

例如，回答"我们只聘用漂亮的女孩子，你好像不大适合吧？"这样的话时可以说："我向来与别人相处很融洽，许多人称赞我善于待人接物，相信我做这份工作，一定会对公司有很大贡献。"

回答"你在大学的学习成绩不敢恭维，你觉得本公司还应该录用你吗？"这样的话时，可这样答："您说得对。"然后提出合理的解释，并强调你在学校期间及毕业后一直在积极充实自己，掌握各种与这份工作有关的技能，再说："如果获得录用，一定全心全意做事，我相信我可以胜任。"

6. 引导性的问题

提出这类问题时，主考人员显然希望得到满意的答案，例如："这份工作薪金不高，你不会介意吧？""我们发信请你来面试时附了一份本公司的简介，你已经看过了？"大多数人碰到这类问题都顺水推舟，照对方的意思回答。如果你有特别理由要说相反的话，也不妨鼓起勇气说出来，但要言之有理，在对方大感意外之时，说不定还会赞赏你有主见，可是一般来说，还是尽可能不要冒险。

二、面试常规问答

在面试时碰到的问题若预先准备过怎样回答，通常会答得比较理想，因此应聘者事先一定要做好准备，列出最可能出现的问题，想清楚自己怎样回答。下面分类列出了一些经常出现的问题，并探讨了主考人员发问的目的，还为应聘者提供了作答的参考建议。

1. 求职标准、愿望、动机

（1）为什么有兴趣加入这个行业？

（2）你有什么事业计划？

（3）你希望自己五年后会有什么成就？

（4）你希望有一份风险大而可以收入多的工作，还是一份安稳、慢慢逐步升迁的工作？

（5）你找工作最重要的考虑因素有哪几个？

主考人员提出这类问题，是想了解你对工作的态度。例如：究竟你是为了生计、赚钱而工作，还是为理想或是追求事业而工作？他们要从你的回答来评估那份工作是否适合你。

总之，他真正想问又不能直接问的问题是：究竟你是抱着怎样的态度来看待这份工作的？你的人生和职业目标是什么？你这个人志向有多大（这份工作对你来说是否合适）？你是不是觉得做这份工作太委屈你了？

如果你的答案能够令主考人员觉得你这个人的工作态度、志向、对自己的期望和评价都适合你所申请的那份工作的要求，那么你已经给他们留下了好印象。

案例

面试 1

问：你为何希望到本行来工作？（银行）

答①：我在大学时就对国际金融很有兴趣，学习了不少有关金融方面的知识。特别是今天的银行业正在向电子化服务的方向发展，有很好的前景，而贵行在这方面的发展给我留下了很深的印象，所以我愿意到贵行来工作。如果能录用我，我希望从事国际汇兑方面的业务，在这方面，我也许能为贵行做一些贡献。

答②：今天的金融业正处于大发展、大组合的状态，其社会意义和作用较之以往任何时候都更为重要。在这样的行业，在贵行这样的企业中工作，能够使人充满活力，感受到生活的意义。

点评：强调金融业的重要性、发展及竞争性，是本题应答时的主要思路。今天的银行业已不是安定、保险的职业，它与保险公司、证券公司成"三足鼎立"之势，竞争十分激烈。这样，就更应该注重说明自己对于竞争的适应性及期望在竞争中实现个人的价值。

2. 申请人的条件与职位的要求

（1）为什么你认为你是我们要找的人（为什么我们要聘用你）？

（2）为什么你有兴趣加入本机构工作？

（3）为什么你认为这份工作特别适合你？

（4）这项工作需要某方面的专业知识和技能，你认为自己是否可以胜任？

（5）你以前有没有从事过同样性质的工作？

（6）你既然没有类似的工作经验，你为何认为自己适合这份工作？

主考人员心中的一个大问号是："众多求职者之中，我为什么要录用你？"

理论上，获邀面试的应聘者都符合职位的基本要求，应有同样的机会被录用。主考人员是希望从应聘者面试的表现中判断谁最合适，而你的任务便是要说服主考人员你是最适合的人选。如果你能镇定、自信、清醒、诚恳、一言中的、言之有物，那么便有可能给对方留下良好的印象。

案例

面试 2

问：你选择一般事务性工作的理由是什么？

答：对于贵公司的任何工作，我都十分感兴趣，所以我并不在乎做什么工作。对于所谓"一般事务性"工作，我还不了解其全部内容，但就我现在的理解而言，做这类工作，女性将比男性更为合适，因为女性更细致、更认真一些，所以我愿意做这方面的工作。

点评：如果你愿意选择做一般事务性工作，要注意不能给主考人员留下消极的形象，应该强调无论从事什么工作都有其意义，都应努力做好，特别是自己对工作的适应性。当然，这类工作可能轻松、悠闲一些，这是事实，但不可在言语中流露出来。

3. 个人特点

（1）请介绍你自己（你是个怎样的人）。

（2）你认为你自己有哪些优点和缺点？

（3）你做过什么令自己最自豪的事情？

（4）你的健康状况如何？有没有患过重病或碰到过严重意外？过去一年之中大约有多少天病假？

（5）你能不能接受别人的批评？

（6）你与人相处得怎样？

主考人员利用这些问题意在尽量了解你这个人，这是你表现自己的良机，应该尽量突出自己的长处，但切勿过分吹嘘，避免给对方留下浮夸的印象。

案例

面试 3

问：你认为最理想的上级应该是什么样的人？

答①：能够让下属尽可能地发挥自己能力的人。他"善于下放"权力，又勇于承担责任；不居功自傲，又确有真才实学。我希望在这样的上司领导下工作。

答②：不仅对上司负责，而且能够体恤下属的人。在这样的上司领导下工作，能够令人感到安心、愉快，也只有这样才能最大限度地发挥公司每个人的才能。

点评：对于上级的评价也可以回答"在什么样的人领导下我都会努力做好工作"，但不可回答"谁都行"或"不知道"。另外，应当尽量避免从侧面回答问题。

4. 家庭背景

（1）令尊是做哪一行的？

（2）你有多少个兄弟姐妹？你排行第几？

（3）你的兄弟姐妹工作了吗？在什么机构任职？

（4）你自小的家庭生活美满吗？

（5）你的父母当年是否赞成你放弃理科而改修文科？

（6）你的父母对你申请这份工作有什么意见？

（7）你短期内是否打算结婚？

（8）你的爱人赞成你做这份工作吗？

这类问题表面上看好像是侵犯了个人的隐私权，但其实主考人员是很有理由提出来的，因为你所提供的资料和回答的态度都能帮助他们进一步了解你，全面地认识你。例如，你自小的家庭环境和气氛会影响你的个性，你和朋友的关系体现你的社交能力如何。如果应聘者刚毕业，没有先前的工作经验和业绩可以参考，则主考人员更需要通过家庭背景与学校生活来了解你这个人。如果应聘者是女性，主考人员也可能想知道她对工作是否认真、负责，例如，会不会因为丈夫离开本地或因为生孩子而随时离职。

案例

面试4

问：请谈谈你受到的家庭教育。

答①：父母对我实行的教育方针是"放任主义"。父亲在一家公司任主管，母亲也非常忙，他们的工作时间和休假日都没规律，有时甚至很长时间难于见面。父母对我的要求是：做事不要妨碍他人，行为有利于社会。只要在这两条原则下，我可以做任何自己喜欢做的事。现在想来，我很感激他们的这种教育方法，它使我很快地成熟了起来，成为一个有主见、有思想的人。

答②：父母对我管教很严，从礼仪、语言、举止甚至吃饭时的姿势都要加以指点。但我上了大学之后，他们就不大干涉我的生活了，他们认为我已经可以自立了。不过，凡是关于我的重大选择问题，我总会主动地听取他们的意见，最后再决定如何处理。

点评：此问题的意图在于主考人员想了解求职者家庭内的"实际情况"，这是在个人履历表中发现不了的。通过求职者的自述，特别是他对父母教育方式的评价，可以从侧面来了解他本人的性格及家庭教育对他的影响。一切听从父母的安排，固然缺乏一个"社会人"所应该具备的素质；但若对于父母的教育持批判的态度，则难免会令人想到其家庭是否不够和睦。应答的基本原则是：对父母及其家庭教育充满感激之情，以此为基础叙说其对自身成长的影响，切不可对家庭教育表现出鄙夷或无所谓的态度。

5. 学历

（1）请介绍你的学历。

（2）你为什么选择这个专业？

（3）你最喜欢哪一门学科？最讨厌的是哪门学科？为什么？

（4）你在班里成绩怎样？考试的名次怎样？

（5）为什么你大学入学考试历史成绩最好，但又不修历史而改修社会科学？

（6）你如何评价本地的教育制度？

应聘者的受教育情况早已在履历表上清楚地写明，主考人员再问的目的，是想了解应聘者受过的教育与训练跟这份工作有什么关系。尤其是应聘者若刚毕业，没有先前工作记录可参考，主考人员仅知道你读过什么科目，因此会集中问你为什么选这些科目，喜欢什么、不喜欢什么，以判断你的工作动机、态度和能力。这类问题大都比较容易回答，比较难回答的是如果你学习成绩欠佳，而主考人员提出来，问你有没有特别的理由。如果你真的有理由（如考试前生了大病），不妨照直说，但也不要渲染过分，更不要说谎。你可以说："考试之前，我患了急性肠炎，要卧床休息一星期，精神不好，不知道是不是对后来考试成绩有影响。"（你是在暗示影响很大）另外，回答问题（6）时，切勿一股脑地控诉你多年的不满，这样做不会赢得他人好感。为了表示有主见，应该指出一两点明显的、公认的不理想之处，然后用积极的语气说明自己认为可以怎样改善。

~~~~~ 案例 ~~~~~

面试 5

问：你在学校的学习成绩怎么样？请介绍一下。

答①：这几年来，我学习一直很努力，所以成绩比较理想。取得"优秀"的科目占全部所学课程的90%，其余是"良好"。基础课出现过一次"中"和几次"良"，主要是因为刚入学时，对大学学习不适应，加之考试时有些马虎。以后的情况就要好得多了。

答②：这几年的学习成绩不太理想。从记分册上看是"优少良多"，还出现过一两次补考，主要是一、二年级时热衷于话剧社活动，在学习上有所放松。后来警觉起来，在学习上下了功夫，成绩就逐渐好起来了。特别是进入三年级专业课学习之后，选择了自己所喜欢的课题，几乎每天跟着导师在实验室里学习和研究，还与导师一起发表了一篇专业论文。

点评：在校成绩优秀，当然是求职竞争中的一个优势，尽管企业并不会简单地以成绩优劣作为录用的标准，但优秀生总比学习成绩不佳者给人的印象要好些。只是不可因学习好而洋洋自得，更不可因此贬低学习不佳者。大多数企业对于那些以成绩优秀而自命不凡者往往是敬而远之。学生的本分是学习，若学习不好，则会引起对方的诸多发问。对于学习成绩不好的理由，一定要解释清楚，特别应该强调，进入专业课学习阶段之后有了自己的研究方向，学习变得更加刻苦和认真了。

~~~~~

6. 工作经验

（1）你做过什么工作？

（2）履历表上提到你在某段时间没有做事，当时你在做什么？

（3）你上一份工作是在××公司担任××，当时你实际负责什么？

（4）那份工作需要什么特别的才能？你从中学到了什么？

（5）那份工作有什么主要发展计划是由你策划及执行的？

（6）那份工作你做得成功不成功？如果不成功，是什么原因？

（7）那份工作你碰到的最大困难是什么？你是怎样应对的？

（8）那份工作你最喜欢的是哪一方面？最不喜欢的是哪一方面？

你之前的工作情况早已在履历表上清楚地写明，主考人员还要问，主要是想了解你以前的工作经验跟这份工作有什么关系，以此来判断你是否合适。以上（5）、（6）、（7）、（8）题都需要预先仔细想清楚，不能随便含糊回答，否则讲出来没有内容，不能令人信服，主考人员会觉得你浑浑噩噩而对你留下很坏的印象。

刚毕业的应聘者要准备好被问及假期兼职的情况，回答的原则是：尽量强调假期兼职对这份工作有作用；要简练，不要讲得太多。

案例

面试6

问：你在大学时期参加过哪些勤工俭学活动？

答①：主要是当家庭教师。这使我在经济上有所收益，又与学校学习不矛盾。到现在为止，我已经辅导了8名中学生，他们几乎都考上了重点大学，这有我的一份儿功劳，也使我有一种成就感。

答②：我一直在一家汉堡包连锁店里打工。我认为无论做什么，只要努力就会有收获，就能学到知识。现在我对于接待顾客的礼仪、用语已经很熟悉了，这对我将来到贵单位这样的餐饮公司工作是大有好处的。

点评：在不影响学业的前提下，从事一些勤工俭学活动是可取的。企业通常都希望求职者有这方面的经历，对企业来说，相当于一种无须企业负担的职前培训。应答时，应主要叙述工作内容和体会，回答尽可能客观。若"打工"本身主要是出于经济上的考虑，这一点也不必讳言。若回答时大谈"主要不是为了挣钱，而是为了……"之类的高论，反而会引起对方的反感。

7．兴趣与活动

（1）你有什么业余爱好？

（2）你有特别的嗜好吗？平均每星期在上面花多少时间？

（3）你业余时间都做些什么活动？

（4）你加入了哪些团体、组织？

（5）你的嗜好、运动、社团活动给你带来过哪些荣誉？

主考人员通过这类问题想了解这个人的另一面，如：你喜欢集体生活还是更喜欢独处？你好动还是好静？你的业余生活是否有许多组织活动的机会？谈论自己喜欢的事时，你是否有条理、有趣味、有热情？你的业余生活对做这份工作有没有帮助？

你在申请表或履历表上提到过的任何一种兴趣、爱好、活动，都必须预先准备一下，以免被问及时不知所措。

许多应聘者为了争取给主考人员留下好印象，都会有意无意地说谎。例如，去年只看过两本书、拍了一点生活照，就说阅读、摄影是自己的嗜好。这是很不明智的，因为这很容易被主考人员识破。如果你由于某些原因，什么嗜好也没有，可以直说，然后给出合理解释即可。如果你的某些嗜好、兴趣、参加的活动帮助你获得了某些荣誉，例如曾代表学校参加校际比赛并获奖，应该尽量争取机会在面试时把这类事情讲出来。

〔案例〕

面试 7

问：你平时主要看哪些电视节目？

答①：我最喜欢看新闻报道。有些电视节目意思不大，特别是电视连续剧往往游离于生活之外。而新闻报道则是人们实际生活的再现，比起故弄玄虚的小说和脱离生活的电视剧，反映社会生活实际的新闻报道恐怕更有意思一些。

答②：我更多的是看一些电视纪录片和电影频道的节目。贵公司赞助播出的电视系列片《×××》，我也很感兴趣。这个系列片很有特色，引人入胜，如果再次播放的话，我一定还会再看一遍。

点评：回答"新闻报道"相对而言更好把握——它没有艺术问题上的见仁见智，又无政见之争。对新闻感兴趣又能反映求职者对社会问题、国际问题的关心，容易博得对方的好感。只要不是求职于广告公司或广告制作公司，都可照此回答。

另外，企业如果规模很大，常会以资助电视节目作为树立企业形象的手段。故若有企业赞助的节目，务必一睹为佳。近年来的电视节目往往是由多家企业共同赞助的，求职期间应注意这些节目，并将赞助者记录在"求职笔记"上，以备面试时能派上用场。

8．申请的职位

（1）你希望被派到本机构的哪个部门工作？

（2）你喜欢被派到本机构的哪个职位？为什么？

（3）若有需要，你愿意超时工作吗？

（4）你喜欢例行的、常规的工作吗？

（5）你对经常到外地出差有意见吗？

（6）你有没有同时申请别的工作？是什么机构？

这类问题要回答得妥当，需要预先多了解申请职位的性质及可能涉及的工作范围，并应该诚实而有技巧地回答。

〔案例〕

面试 8

问：如果将你安排在本公司的驻外地办事处，你将如何对待？

答①：我有这种思想准备，先在全国各地的分店、办事处锻炼自己，增强自己的实力，将来在公司本部才能发挥出作用，这不失为一件好事。

答②：如果公司决定了，我将遵命行事。没有不在总部就干不成事业的道理。只要能在公司效力，无论在总部还是在分公司都可以。

点评：一般大企业都在全国范围内设有自己的分公司或办事处，其人事变动和安排也在全国范围内进行。许多企业都实行先将新职员"下放"到外地锻炼，待其成为中坚骨干后，再调回本部或另作安排的政策。对于拒绝到外地工作的求职者，企业一般不会录用。即使企业原无此安排，但若应聘者表示拒绝，企业就会不予录用。故若对此做出否定的回答，就应做好面试失败的准备。

9. 有关专业知识的问题

（1）这个职位的工作涉及保障属下的工作安全。你知不知道在本厂有哪几样化学药品是危险的？每一种应该怎样储存？

（2）假如你将担任班主任，在什么情况下你不愿政教处介入解决你遇到的麻烦事？

（3）本药厂每年的支出中有 13.7%用作 R&D（研究与开发），48%用作员工薪酬，10.6%用作推广宣传，17.1%用作购置新仪器及维修。对此，你有什么意见？

应聘技术职位时，主考人员会问及关于该职位的技术性问题；一般职位的面试，也难保不会有这类问题提出。通常比较专业的问题都集中在两个范围：应聘者以前做过的研究或调查工作及当前这个职位分内的工作。所以面试前应重温一下有关这份工作的专门知识，特别是自己较弱的方面。回答这类问题时，在场所有人应当都是内行，因此一定不能用错专业术语。

10. 酬金

（1）你要求多少薪水？

（2）你肯接受的最低工资是多少？

（3）你过去五年的工资记录是怎样的？

（4）为什么你认为自己应得到比目前更高的工资？

（5）我们不能给你所期望的工资。你可否考虑从低一点开始，逐步升到那个数字？

（6）你希望五年之后月薪是多少？

回答这类问题，需预先做好准备，特别是要调查本行业同等性质的职位从业人员的报酬；不要给予直接的答复，先要掌握更多的资料，了解实际情况后再决定。

案例

面试 9

问：你对于本公司的工资待遇有何看法？

答：在我了解的范围内，贵公司的工资水平在行业中算是中上水平，对于一个刚进公司的职员而言，公司给予的工资、奖金已经不少了，所以我没有意见。况且，我不是因为要取得高工资才要求到贵公司工作的。

点评：一心追逐高待遇的人往往为企业所不齿。对于工资额的高低可以按照行业实际水平回答，不必曲意逢迎。若确实属于偏低的情况，也可回答："虽然比起其他企业低一些，但我还是可以接受的。我认为只要努力工作，应该可以获得其他方面的附加收入。"

11. 其他

（1）你为什么在这个时候更换工作？原因是什么？

（2）每个企业都要求职员忠诚，你估计自己会在本企业任职多久？

（3）为什么你不继续求学而找工作？

（4）一生中谁对你影响最大？

面试时遇到的问题会有很多，关键在于要学会随机应变，对待各类问题须采取不同的态度和方法。

三、恰当提问

在面试过程中，你不免要问主考人员一些问题，特别是当面试接近尾声时，不少主考人员都会说："我们问了你不少问题，不知你有没有问题要问我们？"

提问题，特别是提恰当的问题，比回答问题还重要。主考人员会从你所提出的问题来评价你的态度、你所关心的事物、你是否对企业真正的了解。稍有不慎，就可能前功尽弃。

故一定要将问题提前归纳、整理好，有备无患，但切不可无休止地提问，否则会本末倒置。特别要注意的是，事先要做好对企业情况的了解、调研工作，要将"招聘启示""企业简介"中已有的内容排除在提问之外。

面试之前如果没有准备要提的问题，可以说"暂时没有问题"，切不可随心所欲。

～～～ 案例 ～～～

面试 10

小张接受了某制造商的面试。面试结束之前，企业方代表请他提问。小张并无问题，回答"没有什么问题"又恐被认为没有主见，于是问对方，"贵公司有无内部教育的训练课程？"

考官甚觉诧异，隐隐有些不快，"这个嘛。"

其实，该公司有一整套人事教育系统，在"内部教育"方面很有特色，数年中屡屡登载于报章之上。小张对其"企业简介"不曾浏览，故发此问。

小张最终未能进入自己中意的企业。

～～～～～～～～～～～～～～～～～～～～～～～～～～

在"企业简介"中已经登载的内容不能提问，这是基本的提问原则，即使要问，也应该是："这一问题，贵公司的介绍中已经提到，但还是有些地方没有理解，能否再介绍一下？"

面试中，自然避免不了向对方"取材"，以深入了解企业的情况，但切不可像"新闻记者"一样，刨根问底、喋喋不休。

每个企业都有其不可告人的"企业秘密"，这些秘密关系到企业经营的成败，甚至关系到企业的"生死存亡"。考官避而不答是"失礼"，和盘托出又于企业不利。若再深究下去，企业方面必起反感。更何况求职者往往抉择于数个企业之间，更会加深考官顾虑。故面试时每发一问，要自忖深浅，不要使对方为难，也不要引起对方反感。

其实，求职者可以问的问题有很多，以下是一些范例。

（1）关于我的资历，不知是否有需要补充的地方？

（2）你们最近新设的厂址是否理想？

（3）是否可以简略介绍一下这个职位的工作职责？

（4）公司会提供哪些在职培训？

（5）公司对我们是不是会做定期考核？

（6）长远来看贵公司有什么发展计划？

（7）我大概何时可获知申请结果？

（8）我可否稍后再和你们联络（如1—2个星期后）？

四、面试难题回答技巧

问题往往是突如其来、无法预测的，应聘者必须随时保持清醒的头脑，沉着、冷静地应对各种问题，随机应变。有许多常见的面试难题是经常出现的，需要有针对性地认真准备，面试的成败可能就取决于你能否做好这方面的准备工作。

以下列举一些典型的案例，逐一分析讨论。

案例

面试 11

问：你的学习成绩不大理想呀？

答①：我也感到很遗憾，对此并不满意。这主要是因为自己在学习上有些"本末倒置"——对于知识的"主干"部分掌握得不好，将精力都放在"枝叶"部分的"杂学"上去了。我对于历史和时事很感兴趣，在电视台举办的"知识大赛"节目里，还取得过好成绩。

答②：主要是外语没有学好，以致影响了其他课程的学习。我的第一外语是英语，可自己对西班牙语也很感兴趣，自学了几年，花了不少精力，这对于课堂学习成绩是不利的。

点评：学习成绩不好，自然不是件光彩的事，但也不必因此而自卑，应当首先反省自己，坦率地承认。如果能将自己另外一方面的"优势"婉转地表达出来，则有助于弥补成绩不好的遗憾。总之，应该表达出这样一层意思：在大学四年的学习中还是有所收获的。

案例

面试 12

问：你同我公司的××开发部长好像有什么关系？

答：是的，他是我父亲的大学同学，经常与我父亲交往。我从小就受到他的照顾，他对我的影响很深。这次应聘贵公司，就是他的建议。他经常谈起贵公司的产品、工作条件和企业文化，使我产生了很大的兴趣，如果能够被贵公司录用，我将感到非常荣幸。

点评："门路就职"是求职的一个重要途径，不必因此而尴尬。企业与学校不同，对于"门路"的容忍度要宽得多，只需如实地将与企业内某人的关系交代出来即可。

案例

面试 13

问：你怎么连这样的事情都不懂？

答①：（涉及自己所学专业的问题，而未能正确回答时）真对不起，刚才确实说错了，主要是对这个问题还没有"吃透"，回去之后，我再多想想，一定要把它搞懂。

答②：（将期望企业的名字或产品名称弄错了）太对不起了，因为一时紧张，搞错了，请多包涵。

点评：对于不应出现的失误，最好的处理办法是坦率地承认并致以歉意，不可强调客观理由，诸如，"老师就是这样教的""书上是这样说的"等。另外，以"紧张"为由不失为一种承认过失的好方法——对方能够因求职者的诚实态度而予以谅解。

案例

面试 14

问：你为什么会留级一年？

答：我自己也感到很惭愧。这主要是因为刚入校时，耽于课外活动小组的组织和勤工俭学，故未能取得足够的学分。第二年我认真地反省了自己的行为，狠下了一些功夫，不仅学习有了起色，课外活动也出了一些成果，但留级已经无法挽回了。

点评：若在低年级留级一年，还不至于给对方太坏的印象，但若对此含糊其词，则会使对方反感。因此，应客观地陈述留级的原因，并表示惭愧之意。尽管事已至此，但还是应该采取"向前看"的态度。

案例

面试 15

问：有时需要你做些端茶倒水的事，你怎么看这个问题？

答①：有这个思想准备，我会很高兴地做这些工作。这些事情由女性来做，效果可能会更好一些。除此之外，日常业务以外的任何事情，只要有助于公司的事业，我都会主动去做，这一点请不用担心。

答②：这都是很简单的事情，我当然会主动去做。不过如果公司对我的期望仅此而已，那就太令我感到遗憾了，我想恐怕这只是我工作内容的一小部分吧。

点评：这是一种试探性提问，意在观察应聘者当时的反应，以判断其对工作的态度。在面试中对职业差别的争论意义不大，如果不能被企业录取，其他一切都谈不上。故而，不能拒绝接受这类工作，明智的做法是：态度明朗，爽快地表示"行，可以做这些工作。""只要需要，我不在乎做什么。"

一般来说，没有任何企业录用职员是做这些杂务，特别是对于大学毕业生。企业总是希望被录用者能发挥才能为其作更大的贡献。但倘若真有个别企业确实只想将录用者束缚于杂事之中，这种回答也是一种很好的拒绝方式。

案例

面试 16

问：如果突然让你加班而你又恰有约会，你会怎么办？

点评：在激烈的市场竞争条件下，例外事情经常发生，加班是不可避免的。以"工作优先"来回答固然合理，但回答此问的关键是"约会在前"的问题——社会生活中，工作与按时守约同样重要，故在回答愿意加班时，一定要将重新约定的意思表达出来。

案例

面试 17

问：你好像并不适合到我公司来工作？

答：可能在我刚才的陈述中有些问题没有谈清楚，引起了您的误解。我对贵公司非常尊重，对公司业务也有一些了解，我想在贵公司经过一段培训和工作后，是能够达到贵公司要求的，请务必考虑录用问题。

点评：从你对问题的回答中，也许让面试人员觉得你并不适合其需要，这时你应首先检讨自己在表达过程中的不足，在此基础上再一次表达自己的愿望。应答时，不可反问对方提出此问的理由。

案例

面试 18

问：如果我公司与另外一家公司同时录用你，你将如何选择？

答①：当然还是希望到贵公司来工作。对此我向往已久，我在大学时期就很关注贵公司的发展情况，若贵公司能给我一个机会，我是绝不会放弃的。

答②：我从不敢奢望会有两个或更多的企业同时录用我。即使我的"运气"好，出现了这种情况，我还是首先选择到贵公司工作。因为贵公司对我的吸引力是最大的。

点评：在未确定最后的归属时，回答这个问题是比较困难的。这时不能有丝毫犹豫，还是应该强调自己希望进入现在应聘的这家公司工作，并且要充满热情和希望。回答时，切不可"诚实"而又直截了当地回答说："还是去××企业为好，因为那儿是我的第一志愿。"

在求职竞争日益激烈的今天，对应聘的每一个岗位都应该珍惜并认真对待，即使有其他公司已经发出面试通知，但在面对以上问题时，也应以没有其他选择余地的态度去回答，表达出自己非常愿意到该公司工作的愿望。

案例

面试 19

问：如果我公司不录用你，你将会怎样？

答①：那我感到太遗憾了。但我并不会就此放弃，我会再找贵公司有关部门说明自己的情况，争取能够到这里来工作。如果最后仍然不能如愿，再考虑到别的公司工作的问题。

答②：我暂时不参加工作，回去认真总结这次求职失利的原因，待明年贵公司招聘时，再来一试。若那时还不能如愿，只有考虑到别的公司工作了。

点评：此问仍然是一种试探，意在观察求职者的应变能力。此

视频园地

扫描二维码了解三种必备的求职技能及方式。

时仍应以极大的热情表示自己对于应聘企业的敬慕,力争取得好的结果。男性可以这样回答,以表示自己的强烈愿望和决心,但女性则不宜采取这种态度,而应采取更现实的态度,否则会被认为是"言不由衷"。

本章小结

本章介绍了求职礼仪,主要分为四个部分:求职前的准备、准备求职材料、面试礼节、面试问答。第一节阐述了求职者如何认清自己,寻找就业机会,在职人员在求新职前的善始善终工作,求职的心理准备;第二节阐述了求职前的材料准备;第三节阐述了面试的一些礼仪要求;第四节主要是面试问答的一些举例。本章通过大量的案例分析和讨论,可以使读者掌握面试时的问答技巧,助读者顺利通过面试,求得一份理想的工作。

思考与训练

一、复习思考

1. 求职者健康的心理准备包括哪些方面?
2. 参加面试前的准备工作包括哪些方面?
3. 面试问答中的问题类型包括哪几种?
4. 面试中的"求职者提问"要掌握哪些基本原则?
5. 撰写求职信的一般原则有哪些?
6. 个人简历的基本内容包括哪几个方面?

二、案例分析

案例一

N 君接受某家电生产企业的面试。面试结束之前,主考官请他提问。N 君并无问题,不回答怕给主考官不好的印象,就随口问了一个问题:"贵公司的产品都有哪些?"

考官甚觉诧异,隐隐有些不快,"这个嘛……"

其实,该公司是生产家电的国内知名企业,其产品基本上可以说是家喻户晓,数年的报纸、杂志及电视宣传不断。N 君对其"企业介绍"不曾浏览,故发此问。

问题:请问 N 君会通过面试吗?原因是什么?

案例二

看到一家大石油公司面向社会招聘高级管理人员的广告后,年仅 26 岁的弗格森去应聘了。

大批的专业人员在公司门前排起了长队,等待面试谈话。时间一小时一小时地过去了。但是仍然没有十分理想的人选。千篇一律的问话和回答,千篇一律的领带和西服,千篇一律的毕恭毕敬和小心谨慎已经将几位主考官搞得昏昏欲睡、呵欠不断了。但当弗格森一脚跨进来时,主考官们突然感到眼前一亮:一套火红的夹克衫,一双雪白的旅游鞋,一头直立、精神的短发,简直像个职业棒球选手。

而不像一般保守的英国人只会穿深色西装和锃亮的皮鞋，还打着有板有眼的领带。

弗格森轻快地走到主考官面前，毫不拘束，主动而热情地同他们握手问候，然后坐下来微笑着等候提问。

在问完几个常规性问题后，主考官们对这个别具一格的年轻人很感兴趣，问道："你觉得这份工作怎么样？"没料到弗格森干脆地回答："我对这份工作没有什么兴趣。"主考官心头一怔：哪有应聘者反倒不愿意受聘了呢？"那么你能谈谈为什么吗？"主考官有些迫不及待了。弗格森开始了他酝酿已久的一番话：他并非不想获得这份工作，只不过他看到它难度很大，需要非常有能力有经验的人才能做好，而自己虽然对它有一系列构想，但是不知能否行得通，所以有很多担心和不安。主考官又问他的具体设想，弗格森一一详细做了描述。他的面试谈话时间比其他人整整多出了25分钟。结果，自然是弗格森在众多竞争者中脱颖而出了。

问题：请简要分析弗格森的面试策略，并阐述从中获得的启示。

三、课外实践

模拟现场招聘活动，将学生分成两种角色——招聘者和应聘者，设计三种不同职业岗位，如哈尔滨市政府机构面试、中美合资企业面试、哈尔滨师范大学面试等，请扮演不同角色的学生按照角色要求进行准备，然后再进行表演。

第十四章 涉外礼仪

【学习目的与要求】

通过本章的学习，应了解在社交活动中涉外礼仪的重要性，熟悉涉外礼仪的基本要求；掌握涉外政务礼仪和商务礼仪，特别是一些主要国家的常用礼仪。

【关键概念】

政务礼仪　　商务礼仪　　全球化　　礼仪差异性

第一节　涉外礼仪概述

涉外礼仪是指与所属国以外的国家、组织或个人进行社交活动时所要遵循的行为规范。它既有国际性，又有个体差异性。

涉外礼仪的差异性主要体现在社交对象文化和习俗的不同。各个国家的政治、经济和历史文化发展不同，在礼仪规范上也会有特殊的禁忌。因此，要根据社交对象的不同，对涉外活动交往的礼仪内容进行相应的调整，并制订具有针对性的礼仪规范。

从国际交往的角度来看，在涉外交往活动中要遵守十项原则。

1. 注重个人形象

个人形象通常是指仪容仪表、服饰着装及言谈举止等。在涉外交往活动中，个人的形象不只代表个人，还代表着所属的组织和国家，因此个人形象在国际交往中备受关注。

案例

维护好个人形象

陈凯是一家大型国有企业的总经理，有一次，他获悉有一家著名的德国企业的董事长正在本市进行访问，并有寻求合作伙伴的意向。于是他想尽办法，请有关部门为双方牵线搭桥。

让陈凯高兴的是，对方也有兴趣同他的企业进行合作，而且希望尽快与他见面。到了双方会面的那一天，陈凯刻意地对自己进行了一番修饰。他根据自己日常对欧美人士的观察，认为时尚一些会更好，于是他身穿夹克衫和牛仔裤，头戴棒球帽，足蹬旅游鞋，希望自己能给对方留下精明强干、时尚新潮的印象。然而事与愿违，陈凯自我感觉良好的这一身时髦的"行头"，与那位董事长的西装风格形成了鲜明对比，双方的会面非常别扭，洽谈无果而终。

陈凯的错误在哪里？他的德国同行对此可能有何评价？

点评：根据国际惯例，在涉外交往中，每个人都必须时刻注意维护自己的形象，特别是要注意自己在正式场合留给初次见面的外国友人的第一形象。陈凯与德方同行的第一次见面属正式场合，相对而言德国人更"严谨"，按常规判断应穿正装以示对对方的尊重。陈凯的形象很可能会让德方同行认为：此人着装随意，个人形象不合常规，过于前卫，尚欠沉稳，与之合作之事宜再做他议。

2. 不卑不亢

不卑不亢在涉外礼仪中是一项基本原则，每个公民都应使自己做到言谈举止、礼仪风范既不自卑也不自大，要以自尊、自重、自爱、自信为根本。

3. 求同存异

世界各国由于其历史文化传统和风俗习惯的不同，在社交礼仪方面也存在着一定程度的差异，了解各国礼仪上的差异性，是开展涉外礼仪活动的基础。在涉外交往中，对于类似的差异性，重要的是遵守求同存异的原则，而不是评判是非、一分高下。"求同"就是要遵守礼仪的"共性"，"存异"则是不可忽略礼仪的"个性"。

4. 入乡随俗

当人们前往其他国家工作、留学、参观、访问或者旅游的时候，首先要做的就是须对当地的风俗习惯有所了解，所谓"入竟而问禁，入国而问俗，入门而问讳"。比如，在美国，男士赞美女士时会说"你很漂亮"，有时甚至会说"你很性感，很有魅力"，这种赞美的方式与我国有很大区别，如果没有提前对其风俗习惯有一个初步的了解，可能会造成一些不必要的尴尬和误会。

案例

她为什么受到冷遇？

王女士是商务工作者，有一次随团到中东地区某国考察，抵达目的地后，她受到了东道主的热情接待。招待宴会上，为表示敬意，主人向每位客人递上一杯当地的特产饮料。轮到王女士接饮料时，一向习惯于"左撇子"的王女士不假思索伸出左手去接，主人见此情景脸色骤变，不但没有将饮料递到王女士的手中，而且还非常生气地将饮料重重地放在餐桌上，并不再理睬王女士，这是为什么？

点评：按中东、南亚地区的习俗，左手是用于拿不干净的东西的，在人际交往中，忌用左手递接物品。王女士应用右手接取饮料，用左手去接不仅触犯了当地忌讳，也是对主人的极大侮辱，难怪东道主满脸怒容，不再理睬她了。

5. 信守约定

在涉外交往中，必须守诺和守时，这被视为在任何形式的社会交往中必须遵守的基本原则。基于这一原则，当你在做出承诺的时候，一定要深思熟虑、量力而为，切勿草率承诺却无法兑现。一旦承诺无法兑现时要提前通知对方，并要真诚地表示歉意，同时要承担因你的过失给对方造成的损失。

6. 热情适度

在涉外交往中，不仅要做到热情友好，同时也要把握热情的尺度，否则就会事与愿违、过犹不及。具体来说，就是要做到"关心有度""距离有度"和"举止有度"。所谓关心有度，就是在与涉外社交对象交往时，要根据对方的身份与其保持适当的距离，对于对方的收入、健康及婚姻等不要表现得过度关注。所谓距离有度，是指根据与社交对象不同的关系所要保持的实际距离。例如，在一般性的交际应酬中保持的常规距离要大于 0.5 米，小于 1.5 米。举止有度是指在与涉外交往对象交往时不要随便地做出某些显示热情、亲密的行为，比如强行劝酒或用本地的俚语开玩笑等。

案例

热情的芳芳错了吗？

天性活泼、口齿伶俐的芳芳刚刚参加完紧张的高考，想着要锻炼一下自己，就来到姑姑的服装店帮忙。有一天，一位日本顾客进到店里，热情的芳芳就紧跟上去，满脸笑容地用不太熟练的日语和顾客打招呼，并一刻不停地向顾客介绍服装。她一会儿拿出这件衣服对顾客说：这件衣服您穿上会很有气质，太适合您了；一会儿又拿出另一件说：这件很配您的肤色。她对顾客一直寸步不离，不停地推荐。推荐了几件衣服之后，这位日本客人就默不作声地离开了，什么也没有买，后面连续几个顾客也都默默地走开了。芳芳想：不是对顾客要热情吗？怎么我这么热情，反而会吓走顾客呢？

点评： 与人交往要注意把握尺度，无论是表示尊敬还是热情都要适度，如果热情得让人没有自己掌控的余地，热情得让人不自在，就是过度的热情，这样的热情会把别人"吓"跑的！热情不到位或做过了头都是失礼的行为。芳芳的做法显然就属于过度热情，让顾客感到了不舒服。

7. 谦虚适度

中国的传统文化视谦虚为美德，中国人大都自谦、自贬，很少自我肯定。然而，在国际交往中要敢于肯定自己，切勿妄自菲薄和否定自己。对于外国友人的赞扬要表示感谢，这既是自信的表现，也是接纳对方的表现。当向外国人赠送礼品时，不要说"实在拿不出手"这样的话，这些过谦的说法，只会给社交对象留下你缺乏自信的印象。

> ### 视野拓展
>
> 在国际交往中涉及自我评价时，虽然不应该自吹自擂，自我标榜，一味地抬高自己，但是也绝对没有必要妄自菲薄，自我贬低，自轻自贱，不可过度地对外表示谦虚、客套。如果确有必要，在实事求是的前提下，要敢于并且善于对自己进行正面的评价或肯定。
>
> 一是当外国友人赞美自己的相貌、衣饰、手艺时，一定要记住落落大方地道上一声："谢谢！"这么做既表现了自信，也是表示接纳对方，此时没有必要羞羞答答或假装客气。
>
> 二是当外国友人称赞自己的工作、技术或服务时，同样要大大方方地予以接受。千万不要小里小气，一再极力对此进行不必要的否认。

现代社交礼仪（第3版）

三是在涉外交往中，当需要对自己的工作、学习、生活、产品、技术、能力、特长等个人情况进行介绍时，要敢于实话实说。不敢肯定自己，不会宣传自己，往往会使自己坐失良机。

四是当同外国友人进行交往应酬时，一旦话题涉及自己正在忙什么、干什么的时候，无论如何都不要脱口而出，说"瞎忙""混日子""什么正经事都没有干"之类的话，你极有可能被对方看作是不务正业之人。

五是当自己身为东道主，设宴款待外国友人之时，应当在介绍席间菜肴的过程中，有意识地说明："这是本地最有特色的菜""这是这家菜馆烧的最拿手的菜""这是我们为您特意精心准备的菜"。只有如此，才会令对方感到备受我方的重视。

六是当有必要向外国友人赠送礼品时，既要说明其寓意、特点与用途，也要说明它是为对方精心选择的，而不要画蛇添足地说"这件礼品不像样子""实在拿不出手""没来得及认真挑选""这是自家用不了的"等，这种过谦的说法，无疑会大大地减低礼品的分量。

8. 尊重他人隐私

在国际礼仪规范中，尊重个人隐私是一项非常重要的社交礼仪规范。个人隐私通常包括收支、年龄、恋爱婚姻、健康状况、家庭住址、个人经历等。比如，个人收入多少，一向被外国人看作自己的隐私，十分忌讳他人直接或间接打听。此外，那些反映个人经济状况的问题，如纳税数额、银行存款、股票收益、住房面积等，由于和个人收入相关，也都不适合在涉外交往中提到。

视野拓展

一般而言，在国际交往中，下列七个方面的私人问题，均会被认为是个人隐私问题。

（1）年龄。在国外，人们普遍将自己的实际年龄当作"核心机密"，轻易不会告之于人，这主要是因为外国人一般都希望自己永远年轻，而对于"老"字则讳莫如深。中国人听起来非常顺耳的"老人家""老先生""老夫人"这一类尊称，在外国人听起来却有如诅咒谩骂一般。特别是外国妇女，最不希望外人了解自己的实际年龄。所以在国外有这么一种说法："一位真正的绅士，应当永远记住女士的生日，忘却女士的年龄。"

（2）恋爱婚姻。中国人的习惯是对于亲友和晚辈的恋爱、婚姻、家庭生活时时牵挂在心，但是绝大多数外国人却对此不以为然。比如，讨论"有没有恋人""两个人是怎么结识的""跟恋人相处多久了""结婚了没有""夫妻关系怎么样""婆媳关系如何""有没有孩子"等话题，会让人很难堪。在一些国家，跟异性谈论此类问题，极有可能被对方视为无聊至极，甚至还会因此被对方控告为"性骚扰"，从而惹上官司。

（3）身体健康。在中国，人们相遇后彼此打招呼时，经常会相互问候对方："身体好吗？"要是确知交往对象身体曾经一度欠安，为了表示对对方的关心，与其见面时，往往还会热心而关切地询问对方："病好了没有？"如果彼此双方关系密切的话，则通常还会直接向对方打探："吃过一些什么药""怎么治疗的"，或是向对方推荐名医、偏方。可是在国外，人们在闲聊时一般都是"讳疾忌医"，非常反感其他人对自己的健康状况关注过多，因为在经济社会中，每个人的身体健康都被看作是他的重要"资本"。

（4）家庭住址。在中国人的人际交往之中，大家对于自家的住址通常是不保密的。对于自己的家庭住址、住宅电话等，一般都会有问必答，甚至还会主动告诉对方自己的住址。而在国外，通行的做法却恰好与中国相反。外国人大都视自己的私人居所为私生活领地，非常忌讳别人无端干扰其宁静。在一般情况下，除非知己和至交，他们一般都不大可能邀请外人前往其居所作客。为此，他们都不喜欢轻易地将个人住址、住宅电话等私人信息"泄密"给他人。

（5）个人经历。初次会面时，中国人之间往往喜欢打听一下交往对象"是哪里人""哪一所学校毕业的""以前干过什么"等。想了解一下对方的"出处"，打探一下对方的"背景"，然而外国人却大都将这些事情看作是"个人隐私"，并且坚决主张"英雄莫问出处"，反对询问交往对象的既往经历。

（6）信仰和政见。在国际交往中，由于人们所处国度的社会制度、政治体系和意识形态多有不同，所以要真正实现顺利交往、合作成功，就不可以社会制度划线，应抛弃政治见解的不同，超越意识形态的差异，处处以友谊为重，以信任为重。如果对交往对象的宗教信仰、政治见解品头论足，甚至横加指责、非议，或是将自己的观点、见解强加于人，都是对交往对象不友好、不尊重的表现。最为明智的做法是在涉外交往中对此应避而不谈。

（7）所忙何事。在我国，熟人见面之际，免不了要相互询问一下对方"最近忙什么呢""怎么好久没见到你"诸如此类的问候。但是，外国人对于这一类的问题却极为反感，认为向别人探听此类问题的人好奇心过盛，不懂得尊重别人，或是别有用心，或是具有天生的"窥视欲"。

以上七个方面的问题都属于个人隐私问题，要尊重外国友人的个人隐私权，就必须自觉地在与对方交谈时避免涉及这些问题。

9. 爱护环境

爱护环境被视为社会公德的重要标志，每个人都有义务对人类赖以生存的环境自觉地加以爱惜和保护，不爱护环境的行为是没有教养的表现，在涉外交往中尤其如此。不可毁坏自然环境、不可虐待动物、不可损坏公物、不可乱堆乱挂私人物品、不可乱扔乱丢废弃物品、不可随地吐痰、不可随处吸烟（向外宾敬烟，不仅毫无必要，而且还是失礼的）、不可任意制造噪声。在现代生活中，噪声污染对于环境也是一种破坏，在公共场合切勿大声喧哗，与人交谈时一定要轻声细语，切勿在不适当的地方劲歌狂舞。尤为重要的是，在一切公共场合，都要注意不要使自己的手机铃声大作。

10. 女士优先

"女士优先"是国际社会公认的一条重要的礼仪原则。"女士优先"指的是在一切社交场合，每一名成年男子都有义务主动自觉地以自己的实际行动去尊重妇女、照顾妇女、体谅妇女、关心妇女、保护妇女，并且还要想方设法，尽心尽力地去为妇女排忧解难。

案例

"女士优先"应如何体现？

在一个秋高气爽的日子里，迎宾员小李着一身剪裁得体的新制服，第一次独立地走上了迎宾员的岗位。一辆白色高级轿车向饭店驶来，司机熟练而准确地将车停靠在饭店豪华大转门的雨棚下。小李看到后排坐着两位男士，前排副驾驶座上坐着一位身材较高的外国女宾。小李一步上前，以优雅的姿态和职业动作，先为后排客人打开车门，做好护顶姿势，并目视客人，礼貌亲切地问候，动作麻利而规范、一气呵成。关好车门后，小李迅速走向前门，准备以同样的礼仪迎接那位女宾下车，但那位女宾满脸不悦，使小李茫然不知所措。通常后排座为上座，一般凡有身份者皆此就座。优先为重要客人提供服务是饭店服务程序的常规，这位女宾为什么不悦？小李错在哪里？

　　点评："女士优先"是一种观念，在部分国家被看作成年男性应有的"礼仪"或"风度"，是绅士的象征。在社交场合或公共场所，男子应经常为女士着想，照顾、帮助女士。例如，人们在上车时，要让女士先行；下车时，则要为女士先打开车门等。西方人有一种形象的说法："除了不能帮助女士拿小手提包外，男士可帮助女士做任何事情。"迎宾员小李未能按照国际上通行的做法先打开女宾的车门，致使那位外国女宾不悦。

📚 视野拓展

　　女士优先原则发源于西方。有人解释说是中世纪欧洲骑士的遗风，也有人解释为女人属于弱者，值得怜悯、同情。还有人从宗教角度分析，认为是出于对圣母玛利亚的尊重而形成的习惯。

　　男士应该在哪些场合让女士优先呢？例如，女士下车，男士开车门；进室内，让女士先进，男士应主动照料、帮其脱大衣，让其先入座；上汽车、电梯，让女士先上；下车、下楼时男士应走在前面，以便照顾；男女并行，男士应走在女士左边（西方通行以右为上）；在街上行走，男士应走在有车辆行驶的一侧，保护女士安全。还有，就餐时应让女士先点菜；进剧院、餐厅，男士应走在前面，为女士找好座位；在机场、车站，男士应主动帮助女士拿行李、办理有关手续。同女士打招呼，如果男女双方身份相当或男士身份低于女士，则男士应该起立。如果男士地位高或年纪大，在同年纪轻、地位低的女士打招呼时，不必起立。遇有夫妇同在时，应先女士打招呼。

　　女士优先主要流行于西方国家（或地区），如欧洲、北美及俄罗斯等地，拉美、非洲的部分地区也比较重视此项礼节。在上述国家或地区，如果男士对女士优先原则缺乏了解，在交际应酬中，就会显得"另类"。

第二节　涉外社交活动中的政务礼仪

　　涉外政务礼仪通常指的是在国家与国家之间官方的正式对外交往中所使用的礼仪规范。世界各国在实际运用礼仪规范的时候，会在遵守国际惯例的同时，在一定程度上融入一些具有本国特色的文化和风俗。作为外事公务人员，要时刻谨记外事无小事、事事是大事、事事要重视的原则。

推荐通过互联网搜索并阅读《中华人民共和国国旗法》《中华人民共和国国徽法》和《中华人民共和国国歌法》。

一、国旗

国旗是一个主权国家的象征和标志，是法律规定的、具有一定形式和规格的旗帜。它是经过国家正式公告通报的，而且在国际上得到普遍承认的。作为一个国家的公民既要维护自己国家国旗的尊严，也要尊重世界其他国家的国旗。当涉及国旗相关事宜时应细查使用规则。

二、国徽

国徽作为国家的标志和象征，每一个公民都应该尊重、热爱并维护。对于应当使用国徽的机构、场所、印章、文书和出版物，各国均有明确的规定，并且有着种种特殊的限制。对于这些规定，只能遵守不能违反。我国对国徽的使用专门制定了《中华人民共和国国徽法》，使用国徽时应仔细查阅。

三、国歌

在国际交往中，国歌同国旗、国徽一样是一个主权国家的标志和象征，在礼仪上和正式活动中，有着至高无上、神圣不可侵犯的地位。作为公民应该对自己国家的国歌一清二楚，熟记每一句歌词、每一个音符，认真了解与国歌有关的历史、规定及礼仪要求。

当参与涉外活动时，应当对所交往国家的国歌有一定程度的了解。世界上绝大多数的国家，对本国国歌都有一定的规定。在各类活动中，国家公务人员在奏国歌时，应当起身肃立，以此向国歌致敬。在演奏国歌时，不允许坐而不起，四处走动，更不允许同他人进行交谈、嬉笑喧哗。通常，应当采取立正的姿势，双手须沿着裤缝自然下垂。除按规定可戴帽子者外，其他人士皆应脱下帽子，也不准佩戴太阳镜。在涉外活动中演奏他国国歌时，本国公民本着互相尊重的精神，也应注意以上问题，不应失礼。

四、国花

世界各国的国花都被其本国人民赋予许多吉祥美好之意，并被当作国家的重要标志来看待。

国家公民在参与涉外活动时，有必要对交往国的国花有一定的了解。不能对其一无所知或张冠李戴。需要特别指出的是，由于这样或那样的原因，世界上有一些国家迄今尚未正式确定国花，也有一些国家同时拥有两种或两种以上的国花。

视野拓展

国花是指一个国家用来作为自己国家象征的花。国花对一个国家的文化别具意义。二维码链接资料能让我们更多地了解国花知识。

思考与讨论

你能列举至少 5 个国家的国花并解释它们的象征意义吗？

五、国宴

国宴是以国家名义举行的最高规格的宴会，主要分为两种类型，一种是国家元首或政府首脑为国家庆典、新年贺喜招待各国使节或各界知名人士的宴会，另一种是国家元首或政府首脑为来访的外国领导人或世界名人举行的正式欢迎宴会。国宴的特点主要体现在规格高，礼仪性强。我国的国宴多在人民大会堂、国宾馆或高级饭店举行，由国家领导人主持，相关的领导作陪，并邀请各国使节和各界代表人士参加。

第三节　涉外商务礼仪

案例

双星鞋——潇洒走世界

曾有媒体报道，双星集团的总经理汪海赴美国商务考察期间，在新闻发布会上遭遇到一位美国记者的提问。"先生，您自己脚上穿的是什么鞋？"其用意非常明了，万一汪海没有穿双星鞋，那还谈什么"潇洒走世界"。对此，汪海十分沉着自信地说："在贵国这种场合脱鞋是不礼貌的，但这位先生既然问起，我就破例了。"说完他脱下鞋并高高举起，大声读着鞋上的商标"DOUBLE STAR!"现场响起了热烈的掌声。《纽约时报》一位记者后来述评道："在美国脱鞋的社会主义国家的人有两个，一个是苏联领导人赫鲁晓夫，他脱鞋并用其敲击表现出一个大国的傲慢无礼；另一个是中国双星集团的总经理，他脱鞋表明了中国商品要征服美国市场的雄心。"

点评： 汪海维护自身尊严、不卑不亢的言行，表现了中国人可贵的民族气节和礼仪修养，赢得了美国人对"双星"及对他本人的高度赞誉。

一、准备活动

在进行涉外商务活动时，为了能够顺利地获得成功，了解东道国的国情及其文化风俗是必要的。这样既能显示出你的博学，又可以拉近双方的距离。通常对所要访问的国家需要了解的情况有如下几个方面：①国家的官方名字；②简单的口语；③总统或者总理的名字；④政治体制；⑤宗教概况；⑥流通货币；⑦该国当前的盟友和敌人；⑧当前发生的重要政治及经济事件和存在的问题。

二、商务应酬礼仪

案例

小李的这种做法恰当吗

小李是某集团的外贸部经理，一次，他负责接待某国的商业考察团，由于小李与团长之前就有过业务往来，因此他作为主要的迎宾人员陪同集团老总前往机场迎接外宾。当访问团一行抵达后，小李面带微笑热情地走上前与团长握手致意，表示欢迎，然后转身向自己的老总介绍了这位团长及其随行的各部门主管。小李的这种做法恰当吗？

点评： 显然小李的做法欠妥。双方见面时，握手要以老总为先，小李却越级操作，在行使介绍礼节时出现了一些差错。

1. 涉外活动中的握手礼仪

在涉外商务活动中，问候的礼节更加强调外在的形式。问候人的态度和行为往往更加正式。通常，人们在正式的场合会面或问候时不会过分热情，但应该保持快乐真诚的气氛。握手是国际通用的礼节。握手礼仪可参照第五章第四节内容。

涉外商务活动中，一般应站着握手，此外还应注意以下几个方面。

（1）作为女士，握手时要先伸手，但是如果男士谢绝握手，也别见怪，因为一些国家的文化禁止异性之间的任何身体接触。

思考与讨论

想想如果与对方在非常正式的场合见面，而地点却是在寒冷的户外，握手时需要脱下手套吗？

（2）在某些国家，男子（尤其是年长者）会见女子时可能会亲吻她的手，这时要愉悦地接受这种问候方式，不要难为情或做出其他不礼貌的反应。

（3）多人同时握手不要交叉，要等别人握完再伸手。

（4）不要叼着香烟或嚼着食物同别人握手。

2. 语言

对商业伙伴说他们国家的语言是为个人、公司赢得朋友的最好方式，这可以向对方传达非常关心对方的文化的信息，也会使你得到尊重并受到热烈欢迎。但实际情况是，我们大多数人没有足够的时间来学习和掌握他国语言，但应该做到以下几点：第一，学会几句简单又有礼貌的习惯用语；第二，学会一些问候和感谢的用语；第三，学会一些简短的祝酒词。或许你说得不是很熟练，但是你的努力会得到对方的欣赏。最后，在说话时穿插几句对方国家的习惯用语，是向其国家和人民表示积极的态度。

3. 商务名片礼仪

在国际商务交往中，名片是非常重要的。一个没有名片的人，将会被视为没有社会地位的人，对方很可能怀疑你的地位和身份的真假。一个不随身携带名片的人，也常被商界人士看作不懂得尊重别人的人。因此，名片不仅要有，而且要经常带着，更要注意名片的使用礼仪。

在名片使用上各个国家之间也存在差异。大多数美国商人都带有名片，但见面时不一定交换，除非以后还可能和这个人接触。官衔、头衔和职业在一些国家的文化中被认为很重要，所以在名片上除了你的公司名称，还要加上你的职位、头衔或学历等信息。

非英语国家，名片的一面使用本国文字，另一面使用英文。在世界上大部分国家或地区，所有的商业交往中，交换名片都是一种惯例，在大部分南亚地区、非洲和中东部分地区应避免用左手来呈送名片。

4. 守时

作为一名商务人士，守时是一项基本的礼仪规范。然而，在涉外商务活动中要接触的社交对象来自世界各地，由于其不同的风俗，在守时这个问题上也存在着很大差异。世界上大部分国家对守时都是有要求的，迟到 10 分钟以上是不能被接受的。但是如果你的商务社交对象是来自像西班牙这样的国家，那么就不要为对方赴约迟到而感到生气或者受挫，因为他们多半不会管你的愤怒，更不会为姗姗来迟而道歉。

如果你出访其他的国家，就要对当地的时间习惯有一定的了解，做到入乡随俗。例如，你被邀请参加一个商务社交晚宴，请柬上写的是 6 点开始。那么，如果你在德国，晚宴会准时在 6 点开始，在英国也许会在 6 点 15 分左右开始，而在意大利、西班牙或者希腊，晚宴开始的时间弄不好会在 7 点以后。因此，当不确定一个重要集会的真正开始时间时，你要询问宴会主人、当地的朋友或者宾馆的服务生。

5. 行事速度

所谓行事速度是指商务人员处理相关事宜的效率，它包括其处理商业事务时是否及时，决策、决议、履行承诺的速度，会议的时长和能否按时完工等。对于外国人来说，他们的行事速度就可能与本地人产生差异。

对于商业伙伴行事速度的快与慢不应该用好或坏进行评价，要尊重、了解并接受其不同的文化习俗。举例来说，英国人和美国人在行事速度上就有着不同的风格。英国人的行事速度比美国人要慢半拍，而且其紧张感也不如美国人；但不代表英国人在商业活动中处于弱势，英国人往往更为关注长远发展，而不会过多关注当前的业绩。作为涉外商业人士，熟悉并适应一个国家或地区人们的行事速度并培养忍耐力，对促成商务合作也是至关重要的。

案例

从建楼看行事作风

一个中国留学生在英国留学时，发现了一件非常有意思的事情。在英国，建筑工地的工人干活的速度都非常缓慢，而且每到下午，建筑工人们都要喝下午茶，一栋大楼要 3 年多的时间才能完工，而这样的行事速度在中国是不可思议的。

点评：此案例告诉我们，与不同国家的人交往，要了解不同国家人们的不同工作风格，要根据对方的特点来适宜地设计和安排好我们的各项工作。

6. 使用翻译员

在商务谈判中，即使谈判双方使用共同的语言，人们也很难开展无障碍的交流。如果在商务洽谈时使用多种语言进行沟通，那么误解将更加不可避免。这意味着要想进行顺畅的社交活动，雇用一名优秀的翻译是至关重要的，以下是一些使用翻译的忠告。

（1）询问翻译是否已经了解会谈内容，包括会谈时间、开场白的内容、讨论的主要问题、与会者的身份等。

（2）在召开会议之前，要与翻译一起谈论此次涉及的重点和目标。

（3）别让翻译站在你和对方之间，说话要对着对方说，而不是对着翻译员。

（4）发音要缓慢而清晰，要让翻译听清你表达的内容。

（5）尽量不要使用一些复杂的语句，要尽量直截了当地表达。

（6）在会谈时，为了给翻译员留下足够的考虑时间，要不时地停顿一下。最好是每说完一层意思就停顿一次。如果谈到重要或复杂的内容，在句与句之间都要停顿。

（7）在商谈的过程中，要不时地询问对方的想法，以便及时得到对方的反馈意见。

（8）重复要点。

（9）即使对方使用翻译，也要假设他们能听懂你的语言。此外，不要说任何你不希望对方听到的事。

（10）就会谈内容和商议结果，及时做好一份书面摘要。

第四节　世界主要国家的礼仪

一、美国的相关礼仪

美国人性格浪漫、为人诚挚热情。他们不习惯谦虚、客套的言辞，即使是与互不相识的人交往时，也习惯于坦率直言。对他们来说，过分的客套是一种无能的表现。在自我介绍时，他们也喜欢将自己的情况据实说出。他们向来以好客著称，为了表示友好，使客人感到随便、不拘束，他们一般都乐于在自己家里宴请客人，而不习惯在餐馆请客。他们很健谈，尤其是擅于长谈，并不断地发表自己的见解，而且喜欢边谈边用手势比划；彼此间乐于保持一定的距离，一般以 50 厘米左右间距为好。他们喜欢自由自在，不受约束；惯于晚睡晚起。请美国人用餐，他们一般是不提前到达的，而是准时或迟到 5～15 分钟。在公共场所就座时，一般美国人都让长者和妇女坐在右边，走路也要让长者和妇女走在右边。

视野拓展

西方文化——以右为尊

对欧美人来讲，东边按照他们的理解代表的是右侧，而西边是不吉利的。其实来看看"right"这个词的用法就可以知道西方文化对"右"的青睐了。"right"除了译为"右，右边"之外，最常使用的意思则为"适当的、对的、正确的"。在英语里有"right this way"的说法，中文意思为："这边请"，并且在为客人引路的时候，都是抬起右手以示方向。"right"没有特定说明是"右边的路"，这里只是对尊贵客人的一种礼貌。美国人喜爱白色，认为白色是纯洁的象征；偏爱黄色，认为是和谐的象征；喜欢蓝色和红色，认为是吉祥如意的象征。他们喜欢白猫，认为白猫可以给人带来运气。美国人欣赏白头鹰，认为它威武强悍，并以它作为国徽的图案。美国人大多信奉基督教，其次为犹太教，还有伊斯兰教、印度教，佛教只有少量信徒。美国人忌讳"3""13""星期五"，认为这些数字与日期都不太吉利。不宜送给美国人的礼品有香烟、香水、内衣、药品等。

美国人在饮食上一般都比较随便，没有太多的讲究。他们喜欢吃生、冷、淡的食物。"生"是指他们爱吃生的菜，他们认为这样的菜肴会更加鲜嫩；"冷"是指他们乐于吃凉菜，不喜欢过烫过热的菜肴；"淡"是指他们喜欢少盐且清淡，以偏甜的味道为好。美国人不习惯在烹调时多用调料，而习惯在餐桌上备以调料自行调味。他们在使用刀叉餐具方面，一改欧洲人刀叉不换手的习惯，他们好以右手持刀切割食品后，再换叉子取食用餐。他们特别愿意品尝野味和海味菜肴，对蛙肉和火鸡肉尤其偏爱。

在美国，如果参加的是大型聚餐或公司年会，不需要付小费，因为餐馆会直接把小费加到账单里，比例一般是 15%～18%。但是当你与社交对象在餐馆用餐时，如果对提供的服务还满意的话，切记要给服务人员小费，这是美国的习俗。虽然给小费是自愿的，但对很多服务人员来讲，小费是他们收入的重要部分。小费通常的标准是总消费额的15%左右，客人可以根据对服务的满意程度稍做调整。用信用卡付账，可以在签单的时候把小费加上。用现金付账，走的时候把小费留在桌上即可。没有零钱时，可以请服务生帮忙兑换。除了就餐，入住酒店、在酒吧喝酒和乘坐出租车时都应该付小费。入住酒店时，服务生帮忙搬运行李，件数不多时，可每一大件行李至少付一美元小费；在酒吧喝酒，小费比例较高，为20%~30%甚至更多，可视服务及场合而定；乘坐出租车时也须付小费，小费的金额通常是大城市比例高些，小城市低些，一般在10%~20%。

美国人在日常生活中穿着都比较随便，穿衣以宽大舒适为原则，但是在正式的社交场合，美国人就比较讲究了，例如在参加商务聚餐时，男士通常要穿西装，女士则要穿礼服。他们非常重视着装的细节，在室内依旧戴着墨镜不摘的人，往往会被视为"见不得光的人"。如果参加一些日常的聚会，最好事先与主人沟通清楚是否有着装的要求，通常情况下，主人会要求客人以正式或非正式的着装出席。

在美国，人们相互称呼极少使用全称，他们更喜欢对社交对象直呼其名，因为他们相信即使直呼一个人的名字，也一样可以对他表示尊敬，例如，美国人与除父母以外的长辈交谈时会直呼名字。但是在介绍的时候，他们往往会连名带姓地说，如"艾玛·格林，这位是约翰·史密斯"。遇到这种情形，你可以自己决定该称呼那位女士为"艾玛"还是"格林小姐"。虽然美国人不重视官衔，但在社交中都会称呼对方的职衔和职称，如布朗博士、凯恩医生、史密斯神父、科恩教授等。

🕮 视野拓展

在美国，要当着赠送者的面打开礼品，并要表示喜欢礼物。送给办公室或部门的商业礼物，像一篮水果或一盒糖果，要马上打开大家一起吃。公司经理将商业礼物带回家和家人一起分享，被认为是不得体的。

二、加拿大的相关礼仪

加拿大的风俗习惯包含英、法、美三国人的特点，既有英国人的含蓄，又有法国人的明朗，还有美国人无拘无束的特点。加拿大人热情好客，待人诚恳。他们喜欢现代艺术、酷爱体育运动，尤其是冬季冰雪运动。加拿大是世界驰名的"枫叶之国"，枫叶点缀了加拿大的国土，加拿大人民对枫叶有着极其深厚的感情，视枫叶为国宝和祖国的骄傲，把枫叶喻为友谊的象征。他们还偏爱白雪，视白雪为吉祥的象征，常用筑雪墙、堆雪人等方式来娱乐，并认为这样可以防止邪魔的侵入。

加拿大人在社交场合最大的特点是既讲究礼貌，又喜欢无拘无束，不推崇繁文缛节。在正式场合，一般都惯行握手礼，亲吻和拥抱礼只限于熟人、亲友和情人之间。在与加拿大人进行交往活动时一定要守时。加拿大人在一般场合称呼他人时喜欢直呼其名，但在正式的场合会称呼其全名，并彬彬有礼地冠以"先生""女士""小姐""夫人"等尊称，头衔、学位、职位只在官方活动中使用。

加拿大人大多信奉基督教，少数人信奉犹太教。与美国人一样，他们忌讳"13"和"星期五"。他们的招待会多在饭店或夜总会举行。如果他们邀请你去家中作客，应当在去之前或去的时候，给女主人送上鲜花。鲜花不要送白色的百合花，那是殡葬用花，被认为是不吉利的。在饮食上，他们忌吃虾酱、鱼露、腐乳和臭豆腐等有怪味和腥味的食物，忌食动物内脏，也不爱吃辣味菜肴。与他们交谈时，不要谈论民族问题，也不要拿其与美国优越的方面比较；相反，加拿大人以自己的国家为豪，喜欢谈论国家及人民所做的值得肯定的事情。

与加拿大人做生意，不能一概而论，例如，和英国人后裔谈判要做好长时间艰苦谈判的准备，因为他们非常注重每一个小细节，所以经常会就一个问题反复商谈；虽然谈判很费时，但是一旦签订契约就稳如泰山了。相反，与法国人后裔谈判，商谈之前他们会表现得非常和蔼可亲，容易接近；但是，一旦开始正式谈判，就变得判若两人，难以捉摸了。

三、英国的相关礼仪

英国是一个崇尚绅士风度的国度，尤其是男士，非常注重"女士优先"的原则，对妇女非常尊重。乘电梯，会请女士先进；斟酒会给女宾或女主人先斟；走路时，男士会走在外侧，以保护女士免受伤害。他们待人彬彬有礼，讲话十分客气，"谢谢""请"字从不离口。

英国人在日常生活中一般直接称呼对方的名字；在相对正式的场合，他们会称呼对方某某先生或某某女士，如格林先生/女士。英国人很少将头衔用在称呼里，但是如果交往对象有荣誉头衔，比如同一位曾经封爵的男士打招呼时，可以称对方某某爵士。

〜〜〜 案例 〜〜〜

英国礼仪小故事（两则）
（佚名）

在我国，一贯以尊敬老人为美德，以"老"字为尊称。但英国却全然相反，英国人不仅不喜欢你称他"老"，甚至也不能在言谈举止中对他的老暮年龄有所暗示，如不必要的搀扶或恭敬。如果你夸他"你这么大年纪了身子骨还这么结实"，这话要在中国说，对方可能会很高兴；而在英国说，对方则会大为不悦。

记得那年在英国访问一家客户时，公司总裁七十多岁的叔叔，整天开着大奔驰接送我们去公司谈判和观光游览，他车开得又快又好，我夸了他一句："您老这么大年纪了，开车还真赛过小伙子！"他气得一天没给我好脸儿。

还有一次，我们从伦敦去外地访问客户，中途经过牛津城，晚上下榻郊外一个很幽静、舒适的酒店。服务台接待我们的值班生去过北京，所以见到我们非常热情。闲谈中，我听说他是从牛津大学毕业的，大感诧异，马上为他大加惋惜，说："你怎么能干这种工作？"他听了马上沉下脸来，明显不悦。我感到纳闷，按我们的观念，为他惋惜是高看他，认为他是牛津学子，理应干大事，怎么能站服务台呢？第二天早上告别时，我才解开了这个谜，原来，他认为我是瞧不起他的工作，也就是瞧不起他了。

点评：礼仪的内涵就是尊重。与外国人交往要注意入乡随俗的原则。工作是没有高低贵贱之分的，只要是自己喜欢的就是最好的，就应该受到他人尊重。

英国人非常讲究餐桌礼仪，如果你打算到英国朋友家做客，一定要提前打电话约定拜访

现代社交礼仪（第3版）

的时间，万不可贸然拜访。到英国人家中拜访的时候，除非有主人的陪伴，否则不要在房间或院子里乱走。如果提前知道会在主人家中用餐，最好带上一点小礼物，比如一瓶葡萄酒或给女主人带一束鲜花，礼物以简单为宜，重礼会有行贿之嫌。用餐时，一定要把汤喝完；吃完饭后，要在盘中留一点食物；当主人折叠餐巾纸的时候，就意味着这顿饭已经结束了。如果是在餐馆用餐，账单由提出邀请的人支付。招呼服务员时，只需举起手，不要挥动手臂或大声呼喊。一般情况下小费已经包含在账单中了，10%～15%是服务费。如果账单中不包括，那么临走时要在餐桌上留下 10%～15%的服务费。对于一些附加的服务，也可以给一些零钱作为小费。

英国人的个性相对保守，这一点也体现在他们的穿着上。他们喜欢穿棕色、黑色等深色的服装，把服装的质地放在首要位置，其次才是时尚和款式。他们往往以貌取人，因此社交活动时的仪容态度尤其要注意。英国人讲究穿戴，只要一出家门就得着装整洁。男性的服装与其职业有一定的联系，而不仅仅是讲风度，比如在学校、公司应该系什么样的领带，这一点非常重要，女士穿着也同样倾向于深色。英国人喜欢着盛装，在社交场合，他们喜欢穿制服。在商务场合，男士通常穿黑色西装、衬衫配系黑色领带；女士穿西装或职业装，穿高跟鞋。在一些正式场合，女性会戴帽子，如结婚典礼、游园会、正式午餐、正式比赛（赛马）等。

在英国有排队的习惯，加塞是不被接受的。英国人非常不喜欢谈论男人的工资和女人的年龄。另外，在英国购物最忌讳砍价，英国人认为讨价还价是很丢面子的事情。

四、法国的相关礼仪

法国人在会面和问候的时候会和每个人握手，握手时只会快速并轻轻地握一下。与国际礼仪不同的是，男士与女士握手时，是由男士先伸手。有的法国男士在某些场合会亲吻女士的手背，这也是正常的礼节。在与家人和好友见面时会亲吻其脸颊，先左后右、再左。如果外国人在法国需要陌生人的帮助，不要直接和他们讲英文，那样会被认为非常粗鲁，而是应当用法语问 "Bonjour! Parlez-vous anglais"，意思是 "您好，您会讲英文吗"？

法国人在互相称呼的时候喜欢用昵称，比如在好友和家人之间、同级的同事私下聊天时、邀请地位更高的人时都使用昵称，但是在公开场合彼此往往会称呼姓氏。无论年纪大小，对于已婚和未婚的女士（除了女服务生）都可以称呼为夫人。学术和职业头衔也经常被使用，如某某博士、某某医生等。

法国是世界时尚的前沿，在那里无论男女都对穿戴极为讲究。在商务场合，男士可以穿各种颜色的衬衫配西装；女士多穿裙子和礼服，很少穿裤子。休闲和非正式场合可以穿衬衣系领带，某些高级餐厅则要求男士必须穿外套系领带。

与法国人谈生意要避开 8 月份，因为那段时期是商业淡季，几乎整个法国都在放假。和法国人交往一定要守时。在与法国人谈生意的时候，除了生意上的事情，其他时间应该多聊一些社会文化新闻方面的话题，创造一个富有情感气氛的环境，这样商务谈判才会事半功倍。

～～～ 案例 ～～～

电梯间礼仪（法国）
（佚名）

刚到法国，就有朋友告诉我关于乘电梯的注意事项。在出电梯时可别忘了女士优先，在女士当仁不让出去以后，男士之间还要接着互让。男士甲要伸手示意请乙方先走，并说"我在您后边走"。这时候男士乙切不可有失风度抬腿就走，而是要做同样的动作，加重语气说："我在您后边走。"如此反复若干次，其中的一位要恳请另一位原谅，因为他终于下决心要走出电梯了。法国人自己笑称以上过程为"法国陷阱"。其实出电梯的这个"陷阱"对我们这些"外国人"来说并不难，耐着性子最后一个出来就可以了。更难的是进电梯的礼数，假如你早上去公司上班，一进电梯，里面已有几个人，按法国习惯，不管认识不认识这些人，你一定要主动打招呼，否则就是无涵养的表现。

点评：不同国家的礼仪各有特点，我们要做到入乡随俗，"到什么山上唱什么歌"。

五、德国的相关礼仪

德国人讲究秩序井然、勤勉尽责、干净整洁、严谨完善，尤其重要的是他们非常讲究时间观念，所以与德国人交往守时是非常重要的。德国人见面打招呼，最常用的是"Guten Tag"，意思是"您好"。在进行自我介绍时，不用带称谓，只介绍姓名就行了。在接电话时，德国人会先报上姓名而不是问候语。

称谓对于德国人来说非常重要，所以与他们交往时一定要谨慎使用称呼。他们不喜欢随便用昵称。称呼德国人的方法最好是姓氏加尊称如"先生/女士"，如史密斯先生或史密斯博士先生。在称呼已婚妇女时，不要用她丈夫对她的称谓。在称呼有地位的女士时，可以用"Gnädige Frau"，意思是"女士"。德国人在称呼大学教授时，不会称呼他们的姓氏，而会称呼其"教授先生/教授夫人"。

德国人在着装上虽然很具有欧洲人的风格，但总体上与美国人的着装很相似。他们觉得穿着得体非常重要，其总体风格是庄重、朴素、整洁。在商务场合，男士穿着深色西装，系深色领带；女士穿礼服、裁剪合体的套装或穿衬衫配裙子。在休闲场合，干净、时尚的牛仔服很受欢迎，男士习惯穿牛仔裤、衬衣和毛衣，女士习惯穿休闲裤、裙子和毛衣。

在德国，商务午餐和晚餐并不是那么普遍。他们很少会邀请别人到自己家里或外出吃饭，但如果向你发出邀请，就一定是非常真诚的，你一定要高兴地接受。同样地，不要随便邀请别人去你的家里或外出吃饭，除非你打算接受同样的邀请。去德国人家里做客和用餐要带些鲜花、葡萄酒、糖果或者一些具有自己国家特色的礼物。需要注意的是，不要送红玫瑰，也不能是单数，尤其不能是 13 朵，递花给主人之前应先把花解开。在一个繁忙的小饭店或酒馆里用餐，如果侍应生引导你坐在陌生人旁边，不要觉得奇怪，和陌生人共用桌子在德国、奥地利和瑞士是很平常的事情。

在与德国人用餐时，不要谈论与工作有关的话题，可以谈论德国的历史，但不要谈论关于第二次世界大战方面的话题，可以谈论一些关于地理、文化、旅行、运动的话题，还可以谈论一些政治方面的话题，部分德国人也乐于谈论汽车或机械方面的话题。

德国人在从事商业活动的时候，会坚持己见，这多是因为他们对本国的产品非常有信心，并以本国产品作为衡量的标准。他们的谈判风格严谨且稳重。德国人非常讲究效率，并有惊人的科技天赋，对他们售出和购买的产品质量要求非常高。因此，与德国人做生意，一定要让德国人相信你的产品可以满足他们的需要，并让他们相信你会恪守承诺。

与法国人、英国人一样，德国人也非常厌恶数字"13"和"星期五"。

六、日本的相关礼仪

日本人见面时多以鞠躬作为问候的方式，根据场合的不同，鞠躬的角度也有从轻微点头到九十度鞠躬。当对方是比你社会地位高的人时，你鞠躬的角度应该比对方更大一些，行礼的时间要更久一些。在设有榻榻米（日式草席）的房间进行寒暄时，日本人多是跪坐在榻榻米上以鞠躬问候开始。另外，鞠躬也是用来表达谢意或者歉意的一种方式，如在请别人帮忙或者要求别人做事的时候。日本人之间没有见面握手的习惯，不过，在国际交往日益频繁的现代社会，日本人有时也会迎合外国人的握手问候习惯。在与日本人打招呼时，除了是家人或非常亲密的朋友外，不要称呼日本人的名字，而要称呼"某某先生"。

案例

500 张讣告？

一个在日本开公司的日裔美国人讲述了一件他是如何在美日关系上避免了一次劫难的故事。他的公司给他的日本合作伙伴选择并写好了 500 张圣诞贺卡，贺卡是红色的。这位日裔美国经理及时制止了邮寄，他自嘲道："我们差点送了 500 张讣告给我们的日本合伙人。"

点评：在日本，葬礼讣告是红色的，如果这些贺卡送出去的话可想而知会是什么样的后果。与外国人交往一定要先了解所在国家的礼仪常识。

日本人很少在个人家中款待客人，如果被邀请去日本人家中作客的时候，要在过厅摘掉帽子与手套，并在主人家的门口脱掉鞋，换上主人家的拖鞋。进日式榻榻米（日式草席）房间时，拖鞋也应该脱掉。另外，在使用卫生间时，经常会看到卫生间内放有专用拖鞋，这时应该将自己的拖鞋脱在卫生间的门外，换上卫生间专用的拖鞋。

日本人喜欢送礼品，所以到日本人家中做客时也要带些礼物，习惯上不为女主人带花，而是带一盒蛋糕或糖果。

视野拓展

如何吃寿司

一般来说，在吃寿司时，不用在酱汁中加入绿芥末，因为除了一些不需要配芥末食用的寿司以外，大部分寿司中都添加有绿芥末。如果你喜欢自己加芥末，礼貌的做法是只加少许，这种做法也是对制作寿司的人的尊重。如果你不太喜欢芥末，可以事先说明，点一些不含芥末的寿司。吃寿司，最好一口一个，分为几次吃的话常常会破坏食物的精美外形。另外，你可以根据自己的习惯，用手或者筷子吃寿司。如果是握寿司，要把一片倒立浸入酱油，鱼肉部分向前。有的握寿司不应该被浸入酱油，例如腌过的握寿司。如果是军舰寿司，正确的食用方法是在寿司上面倒少量的酱汁，而不是把寿司浸入酱汁。日式餐馆和传统日本家庭内设置的是日式矮桌和坐垫。开始用餐之前要很虔诚地说"itadakimasu"（我要开始用餐了），在吃完后要说"gochisosama（deshita）"（承蒙款待了）。

背后的鞠躬

日本人讲礼貌，行鞠躬礼是司空见惯的，可是我国游客李岩在日本游玩期间看到的一次日本人行鞠躬礼却在他脑海中留下了深深的印象。

2017年国庆节那天，李岩来到了自己预定的日本饭店的前厅。此时正值日本旅游旺季，大厅里宾客进进出处，络绎不绝。一位手提皮箱的客人走进大厅，行李员立即微笑地迎上前去，鞠躬问候，并跟在客人身后询问是否需要帮忙提皮箱。这位客人也许有急事在身，匆忙地说了声"不用，谢谢"，就头也不回地径直朝电梯走去，那位行李员朝着那匆匆离去的背影深深地鞠了一躬，并说道："欢迎，欢迎。"李岩看到这情景困惑不解，便问身旁的日本经理："当面给客人鞠躬是为了礼貌服务，可那位行李员朝客人的后背深鞠躬又是为什么呢？""既是为了这位客人，也是为了其他客人。"经理说，"如果此时那位客人突然回头，他会对我们的热情留下美好的印象。同时，这也是给大堂里的其他客人看的，他们会想，当我转过身去，酒店的员工一定也会对我这样有礼貌。"

点评：这个例子可以使我们对日本人的礼仪文化有进一步的了解，鞠躬这一礼貌动作有着重要的作用。当面鞠躬、热情问候是为了礼貌服务；背后鞠躬虔诚备至是为了树立良好的形象。这也说明在这些日本饭店，服务人员有着明确的公关意识。鞠躬也是公关，这对树立饭店良好形象，赢得宾客对饭店的好感，进而争取更多的客源能起到很好的作用。在日本饭店，极少会收到客人投诉，这并不是因为饭店的一切都完美至极，无懈可击，而是由于饭店细致周到的礼貌服务使客人的享受需求和自尊心能理得到最大限度的满足，所以即使有一点小小的瑕疵，也不会让其大动肝火。

视野拓展

从中国网"出境游服务指南—旅游目的地"栏目可了解部分国家或地区的风土人情。

涉及具体国家或地区事宜，可从中华人民共和国外交部官网"国家和组织"栏目查找相应国家或地区，了解相关常识。

本章小结

本章论述了涉外礼仪知识的基本概念，在进行涉外交往时所要遵循的基本原则。当国家与国家直接进行交往时所要涉及的礼仪规范为涉外政务礼仪，通常包括国旗、国徽、国歌等内容，了解和掌握这些基本知识，是交往活动的基础。再有，国际商务活动的愈加频繁让商务涉外礼仪也显得格外重要，握手、名片的使用、用餐也都因商务对象的不同而有所差别。最后，世界上一些经济相对发达国家的涉外礼仪在涉外交往时应用相对广泛，如美国、日本等，了解它们的礼仪规范对涉外活动具有重要的意义。

思考与训练

一、复习思考

1. 什么是涉外礼仪？
2. 涉外礼仪的基本原则是什么？
3. 简述如何应对不同国家在商务上行事速度的差异。
4. 举例说明美国和日本在礼仪上的不同。

二、案例分析

案例一

杭州某旅行社刚刚升级为具有接待国际游客资格的旅行社就接到了一个来自意大利的旅行团。旅行社上下非常兴奋，为了能给旅行团提供更为人性化的服务，总经理决定为每一位游客准备一份具有当地特色的小礼物。经过精心的挑选，他们决定送真丝手帕。这是杭州的特产，而且还是名厂出品，每条手帕上都有精美的刺绣，十分美观大方。手帕装在精致的纸盒内，盒上印有旅行社的社徽。旅行社经理看到准备好的礼物，非常高兴，心想意大利客人一定会喜欢。

导游带着小礼物到机场迎接意大利游客。她说出的欢迎词非常热情得体，在去往酒店的车上，她代表旅行社将礼品赠送给每位游客。没想到游客接到礼物后顿时议论纷纷，而且显示出不愉快的表情。尤其是一位女士大声喊叫起来，表现得非常气愤。导游顿时感到非常困惑，为什么接到礼物后游客不但不感谢，反而愤怒不已呢？

问题： 请从礼仪的角度分析意大利游客为什么会有这样的反应？

案例二

在一次印度官方代表团前来我国某城市进行友好访问时，为了表示我方的诚意，有关方面做了积极的准备，就连印度代表团下榻的饭店也专门换上了高档、舒适的牛皮沙发。可是，在我方的外事官员事先进行例行检查时，这些崭新的牛皮沙发却被责令立即撤换掉，酒店人员感到非常奇怪，不理解其中的缘由。

问题： 请从礼仪的角度分析外事官员这么要求的原因。

三、课外实践

两名同学设计并表演：A 就职于一家外资企业，在圣诞节时，A 准备给所在企业的美国同事 B 送点礼品以表达自己的友情，A 将送什么？怎样做才能达到最佳效果？

主要参考文献

[1] 闫秀荣. 2010. 商务礼仪. 上海：上海财经大学出版社.

[2] 波斯特. 2006. 商务礼仪指南. 2版. 北京：电子工业出版社.

[3] 陈福义，覃业银. 2008. 礼仪实训教程. 北京：中国旅游出版社.

[4] 蔡践. 2007. 礼仪大全. 北京：当代世界出版社.

[5] 杜创国. 2009. 现代公关礼仪. 天津：天津大学出版社.

[6] 付红梅. 2008. 现代礼仪大全. 北京：中国华侨出版社.

[7] 广宇. 2007. 现代礼仪大全. 北京：地震出版社.

[8] 何浩然. 2006. 中外礼仪. 2版. 大连：东北财经大学出版社.

[9] 金正昆. 2013. 社交礼仪教程. 4版. 北京：中国人民大学出版社.

[10] 金正昆. 2013. 商务礼仪教程. 4版. 北京：中国人民大学出版社.

[11] 金正昆. 2013. 公关礼仪. 北京：北京联合出版公司.

[12] 金正昆. 2013. 政务礼仪教程. 4版. 北京：中国人民大学出版社.

[13] 金正昆. 2014. 涉外礼仪教程. 4版. 北京：中国人民大学出版社.

[14] 李荣建. 2012. 大学生礼仪. 北京：人民邮电出版社.

[15] 李嘉珊. 2011. 国际商务礼仪. 2版. 北京：电子工业出版社.

[16] 陆永庆，王青林，郑旭华. 2010. 旅游交际礼仪. 4版. 大连：东北财经大学出版社.

[17] 玛丽·默里·博斯罗克. 2009. 欧洲商务礼仪手册. 北京：东方出版社.

[18] 聂元昆. 2009. 商务谈判学. 北京：高等教育出版社.

[19] 唐晋. 2008. 领导干部大讲堂（礼仪卷）. 北京：国家行政学院出版社.

[20] 汪中求. 2005. 细节决定成败. 北京：新华出版社.

[21] 王平辉. 2008. 社交礼仪规范与技巧. 南宁：广西人民出版社.

[22] 熊经浴. 2014. 现代实用社交礼仪. 2版. 北京：金盾出版社.

[23] 杨眉. 2013. 现代商务礼仪. 4版. 大连：东北财经大学出版社.

[24] 闫秀荣. 2003. 现代人际交往中的实用礼仪. 北京：中国物资出版社.

[25] 闫秀荣. 2007. 人际交往艺术. 哈尔滨：哈尔滨工业大学出版社.

[26] 喻培元. 2007. 会展礼仪. 北京：旅游教育出版社.

[27] 张晓梅. 2014. 晓梅说礼仪（典藏版）. 北京：中国青年出版社.

[28] 张锡东. 2008. 社交礼仪. 北京：清华大学出版社.

[29] 张丽娟，单浩杰. 2012. 现代社交礼仪. 2版. 北京：清华大学出版社.

更新勘误表和配套资料索取示意图

说明：本书配套资料可在 http://www.ryjiaoyu.com/下载，其中配套学习资料注册后可直接下载；**教学用资料仅供采用本书授课的教师下载**，**教师身份、用书教师身份**需网站后台审批（咨询邮箱 13051901888@163.com）。

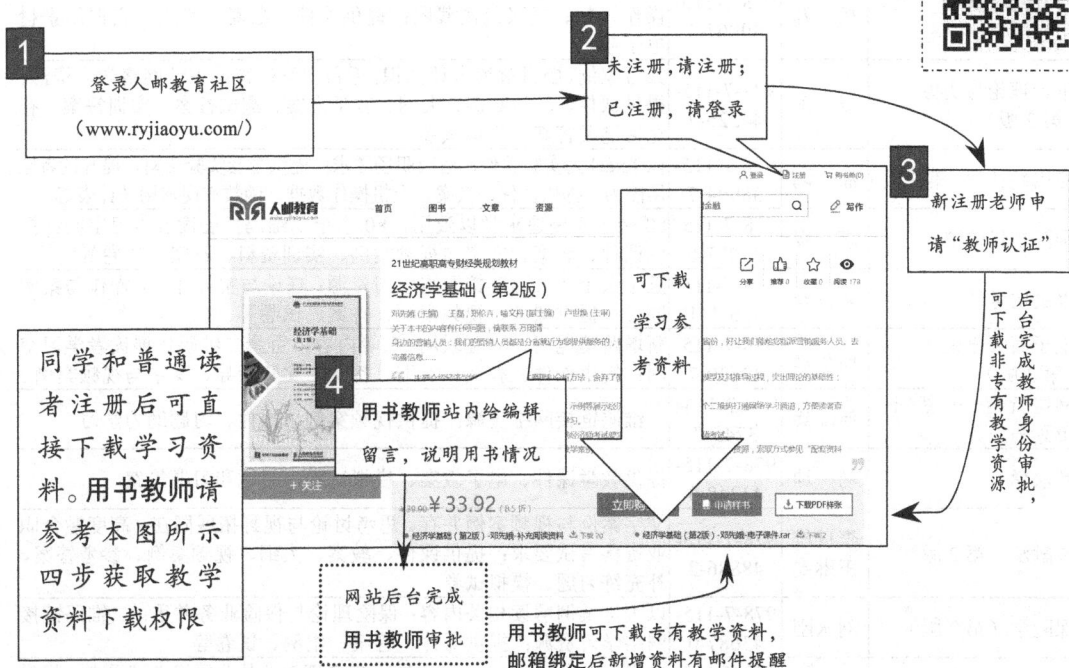

部分 21 世纪高等院校经济管理类规划教材推荐

书　名	主编	书　号	编　辑　推　荐
管理学——原理与实务（第3版）	李海峰	978-7-115-47611-1	2013 年陕西普通高校优秀教材二等奖；提供课件、教案、实训说明、教学体会、文字与视频案例、习题集及参考答案等
管理学	方振邦	978-7-115-44334-2	提供教学课件、扩充阅读、模拟试卷
企业战略管理（第2版）	舒　辉	978-7-115-43139-4	二维码打造立体化阅读环境；案例、习题等营造多方位学习环境；提供课件、补充案例、模拟试卷等素材
企业文化	杨　坤	978-7-115-44012-9	提供教学课件、电子教案、案例视频、模拟试卷等资料
客户关系管理理论与应用	栾　港	978-7-115-39343-2	60 组案例助力理论联系实际，33 个二维码打通网络学习通道，在线 Xtools 软件方便实践训练；提供课件、教案、教学日历、免费教学账号、习题库、试卷等
生产运作管理（第2版）	程国平	978-7-115-46477-4	视频更直观，扫二维码可观看；案例更新颖，多为近几年实例；提供课件、教案、习题答案、模拟试卷和补充教学案例等
经济学基础	邓先娥	978-7-115-39039-4	近 300 个实例连接理论与生活，130 余个二维码打通网络学习通道，70 余项扩展阅读指南指引学习方向；提供课件、教案、答案、文字和视频案例、试卷等

书　名	主编	书　号	编辑推荐
财务管理	王积田	978-7-115-28482-2	吸收相关学科的最新成果，与企业财务管理实践接轨；提供课件、习题答案、试卷等
中级财务会计（第3版）	吴学斌	978-7-115-43464-7	四川省"十二五"本科规划教材；二维码链接网络学习资源；章后习题+电子版习题集；提供课件、教案、案例库、试卷等
财务会计实训教程（上、下册）（第2版）	裴永浩	978-7-115-40690-3	原始凭证和记账凭证单独成册；按营改增调整相关业务；利用二维码提供相关网络资源；融基本功训练、岗位技能训练和综合技能训练为一体；提供答案、课件、习题集、阅读资料等
会计综合实训（视频指导版）	杨荐	978-7-115-49067-4	含手工实训和电算化实训，彩印全真模拟原始凭证，内嵌演示性操作视频、登账范例截图；提供课件、账套、答案、实训用素材电子版
审计理论与实务（第2版）	崔飚	978-7-115-44326-7	数百案例、题目解读审计知识，近百二维码链接审计网络学习资源；提供课件、教学案例、大纲、教学方案、测试答案、实训答案、补充习题及答案、模拟试卷
应用统计学（第2版）	潘鸿	978-7-115-38994-7	以 Excel 为实验软件，适应职场需求；提供全套实验资料，提升读者应用能力；提供课件、教案、上机操作数据、函数实现常用统计表等
国际市场营销	李爽	978-7-115-39077-6	80 余个实例追求学以致用，80 余个二维码拓展读者学习空间；提供课件、教案、文字与视频案例、实训资料、答案、试卷等
报关实务（第2版）	朱占峰	978-7-115-42629-1	五十余个二维码链接网络学习资源；理论与实务并重，操作与案例同行；提供课件、视频案例、答案、试卷等
电子商务概论（第3版）	白东蕊	978-7-115-42630-7	新增跨境电商、"互联网+"等内容；百余二维码拓展读者学习空间；提供课件、教案、大纲、答案、实验指导、文字与视频案例
网络营销——基础、策划与工具	何晓兵	978-7-1154 3745-7	二维码链接网络资源；提供视频案例、课件、习题助力学习
商法学	杨坤	978-7-115-43248-3	提供教学课件、电子教案、模拟试卷、习题和习题答案
金融法（第2版）	李良雄 王琳雯	978-7-115-48886-2	文字案例与视频案例并存，思考讨论与视野拓展同在；高度融合职业资格考试要求；提供课件、教案、大纲、视频案例、参考答案、补充练习题、模拟试卷
保险学（第2版）	刘永刚	978-7-115-43687-0	以大量案例解读相关内容；保险理论与保险业务并重；二维码链接网络学习资源；提供课件、答案、案例、试卷等
证券投资学（第2版）	陈文汉	978-7-115-49517-4	内嵌短视频、网络学习指导；集合证券业从业资格考试重点；提供课件、教案、大纲、实训资料、视频案例、习题答案和模拟试卷等
外汇交易原理与实务（第2版）	刘金波	978-7-115-38372-3	着重突出外汇实际业务，二维码打造立体化阅读环境，有外汇交易模拟操作指导手册；提供课件、教案、答案、试卷、习题册、实训指导
期货交易实务（第2版）	曾啸波	978-7-115-49503-7	内嵌视频、高清彩图等；数十项目式作业方便实践；有配套课程网站；提供教学计划、教案、大纲、课时安排、教学要点、补充习题库、视频案例和模拟试卷等
国际金融理论与实务（第3版）	孟昊	978-7-115-46037-0	以二维码展现了大量视频短片、高清图片等；提供教案、大纲、课件、视频及文字教学案例、参考答案、习题库、试卷等
财政学（第2版）	唐祥来	978-7-115-46103-2	借助二维码链接网络学习资源；用"课堂金话筒""练习与思考"等催生读者问题意识；提供课件、教案、习题答案、视频案例和试卷等
财政与金融	袁晓梅 陈宁	978-7-115-40465-7	集中阐述基础知识、理论和实务；数百案例理论联系实际；百余二维码链接网络资源；提供课件、教案、视频和文字案例、答案、试卷等
商务礼仪（第2版）	王玉苓	978-7-115-45505-5	图文并茂，内嵌大量视频，追求学以致用；提供教案、课件、答案、文字与视频案例、课外阅读资料等
商务沟通与谈判（第2版）	张守刚	978-7-115-43065-6	二维码打造立体化阅读环境；强调实践教学，提供模拟商务谈判素材；提供教案、课件、案例、视频库等资料